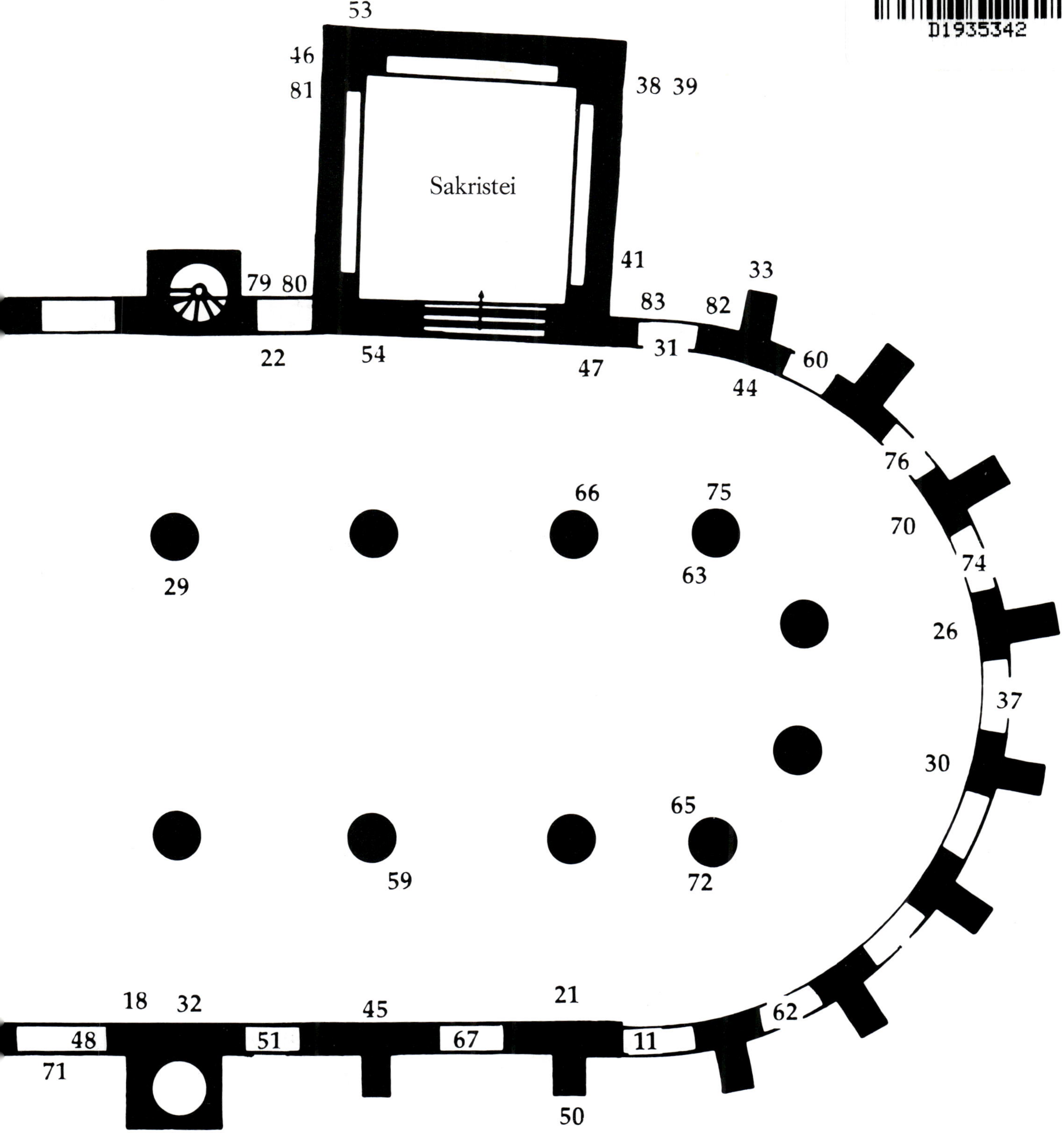
53
46
81
38 39
Sakristei
41
33
79 80
83
82
31
60
22
54
47
44
76
66
75
70
74
29
63
26
37
30
65
59
72
18 32
45
21
62
48
51
67
11
71
50

GRABMALSKUNST

Märkisches Museum Berlin
Argon

Herausgegeben vom
Märkischen Museum Berlin

GRABMALSKUNST
aus vier Jahrhunderten

Epitaphien und
Grabdenkmäler in
der Nikolaikirche
zu Berlin

Katalog der
Sepulkralplastik

Bearbeitet von
Knut Brehm
in Zusammenarbeit mit
Donata Kleber,
Hans-Joachim Veigel
und Uwe Winkler

Märkisches Museum Berlin
Argon

Die Autoren danken für Rat, Hilfe und Unterstützung:
Gundula Ancke, Dr. Ernst Badstübner, Dr. Sibylle Badstübner-Gröger,
Michael Barz, Dr. Wolfgang Bewert, Andreas Cante,
Ursula Cosmann, Dr. Jörn Grabowski, Dr. Peter Goralczyk,
Reiner Koppe, Dr. Adolf Laminski, Pfarrer Ulf Lunow,
Dr. Peter P. Rohrlach, Ursula Schwarz, Dr. Uwe Strathmann, Ingo Timm.

An der Wiederherstellung der Grabplastik waren folgende
Restauratoren im größeren Umfang beteiligt:
Peter Brenning, Gerhard Friedler, Günter Gohlke, Klaus Krupinski,
Gerhard Kunze, Klaus Rader, Manfred Sährig, Ullrich Schneider, Thomas Schubert.

Sämtliche als Quelle aufgeführten Dokumentationsaufnahmen
von 1968 / 69 stellte der Fotograf Werner Engel her.
Für die Neuaufnahmen der Jahre 1992 / 93 zeichnet
das Atelier Straube verantwortlich.

Umschlag: Jürgen Freter
Gestaltung: Meike Lorenz, Jürgen Freter
Satz: ComPress Fotosatz GmbH, Berlin
Lithographie: druckpunkt, Berlin
Druck und Bindung: Offizin Andersen Nexö Leipzig GmbH
Abb. auf dem Frontispiz: Ausschnitt vom Grabmal Mannlich (Kat. 35)
ISBN (Museumsausgabe) 3 - 87024 - 278 - 7
ISBN (Buchhandlungsausgabe) 3 - 87024 - 270 - 1

Inhalt

Sein lauteres Christenthum ist unter uns bekandt, man weis,
wie löblich er die Zeit hat angewandt. Sein Ruhm vermodert nicht.
Man lobt so Fleis als Müh, nur dies beklagt man, er starb der Stadt
zu früh.

Aus der Epitaphinschrift für den Mediziner Cono, um 1728

Vorwort

Im Zusammenhang mit dem Wiederaufbau der Nikolaikirche wurden in den 80er Jahren – trotz unersetzbarer Verluste – große Teile der häufig stark beschädigten Grabplastik in gewissenhafter denkmalpflegerischer Arbeit hergerichtet. Es lag nahe, diesen kunstgeschichtlich interessanten Epitaphien und Grabdenkmälern eine eigene Publikation zu widmen und sie dadurch einer breiteren Öffentlichkeit vorzustellen. Erstmals seit über 80 Jahren, sieht man von kleineren, mehr summarischen Verzeichnissen ab, liegt nun eine aktuelle und umfassende Bestandsaufnahme der sepulkralen Kunst in der Nikolaikirche vor. Sie stellt die Erfassung und ausführliche Beschreibung der Monumente in den Mittelpunkt und veranschaulicht in Fotografie und Text die über 300jährige, vom schlichten Reliefstein bis zum aufwendigen Pfeilerepitaph führende Entwicklung der Grabplastik. Darüber hinaus bilden die plastischen Denkmäler mit ihren unterschiedlichen Konzeptionen des Gedenkens gleichsam ein kleines kulturgeschichtliches Kompendium, das insbesondere der religions- und lokalgeschichtlichen Forschung Quellenmaterial bereitstellt.

Aufnahme fanden zudem Werke, die noch nicht an ihren angestammten Platz in der Kirche zurückkehren konnten. Sie verdeutlichen auch, welcher restauratorischen und finanziellen Anstrengungen es weiterhin bedarf, um das plastische Inventar der einst bedeutendsten Grablege des Berliner Bürgertums zu vervollständigen. Es ist zu wünschen, daß die beeindruckende inhaltliche und ästhetische Vielschichtigkeit sepulkraler Kunst, so wie sie der vorliegende Katalog schildert, das Interesse an der abschließenden Rekonstruktion der Grabplastik wachhält und befördert.

Mein herzlicher Dank für die sorgfältige Erarbeitung des Katalogs gilt insbesondere Herrn Dr. Knut Brehm, in dessen Händen die wissenschaftliche Gesamtleitung lag, sowie Frau Donata Kleber, Herrn Dr. Hans-Joachim Veigel und Herrn Uwe Winkler.

Für redaktionelle Betreuung des Manuskripts ist Herrn Wolfgang Gottschalk zu danken, schließlich Frau Meike Lorenz und Herrn Jürgen Freter vom Argon Verlag für die einfühlsame Gestaltung des Buches.

Renate Altner
Kommissarische Direktorin

Die Grabplastik der Nikolaikirche

Im Mai 1987 öffnete nach rund sieben Jahre währendem Wiederaufbau die Nikolaikirche – nun eine Dependance des Märkischen Museums – ihre Pforten. Ein knappes halbes Jahrhundert zuvor, am Reformationstag 1938, hatte an diesem Ort der letzte offizielle Gottesdienst stattgefunden. Den Umbauplänen für einen Musikdom der Reichshauptstadt setzte der Zweite Weltkrieg ein schnelles Ende. Im Juni 1944 brannten bei einem Luftangriff die Türme ab; Langhaus und Chor der ältesten Pfarrkirche Berlins fielen den Kämpfen um

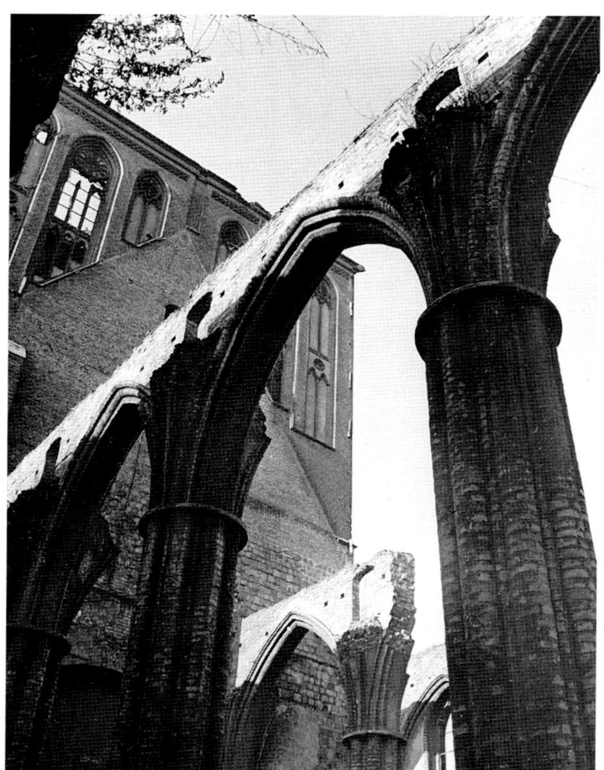

1
Die Ruine der Nikolaikirche. Zustand 1968/69

die Stadt im April 1945 zum Opfer. Brandschäden und Witterungseinflüsse ließen 1949 die Gewölbe sowie die nördlichen Schiffspfeiler einstürzen. Gleich einem Mahnmal erhob sich für mehr als vier Jahrzehnte die trostlose, weitgehend dem Verfall preisgegebene Ruine auf dem mit der frühesten Besiedlung Berlins verbundenen Gelände nahe dem Molkenmarkt. Das Grundstück mit den baulichen Überresten übereignete die Evangelische Kirche in Berlin-Brandenburg im Mai 1969 dem Magistrat. Die Aufnahme der Nikolaikirche in die zentrale Denkmalliste Mitte der 70er Jahre und schließlich der Beschluß von 1980 zum Wiederaufbau des historischen Stadtkerns zwischen Rathaus und Spree beseitigte endgültig die Gefahr eines ideologisch motivierten Abrisses der Ruine. In einfühlsamer, sorgfältiger denkmalpflegerischer Arbeit erhielt der Sakralbau weitgehend seine Vorkriegsgestalt, also auch die imposante Doppelturmfront, zurück.

Die Berliner Nikolaikirche gehört zu den bedeutendsten spätgotischen Hallenbauten der norddeutschen Backsteinarchitektur. Ihr aus Granitquadern errichtetes, wehrhaft wirkendes Turmuntergeschoß gehört noch zur spätromanischen Basilika aus der Gründungszeit der Stadt um 1230. Architekturhistorisch beeindruckt insbesondere das aus Süddeutschland und Böhmen übernommene Anlageschema des bereits vor 1379 begonnenen Hallenumgangchores mit Kapellenkranz – eine für die Backsteinbaukunst Norddeutschlands im ausgehenden 14. Jh. äußerst moderne Lösung und das früheste Beispiel dieses Typus in der Mark Brandenburg. Der Chorausbau fand in der 2. Hälfte des 15. Jhs. eine Fortsetzung in der Errichtung des Hallenlanghauses. Aus dem Jahr 1452 datiert die Stiftung der zweigeschossigen Liebfrauenkapelle an der Südwestecke der Kirche. Ihre altmärkisch beeinflußten Staffelgiebel kontrastieren reizvoll mit dem wuchtigen Quaderwerk des Turmes. Erst 1878 wich der über Jahrhunderte das Westwerk prägende asymmetrische Turmabschluß einem das Stadtbild bereichernden neugotischen Zwillingsturm, den Stadtbaurat Hermann Blankenstein in Anlehnung an Skizzen Friedrich August Stülers aus den 60er Jahren entworfen hatte.

Bis zu ihrer Zerstörung besaß die Kirche ein künstlerisch reiches, aus unterschiedlichen Zeiten stammendes Inventar. Zahlreiche Werke, darunter kostbare Gemälde von Michael Ribestein, wurden gerettet und befinden sich heute größtenteils in der Berliner Marienkirche.[1] Die schwere und häufig ortsfeste Grabplastik hingegen ließ sich nicht so einfach wie das liturgische Gerät oder die Gemälde aus der Kirche entfernen. Sie war dem Feuersturm ebenso ausgesetzt wie später den unmittelbaren Einflüssen der Witterung und dem Vandalismus von Eindringlingen, die es vor allem auf die Grüfte abgesehen hatten. Eine Ziegelmauer schützte seit 1957 vierzehn Werke an der Westwand; das ebenfalls an ihr befindliche Grabmal Mannlich (Kat. 35) von Andreas Schlüter lieh der Gemeindekirchenrat von St. Nikolai und St. Marien 1965 an die Skulpturensammlung der Staatlichen Museen aus, verbunden mit der Auflage, daß es nach einem Neuaufbau der Kirche seinen ursprünglichen Standort wiedererhält. Weitere Epita-

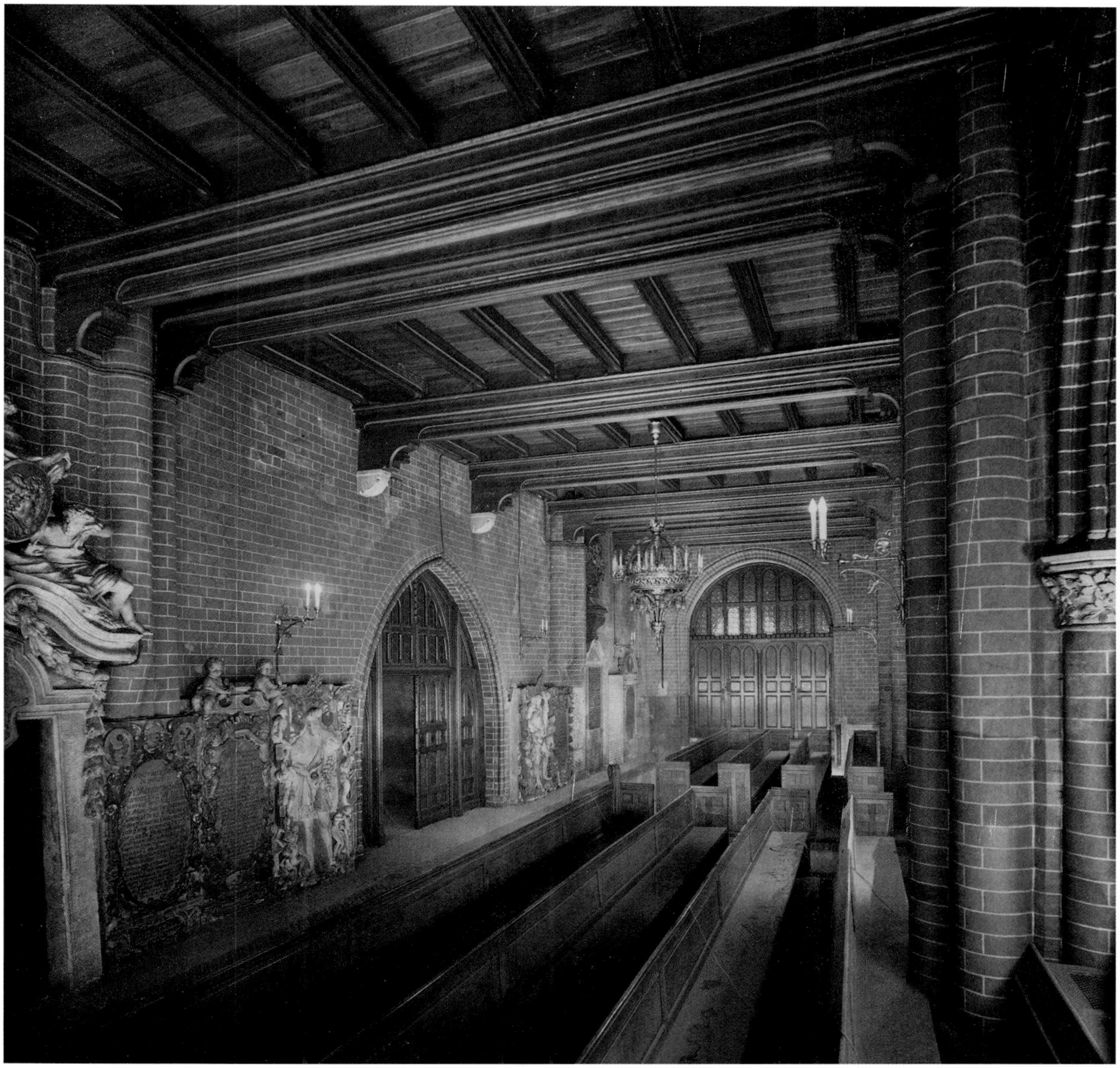

2
Westwand mit dem angeschnittenen Gruftportal Mannlich (Kat. 35) sowie den Epitaphien Breunigk (Kat. 23), Zorn (Kat. 20), Bagius (Kat. 3), Praetorius (Kat. 4), Stiller (Kat. 52), Kemnitz (Kat. 5) und Dähne, darüber König (Kat. 40), Kluge (Kat. 77), Seidel und Rheetz (Kat. 36). Meßbild 1939

phien und Grabdenkmäler gelangten nach ihrem Ausbau 1968/69 in ein Denkmaldepot. Im Zuge der Rekonstruktion wurden viele der oftmals stark zerborstenen plastischen Arbeiten restauriert[2] und in die Kirche zurückgeführt. Vornehmlich sie erinnern heute an die Pracht der alten Ausstattung.

Die Kirche als Gottesacker

Bereits im frühen Mittelalter prägte die enge Beziehung von Gotteshaus und Friedhof die Topographie der Dörfer und Städte. Für rund ein Millennium begrub man nun die Toten nicht mehr *extra murus,* außerhalb der Ortschaften. Allmählich wurde die Kirche selbst zum Begräbnisfeld. Seit dem Mittelalter und weit darüber hinaus galt sie als bevorzugter Platz für die Grablege, wobei der mittelalterliche Sinn des Wortes Kirche auch den direkt angrenzenden Raum, insbesondere die Vorhalle und die Außenmauern mit einschloß. Mächtig war der Glaube, am geweihten Ort und in unmittelbarer Nachbarschaft all der Fürbitten und Seelenmessen der Erlösung aus dem Fegefeuer besonders nahe zu sein. Eine Auszeichnung, die in der streng hierarchisch geordneten Gesellschaft des Mittelalters nur einer vornehmen Minderheit, vorzugsweise Vertretern des Klerus und des Adels, zuteil wurde. Verstärkt seit dem 13. Jh. bereicherten Aspekte des persönlichen Erinnerns, die sich auf den immer mehr profanierten Kirchhöfen mit ihren häufigen Nachbelegungen und anonymen Beinhäusern nicht ausreichend entfalten konnten, die religiöse Motivation. Man begann den eigenen Tod als Spiegel (speculum mortis) zu betrachten, in dem etwas von der Individualität des Sterbenden sichtbar wird.[3] Selbst die in viele Lebensbereiche tief einschneidende Reformation mit ihren spürbaren Auswirkungen auf das traditionelle Todesverständnis und das katholische Begräbnis ließ den Brauch, die Verstorbenen in der Kirche zu bestatten, unangetastet. Dort im Angesicht Gottes und der Gemeinde zu ruhen, blieb weiterhin sehnsüchtiger Wunsch vieler Menschen. Hinzu trat ein verstärktes Interesse, nach dem Tod zumindest in Schrift, Heraldik oder sogar in ikonographischen Anspielungen auf die Verdienste und Tugenden der eigenen Person wiedererkannt zu werden. Etwas, von dem man annahm, daß es dauerhaft und besonders eindrucksvoll nur im Schutz der Kirchenmauern geschehen konnte.

Seit dem 16. Jh. regelten in Berlin der Landesherr und der für das örtliche Kirchenwesen zuständige Berliner Rat die Fragen der Beerdigung. Geradezu kasuistisch verfaßte Erlasse und Verordnungen sowie hohe Gebühren führten dazu, daß in den Kirchen der Residenz, insbesondere in ihrer wichtigsten, der Nikolaikirche, Adlige, Angehörige der Stadtgeistlichkeit und der nicht selten geschäftlich wie sozial mit dem Hof verbundenen bürgerlichen Oberschicht, aber auch des mittleren Beamtentums, Gelehrte und vereinzelt Handwerker ihre letzte Ruhestätte fanden. Ihre Erbbegräbnisse und Epitaphien verwandelten, um einen Vergleich von Richard Borrmann aufzugreifen, die Nikolaikirche in ein »Pantheon Berliner Geschlechter« und machten sie zur »vornehmsten Erinnerungsstätte für die geschichtliche Vergangenheit Berlins«[4]. Familien wie die des Kanzlers und Diplomaten Distelmeyer, der aus einfachen Verhältnissen stammte und bis zum Standesgenossen des märkischen Adels aufstieg, des bedeutenden Rechtsgelehrten von Pufendorf, seit 1688 Historiograph des Kurfürsten von Brandenburg, und des Ministers von Kraut stehen hierfür ebenso wie das Apothekergeschlecht Zorn, die Juristenfamilien Didde und Loeper sowie die mit Propst Brendike am Ende des 16. Jhs. einsetzende lange Reihe in der Kirche beigesetzter Geistlicher.

Im ausgehenden 18. Jh. ließ das Interesse an Beerdigungen im Inneren des Gotteshauses spürbar nach. Das ganze Jahrhundert über hatte es administrative Versuche gegeben, die Bestattungen aus der Innenstadt zu verdrängen. Überfüllte Gottesäcker und der Gestank aus den Kirchengrüften führten dazu, daß die Diskussion über den beklagenswerten Zustand des Begräbniswesens nicht abriß. Vor den Toren der Stadt entstanden neue Friedhöfe, die allerdings von den Berlinern nur zögerlich angenommen wurden. So fanden auf dem bereits 1707 offiziell geschlossenen Nikolaikirchhof vor allem wohlhabende Gemeindeglieder noch bis 1804 ihre letzte Ruhestätte. Welche Zuspitzung im Laufe der Zeit gerade die Kontroverse über die Beisetzungen in den Kirchen erfuhr, verdeutlicht ein eigens zu diesem Problem verfaßter Aufsatz von 1785 aus der Feder Friedrich Gedikes, eines Mitherausgebers der für die Aufklärung streitenden »Berlinischen Monatsschrift«[5]. Er geißelte die Kirchenbegräbnisse als eine nicht länger zu duldende abscheuliche katholische Gewohnheit, die durch ihre Reduzierung auf die Gebührenfrage jeden Auszeichnungscharakter verloren hat und bewiesenermaßen die Gesundheit der Mitbürger gefährdet. Als einziges rationales Gegenargument akzeptiert Gedike den Hinweis auf ausbleibende Kircheneinkünfte. Seiner Meinung nach kann aber das so entstehende finanzielle Manko auf anderen Wegen ausgeglichen werden. In der Geschichte der Nikolaikirche findet sich zu diesem Themenkreis ein interessanter Beleg. Den Verkauf der Grabkapelle Bewert (Kat. 60) durch die Erben lehnte der Berliner Rat im April 1788 unter anderem mit dem Hinweis ab, daß man bemüht ist, die Zahl der »Kirchen-Leichen« zum Wohl der Einwohner immer mehr zu verringern. Gut drei Jahrzehnte später, 1819, wurde der letzte Leichnam, ein Mitglied der Familie Kraut, in einem Erbbegräbnis der Nikolaikirche beigesetzt. Bereits Jahrzehnte vorher endete die große Zeit der auf die Kirchenarchitektur bezogenen Sepulkralplastik. Die Grabplastik verließ das schützende Innere der Kirche und bestimmte zunehmend das Aussehen der Friedhöfe.

Vom Bildnisstein zum Staffage-Epitaph

Das heute so festgefügte Bild der steinernen Monumente in der Nikolaikirche entstand im Verlauf mehrerer Jahrhunderte und ist wesentlich geprägt von der Kunst der Renaissance und des Barocks. Jede Epoche trug ihren Teil bei, griff aber auch, wenn es der Zweck gebot, verändernd in die überkommene Substanz ein, beseitigte ältere Arbeiten oder korrigierte ihren Standort. Dabei bewiesen die Bildhauer und Steinmetze zumeist feines Gespür für die Forderungen der Architektur und den ästhetischen Zusammenklang der Epitaphien und Grabdenkmäler. Die spätgotische Hallenkirche mit ihren aufgelösten Wandmassen und den zahlreichen peripheren Räumlichkeiten bot ganz eigene Möglichkeiten der Aufstellung bzw. Anbringung der Grabplastik und beeinflußte dadurch, was selten bedacht wird, die Wahl des jeweiligen Grabmals- und Epitaphtypus. Für große raumgreifende Arbeiten eigneten sich im besonderen die im Zuge der 1539 in Berlin eingeführten Reformation von den Altären des Mittelalters befreiten Randkapellen sowie die Untergeschosse der Liebfrauenkapelle und des Turmes. Verlangten die als Erbbegräbnisse genutzten Räume vor allem nach freiplastischen Lösungen, so erwiesen sich die mächtigen Bündelpfeiler als idealer Platz für monumentale Gedächtnismale mit ausgeprägter Vertikaltendenz und Untersichtbezug. Korrespondierende Standorte sowie Ähnlichkeiten in Ikonographie und Form betonen des öfteren verwandtschaftliche Beziehungen sowie soziale und berufliche Ebenbürtigkeit. Zugleich verstärkte sich dadurch die angestrebte Ensemblewirkung der Grabplastik.[6] Diesen von der bindenden Kraft der Sakralarchitektur noch geförderten Eindruck gestalterischer Geschlossenheit haben auch die aufwendigen Restaurierungen von 1715, 1817 sowie 1876–1878[7] und selbst die Zerstörungen des Krieges nicht gänzlich verwischen können.

Innerhalb der Grabplastik der Nikolaikirche bilden die Epitaphien die umfangreichste Objektgruppe. Im Altertum bezeichnete das Wort Epitaph[8] die dichterische Grabinschrift; das Mittelalter folgte ihm hierin. Erst die Zeit des Humanismus mit ihrer neu erwachenden Wertschätzung des dichterischen Wortes und der alten Sprachen übertrug den Begriff auf das gesamte, die Inschrift tragende Gedächtnismal, wobei die Form des Monumentes unerheblich war[9]. Die deutsche Kunstwissenschaft definiert das Epitaph vor allem mit Blick auf das mittelalterliche Material. Ihr zufolge konstituiert der Zusammenhang von Schrift, Bildnis und religiöser, später auch allegorischer Darstellung die Struktur dieser Denkmalsgattung. Die Inschrift enthält die Identitätsangaben sowie als unverzichtbares Element die nicht selten erst nachträglich eingetragenen Sterbedaten. Im Laufe der Zeit traten fromme, an den Betrachter gerichtete Texte sowie mehr oder weniger ausführliche Wür-

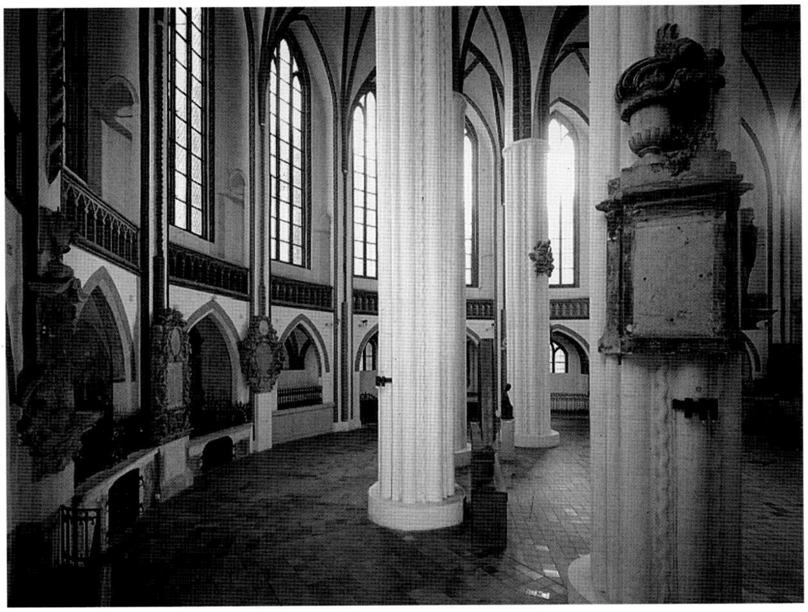

3
Blick in den Chorumgang. Zustand 1993

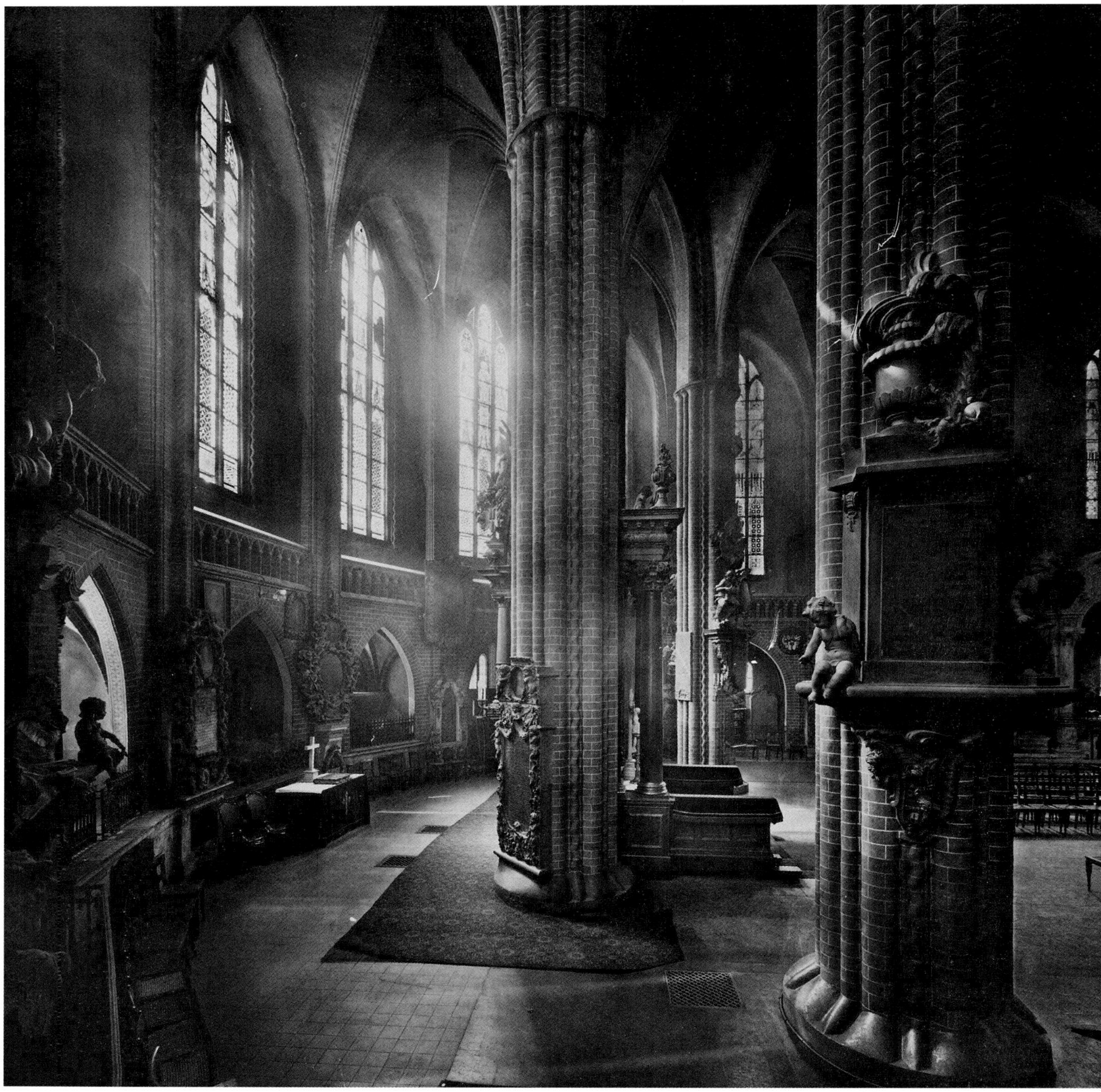

4
Blick in den Chorumgang. Vorn, am 3. nördlichen Chorpfeiler das Epitaph Loeper (Kat. 75), am 4. nördlichen Chorpfeiler das Epitaph Rantz (Kat. 25). Gegenüber an der Wand von l. nach r.: die Epitaphien Köppen (Kat. 70), Rantz (Kat. 26) und Westarph (Kat. 30). Meßbild 1919

digungen des Toten hinzu. Das Bildnis zeigt den Verstorbenen, wie es Kurt Bauch formuliert, in »seiner religiösen Verbundenheit, um so wiedererkannt und erinnert zu werden«[10]. Häufig ist der Adorant selbst Teil einer meist auf das Todesthema bezogenen religiösen Szene. Anders als das Grabmal, markiert das Epitaph nicht die Stelle der Beisetzung. Grundsätzlich steht für seine Anbringung der gesamte geweihte Kirchenraum, innen wie außen, zur Verfügung.

Über den Ursprung des Bildepitaphs gehen die Meinungen auseinander. Die ältere Literatur[11] sieht ihn häufig in der vermeintlich aus Gründen der Raumnot oder des gotischen Stilempfindens erfolgten Aufrichtung der bis dahin im Steinpflaster des Kirchenbodens eingelassenen Grabplatten. Andere Autoren[12] betonen hingegen mehr die vom Grabmal abweichenden Momente. In seinem grundlegenden Aufsatz zur Entstehung des Bildepitaphs benennt Weckwerth[13] als wesentliche Voraussetzung die Verbindung des aus der Mystik erwachsenden Andachtsbildes mit dem Fürbittgedanken und der mittelalterlichen Stifterdarstellung. Überwiegend aus diesen Voraussetzungen entstand um die Mitte des 14. Jhs. im deutschsprachigen Raum das Bildepitaph.

Der feste Zusammenhang der Hauptelemente lockerte sich in den folgenden Epochen. Das Bildnis und die figürliche, nun nicht mehr unbedingt christlich intendierte Szene können auch ganz an diesen Malen für das Totengedächtnis fehlen. Unverzichtbar hingegen bleibt die dem Andenken gewidmete Inschrift, welche allerdings im Unterschied zur bloßen Gedenktafel zumindest eine sepulkral-ornamentale Einbindung erfährt. Diese erweiterte, nicht mehr am mittelalterlichen Schema festhaltende Definition des Epitaphs bestimmt auch den Sprachgebrauch im vorliegenden Katalog.

Als ältestes Werk der Sepulkralplastik in der Nikolaikirche galt bis zu seiner Zerstörung im Zweiten Weltkrieg der Grabstein für den Apotheker Zeheder (Kat. 1). Heute sind nur noch, wie bei der gegenüberliegenden, knapp ein Jahrhundert jüngeren Platte des Apothekers Aschenbrenner (Kat. 12), die Umrisse des Steines zu erkennen. In formaler Hinsicht veranschaulichen sie den Anfang und das Ende einer eng an die Grabplatte anschließenden Entwicklung, zu der auch zwei weitere, aus dem letzten Viertel des 16. Jhs. stammende Werke zählen. Es sind allesamt hochrechteckige Sandsteinplatten mit den ganzfigurigen Reliefs der Verstorbenen. Die Figuren sind entweder, wie die Apothekerbildnisse, aus dem kastenartig vertieften Stein herausgearbeitet oder stehen, so der junge Colerus (Kat. 6) und der Propst Brendike (Kat. 8), vor einer nischenartigen Aussparung. Das Standmotiv ist nicht mehr verunklärt; fest setzen die teilweise unnatürlich nach auswärts geklappten Füße auf den unteren Rand der Vertiefung auf. Hingegen verweist die umlaufende, jeweils oben links ansetzende Inschrift noch auf die horizontal im Fußboden liegende, für die Draufsicht konzipierte mittelalterliche Grababdeckung. Die Frontalität der Darstellung hat sich im Aschenbrenner-Relief bereits stark gelockert. Keine nur leichte Bewegung des Kopfes mehr, sondern eine entschiedene, im seitwärts abgewinkelten Spielbein gipfelnde Linksdrehung der ganzen Figur. Der Fuß des Standbeins tritt fast vollplastisch hervor und verrät ein gewachsenes Bewußtsein für plastische Werte.

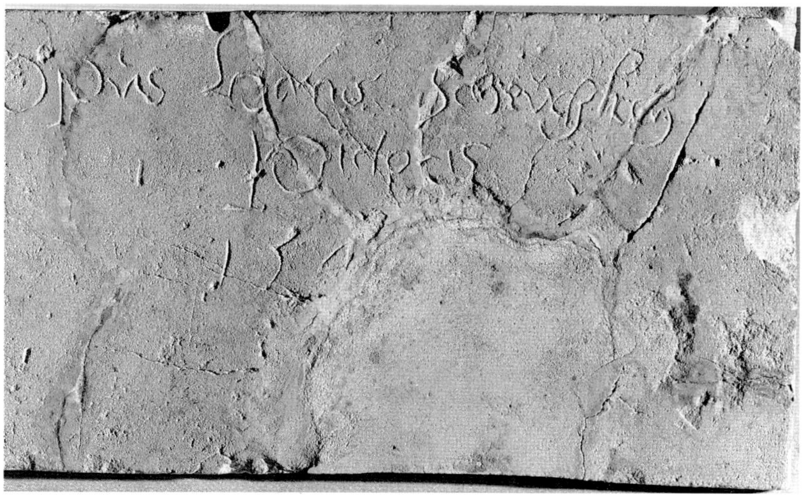

5
Signatur vom Epitaph Matthias (Kat. 2)

Dem mittelalterlichen Epitaphschema folgen vier qualitätvolle, in differenzierter Technik gefertigte Reliefplatten aus der Mitte des 16. Jhs. Sie stammen, das legen stilkritische Vergleiche nahe, aus der Werkstatt des Bildhauers Hans Scheußlich (um 1500 – vor 1572). Ein zur Zeit noch ausgelagertes Epitaph (Kat. 2) trägt auf der Rückseite seine Signatur und eine Datierung. Die gewählte Bezeichnung »Pictor« (Maler) mag damit zusammenhängen, daß ein Bildhauermeister häufig selbst die abschließende Gliederung der plastischen Oberfläche durch eine entsprechende farbige Fassung vornahm oder zumindest die Verantwortung hierfür trug. Den um 1500 in Schneeberg geborenen Künstler, welcher bereits früh auch unter dem Namen Hans Schenk hervortrat, wies Georg Habich[14] als Bildhauer und Medailleur an den Höfen von Königsberg sowie Berlin nach und ordnete ihm ein umfängliches Œuvre zu. Scheußlich gehört zu den Künstlern, die von Kurfürst Joachim II. zum Umbau des Berliner Stadtschlosses herangezogen wurden; der Erwerb des Berliner Bürgerrechts ist für das Jahr 1543 belegt. Seine großplastischen Arbeiten, allen voran das imposante, in die Chorarchitektur hinüberwachsende monumentale Epitaph Erzbischofs Friedrich IV. von Magdeburg im Halberstädter Dom, stellte Friedrich Seeger 1932 in einem grundlegenden Aufsatz[15] vor. In Scheußlichs Schaffen verbinden sich das Spätbarock der Gotik und die frühen manieristischen Züge der deutschen Renaissance auf unverwechselbare Weise. Mit ungewöhnlicher gestalterischer Phantasie, angeregt durch das Formenrepertoire unterschiedlicher Kunstlandschaften, vor allem der franko-flämischen Ornamentik, bemächtigte er sich der neuen religiösen Gehalte. Dabei entwickelte der Bildhauer für die im theologischen Diskurs recht abstrakt bleibenden Gedanken eine bildnerische Ausdrucksform, welche auf innovative Weise die räumliche und maßstäbliche Unlogik sowie die spielerische Kombination von Figur und Ornament niederländischer Grotesken auf die eigene Bilderwelt übertrug. Eine künstlerische Haltung, die in ihrer Modernität insbesondere, wie Cante[16] zu Recht vermerkt, einen Kreis von gelehrten Amtsträgern am Hofe des Brandenburger Kurfürsten beeindruckte. Es handelt sich um Männer meist bürgerlicher Herkunft mit herausragenden Kenntnissen in Wissenschaft und Verwaltung, deren umfassende Bildung und gesellschaftlicher Aufstieg sie für weniger traditionelle Muster religiöser und persönlicher Selbstdarstellung empfänglich machte. Hierfür bilden die fast sämtlich im Auftrag kurfürstlicher Hofräte entstandenen Gedächtnismale in der Nikolaikirche vorzügliche Beispiele.

Drei von ihnen integrieren, jeweils auf unterschiedliche Weise, das Porträt der Verstorbenen bzw. Auftraggeber in die religiöse Darstellung. Im Gedächtnismal Matthias (Kat. 2) werden die ins Profil gekehrten Porträtbüsten der Ehegatten zu Bestandteilen einer im Maßstab und Raumgefüge wechselvollen Bilderfolge und flankieren die Gestalt des thronenden Christus. Mit dem szenischen Geschehen enger verbunden sind die Stifterbildnisse in den Epitaphien der kurfürstlichen Räte Bagius (Kat. 3) und Praetorius (Kat. 4). Die lebensgroße, dem Betrachter frontal zugewandte Gestalt des Gregor Bagius füllt selbstbewußt und in anmutiger Schrittstellung den breiten Mittelteil der Steinplatte und drängt die sich übereinandertürmenden Figuren des theologischen Programms in die schmalen, von den hochgebogenen Rollwerkenden strukturierten Seitenteile. Einem ähnlichen Gestaltungsschema folgt das nur wenige Jahre jüngere Epitaph für Paul Praetorius. Auch hier wird die Komposition von einer lebensgroßen Figur dominiert. Nur handelt es sich hierbei nicht um den Bewidmeten, sondern um die Gestalt des *Christus victor,* der zugleich den Mittelpunkt der religiösen Szene bildet. Ihm sind die im Rollwerk gefesselten Teufel ebenso zugeordnet wie die zu seinen Füßen zum Gebet niederknienden Eheleute. In der ehrfürchtigen Andachtshaltung des im zarten Relief und im kleinen Maßstab neben dem geöffneten Grab Christi wiedergegebenen Stifterpaares wirkt die Tradition des mittelalterlichen Epitaphs fort.

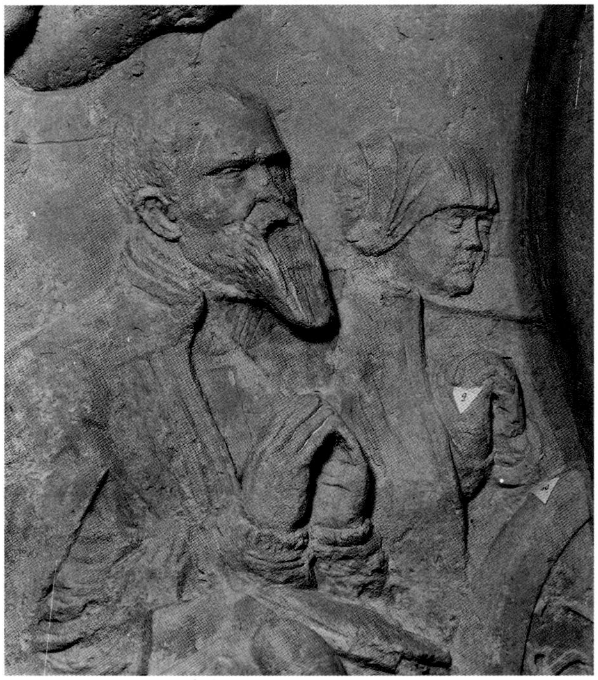

6
Stifterehepaar. Detail vom Epitaph Praetorius (Kat. 4)

Ein zentrales Thema in den Arbeiten Scheußlichs stellt die protestantisch-lutherische Deutung des Heilsgeschehens dar, derzufolge der sündhafte Mensch allein aus dem Glauben an den auferstandenen Christus Rechtfertigung erlangt. Luther, der anders als die Theologie des Mittelalters stärker dem Individuell-Ethischen zuneigte, betonte im Paulinischen Sinne in seinen Erwägungen über das Sterben den ganz persönlichen Kampf eines jeden Christen mit dem Tod. Die geradezu leiblich imaginierte und formelartig zusammenrückende Dreiheit von Sünde, Tod und Teufel bedroht das Menschengeschlecht mit Schwert und Spieß. Aber der Heiland überwindet die widergöttlichen Mächte, tritt sie zu Boden und macht sie zu seinen »Kettenhunden«. So winden sich bei Scheußlich ins Rollwerk verstrickte Gerippe und Teufel angstvoll angesichts des sieghaften Gottessohns, hierin – obgleich inhaltlich gewichtiger – den im Ornament »gefangenen« Wesen in den zeitgenössischen niederländischen Stichen eines Bos oder Floris ähnelnd. Der rechte vertikale Relieffries des Bagius-Epitaphs »liest« sich von unten nach oben wie die bildnerische Deutung des Jakobus-Verses (Jak. 1,15) über die Kausalität von Lust, Sünde und Tod; wobei die zugeordneten Sprüche – bezeichnend für die protestantische Skepsis gegenüber dem bloßen Bild – lehrhaft den theologischen Sinn der Darstellungen hervorkehren.

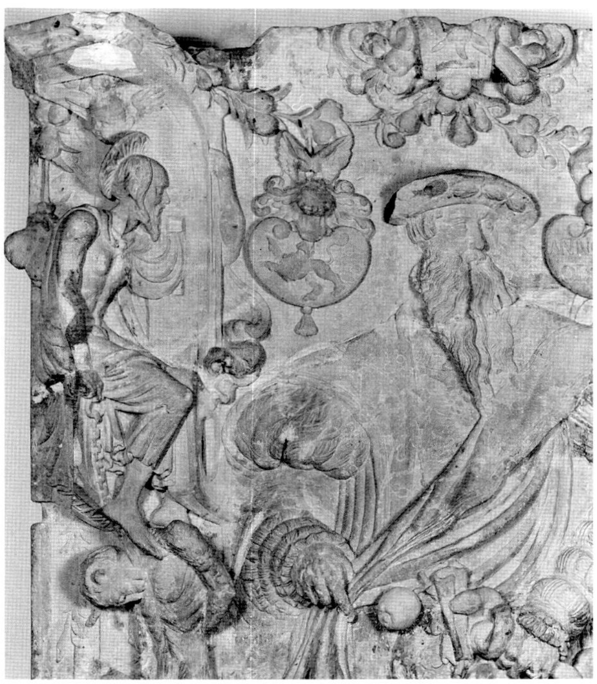

Schließt der Reliefstreifen im oberen Abschnitt mit dem Gerippe des Todes, thront ihm gegenüber, das Oben und Unten bedeutungsvoll interpretierend, Christus. Sein Triumph ist psychologisch einfühlsam gestaltet. Der Bildhauer gibt hier nicht die kraftvolle Pose des Überwinders, wie später beim Praetorius-Epitaph, sondern das Selbstverständliche des Sieges.

Einen weiteren Aspekt des protestantischen Todesverständnisses zeigt das Matthias-Epitaph: der Tod als »süßer Schlaf«[17] des christlichen Ritters, der seinen Kampf erfolgreich ausgefochten hat und am Jüngsten Tag zur Herrlichkeit ewigen Lebens auferstehen wird. Die gesamte Ikonographie des Gedächtnismals mit den suggestiven Figuren des Untergeschosses, den Schächern, dem typologischen Gegenüber von Elias und Paulus, der zu Christus geleiteten Seele sowie den Figuren der Dreifaltigkeit kündet davon. Dünnes Bandwerk, zugleich Träger der neutestamentlichen Zitate, strukturiert die Epitaphfläche fast in der Art moderner Bildergeschichten. Eine ungewöhnliche kompositorische Lösung, deren additives Moment bei den Epitaphien für Bagius und Praetorius einer zunehmenden Konzentration und Monumentalität weicht.

Von der Architektonisierung, welche die Epitaphien im 16. Jh. erfaßte und die ihren ersten Höhepunkt in den monumentalen Hängeepitaphien der Spätrenais-

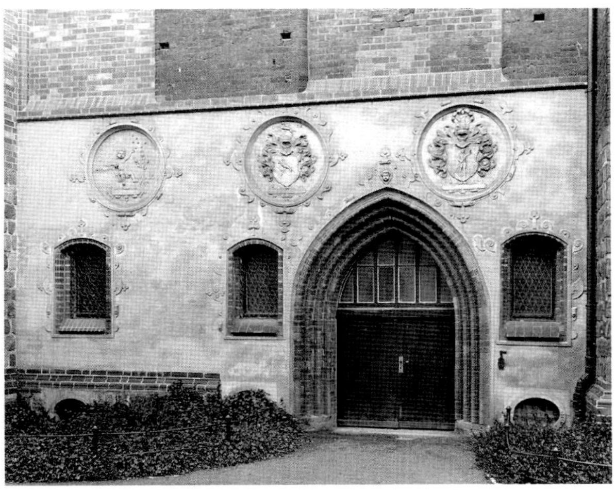

7
Sitzender Christus. Ausschnitt vom Epitaph Bagius (Kat. 3)

8
Außenansicht der Kapelle Kötteritz (Kat. 13)

sance fand, zeugt – allerdings nur in fragmentarischen Resten – das um 1610 entstandene Gedächtnismal für den kurfürstlichen Rat Kötteritz (Kat. 13). Es war Teil eines in den Formen des späten Manierismus gehaltenen Kapellenraums mit weiteren Familienmalen und einem umfangreichen, Wände und Gewölbe überziehenden ikonographischen Programm, das sowohl die lutherische Gesinnung als auch den hohen künstlerischen Qualitätsanspruch des Auftraggebers offenbarte. Pilaster mit applizierten Karyatidenhermen und verkröpften Gesimsen gliedern das einachsige, zweigeschossige Ädikula-Epitaph. In der Bogennische des Hauptgeschosses kniete in der Tradition des Andachtsbildes – noch nicht gänzlich in vollplastischer Vergegenwärtigung – die Stifterfamilie betend und mitfühlend vor der Gestalt des leidenden Christus. Üppiges Ornament lockert die Tektonik und überspielt die Randbereiche des Epitaphs sowie den Unterhang. Auch die als Schauseite zum Kirchenschiff hin konzipierte Kapellenfront zeigt die manieristische Verflechtung von Architektur und Ornament. Sie variiert Motive der gut zwei Jahrzehnte älteren Rahmung der für die Schwiegereltern des Johann von Kötteritz, das Ehepaar Distelmeyer, eingerichteten Kapelle (Kat. 9).

Aus der Zeit des Dreißigjährigen Krieges existiert in der Nikolaikirche kein Werk der Sepulkralplastik. Erst das Erinnerungsmal Lindholz (Kat. 14) setzte kurz nach der Jahrhundertmitte die Reihe der Epitaphien fort. Es gehört zu einer Gruppe schlichter, hochrechteckiger, aus der Zusammenfügung von Inschrift und Wappen gebildeter Steine. Dabei handelt es sich um eine bereits vom Standepitaph Heiden (Kat. 11) aus dem Ende des 16. Jhs. her vertraute Motivkombination; dort allerdings mit zurückhaltender Architekturgliederung und strengem Rollwerk der Spätrenaissance.

In den folgenden Jahren komplizierte sich der Epitaphaufbau nach zwei Richtungen hin. Zum einen wuchs die Eigenwertigkeit des die Erinnerungsschrift rahmenden vegetabilischen Ornaments, zum anderen traten wieder stärker Elemente einer architektonischen Rahmung hinzu. Die erste Entwicklungslinie – sie ist in der Nikolaikirche bestimmend – begann im letzten Drittel des Jahrhunderts mit mehr oder weniger bogenförmig um die Schrift gelegten Palmenwedeln, Blütenzweigen und Lorbeertori (u. a. Kat. 17, 21, 28). Die Grundform der Steine bleibt trotz des einbeschriebenen Ovals dabei weitgehend erhalten, wird allerdings bei den Lilie-Epitaphien im oberen Teil durch die Hineinnahme eines Porträts bzw. Wappens modifiziert. Symbole der Vergänglichkeit, Medaillen und heraldische Zeichen finden ihren Platz in den Zwickeln, die sich kompositorisch absichtsvoll bei der Einfügung des Schriftovals in die hochrechteckige Steinplatte ergeben. Auch aufwendigere Arbeiten wie das mit einem architektonisch-figürlichen Aufsatz und schmalem wulstig-knorpligen Sockelstreifen versehene Gedächtnismal für Bartholomäus Zorn (Kat. 20) gehören diesem Epitaphschema an. Einen deutlichen Schritt zur weiteren Verselbständigung der vegetabilischen Rahmen stellt das Epitaph für den 1673 verstorbenen Bürgermeister Michael Zarlang (Kat. 24) dar. Es nutzt die Möglichkeiten einer freieren Gestaltung, wie sie sich vor allem bei vielen Hängeepitaphien des ausgehenden Jahrhunderts findet. Die Rundung der von kräftigem Blatt- und Blütenwerk umgebenen Schrifttafel teilt sich hier dem Gesamtumriß mit, der auch das Porträtmedaillon einbindet. Die puttentragenden Gesimsstücke, zwischen die sich das untere Ende der Inschrift drängt, wirken wie die Reste einer architektonischen Gliederung. Zwar greift das über einem breiten Sockel sich aufrichtende Epitaph für Catharina Rantz (Kat. 26) auf die rechteckige Schrifttafel zurück und wiederholt nur im oberen Teil die Zarlangsche Umrißform, aber ein für die Zeit typisches breitlappiges Akanthusblattwerk mit darin verwobenen Putten umgibt als voluminöse Umfassung Schrift und Bildnis. Die Dominanz der figürlich-ornamentalen Einfassung legt es nahe, von einem Rahmenepitaph zu sprechen, ein Begriff, den Schoenen[18] für die Entwicklung des Gemäldeepitaphs wählte. Vermutlich aus derselben Werkstatt wie das Rantz-Epitaph stammt das 1691 gefertigte Erinnerungsmal für Anna Westarph (Kat. 30). Mit seiner leicht tropfenförmigen, alle Bestandteile integrierenden Gesamtkontur ist es ein treffendes Beispiel für ein Rahmenepitaph. Wie ein breit ausladender Schild, die Herkunft vom Tafelepitaph nicht leugnend, steht das Monument vor dem Strebepfeiler des Chorumgangs. In den Schwüngen und Höhlungen des kräftig wuchernden Akanthusornaments sind wieder, ähnlich wie bei Rantz, die mit Attributen der Vergänglichkeit versehenen Engelskinder plaziert.

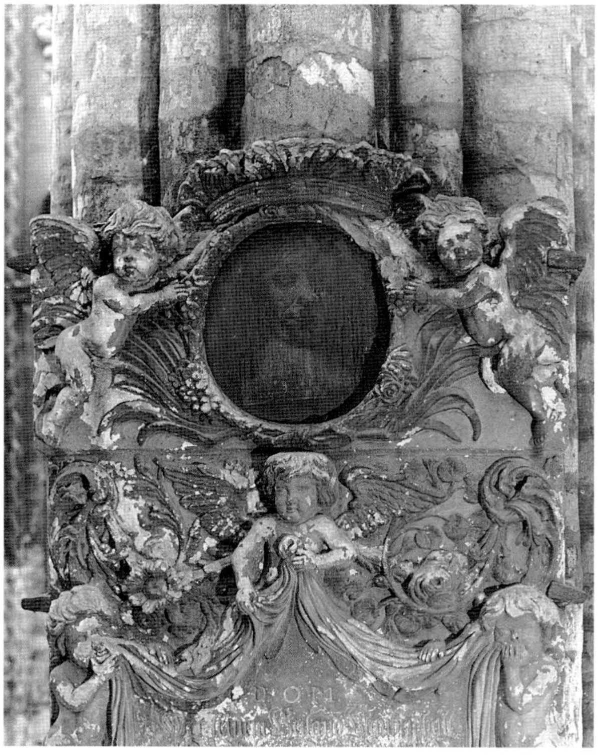

9
Putten mit Bildnis und Vorhangdraperie. Ausschnitt vom Epitaph Rantz (Kat. 25). Zustand 1968/69

Wie sehr am Anfang des 18. Jhs. die zunehmende Tendenz zum Abbau des architektonischen Gerüstes die Gestaltung vieler Epitaphien prägte, veranschaulicht in der Nikolaikirche eine Reihe von zeitlich dicht aufeinanderfolgenden, sorgfältig gearbeiteten Standepitaphien (Kat. 47, 52, 55). Ihre Volutengiebel tauchen als spiegelverkehrte, zum rahmenden Ornament umgeformte Pendants im Sockelbereich wieder auf. Dabei negieren die nach unten ausbiegenden Bögen die eigentliche, auf das Tragen von Lasten ausgerichtete Funktion eines Fußgesimses; eine Tendenz des Abbaus klarer tektonischer Strukturen, der sich auch die hinter kräftigen Blütengehängen zurücktretenden Pilaster unterordnen.

Bei einigen Gedächtnismalen, so bei Reetz (Kat. 22) und Albert Rantz (Kat. 25), übernimmt zum Teil eine Vorhangdraperie die Aufgabe der rahmenden Architektur. Trägt das Tuch die Inschrift, mindert es zugleich deren Anspruch auf Monumentalität. Im Hängeepitaph Didde, um 1719 (Kat. 59), hinterfängt eine an den Pfeiler geschmiegte, oben zu zwei großen Bäuschen geknüpfte Drapiere sowohl Hauptgeschoß wie Unterhang und gibt dem mehrgliedrigen Aufbau eine betont inszenatorische Note. Es sind vor allem die monumentalen Hängeepitaphien der 1. Hälfte des 18. Jhs., in denen das architektonische Gerüst als vorherrschende Gliederungsstruktur weiterlebt. Die gelenkartige Beweglichkeit der Gesims- und Gebälkformen begünstigt – anders als das starre Tafelepitaph – im besonderen die Anpassung an das gotische Stützensystem. Hierfür ist das Zorn-Epitaph (Kat. 54) mit seinen deutlichen Verkröpfungen und seitlich abgewinkelten Wandpfeilern ein gutes Beispiel.

Bei Zorn dominiert zwar der rahmenartige architektonische Aufbau, aber dessen Auflösung klingt bereits im Hochrelief des unterhalb der Vitentafel lagernden, trauernden Puttos an. Die geringe Gesimstiefe zwingt die Liegefigur noch zu einer komplizierten Seitwärtsdrehung, hingegen geben die Hängeepitaphien für den Hofrat Schrader (Kat. 63), den Propst Porst (Kat. 65) und dessen Schwiegersohn, den Apotheker Schrader (Kat. 72), sogar lebensgroßen allegorischen Figuren ausreichenden Entfaltungsraum. Das Epitaph für den Hofrat ist ein signiertes Werk Johann Georg Glumes (1679 bis 1765), die zwei anderen stammen vermutlich auch aus dessen produktiver Werkstatt. Als sogenannte »Staffage«-Epitaphien[19] inszenieren sie über einem sich vorwölbenden bühnenartigen Sockel ein eindrucksvolles »Skulpturentheater«. Die vertrauten Bestandteile – Inschrifttafel und Bildnismedaillon – sind hierbei einer zeichenhaft aufragenden, obeliskenartigen Stele angeheftet. Immer mehr sprengt die Glorifizierung von Person und Lebensleistung mittels Allegorie und Symbol den Rahmen christlicher Heilserwartung. Die drei im letzten Krieg stark beschädigten Gedächtnismale, von deren plastischer Qualität Vorkriegsfotos zeugen, sind in beachtlicher Höhe an Chorpfeilern angebracht und durch eine deutliche Orientierung nach Westen im Kirchenraum weithin sichtbar. Dabei korrespondieren die monumentalen Epitaphien des Hofrates und des Propstes über den Chor hinweg miteinander und rahmten einst als hochaufgetürmte Monumente die vom Eingang her nach Osten gerichtete zentrale Blickachse. Ein weiterer stilistischer und inhaltlicher Wandel deutet sich im jüngsten der großen und noch partiell *in situ* befindlichen Pfeilerepitaphien an, im Gedächtnismal für den Appellationsrat Loeper (Kat. 75) aus der Zeit um 1759. Ehemals formte eine große Rocaillekartusche den Unterhang, eine der wenigen ornamentalen Großformen des Rokokos innerhalb der Sepulkralplastik der Nikolaikirche. Aus dem tektonisch klar gegliederten Hauptgeschoß und der wuchtigen Aufsatzurne, über die sich der

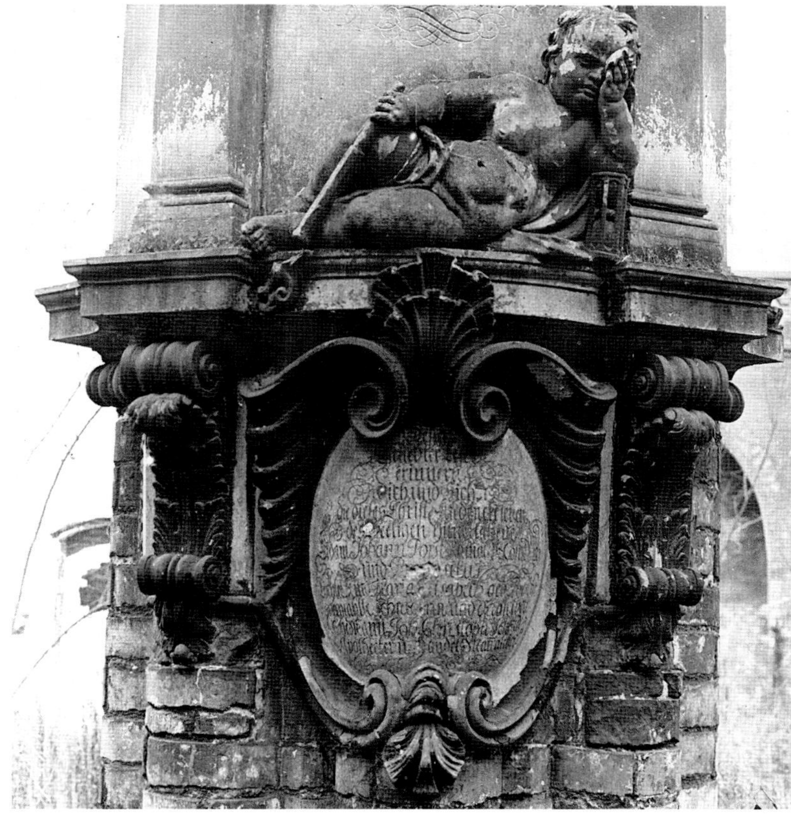

10
Liegender Putto und Unterhang. Epitaph Zorn (Kat. 54). Zustand 1968/69

Blätterbusch eines Palmenbaums neigt, sprechen hingegen bereits Momente klassizistischer Einfachheit und Schlichtheit.

Grabdenkmäler und Kapellen

Im Unterschied zum Epitaph, obwohl ihm strukturell ähnlich, verweist die kleine, aus vier Werken bestehende Gruppe plastischer Aufbauten über den Gruftzugängen auf den Ort der Bestattung. Der simsartig vortretende waagerechte Abschluß der Türöffnung – in einem Fall die Portalverdachung – dient als Basis, und die Wandflächen über der Öffnung bilden die Rücklage bzw. Folie für den figürlich-dekorativen Apparat. Die älteste Arbeit dieser Art, das Gruftportal für den Hofgoldschmied Mannlich von 1700 (Kat. 35), schuf Andreas Schlüter (um 1660 bis 1714); ein Bildhauer und Architekt von europäischem Rang, der Schöpfer des Berliner Stadtschlosses und bedeutender repräsentativer Bildwerke wie des Reiterdenkmals des Großen Kurfürsten und des Standbilds Friedrichs III. Der Portalaufbau für Mannlich gehört zu den wenigen im bürgerlichen Auftrag gefertigten Arbeiten des Künstlers. Mit ihm verband sich für Schlüter die Auseinandersetzung mit dem Todesproblem[20], dem er sich bereits kurz zuvor bei den Köpfen der sterbenden Krieger im Hof des Berliner Zeughauses gestellt hatte und die fünf Jahre nach der Errichtung des Grabmals in der Nikolaikirche in der meisterlichen Figur des Todes am Fußende des Sarkophags für die Königin Sophie Charlotte gipfelte. Greift der Tod von außen nach den Kriegerköpfen, als eine sich im Sichtbaren vielfältig spiegelnde universelle Macht, so betont hingegen die den Namen der Herrscherin in das Buch der Ewigkeit schreibende Personifikation des Todes den dialektischen Zusammenhang zwischen Vergänglichkeit und Nachruhm. Von einer anderen Auffassung ließ sich Schlüter beim Portalbau für Mannlich leiten: Er gibt eine szenische Allegorie des Sterbens. Der mumienhafte Tod greift nach dem Leben in Gestalt eines nackten, kleinen Kindes und veranschaulicht so die grausame Willkür des Geschehens. Die Gewandfigur des Todes lagert hinter der riesigen Urne mit dem Doppelbildnismedaillon, agiert gewissermaßen aus einem verborgenen, jenseitigen Raum heraus. In ihrer Dämonisierung mag sich auch die eigene Betroffenheit des Künstlers widerspiegeln – Schlüters einjähriger Sohn Gotthardt starb zu Beginn des Jahres 1700. Vor allem die Drastik der makabren Szene bestimmte die weitere Rezeptionsgeschichte des Kunstwerks. Zwar erkannte man die hohe künstlerische Qualität, mißdeutete aber nicht selten den tiefen Ernst des ohne christliche Hoffnungszeichen auskommenden bildnerischen Vortrags als bloße »Lebensverneinung«.

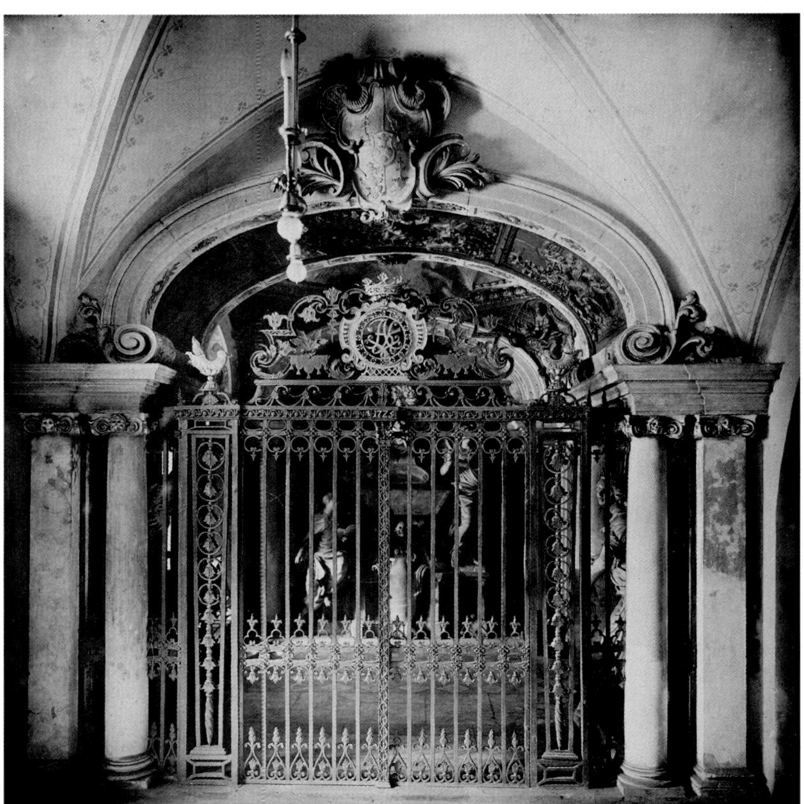

11
Grabkapelle Kraut
(Kat. 61);
Meßbild 1919

Nutzte Schlüter die gesamte Portalarchitektur als Ausdrucksträger, konzentrierte sich die bildnerische Gestaltung bei den um 1716 entstandenen Grabmälern Falckenberg (Kat. 56) und Gerresheim (Kat. 57) ausschließlich auf die Bekrönung der in die Doppelgruft führenden Zugänge. Beide Aufbauten korrespondieren, trotz größerer gestalterischer Unterschiede, absichtsvoll in ihrem zentralen Motiv, einer von einem Sarkophag bzw. einem Kenotaphgesims getragenen Inschrifttafel. Bei dem gut erhaltenen Grabdenkmal Baurmeister, vor 1727 (Kat. 64), beeindruckt die allegorische Figurenrahmung, insbesondere die über dem Oval der Inschriftkartusche schwebende Chronosfigur.

Wie stark sich im Laufe der Zeit Epitaph- und Grabmalsgestaltung einander annähern, ist in der Schei-

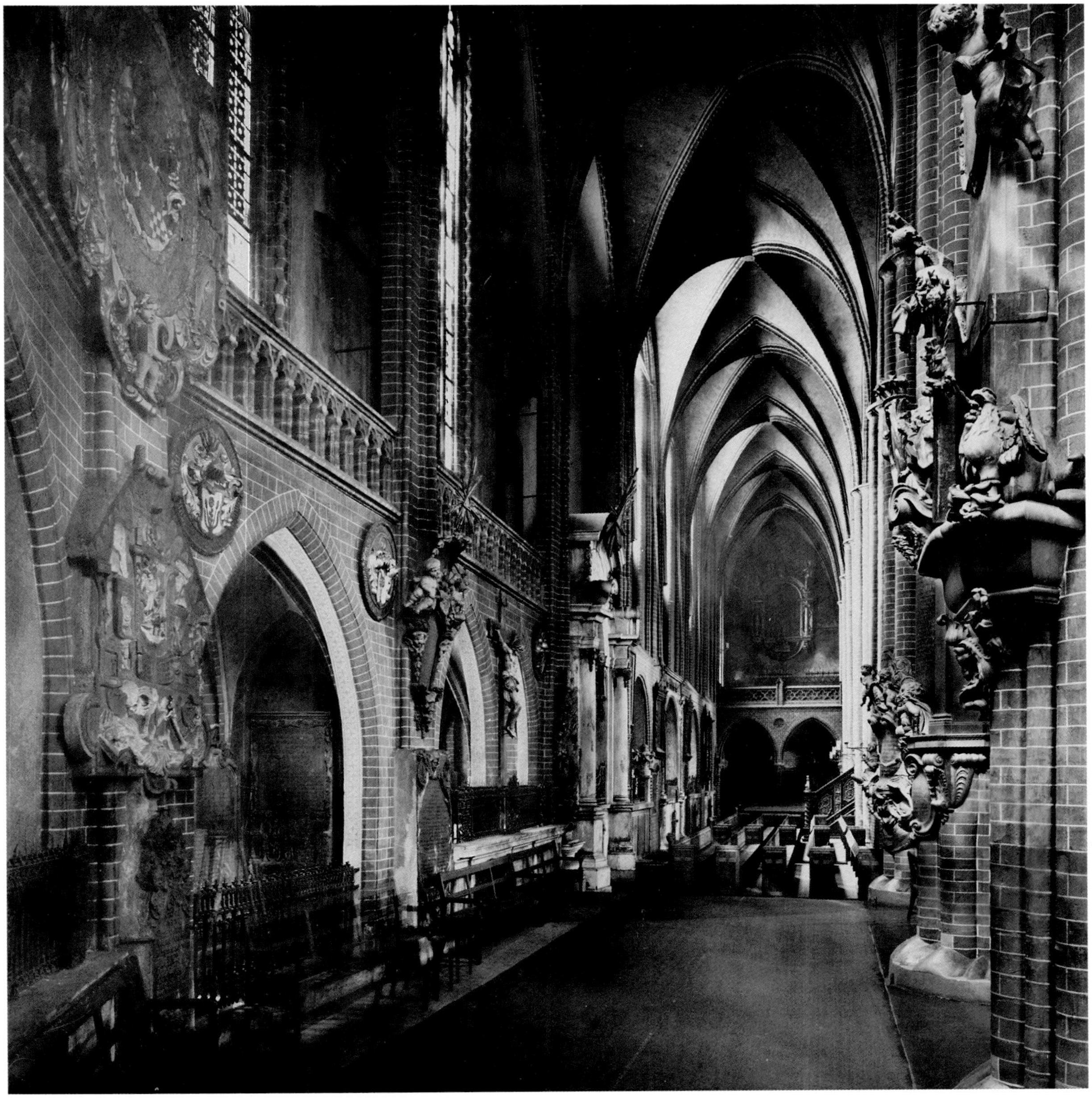

12
Chorumgang und südliches Seitenschiff. L. im Vordergrund die Epitaphien Matthias (Kat. 2) und Heinzelmann (Kat. 16); r. das Epitaph Schrader (Kat. 72), dahinter das Epitaph Didde (Kat. 59); Meßbild 1919

telkapelle des Chorumgangs beim Grabmal Schnitter (Kat. 37) zu beobachten. Das abgestufte Relief einer monumentalen geschweiften, von Kriegsemblemen umgebenen Kartusche erinnert in seinem Aufbau aus Bildnis und Wappenkranz an ähnlich geformte, meist hölzerne Hängeepitaphien des Barocks[21]. In der Nikolaikirche bleibt dieser Denkmaltyp Episode. Die Grabmäler der Randkapellen, insofern figürlich-plastische Lösungen gewählt wurden und man nicht, wie bei Pufendorf (Kat. 31), auf einen wappengeschmückten Inschriftstein zurückgriff, variieren in einigen Fällen das Schema des von allegorischen Freifiguren flankierten Sarkophags. Besonders charakteristisch hierfür sind die zeitlich eng beieinander liegenden Grabdenkmäler für den Kammergerichtsrat Bewert (Kat. 60) sowie den Minister von Kraut (Kat. 61). Das letzte ist, wie das bereits erwähnte Pfeilerepitaph des Hofrates Schrader, eine signierte Arbeit von Johann Georg Glume. Dieser – ein Schüler Schlüters und wichtiger Vertreter des Berliner Spätbarocks – bewahrte am entschiedensten die hochbarocke Gestaltungs- und Formauffassung Schlüters und vermittelte Elemente davon an die nachfolgende Generation, namentlich an seine begabten Söhne. Noch fehlt

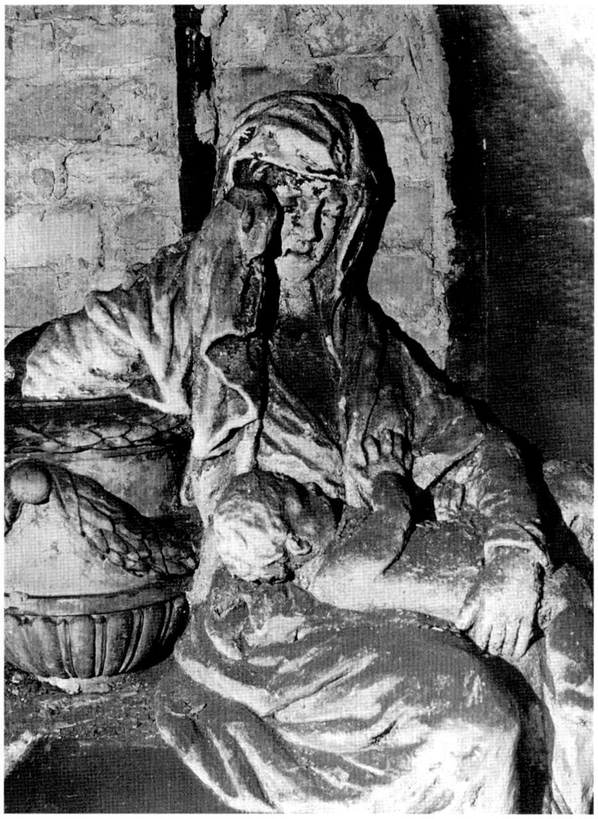

13
Allegorie der Caritas. Grabmal Schütze (Kat. 76). Zustand 1968/69

eine abschließende Darstellung und Bewertung seines Werkes, vor allem, was die privaten Aufträge anbelangt.[22] So beruhen die Zuschreibungen in der Nikolaikirche weitgehend auf stilkritischen, teilweise am Fotomaterial getroffenen Beurteilungen.

Von zentraler Bedeutung für das Schaffen Glumes ist die 1725 fertiggestellte Krautsche Begräbniskapelle – ein barockes Gesamtkunstwerk, das trotz der kriegsbedingten Reduktion viel vom kompositorischen Kalkül seiner Schöpfer verrät. Am ehesten ließe sich ihr das Grabdenkmal für den Geheimen Rat Schindler (Kat. 51) – ein Schwager Krauts – an die Seite stellen. Zur Zeit sieht der Besucher allerdings nur den imposanten, aber leeren Kapellenbau mit dem majestätischen Portalmotiv im Kircheninneren und dem sepulkralen Dekor an der Außenwand. Das einfallende Licht steigert, wie vormals bei Schindler, auch in der Kapelle Kraut den Illusionismus der Darstellung. Wie in einigen Staffage-Epitaphien ist das profanierte Bildnis des Verstorbenen, in diesem Falle eine Büste, Bezugspunkt der ausdrucksvoll agierenden weiblichen Allegorien. Trotz der beigeordneten religiösen Motive – insbesondere der einstigen Wand- und Deckenbilder – dominiert der Gedanke ruhmvoller Verewigung. Stärker als bei Schindler, wo der über dem geöffneten Grab in einer »diaphanen« Wolkengloriole scheinbar emporschwebende Heiland die christliche Botschaft ins inhaltliche Zentrum rückt, spricht bei Kraut aus Teilen der Ikonographie sowie der aufwendigen Kapellengestaltung die unmittelbare Verherrlichung des Auftraggebers und seiner Tugenden. Die geradezu fürstliche Attitüde wurde durch eine kostbare Vergitterung abgerundet, welche den Betrachter auf ehrfürchtige Distanz hielt. Das aus Sarkophag, Figuren und Inschrifttafel bestehende Aufbauschema, wie es bei Kraut und Bewert zu beobachten ist, verlangte nicht ausschließlich eine betont vollplastische Umsetzung. Im anonymen Grabmal (Kat. 62) aus dem 2. Drittel des 18. Jhs. wurde es auf eine Reliefebene projiziert, deren vielfigurige, bildmäßige Komposition die Kapellenrückwand füllt.

In den Grabmälern für Schütze (Kat. 76) und Wendlandt (Kat. 78) aus den 70er und 80er Jahren mehren sich klassizistische Stilelemente, Zeichen einer neuen, in den 60er Jahren des 18. Jhs. einsetzenden und insbesondere durch die bahnbrechende Leistung Winkelmanns angeregte Wertschätzung der Antike. Ist davon im nur fragmentarisch erhaltenen Erbbegräbnis Wendlandt hauptsächlich die architektonische Gliederung betroffen, bezeugt hingegen bei Schütze der gesamte Denkmalsaufbau mit dem über kleiner Basis sich schwungvoll vergrößernden Sarkophagkörper, der wuchtigen Urne – beide mit Lorbeer geschmückt – und den weißlichen allegorischen Stuckfiguren den beginnenden ästhetischen Wandel. Wobei die von Heinrich Bettkober (1746–1809) modellierten Plastiken in ihren spannungslosen, verfließenden Formen wohl zu seinen schwächeren Leistungen zählen. Das Grabmal ist die früheste uns bekannte signierte Arbeit des Künstlers, der seine Ausbildung unter Sigisbert Michel in der Hofbildhauerwerkstatt erfuhr und später die Klasse für Modellieren in Wachs und Ton an der 1786 reorganisierten Akademie leitete.[23] Nicht nur das eigentliche Grabmal, auch das Ornament der Gewölbekonsolen mit den Mäanderwangen und dem dorischen Tropfenmotiv erinnert an das Formenvokabular des Klassizismus.

Symbole und Allegorien

Der Mensch gab von jeher seinen Vorstellungen über den Tod vielfältigen künstlerischen Ausdruck. Vornehmlich die neuzeitliche Verbindung des retrospektiven Momentes[24] des persönlichen Erinnerns mit dem prospektiven, auf das Jenseits gerichteten, erweiterte die Palette von Themen, Allegorien, Sinnbildern und -zeichen. Eine Vielzahl dieser ikonographischen Muster findet sich auch in der Grabplastik der Nikolaikirche. Wobei nicht nur die eindeutig figürlichen und zeichenhaften Formen, sondern des öfteren auch die Gesamtgestalt der Monumente und deren architektonische und gegenständliche Details auf das Sepulkrale verweisen. In den hochrechteckigen Sandsteinplatten vieler Epitaphien wirkt immer noch die Form der gleichsam die Fläche des versenkten Sarges auf den Fußboden projizierenden mittelalterlichen Grabplatte fort. Die kurvige Kontur einiger mit gebauchten Inschriftfeldern versehenen Hängeepitaphien erinnert an die im Mittelalter entstandene Gattung des Totenschildes. Wie stark die christliche Grabplastik mit dem Formengut der als vorbildlich empfundenen Antike verschmolz, zeigen unter anderem der tempelartige Aufriß der monumentalen mehrachsigen architektonischen Epitaphien (Kat. 13) mit seinen Ädikulä, Karyatiden und Pilastern ebenso wie die mehrfache Verwendung von Sarkophag, Urne und Obelisk.

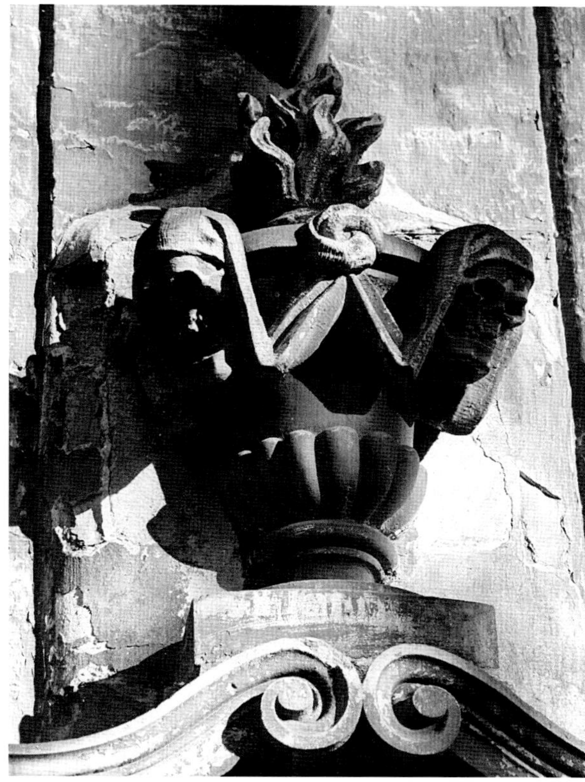

14
Urne mit »Totenkopfdraperie«. Detail vom Epitaph Köppen (Kat. 70). Zustand 1968/69

Der römische Sarkophag, den das Frühchristentum noch als zentralen Träger seiner Bilderwelt schätzte, verschwand im Mittelalter fast völlig und erlebte erst im italienischen Quattrocento eine Rückkehr. Der aufwendige Schausarg deutet auf das Grab und zugleich auf die gehobene Stellung des Verstorbenen im sozialen Gefüge – auch dann, wenn sein Korpus verkleinert und nicht in allen Teilen wiedergegeben wird (Kat. 60, 61) oder gar zu einer Art Hochrelief (Kat. 57, 62) bzw. zum bloßen Kenotaphgesims (Kat. 56, 72) abmagert. Als wichtiges Todes-, Trauer- und Ewigkeitssymbol, teilweise mit figuralem Schmuck versehen, drapiert oder von Lorbeer umwunden, findet die antike Urne (u. a. Kat. 35, 70, 76) als unvergängliches Gefäß der sterblichen Überreste mehrmals Verwendung. Mit ihrer kurvigen, die Wucht eines großen Volumens bändigenden Kontur bildet sie ein beliebtes Bekrönungsmotiv. Die hochaufragenden Stelen der Staffage-Epitaphien variieren ein weiteres antikes Motiv, den vom Humanismus des 16. Jhs. wiederentdeckten monumentalen Obelisken. Er spielt auf den Ruhm des Verstorbenen und – in einer christlichen Weiterung – auf den der göttlichen Ordnung an. Als Grenzscheide zwischen Leben und Tod fungieren die zahlreichen, meist niedrigen Grufttüren, von denen einige durch plastische Aufbauten hervorgehoben werden. Am eindrucksvollsten geschieht dies, wobei die Torform selbst mitspricht, beim Zugang zur Mannlich-Gruft. Geböschte, leicht zur Öffnung hin geneigte Pfosten stemmen sich pylonenartig gegen die mächtige Bekrönung – ein aus der ägyptischen Portalarchitektur herrührendes und später vor allem für Grabbauten verwandtes Motiv, in dem der Gedanke des Todestores anklingt.[25]

Sind es in den Bildepitaphien des 16. Jhs. vor allem szenische Darstellungen, die das christliche Todesverständnis artikulieren, findet es in der Folgezeit zunehmend in einer Fülle von allegorischen Figuren und Symbolen seinen Ausdruck. Sie sind »Bausteine« einer sepulkralen Ikonographie, die meist in konzentrierter sinnbildlicher oder zeichenhafter Gestalt auf irdische Vergänglichkeit, Jenseitshoffnung und ruhmvolles Gedenken hinweisen. Unter den figürlichen Motiven der Grabplastik in der Nikolaikirche fallen einige mehrfach wiederkehrende ins Auge. Da ist die Darstellung des Todes, der in den frühen Epitaphien als Gerippe oder Mumienmann nach dem Leben greift oder von Christus in den Staub getreten wird. Später prangt er, reduziert auf den bloßen Schädel und das Knochenkreuz als Wappen des Todes und Gegenstand der Meditation an vielen Gedächtnismalen (u. a. Kat. 5, 36, 61) oder spielt als Kapitellschmuck auf das sepulkrale Thema an. Nicht selten geht der Totenkopf eine ikonographische Verbindung mit dem Stundenglas ein, dem Emblem der unerbittlich verrinnenden Zeit, des verlöschenden Lebens. In einigen Fällen sprießen Ähren aus den Augenhöhlen und verbinden den Schädel mit dem Mysterium Christi und den Gedanken an die Auferstehung. Dieser ikonographischen Kombination liegt der Paulusvergleich mit dem Werden und Vergehen der Natur (1. Kor. 15, 35–38; 42–44) sowie das Bild von Christus als Samenkorn (Joh. 12, 24 f.) zugrunde.

15
Vanitasmotive vom Epitaph Rheetz (Kat. 36)

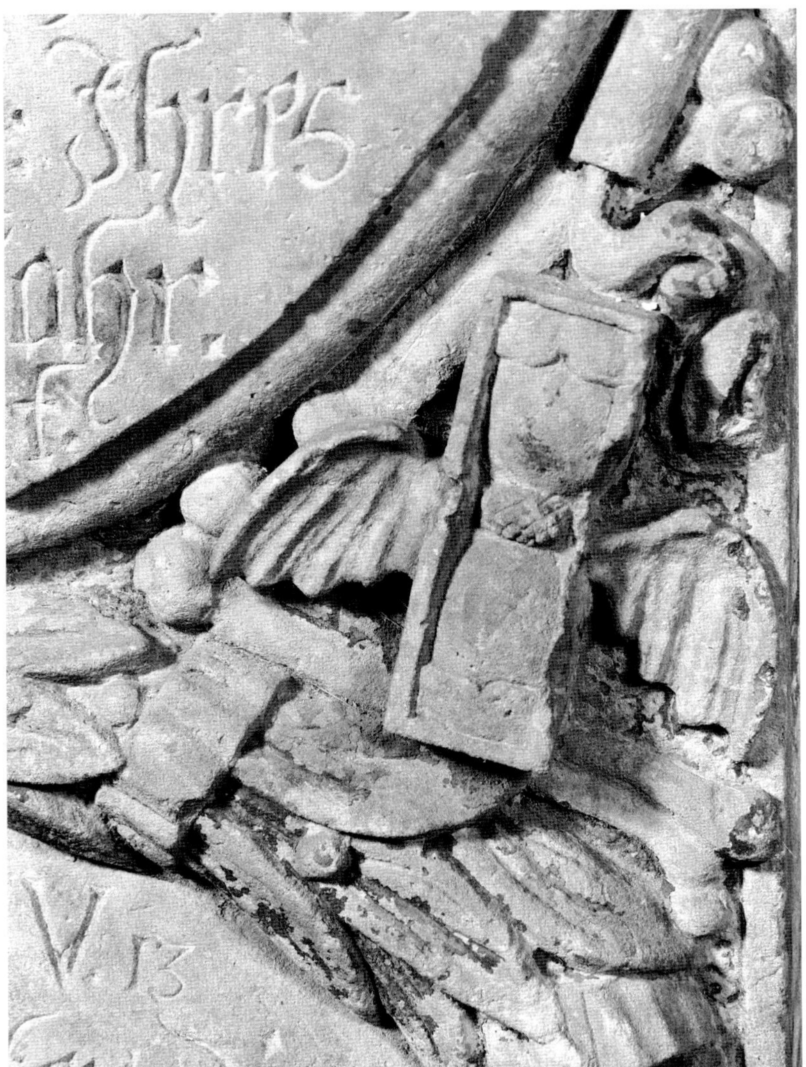

Das Barock, dessen subjektiv-seelenvolle Dichtung ein tiefes Todesempfinden offenbart, stellte den Tod nicht mehr ausschließlich als höhnisch-grinsenden Zerstörer dar, sondern verstärkt als Wegbereiter des Ewigen.[26] Zunehmend verschmolz die Gestalt des Todes mit der allegorisch-mythischen Figur des Chronos, wurde häufig ganz durch sie ersetzt.[27] Die bildkünstlerische Darstellung der Zeit geht in ihrer Traditionslinie zurück bis auf die spätantike Literatur, die des ähnlichen Wortklanges wegen den griechischen Gott Kronos (der römische Saturn) mit dem Zeitgott Chronos in Verbindung brachte. Der neuzeitliche Chronostyp entstand in der italienischen Renaissance. Das greisenhafte Äußere mit den düsteren Gesichtszügen sowie die Sense (Sichel) sind Teile des saturnischen Erbes. Die sensenbewehrte Personifikation der Zeit überwindet das Leben, führt es dem Tod zu. In der Grabplastik der Nikolaikirche läßt sich die ganze Bandbreite der Chronosdarstellung, vom Sinnbild des geflügelten Stundenglases bis zur lebensgroßen vollplastischen Greisengestalt nachweisen (u. a. (Kat. 54, 60, 61). Kompositorisch auf die Erinnerungsschrift bezogen, gemahnen die Figuren und Embleme an das Lebensende und heben dabei den Verstorbenen aus den Niederungen des irdischen Daseins heraus.[28]

Die Symbole der Vergänglichkeit und des Todes befinden sich vielfach im unteren Bereich der Darstel-

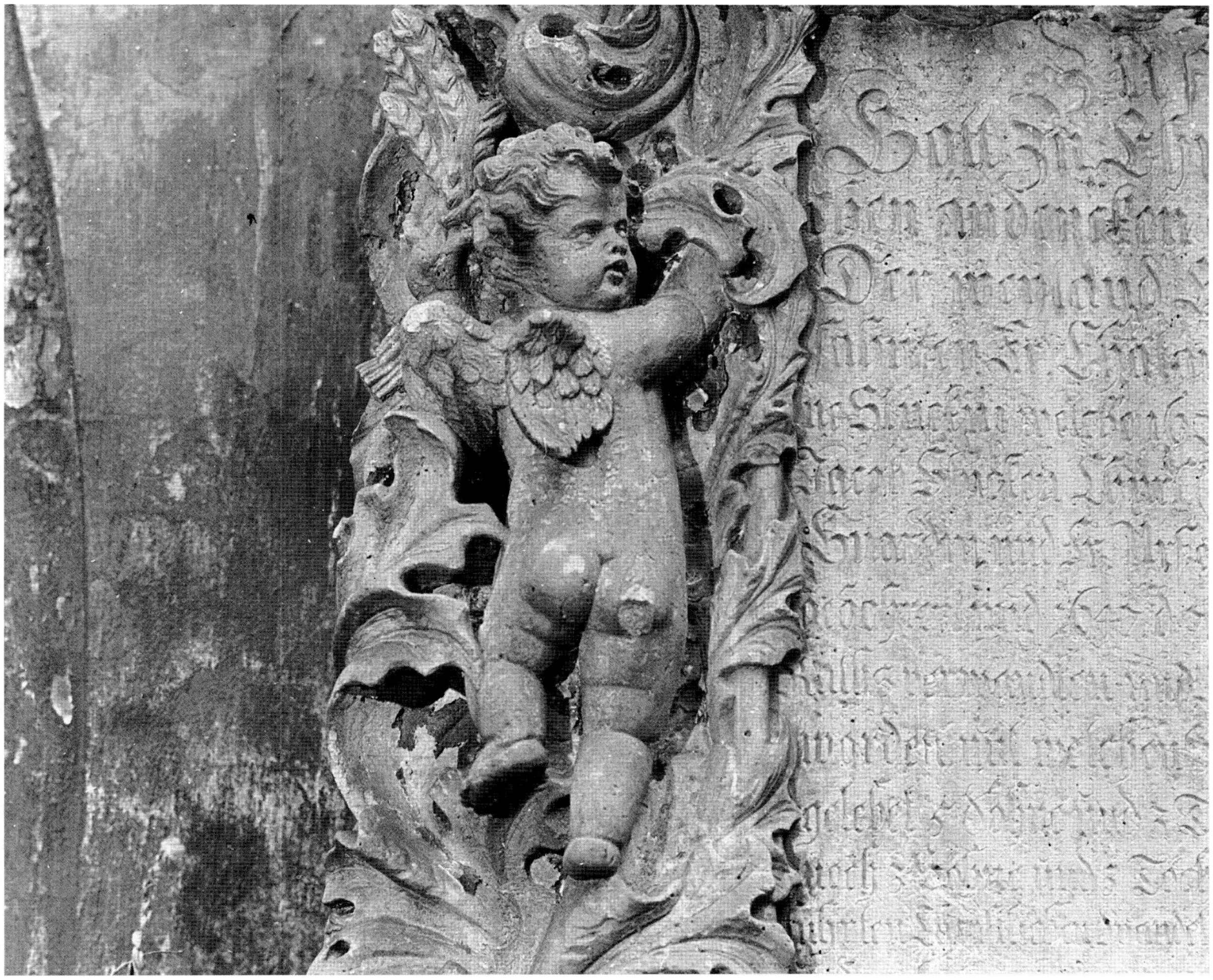

16
Putto im Rankenwerk. Detail vom Epitaph Rantz (Kat. 26). Zustand 1968/69

lungen. Hier lebt noch die mittelalterliche Konzeption einer transzendenten Topographie fort, die Hölle, Erde und Himmel als übereinandergeschichtete Zonen begreift. So besetzen die zahlreichen Putten und Engel, letztere oft in Gestalt der im Protestantismus so beliebten Diminutivform des Kinderköpfchens, zumeist die oberen, himmlischen Regionen. Die Vorstellung des Engels als Seelengeleiter hat ihren Platz auch auf den frühen evangelischen Epitaphien (Kat. 2). In den antikgewandeten Flügelwesen der Zwickelfüllungen (Kat. 9, 13) verbindet sich der Gedanke an ein siegreiches christliches Leben mit dem des Seelenempfangs[29].

Nicht fortzudenken aus der Grabplastik sind die vielen, unterschiedlichen Beschäftigungen nachgehenden Putten (u. a. Kat. 22, 25, 64). Als unentbehrliche Helfer beim Trauern und Gedenken beleben sie die Epitaphien und Grabmäler, gleichzeitig tragen sie zu deren Verräumlichung bei. Die rundlichen, schwellenden, meist geflügelten Kinderkörper knüpfen an die antiken Eroten und die Kinderengel des späten Mittelalters an. In naturhafter Fülle bilden sie eine eigene Welt vorpersönlichen Daseins[30]. Ihre sinnbildliche Bedeutung entfaltet sich erst im jeweiligen, meist eifrigen Tun und den beigeordneten Attributen. Theatralisch enthüllen sie die Inschrift, trocknen ihre Tränen am Bahrtuch, halten paarweise Wappen oder klettern, versehen mit den Symbolen der Sterblichkeit und des ewigen Lebens, im Rankenwerk der breiten Rahmen umher. Ein bekanntes Vanitasmotiv sind Putten, die Seifenblasen steigen lassen oder mit ihnen spielen (Kat. 13, 30, 65). Die im Nu vergehende Blase ist ein Sinnbild für die Hinfälligkeit menschlichen Lebens. Zurückgehend auf das »Homo Bulla« Wortbild der Antike[31], von Erasmus von Rotterdam wiederaufgegriffen und im niederländischen Manierismus auf eine genrehafte Bildformel gebracht, gehört es im 17. und 18. Jh. zum festen ikonographischen

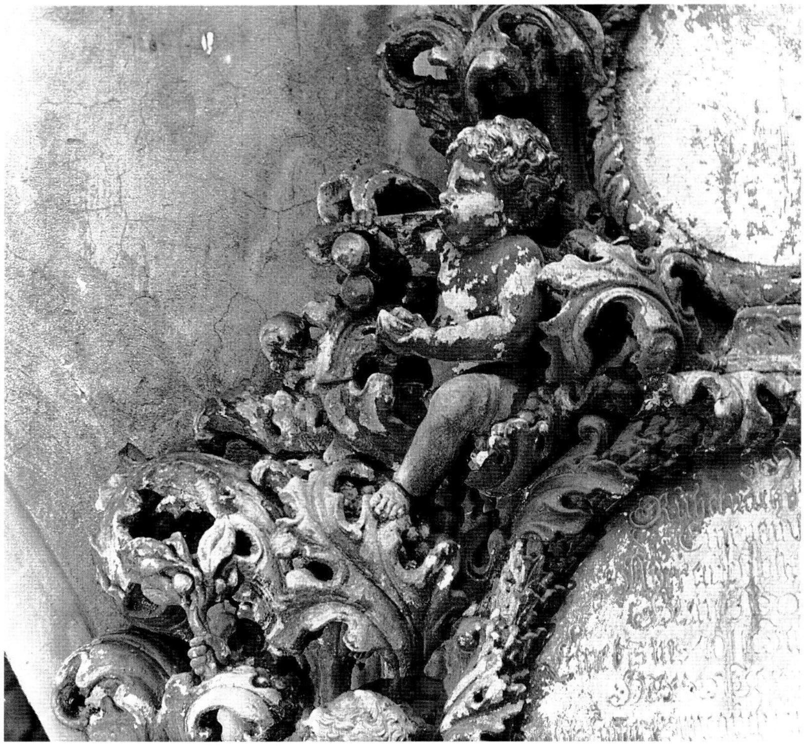

17
Seifenbläser. Detail vom Epitaph Westarph (Kat. 30). Zustand 1968/69

Bestand der Sepulkralkunst. Einige Engelskinder präsentieren – nicht selten in spiegelbildlicher Verdoppelung – ostentativ das Bildnis des Verstorbenen, andere schweben herab, um es mit dem Sternenkranz der Ewigkeit zu krönen. Die Putten übersetzen die Empfindungen des Betrachters gegenüber dem Toten gleichsam in eigenes Handeln und machen sie damit zu Elementen der bildkünstlerischen Darstellung.

Einzelne vollplastisch wiedergegebene Allegorien und Tugenden ergänzen das Figurenkaleidoskop in der Nikolaikirche. Hierzu gehört die Personifikation der über die Zeit triumphierenden sternenbekrönten Ewigkeit in der seit dem 17. Jh. wiederholt anzutreffenden Gegenüberstellung mit der Figur des Chronos (Kat. 61) ebenso wie die Allegorie der Hoffnung mit dem obligatorischen Anker (Kat. 62, 74) sowie die der Sehnsucht nach Gott und die Liebe zu ihm, eine Frauengestalt, die ein flammendes Herz emporhält (Kat. 61, 63). In Einzelfällen werden die Allegorien durch Tituli erläutert, so bei den Figuren der Endlichkeit und der Festigkeit am Grabdenkmal Baurmeister (Kat. 64).

Zu den wenigen tierischen Motiven, deren Bedeutung nicht, wie die des Delphins, Löwen oder Greifen (Kat. 9, 13), alles Christus- bzw. Wächtersymbole, im ornamentalen Bezug verblaßt, gehört der Phönix (Kat. 72) – ein mythischer Vogel, der auf dem höchsten Palmenbaum sein Nest errichtet. Von der glühenden Sonne entzündet, verbrennt er, und aus der Asche steigt ein junger Phönix empor. Der Vogel gilt als ein antikes Sonnen- und Ewigkeitssymbol, das von den Kirchenvätern auf den Opfertod und die Auferstehung Christi übertragen wurde und als Hinweis auf Unsterblichkeit, Paradies sowie als Sinnbild der armen, im Fegefeuer geläuterten Seelen gelten kann.

Gesenkte Fackeln (u. a. Kat. 30, 36, 78) erinnern an die umgestülpte Lebensfackel der Trauer-Eroten an den römischen Sarkophagen. Mit der Lichtsymbolik verbunden sind auch die symmetrisch aufgestellten Öllampen auf den Epitaphaufsätzen. Die beständig sich verzehrende und dadurch stets erneuernde Flamme wird im Christentum zum Bild des verlöschenden Lebens und der Hoffnung auf Auferstehung (u. a. Kat. 20, 47, 64). Zu den auffälligeren sepulkralen Pflanzenmotiven zählt neben den zum Vanitas-Thema gehörenden Blüten und Fruchtgehängen der meist um die Inschrift oder das Porträt gelegte immergrüne Lorbeer (u. a. Kat. 28, 35, 62). Ähnlich wie Efeu und Eiche verkörpert er ein Sinnbild des fortdauernden Lebens und zudem ein dem Christentum anverwandeltes antikes Siegeszeichen; ebenso wie die Palme (u. a. Kat. 17, 45, 62), deren Wedel schon im frühen Christentum den Sieg des Heilandes und der Märtyrer priesen. Ob im Palmenbusch des Loeper-Epitaphs ein Motiv anklingt, wie es in der apokryphen Episode vom herabgebeugten Palmenbaum auf der Flucht Marias nach Ägypten geschildert wird, bleibt unklar.

Christliche Trinitäts- und Monogrammzeichen (u. a. Kat. 16, 45, 72) treten nur vereinzelt auf. Das Dreifaltigkeitszeichen gilt als eigentliches Ewigkeitssymbol des christlichen Mittelalters. Als Auge Gottes im Strahlenkranz schwebt es gleich einem himmlischen Abschluß über einigen der hohen Pfeilerepitaphien. Aus der Kombination der eschatologischen Buchstaben Alpha und Omega, den Anfangs- und Endbuchstaben des griechischen Alphabets, entsteht ein weiteres Symbol des ewigen Lebens (Offenb. 1, 8).

Auf die *eternita* Gottes verweist ebenfalls das aus der Antike herrührende Motiv der ihren Schwanz verschlingenden Schlange, der Uroboros. Als sogenannter Schlangenring umschließt er das Bildnis des Verstorbenen (Kat. 57, 63) und legt sich um das Tetragramm, die vier Buchstaben des hebräischen Gottesnamen (Kat. 51). Gemahnt die Kreisform des Uroboros an die

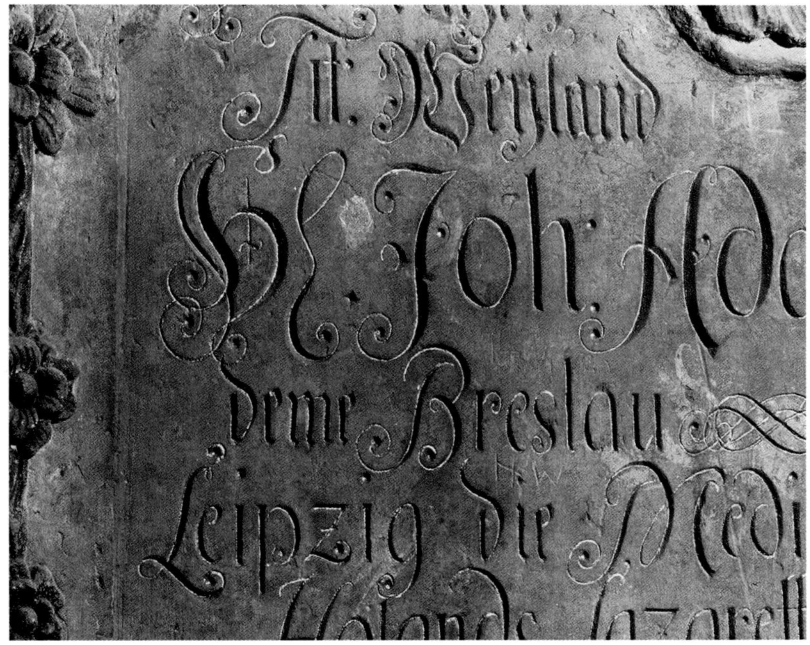

18
Inschriftausschnitt vom Epitaph Limprecht (Kat. 69)

stete Wiederkehr des Gleichen, prägt sie gleichermaßen auch die Aura des Kranzes und der Krone als Symbole herrscherlicher Würde und Siegeszeichen der Unsterblichkeit.

Die von Gott verheißene Krone des Lebens, oftmals von Engelskindern emporgehoben, thront über vielen Epitaphien (u. a. Kat. 20, 47, 62) und deutet auf das die gesamte christliche Sepulkralkunst durchziehende biblische Versprechen: Wer trotz Anfechtung in Treue und Liebe zu Gott hält, kommt zur ewigen Seligkeit, empfängt die Lebenskrone (Jak. 1,12; Offenb. 2,10).

Formanalyse und Ikonographie sind grundlegend für das Verständnis der Grabplastik und stehen deshalb im Mittelpunkt dieser Ausführungen. Sepulkrale Plastik ist Gegenstand der kunst- und religionsgeschichtlichen Forschung und im zunehmenden Maße Quelle biographischer, regional- und lokalgeschichtlicher sowie volkskundlicher Untersuchungen. Gerade viele der eher durchschnittlichen, nicht so stark von der Individualität des Künstlers geprägten Werke sind in ihrem Gebrauchszusammenhang gut zu erkennen und repräsentieren besonders anschaulich den Zeitgeist der jeweiligen Epoche.

Ein eigenes, hier nicht näher zu behandelndes Kapitel bilden die Inschriften. Ihre allgemeine Entwicklung, die von den knapp formulierten, am Rande umlaufenden Identitätsangaben des Spätmittelalters über die mehrteiligen, oft durch Wappendarstellungen voneinander getrennten Textfelder der Renaissance und des Frühbarocks zu den aufwendigen Vitentafeln des Spätbarocks führt, ist auch an den Monumenten der Nikolaikirche abzulesen. Die Inschriften offenbaren einen allmählichen Wandel in der Haltung gegenüber dem Tod und dem persönlichen Gedächtnis. Hierbei verwandte man in den einzelnen Epochen häufig sprachliche Versatzstücke und Formeln, die, ähnlich den plastischen »Vokabeln«, häufig in leicht variierten Zusammenstellungen wiederkehren. Unterschiedliche Versformen, gelehrte Anspielungen sowie die vor allem im Barock so beliebte ruhmredige Phraseologie unterstreichen den Charakter und die Leistungen des Verstorbenen ebenso wie die kunstvolle Schrift – ob gotischer Textur, klar lesbare und überpersönliche Antiqua oder schwungvolle, teilweise kalligraphisch ausgeschmückte Fraktur – mit ihren ästhetischen und emotionalen Wirkungen.

Die angedeutete kulturgeschichtliche Komplexität gehört zum Wesen sepulkraler Kunst und macht sie auch für ein breites Publikum interessant. Hinzu kommt, daß heute, wo das Erlebnis des Todes als eine der unmittelbaren Grunderfahrungen menschlichen Lebens weitgehend aus dem öffentlichen Bewußtsein verdrängt ist, der Betrachter besonders deutlich die gedankliche und künstlerische Souveränität empfindet, mit der die Grabmalskunst vergangener Epochen das Todesthema und die Erinnerung an die Verstorbenen gestaltete. Um so notwendiger erscheint eine verstärkte Forschung auf diesem von der Kunst- und Regionalgeschichte bisher weitgehend vernachlässigten Gebiet. Als Beitrag hierzu versteht sich der vorliegende, die Sepulkralplastik der Nikolaikirche vorstellende Katalog. Lokale Bestandsaufnahmen wie diese bilden die Voraussetzung jeder weiteren Forschung, deren abschließendes Ziel es sein muß, ein möglichst umfassendes und zugleich differenziertes Bild der märkischen Grabplastik zu entwerfen.

Knut Brehm

Anmerkungen

1. Ein Verzeichnis aller Kunstwerke der Marienkirche führt allein 14 Gemälde an, die ihren Platz ursprünglich in der Nikolaikirche hatten. SIBYLLE UND ERNST BADSTÜBNER, DANKWART RAHNENFÜHRER, HEINZ-GEORG OERTEL: *Die Berliner Marienkirche und ihre Kunstwerke.* 3. bearbeitete Auflage, Berlin 1984.
2. Im Anhang sind unter der Überschrift »Fragmente« jene Epitaphien aufgeführt, denen sich nur noch – meist sehr geringfügige – einzelne Plastikreste zuordnen lassen und die im Katalog keine eigene Nummer erhielten.
3. Dazu auch PHILIPPE ARIÈS in seinen Vorlesungen zum Wandel der Todesauffassung: *Western Attitudes toward Death: From the Middle Ages to the Present.* Baltimore 1975, S. 51.
4. BORRMANN, S. 223.
5. FRIEDRICH GEDIKE: Ueber die Begräbnisse in den Kirchen, in: *Berlinische Monatsschrift, 5. Bd.*, Januar-Juni 1785. Berlin 1785, S. 80–95.
6. Julius Kurth spricht vom »Geheimnis« des Milieus, das im Gewachsenen des historisch und künstlerisch Disparaten wurzelt. KURTH, S. 4.
7. Für die Restaurierung »der Denkmäler und Gemälde« in den Jahren 1878–1880 betrugen die Kosten 14 000 Mark. HERMANN BLANKENSTEIN: Die Restauration der St. Nikolai-Kirche zu Berlin, in: *Deutsche Bauzeitung.* 1880, Nr. 73, S. 390.
8. Das griechische Adjektiv *ἐπιτάφιος* bedeutet: »Zum Grab, zum Begräbnis gehörig«.
9. Den recht beliebigen Gebrauch des Begriffes »Epitaph« hat Burkhard-Meier an Hand von Zeugnissen des 15. und 16. Jhs. aufgezeigt. MICHAEL BURKHARD-MEIER: *Das spätmittelalterliche Wanddenkmal in Deutschland und den Niederlanden.* Phil. Diss., Freiburg 1955.
10. KURT BAUCH: *Das mittelalterliche Grabbild.* Berlin, New York 1976, S. 203.
11. HERMANN SCHWEIZER: *Die mittelalterlichen Grabdenkmäler mit figürlichen Darstellungen in den Neckargegenden von Heidelberg bis Heilbronn.* Straßburg 1899.
    EDWIN REDSLOB: *Die fränkischen Epitaphe im 14. und 15. Jahrhundert.* Diss. Phil., Nürnberg 1907.
    HERBERT DERWEIN: *Geschichte des Christlichen Friedhofs in Deutschland.* Frankfurt am Main 1931.
12. Für Panofsky beispielsweise bewirkt das Epitaph die schlüssige Lösung einer in der Entwicklung der skulptierten Grabplatte angelegten ästhetischen Antinomie, die aus der Darstellung einer liegenden, aber zugleich physisch agierenden Figur erwächst. ERWIN PANOFSKY: *Grabplastik. Vier Vorlesungen über ihren Bedeutungswandel von Alt-Ägypten bis Bernini.* Köln 1964, S. 60 ff.
13. ALFRED WECKWERTH: *Der Ursprung des Bildepitaphs. Zeitschrift für Kunstgeschichte.* 20, 1957, S. 147–185.
14. GEORG HABICH: *Hans Schenck, der »Meister mit dem Krüglein«. Archiv für Medaillen- und Plakettenkunde, Bd. V.* Halle 1925.
15. JOACHIM FRIEDRICH SEEGER: Hans Schenck (genannt Scheußlich). Ein deutscher Bildhauer des 16. Jahrhunderts, in: *Mitteilungen des Vereins für die Geschichte Berlins.* 49 (1932), S. 33–50 und 55–86.
    Insbesondere zum Halberstädter Epitaph auch ANDREAS CANTE: *Hans Schenk oder Scheusslich (um 1500 – um 1572). Zur historischen Einordnung seines grossplastischen Schaffens,* Magisterhausarbeit. Freie Universität Berlin, 1993.
16. s. Anmerkung 15.
17. WALTHER REHM: *Der Todesgedanke in der deutschen Dichtung vom Mittelalter bis zur Romantik.* Halle 1928, S. 143.
18. PAUL SCHOENEN: Epitaph, in: *Reallexikon zur deutschen Kunstgeschichte, Bd. 5.* Stuttgart 1967, S. 809.
19. Die Einführung dieses neuen, bühnenmäßigen Epitaphtyps in die Grabplastik Schleswig-Holsteins durch Thomas Quellinus behandelt Ketelsen-Volkhardt. ANNE-DORE KETELSEN-VOLKHARDT: *Schleswig-Holsteinische Epitaphien des 16. und 17. Jahrhunderts.* Neumünster 1986, S. 268 ff.
20. Aufschlußreich hierzu sind: WINFRIED KORF: *Die Vorstellung vom Tode im Schaffen von Andreas Schlüter,* Semesterarbeit. Kunstgeschichtl. Institut d. Humboldt-Universität zu Berlin, 1964 und CLAUDE KEISCH: *Zur Todesikonographie bei Andreas Schlüter.* Staatliche Museen zu Berlin, Forschungen und Berichte 13, 1971.
21. Beispiele sind u. a. das z. Z. ausgelagerte Dewitz-Epitaph (um 1723) aus der Kirche in Holzendorf (Lkr. Strasburg), das Epitaph für Chr. v. Rohr († 1693) in Wilmersdorf (Lkr. Oder-Spree) und das Epitaph für B. v. Wulffen († 1726) in Steinhöfel (Lkr. Oder-Spree).
22. Grundlegend zu Glume immer noch: ILSE OSCHÜTZ: *Johann Georg Glume. Sein Verhältnis zu Andreas Schlüter und zu der Kunst seiner Zeit,* Staatsexamensarbeit, Fachrichtung Kunstgeschichte. Humboldt-Universität zu Berlin, 1957.
23. Zu den wenigen erhaltenen Arbeiten gehören u. a. zwei mythologische Reliefs vom Brandenburger Tor sowie die Büsten von Friedrich II. und Freiherr von Heinitz. Weitere Angaben zu Person und Werk in: *Ethos und Pathos.* Ausstellungskatalog, Berlin 1990, S. 40–42.
24. Zur Bedeutung des Begriffspaares retrospektiv/prospektiv äußert sich Erwin Panofsky an mehreren Stellen seiner Vorlesungen zur Grabplastik. Vgl. Anmerkung 12.
25. Schlüters antiquarisches Interesse ist auch vor dem Hintergrund der durch den antiken Traditionsbezug Friedrichs III./I. in Berlin angeregten historiographisch-philologischen und archäologischen Wissenschaft zu sehen. Hervorzuheben ist hierbei die Arbeit des kurfürstlichen Oberaufsehers des Antikenkabinetts Lorenz Beger.
26. WALTER REHM: *Der Todesgedanke in der deutschen Dichtung vom Mittelalter bis zur Romantik.* Halle 1928.
27. Die Entwicklung des Chronos-Motivs von der Spätantike bis zum 18. Jh. hat Panofsky als Beispiel einer »Pseudomorphose«, im Unterschied zur »re-interpretation of classical images« durch das Christentum, untersucht. ERWIN PANOFSKY: Father Time, in: *Studies in Iconology.* New York 1939, S. 69–95.
28. Außerhalb der sepulkralen Ikonographie findet sich die Figur des Chronos u. a. in der häufig verwandten Allegorie »Die Zeit enthüllt die Wahrheit«. Sie wird z. B. in der Deckenmalerei des Berliner Stadtschlosses ergänzt durch das antike Veritas-Filia-Temporis-Bild, in dem der positive Aspekt der Zeit als günstige Gelegenheit und Retter der Wahrheit – in Alterum dargestellt durch die Jünglingsgestalt des »Kairos« – zur Geltung kommt. LISELOTTE WIESINGER: *Deckengemälde im Berliner Schloss.* Frankfurt am Main 1992, S. 162 f., 193.
29. KARL-AUGUST WIRTH: Engel, in: *Reallexikon zur deutschen Kunstgeschichte, Bd. V.* Stuttgart 1967, S. 505.
30. WILHELM MESSERER: *Kinder ohne Alter. Putten in der Kunst der Barockzeit.* Regensburg 1962, S. 23.
31. Nachzuweisen bei Marcus Terentius Varro, 36 v. Chr. Dazu: WOLFGANG STECHOW: »Homo Bulla«, in: *The Art Bulletin XX.* 1938, S. 227 f.

Katalog

Hinweise zur Benutzung

Dem Werktitel ist gegebenenfalls der Name des Künstlers bzw. eine Zuschreibung vorangestellt. Fehlen diese Angaben, wie bei den meisten Werken, so ist der Schöpfer der Arbeit unbekannt. Vor dem beschreibenden Katalogtext befindet sich stets ein Anmerkungsteil, in dem Aussagen zum Material und Zustand getroffen werden und kurze Inschriften Aufnahme finden. Die Abkürzung »s. A.« am Ende der Anmerkungen verweist auf den Anhang, der die umfangreicheren Erinnerungsschriften und in einzelnen Fällen zusätzliche Maßangaben enthält. Die Inschriften sind nicht im Gesamtschriftbild wiedergegeben, sondern – weitgehend unter Beibehaltung der originalen Orthographie und Zeichensetzung – als fortlaufende Texte. Schrägstriche markieren, außer bei rein kopialen Inschriften, die Zeilenenden; doppelte Schrägstriche grenzen Texte voneinander ab. Ligaturen und epigraphische Kürzungen wurden, wo möglich, aufgelöst. Auf die der Heraldik eigenen Seitenbezeichnung, bei der die natürliche linke zur rechten Seite wird und umgekehrt, weisen die Formulierungen »heraldisch links« oder »heraldisch rechts« hin. Die in einzelnen Fällen vorliegenden Informationen zu Grabstellen und Denkmälern in den Rechnungsbüchern der beiden Pfarrkirchen St. Nikolai und St. Marien wurden den Objektbeschreibungen angefügt.

Abkürzungen und Sigel

Abb.	Abbildung(en)
B.	Breite
Bd./Bde.	Band/Bände
BLfD	Brandenburgisches Landesamt für Denkmalpflege
bzw.	beziehungsweise
ca.	circa
cm	Zentimeter
Dm.	Durchmesser
DokA	Dokumentationsaufnahme(n)
f.	folgend(e) (Singular)
ff.	folgende (Plural)
geb.	geboren(e)
H.	Höhe
h. l.	heraldisch links
h. r.	heraldisch rechts
i. g. P.	in großen Partien
Inv.	Inventarnummer
i. R.	in Resten
i. T.	in Teilen
Jh(s).	Jahrhundert(s)
Kat.	Katalog, Katalognummer
KRB	Kirchenrechnungsbuch
l.	linke(r, -s), links
LAB	Landesarchiv Berlin
Mu.	Mutter
Nr.	Nummer
o.	oben, obere(r, -s), oberhalb
r.	rechte(r, -s), rechts
Rep.	Repertorium
S.	Seite(n)
s.	siehe
s. A.	siehe Anhang
Slg.	Sammlung
So./Sö.	Sohn/Söhne
T.	Tiefe
To./Tö.	Tochter/Töchter
u.	unten, untere(r, -s), unterhalb
u. a.	und andere(n) (s); unter anderem
v.	vorne, vordere(r, -s), vorderen
Va.	Vater/Väter
verehel.	verehelichte
verw.	verwitwete
z. T.	zum Teil
z. Z.	zur Zeit

Abgekürzt zitierte Literatur

BADSTÜBNER – SIBYLLE UND ERNST BADSTÜBNER, DANKWART RAHNENFÜHRER, HEINZ GEORG OERTEL: *Die Berliner Marienkirche und ihre Kunstwerke.* 3. bearbeitete Auflage, Berlin 1984.

BADSTÜBNER-GRÖGER – SIBYLLE BADSTÜBNER-GRÖGER: *Kaplice grobowe Distelmeierów, Kötteritzschów i Krautów w kosciele Św. Mikołaja w Berlinie Uwagi na temat ich fundatorów i programu ideowego, in: Sztuka Miasti i Mieszczánstwa XV.–XVIII. Wieky w Europie Srodkowowschodniej.* Warszawa, Państwowe wydawnictwó Naukowe 1990, S. 411–431.

BORRMANN – RICHARD BORRMANN: *Die Bau- und Kunstdenkmäler von Berlin.* Berlin 1893.

KURTH – JULIUS KURTH: *Die Altertümer der St. Nikolai-, St. Marien- und Klosterkirche zu Berlin.* Berlin 1911.

LEH – GUSTAV LEH: *Die St.-Nikolai-Kirche zu Berlin.* Berlin 1961.

MÜLLER/KÜSTER – JOHANN CHRISTOPH MÜLLER, GEORG GOTTFRIED KÜSTER: *Altes und Neues Berlin,* Teil 1–4. Berlin 1737–1769.

NICOLAI – FRIEDRICH NICOLAI: *Beschreibung der Königlichen Residenzstädte Berlin und Potsdam, aller daselbst befindlicher Merkwürdigkeiten, und der umliegenden Gegend.* 3., völlig umgearbeitete Auflage, Berlin 1786.

RACHEL – HUGO RACHEL, JOHANNES PAPRITZ, PAUL WALLICH: *Berliner Grosskaufleute und Kapitalisten, neu hrsg., Bd. 1–3.* Berlin 1967.

RIBBECK – [CONRAD GOTTLIEB RIBBECK]: *Über die neue Einrichtung der Sanct Nicolai-Kirche in Berlin und die in derselben befindlichen Denkmäler.* Berlin 1817.

SCHMIDT – JACOB SCHMIDT: *Berlinische und Cöllnische Merk- und Denkwürdigkeiten.* Berlin 1992 (Neudruck des 1727–1734 in Berlin erschienenen Werkes von Jakob Schmidt).

SCHUBRING – WILHELM SCHUBRING: *Die Kirche St. Nikolai zu Berlin.* Berlin 1937.

SCHWEBEL – OSCAR SCHWEBEL: *Historische Stätten des alten Berlin. 5. Die St. Nikolai-Kirche, in: Der Bär, 1. (1875) Nr. 18,* S. 173–175.

SEEGER – JOACHIM FRIEDRICH SEEGER: Hans Schenck (genannt Scheußlich). Ein deutscher Bildhauer des 16. Jahrhunderts, in: *Mitteilungen des Vereins für die Geschichte Berlins, 49.* 1932, S. 33–50, S. 65–86.

16. Jahrhundert

1 (Abb. 19)

Grabstein für den Ratsapotheker Johann Zeheder (Zehender) (†4. 8. 1515)

Um 1515. Westportal, südliche Laibung

Sandstein, Oberfläche zerstört, nur zwei Füße sind noch zu erkennen. Umlaufende Inschrift nach Kurth: »Anno. doi. 1. 5. 15. des/virtte(n) tags augusti. Ist. der. erssam. iohan(n)es/ czeheder. apoteke. gest./orbe(n) et j[1)] nahebei[2)] diesse. capelle. de(m) get. (= Gott) gnedig sei.«// 1) = et jacet, »und liegt begraben; anders dürfte die von Borrmann nicht gelöste Abbreviatur kaum zu deuten sein. 2) Über dem e ein I=Punkt! //«
H. 167 cm B. 59 cm

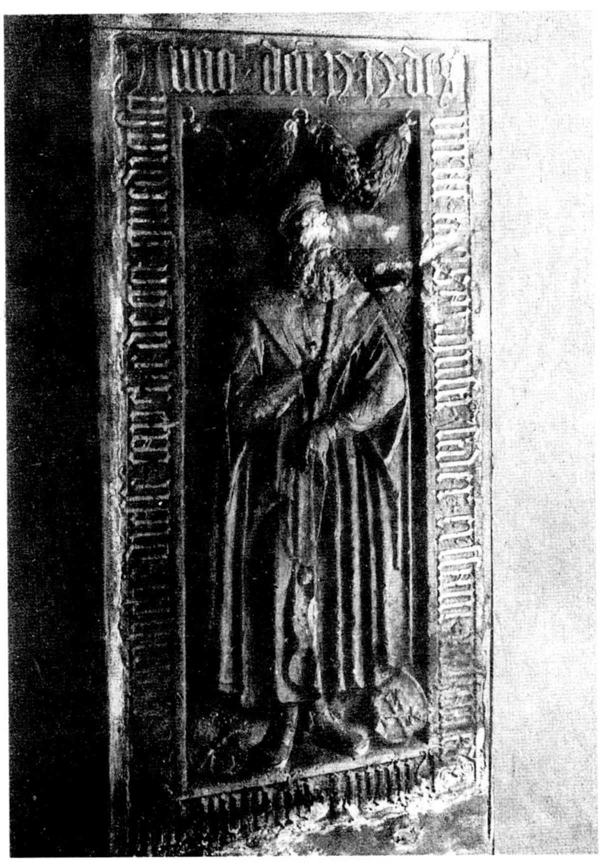

19
Kat. 1.
Zustand vor 1930

Die Reliefdarstellung der Steinplatte zeigte, so Kurth, »das Ganzbildnis des Herrn Johann Zeheder (†1515) mit langem Barte, oben zwei Girlanden, in denen Borrmann mit Recht einen Übergang zum Renaissancestil erkennt, unten zwei Schilde mit Wappen und Hauszeichen«. Bei Küster fand das Bildwerk, anscheinend eine Grabplatte vom Nikolaikirchhof, die erst später in die Kirche gelangte, keine Erwähnung.

Quellen und Literatur
Urkunden-Buch zur Berlinischen Chronik. Berlin 1869, S. 463, Nr. CCCXIII. – Borrmann, S. 232 f. – Kurth, S. 57. – Schubring, S. 6.

2 (Abb. 5, 12, 20, 21; Farbabb. 1)

Hans Scheußlich

Epitaph für den kurfürstlichen Hofrat Thomas Matthias (*um 1510, †7. 7. 1576) und seine Ehefrau Margareta, geb. Damstorf (*um 1520, †vor 1560)

Vermutlich zwischen 1547 (Eintritt in den kurfürstlichen Dienst) und 1549, letzte Ziffer der Datierung nicht lesbar

Seit 1968/69 ausgelagert. Ehemals Chorumgang, 3. südlicher Strebepfeiler

Sandstein; restauriert. Fehlstellen im u. Bereich; einzelne Partien, darunter das weibliche Porträt, ergänzt. Fassung i.T. erhalten. Text der u.

Umrahmung: »WER MEIN WORT HORET UND GLAUBET, DEM DER/MICH GESAND HAT DER HAT DAS EWIGE LEBEN, UND KVMPT NICHT IN DAS GERICHTE SONDER ER IST VOM/TODE ZUM LEBEN HIN DVRCH GEDRVNGEN« (Joh. 5, 24), des Buchschnitts: »VERBVM D(EI) M(EA) P(AX) E(ST)« (Gottes Wort ist mein Frieden), über dem Tod: »DER SCHLAEFF«, der Schriftspange: »VATER ICH WILL DAS WO ICH BIN/AUCH DIE BEY MIR SEIN DIE DV/MIR GEGEBEN HAST. DAS SIE/MEINE HERRLIGKEIT SEHEN/DIE DV MIR GEGEBEN HOST. IO. 17«, o. und l. vom Elias: »HEUTE WIRSTV/MIT MIR IM PARA/DEIS SEIN. LV./23.«, »4 RE ENOCH VND ELIAS«, o. und r. vom Paulus: »ICH HAB LVST AB/ZUSCHEIDEN UND/BEY CHRISTO ZU/SEIN«, »PAU(LUS) PHILIPP. I.«, o. des Christus: »DAS IST MEIN LIBER SON DE(N) SO(LLT) IR HO(REN)«, o. Gottvaters: »GLORIA IN EXCELSIS DEO« (Ehre sei Gott in der Höhe), des mäanderartigen Schriftbandes von l. nach r.: »IR ABER/SOLT MICH/SEHEN DAN ICH LEBE/UND IR SOLT AVCH LEBEN/DEN ICH BIN IM VAT(ER) UND D(ER) VA(TER) IN MIR. V(ND) ICH/IN EVCH./IO.14./IO.8/WARLICH WARLICH ICH SAG EUCH/SO JEMAND/MEIN WORT/HELT DER WIRT DEN DOT NIHT SEHEN/EWIGLICH«, des Schriftbandes am männlichen Porträt: »THOM. MATTHIAS AN(N)O AETATIS XXXVII«, am weiblichen Porträt: »MARG. DAMSTORF(II?) VX. THO. MAT. AE. XXVII«.
Bezeichnet auf der Rückseite: »Opus Hans Scheu(ß?)lich Pictoris 154 (?)«.
H. 205 cm B. 190 cm T. 15 cm

Das Pfeilerepitaph besitzt einen hausförmigen Umriß. Dem liegenden Rechteck sitzt ein an den Seiten leicht überstehendes und an der Spitze mit einer Rollwerkkartusche besetztes Dreieck auf. Die Komposition wird von zwei im rechten Winkel zueinander stehenden Achsen dominiert. Über der Mitte des predellaartigen Untergeschosses mit dem lang hingestreckten Leichnam erhebt sich eine aus den Reliefs der Trinität zusammengesetzte Vertikale. Letzterer sind, weitgehend symmetrisch, die übrigen Darstellungen in den Seitenteilen zugeordnet. Als Gliederung dient ein den Stein teilweise in mehreren Schichten überziehendes Roll- und Spangenwerk. Aus der ornamentalen Struktur erwächst ein graphisch anmutendes Raumgerüst, das die separaten Bildfelder mit den im Maßstab und Ausschnitt so unterschiedlichen figürlichen Reliefs der einzelnen Zeit- und Handlungsebenen integriert.

In der unteren Bildzone liegt ein abgezehrter Leichnam – ein *transi* – mit überlängten Gliedern, weit vorgewölbtem Brustkorb sowie großen Füßen und Händen. Der dem Betrachter zugewandte bärtige Kopf ruht auf der Bibel. Die im Schnitt des Buches zu lesende Inschrift unterstreicht die Bildidee und kündet vom Vertrauen auf Gottes Wort. Hinter der Leiche kniet ein sich über sie beugendes Skelett, der Tod; zu Füßen ein posaunender Engel mit wehendem Gewand. Oberhalb der horizontal ausgebreiteten Figurengruppe hängen an dünnen Fruchtschnüren leicht konkave Schilde, die ehemals die Familienwappen trugen. Seeger ordnete das heraldisch linke der Familie Damstorf, das heraldisch rechte der Familie Matthias zu. Das die Szene rahmende Schriftband mit dem Christuswort vom ewigen Leben bildet an den Schmalseiten halbkreisförmige Ohren und formt an der Unterseite zwei weitere, aber nach innen gerichtete Kreissegmente, in denen sich die aufgerollten Ausläufer eines hinterlegten Ornamentblattes einhaken. Rechts von einem hochgestellten, klammerartigen Steg und unmittelbar über der gekrümmten Wirbelsäule des Gerippes stehen die Worte »DER SCHLAEFF«.

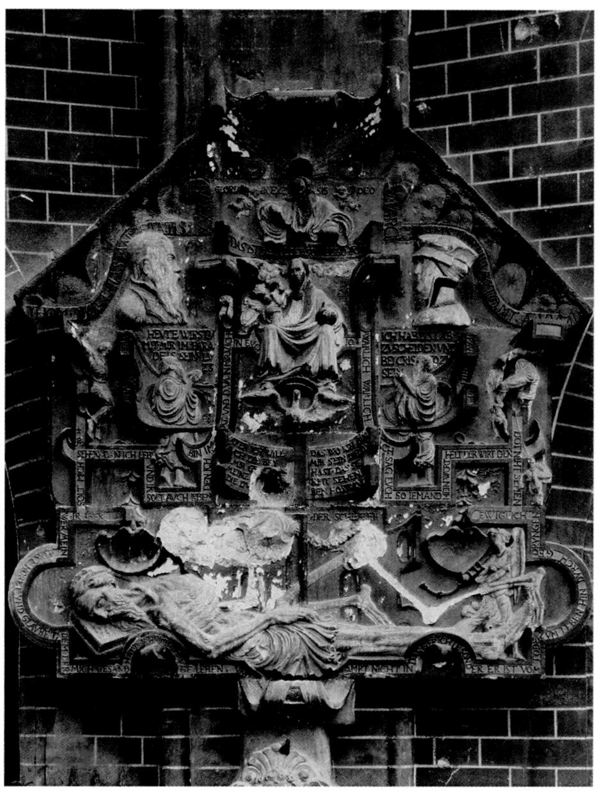

20
Kat. 2.
Zustand 1968/69

Die aus Gründen der räumlichen Verdeutlichung leicht schräg gestellte Klammer, durch die sich der Knochenmann zwängt, markiert die Mittelachse des Steines. Sie leitet den Blick des Betrachters über eine Inschrift hinweg – in der Christus den Vater darum bittet, daß die Gläubigen die Herrlichkeit des Sohnes schauen können – zum religiösen Zentrum des Epitaphs, der in himmlischen Regionen schwebenden Trinität. Der bärtige Christus thront auf einem zwischen vertikalen Rollwerkstreifen gespannten und unter der Last des Körpers sich biegenden Band wie auf einer Schaukel. Die Füße ruhen auf den ausgebreiteten Flügeln der Taube des Heiligen Geistes. Den Körper umhüllt ein Mantel, der zwischen den leicht auseinandergespreizten Beinen eine große Schüsselfalte bildet. Mit der linken Hand hält Christus die auf dem Knie ruhende Weltkugel. Die Rechte umfaßt ein die Seele des Verstorbenen verkörperndes, betendes Figürchen, das ihm ein durch die Rollwerkspangen hereinschwebender Engel – ein Psychopomp – zuführt. Unmittelbar über dem Christusrelief, getrennt nur durch eine schmale Inschriftspange, befindet sich die im Büstenausschnitt ansichtige Gestalt des auf seinen Sohn weisenden bärtigen Gottvaters mit der Weltkugel. Sie wird von zwei kleinen Engelskindern umflattert; im Hintergrund Worte aus dem »Gloria«. Die fächerförmig sich ausbreitenden Strahlen des Heiligenscheins verklammert Scheußlich kompositorisch geschickt über das gesamte Epitaph hinweg mit dem zu einer muschelartigen Form gefalteten Lendentuch des Verstorbenen. Dem Christusrelief sind in den Seitenteilen und leicht nach unten abgesetzt weitere, Gericht und Auferstehung thematisierende Figuren zugeordnet. Der Künstler hat sie phantasievoll mit dem Band- und Rollwerk verknüpft. Im Einzelfall, wie bei den Kreuzigungen, erfährt das Ornament eine direkte Umdeutung ins Konkret-Dingliche. So werden die Bügelenden zu schräg in den Raum vorstoßenden Balken, an denen die mit Tauen gefesselten Schächer hängen. Links, in entspannter Haltung, der reuige Schächer, rechts – hierin einem Cranach-Holzschnitt von 1502 ähnelnd – in gewaltsamen Verrenkungen, den Oberkörper durch das Rollwerk gesteckt, der spottende Schächer. Seine Seele, ein kleines nacktes Figürchen, wird von einem Teufelchen kopfüber in den Abgrund mitgerissen. Zwischen den vertikalen Rollwerkstreifen und oberhalb der mäanderartig gewundenen Schriftbänder springen zwei kräftige, horizontale Bügel hervor. Durch ihre ovalen Öffnungen drängen links die Gestalt des durch seine geheimnisvolle Himmelfahrt bekannten Propheten Elias und rechts die des Apostels Paulus. Die Figuren stehen auf kurzen Bandabschnitten und blicken zum Heiland empor. Sie haben die Hände fürbittend erhoben. Ihre bewegten Gewänder bilden weiche, kreisende Falten, ähnlich denen an den Ärmelenden Gottvaters. Die antithetische Komposition setzt die alttestamentarische Entrückung des Elias in Beziehung zum Verlangen des Paulus – wie es der Philipperbrief formuliert –, bei Christus zu sein.

Die allegorisch-religiösen Reliefszenen werden ergänzt durch die sorgfältig gearbeiteten, im Maßstab gesteigerten Büstenreliefs des zeitgenössisch gekleideten Stifterehepaares. Sie sind im Profil wiedergegeben und einander über den thronenden Christus hinweg spiegelbildlich zugeordnet. Links befindet sich der bärtige Kopf des Mannes, rechts das Frauenbildnis, dessen weiche Profillinie mit den mehr geometrischen Formen des hochgestellten Kragens und der über einem Haarnetz getragenen Haube kontrastiert. Oberhalb der Köpfe verläuft ein geschweiftes, mit den Angaben zur Person versehenes Band, welches das jeweilige Porträt in das vielgliedrige Relieffeld einbindet und es gleichzeitig gegenüber der Giebelschräge abschirmt. Die Inschriftspange unterhalb des Christusreliefs trägt auf der Rückseite die während der Restaurierung entdeckte Signatur des Künstlers und die Datierung; wegen einer Fehlstelle ist die letzte Ziffer nicht mehr zu erkennen. Früher

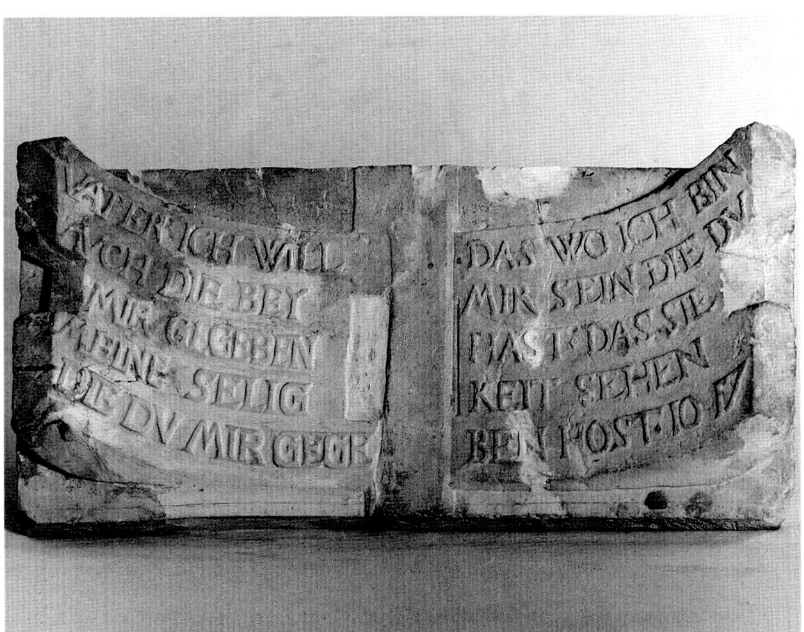

21
Kat. 2 (Detail)

brachte man das Werk verschiedentlich mit dem Todesjahr des Thomas Matthias, 1576, in Verbindung. Man ließ dabei außer acht, daß die dargestellte Margareta Damstorf die erste Ehefrau des Matthias war und dieser sich bereits 1561 mit Ursula Meyenburg, seiner späteren zweiten Frau, verlobt hatte.

Quellen und Literatur

BLfD, MA, Nr. 1 a 30/3.23. – 2 DokA von 1968/69. – Borrmann, S. 233. – Kurth, S. 33 f. – Müller/Küster S. 243. – Regling, Kurt: Medaillenstudien IV. Steinmodell auf Thomas Matthias, Bürgermeister von Berlin, 1561, in: *Jahrbuch der Preuszischen Kunstsammlungen, 54. Bd.*, 2. H. Berlin 1933, S. 131–135. – Ribbeck, S. 23 f. – Schubring, S. 8, 13. – Schwebel, S. 174. – Seeger, S. 69–72.

3 (Abb. 2, 7, 22, 23; Farbabb. 2, 3)

Hans Scheußlich (Zuschreibung)
Epitaph für den kurfürstlichen Rat Gregor Bagius (†2. 3. 1549)
Um 1549. Westwand, südliche Hälfte

Sandstein. Steinmetzzeichen ⅄ an der l. Seitenfläche, auf der Rückseite eine Sternfiguration mit gerillten Rippen und vertieften Feldern (vermutlich ursprünglich für das Berliner Stadtschloß gefertigt). Vorderseite mit abgestuftem Relief; ältere Restaurierungsspuren (19. Jh.?) an der r. o. Kante; Blütenaufsatz nicht mehr vorhanden, Inschriften teilweise beschädigt, Fehlstellen o. r., Apfel, Schlangenkopf, Teile der Schriftrolle und des Unterarms Christi ergänzt. Fassung i. R. erhalten. Inschriften l. Seite: »EVANGELIUM/GRACIA/VITA« (Evangelium, Gnade, Leben); »TOD WO IST/DEIN STACHEL/HELLE WO IST/DEIN SIEG/I./COR.15«; der r. Seite: »LEX PECCATUM MORS« (Gesetz, Sünde, Tod); »LVST GEBIERT/DIE SVNDE/SVND GEBIERT/DEN TOD/IACO/I.«; des Schildes: »ANNO 1549/OB. II MAR«; des Stabes: »IVSTVS FIDE SVA VIVIT« (Der Gerechte lebt seines Glaubens); Text der Inschrifttafel nach Küster s. A.
H. 202 cm B. 131 cm T. 22 cm

Die hochrechteckige Relieftafel ist in drei vertikale Bildzonen gegliedert. Das breite Mittelfeld mit der Darstellung des Verstorbenen wird flankiert von zwei schmalen, aus der Struktur des Rollwerks erwachsenden Feldern, in denen Ornament und Figürliches eng miteinander verflochten sind. Auf dem eigentlichen Block, der an den Längsseiten noch vertiefte Streifen mit herabhängenden feingliedrigen Fruchtschnüren aufweist, liegen große Rollwerkbügel, die symmetrisch sowohl nach vorn wie auch nach oben in den Raum vorstoßen. Sie hinterfangen eine weitere, dünne Schicht, die sich stellenweise zu kleinen Spangen aufwirft. Ihre Kontur wird durch eine schmale Randleiste definiert, die sich im unteren Teil in konkaven Schwüngen der leicht gratigen Mittelachse annähert. Diese vordere Ebene bildet zugleich eine Art Hintergrundsfolie für die mächtige Porträtgestalt. Aus dem Wechselspiel der verschiedenen Schichten mit ihren Aufrollungen, Überschneidungen, Durchbrüchen und eingestreuten Schriftfeldern entsteht ein unwirklich anmutender Bildraum. Ein ähnliches Kompositions-

22
Kat. 3.
Meßbild 1919

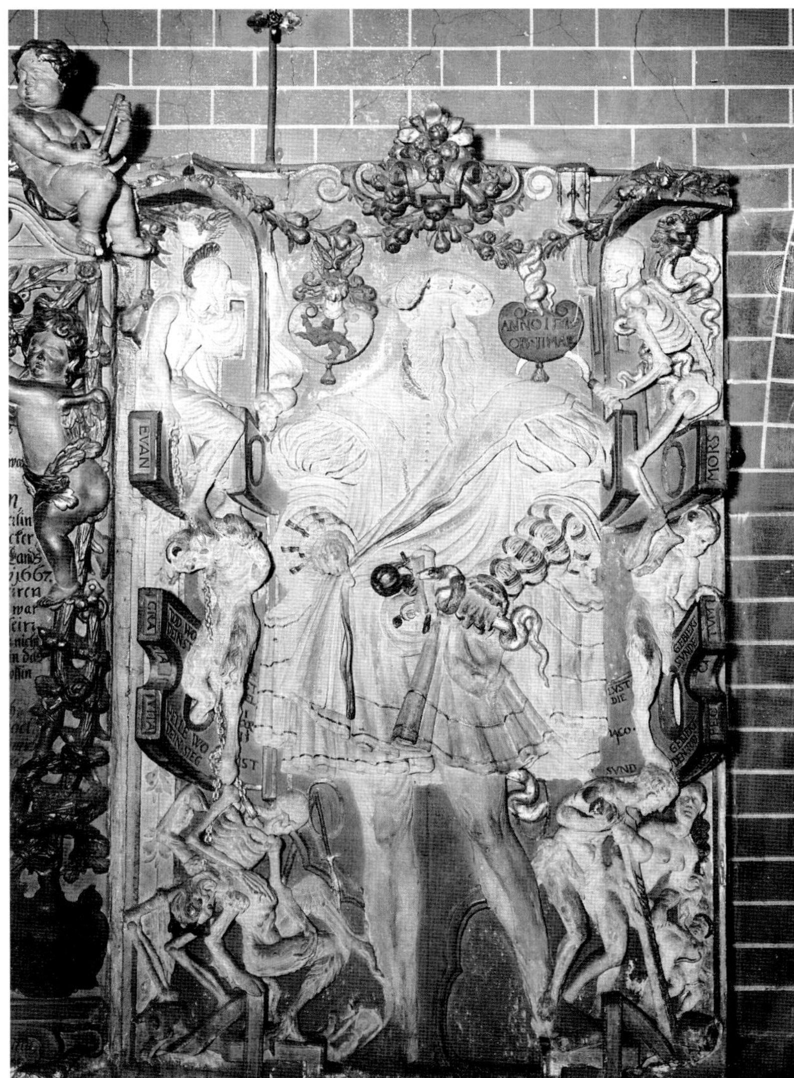

prinzip wandte Scheußlich etwas später auch bei der skulptierten Grabplatte des Erzbischofs Friedrich IV. († 1552) im Chor des Halberstädter Domes an.

Die lebensgroße Gestalt des kurfürstlichen Rates in ihrer prächtigen Renaissancekleidung mit Federbarett, Schaube, gepufften sowie geschlitzten Ärmeln und breiten Kuhmaulschuhen füllt weite Teile des ihr zugedachten Reliefgrundes. In Oberarmhöhe vorstoßende Bügelenden geben der Figur optischen Halt. Das auf dem Bandwerk aufsetzende linke Spielbein, die preziös das Gewand raffende Rechte und der leicht zur linken Schulter gewandte bärtige Kopf verleihen der Figur eine tänzelnde Biegsamkeit; eine selbstbewußte Pose, in der sich Eleganz mit Alter und Würde verbindet. Die linke, mit zwei Ringen besetzte Hand, wohl auf dem verborgenen Degenknauf gestützt, umfaßt eine Schlange, welche ihrerseits ein Schriftstück und einen fruchttragenden Apfelzweig im Maul hält.

Zu seiten des Kopfes befinden sich zwei an Fruchtschnüren hängende herzförmige Schilde. Das heraldisch rechte zeigt einen nach links steigenden, ursprünglich rotfarbigen Löwen, darüber einen Spangenhelm mit offenem, ehemals goldendem Flug; auf dem heraldisch linken das Todesdatum, statt der Oberwappenteile hier eine gewundene Schlange.

Das rahmende Bildprogramm steht im Zeichen der protestantischen Sepulkralikonographie mit ihren eschatologischen und allegorisch-belehrenden Aspekten. Die rechte Figurenleiste offenbart, wie die sündhafte Menschheit dem Tod anheim fällt; in der linken wird sein vermeintlicher Triumph durch Christus zunichte gemacht. Im eigentümlichen Über- und Untereinander der im Rollwerk verstrickten Figuren – bereits Seeger verwies auf Ähnlichkeiten mit einem Ornamentstich des Niederländers Cornelis Bos aus dem Jahre 1546 – entfaltet sich der religiöse Sinngehalt.

Christus, auf einem Rollwerkbügel sitzend, hält mit der entspannt am Körper herabfallenden Rechten eine Kette, an der ein Teufel hängt, auf dessen gekrümmten Rücken der linke Fuß des Gottessohnes ruht. Darunter greift ein Skelett nach einer weiteren teufelsähnlichen Gestalt – beide ebenfalls in Halseisen gelegt und mit marionettenhaft-kraftlosen Verrenkungen.

Zu Füßen des Bagius, das Spielbein überschneidend, ein nach rechts schreitendes Paar. Der Mann, nur mit einem Blätterschurz bekleidet, stützt sich vornübergebeugt auf den durch eine Inschrift bezeichneten Stab des Glaubens, welcher ihm, so seine Deutung, die Frau zu entreißen droht. Das Erschreckt-Duckende in Verbindung mit dem Bewegungsimpuls der Gruppe erinnert an den Bildtopos der Paradiesvertreibung. Es erfährt jedoch durch den schlangenumringelten Knaben an der Hand der Frau und dem auf ihm stehenden winzigen Fabelwesen eine Weiterung ins Allegorische einer »Sünde gebierenden« Szene. Adams Haltungsmotiv, der gebeugte Oberkörper, erklärt sich aus dem gegen seinen Schädel gestemmten gespaltenen Huf eines gehörnten Wesens, der Sünde, die ihrerseits das linke Bein des über ihm im Spangenwerk thronenden Skelettes, des Todes, umfaßt. Das Gerippe, von Schlangen durchwunden, hält in der Rechten triumphierend das Stundenglas und führt mit dem anderen Arm eine Sichel, deren Spitze die Schulter das Bagius berührt. Konsequent wird dem Betrachter die Kausalität von Gesetzesbruch, Sünde und Tod in der von unten nach oben zu lesenden Folge einander unmittelbar berührender Figuren vor Augen geführt. Dieser »Kraftschluß« plastischer Formen begründet sowohl die theologischen, durch Texte verdeutlichten Zusammenhänge als auch die Bewegungs- und Haltungsmotive. So ebenfalls auf der linken, im Gegensinn komponierten Seite, wo zudem die einst metallisch glänzende Kette den figürlichen Konnex vermittelt.

Eine einfühlsam differenzierende Relieftechnik läßt die erhabenen Formen unterschiedlich stark, stellenweise in einem schwellenden Auf und Ab, aus der Flä-

23
Kat. 3 (Ausschnitt)

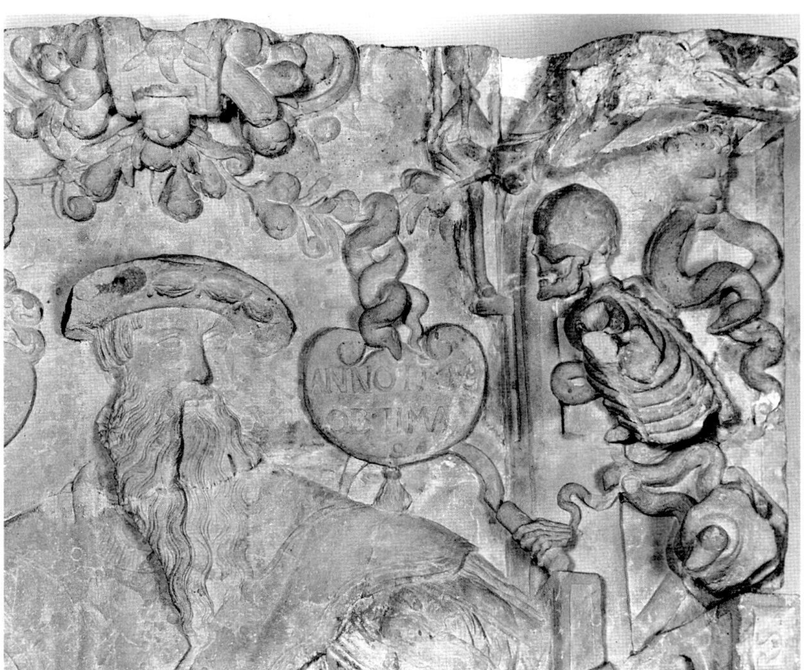

che hervortreten. Der Bogen spannt sich von den nur zart aus dem Stein wachsenden Schultern des Verstorbenen über die sich kräftig rundenden Formen der Leibesmitte mit der für Scheußlich eigentümlich gespannten, von Falten umkreisten Bauchpartie und den weit vorkragenden Randfiguren bis zu gänzlich freiplastischen Teilen. Auffällig das Gespür für Ausdruckswerte und anatomische Zusammenhänge, wie es sich an dem entspannt sitzenden Christus zeigt, der mit nur zwei Fingern, ohne jedes Zeichen physischer Anstrengung, den Ring der Kette hält, an der tief unten Tod und Teufel zerren.

Zur Gesamtwirkung des Epitaphs trug ehemals eine intensive Farbigkeit bei, die zudem auch kleinere Details, welche bei der heutigen Steinsichtigkeit nur schwer zu erkennen sind, heraushob. Noch 1932 war die »Bemalung«, so Seeger, »zum Teil gut erhalten«.

Ursprünglich stand die Relieftafel, laut Küster, schräg gegenüber der Kanzel an der Südseite des vierten nördlichen Langhauspfeilers. Er erwähnt auch eine damals noch vorhandene, von Noah Buchholzer verfaßte Inschrift, welche die besondere Vertrauensstellung des Bagius beim Kurfürsten hervorhob. Ein Calau-Aquarell von 1809 bestätigt die Aufstellung im nördlichen Langhaus, aber bereits für 1817 ist der neue Standort an der Turmwand bezeugt.

Quellen und Literatur
Calau, Friedrich August: *Erste Tagung der Berliner Stadtverordnetenversammlung in der Nikolaikirche*, 1809, Aquarell, Märkisches Museum, Berlin, Inv. VII 60/1755 w. – BLfD, MA, Nr. 92 a 3/3.22. – 7 DokA von 1968/69. – Borrmann, S. 233. – Kurth, S. 52 f. – Leh, S. 37. – Müller/Küster, S. 1010. – Nicolai, S. 855. – Ribbeck, S. 65 f. – Schubring, S. 9. – Schwebel, S. 174 –. Seeger, S. 65–67. – Theuerkauff, Christian: Zur Geschichte der Bildhauerkunst in Berlin und Potsdam von der Mitte des 16. bis zum späten 18. Jahrhundert, in: *Ethos und Pathos*. Beiträge, Berlin 1990, S. 13.

4 (Abb. 2, 6, 24, 25; Farbabb. 4)

Hans Scheußlich (Zuschreibung)
Epitaph für den kurfürstlichen Rat Paul Praetorius (Schultheiß) (*24. 1. 1521, †März 1564/65), seine Ehefrau sowie den kurfüstlichen Rat und Kanzleischreiber Johann Zeidler
1556. Westwand, nördliche Hälfte

Sandstein; restauriert. Fahnenspitze fehlt; Inschrift am o. Rand verwittert, Farbfassung i. R. erhalten. Inschrift der l. Kante: »ICH WILL DICH ERLOESEN AUS DER HELLE. TOD ICH WILL DIR EINE GIFT SEIN. HELLE/JOSEA XIII/ ICH WILL DIR EIN PESTILENTZ SEIN«, der r. Kante: »AVSGETILGET DIE HANDSCHRIFT. P(us) Colo. 2« und »ER HOT JOCH IRER LAST. VND DIE RVTE IRER SCHVLDER VND DEN STECKEN IRERS TREIBERS ZVRBROCHEN. ESAIE IX«, Inschrift am l. Rand: »CHRISVS IST MEIN LEBEN. STERB. IST MEIN GEW.«, am r.: »ICH BIN DIE AVFERSTEHVNG VND DAS LEBEN«. Schildtexte l. o. beginnend: »HELLE/WO IST DEIN SI/EG«; »JVSTVS/ERJ SAL/VATOR« (Gerecht wird der Erlöser sein); »MIR IST GE/GE(BE)N ALLER/GEWALLT/IN HIMELL VND/ERDE«; »TOT WO/IST DEIN/ STACHEL«; »ALLES HAS/TV VNTERTAN/ZU SEINEN/FVSSEN«; »MORS/ERO/MORS/TVA« (Tod, ich werde dein Tod sein); »DES TODS/STACHEL/ IST DIE/SVNDE«; »HEILIG VNSER GOTT« (letzte Textstelle nach Seeger). Sockelinschrift s. A. H. 109 cm B. 142 cm T. 29,5 cm

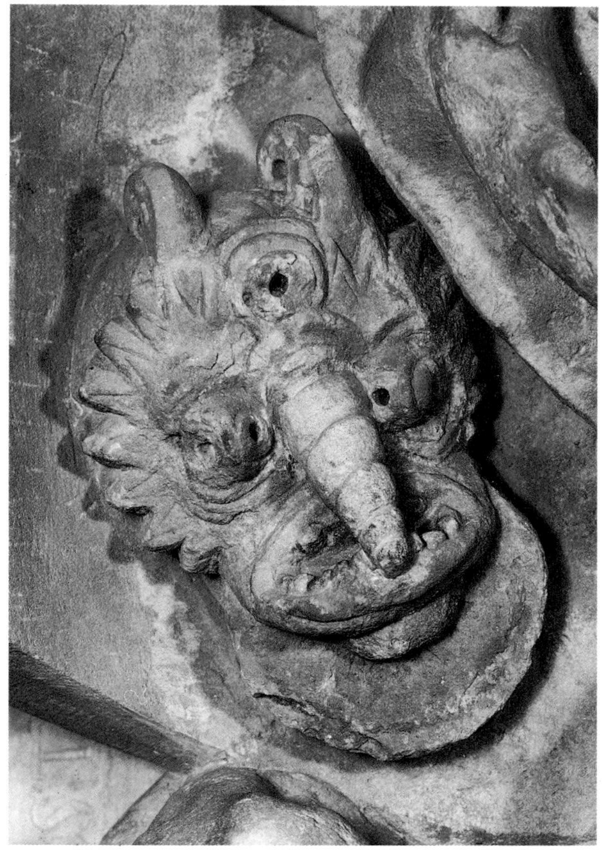

24
Kat. 4 (Detail)

Die breite rechteckige Relieftafel im Hochformat zeigt die lebensgroße Gestalt des über die Ausgeburten der Hölle triumphierenden Christus. Auf der Grundplatte liegt eine zweite, den figürlichen Reliefs als Folie dienende Schicht, die sich an den Längsseiten zu stark vorkragenden Bügeln aufrollt. Im Zentrum der Komposition steht die muskulöse, leicht nach rechts gewandte Figur des auferstandenen Heilandes. Mit dem Standbein, welches die Last des wuchtigen Körpers trägt, tritt er ein im Rollwerk wie in einer Folterbank eingespanntes Gerippe nieder; das seitwärts abgewinkelte Spielbein ruht beherrschend auf dem Brustkorb des Skelettes. In leicht theatralischer Siegerpose, den Blick über die vorgezogene Schulter und nach links gerichtet, stemmt der todüberwindende Gottessohn den rechten Arm in die überdeutlich herausgestellte Hüfte. Die linke Hand umfaßt in Höhe des Kopfes entspannt die Stange der einst mit der Spitze über den Plattenrand hinausragenden Siegesfahne. Ihr flatterndes Tuch bildet entlang des oberen Reliefrands ein krönendes Wellenornament; ein Formverlauf, der auch in den langen wehenden Haarsträhnen anklingt. Ein imaginärer Wind bläht das Manteltuch im Rücken der Figur zu einer großen muschelartigen, teilweise teigig-klumpigen Form von spätgotisch-barocker Bewegtheit auf. Ebenso erfaßt er den vom linken Oberarm in langen Falten herabhängenden Mantelteil und schiebt ihn in nervösen, kleinteiligen Faltenschwüngen schurzartig vor die Lenden des Erlösers. Dabei erfährt die Bauchpartie – ähnlich wie bei Bagius (Kat. 3) – eine für Scheußlich charakteristische Betonung. Die vom Wind aufgewühlten Stoffbahnen, obgleich in unterschiedlichen Reliefebenen gelegen, verbinden sich optisch zu einer Art Gloriole, welche den Oberkörper des Salvators umgibt.

25
Kat. 4 (Detail)

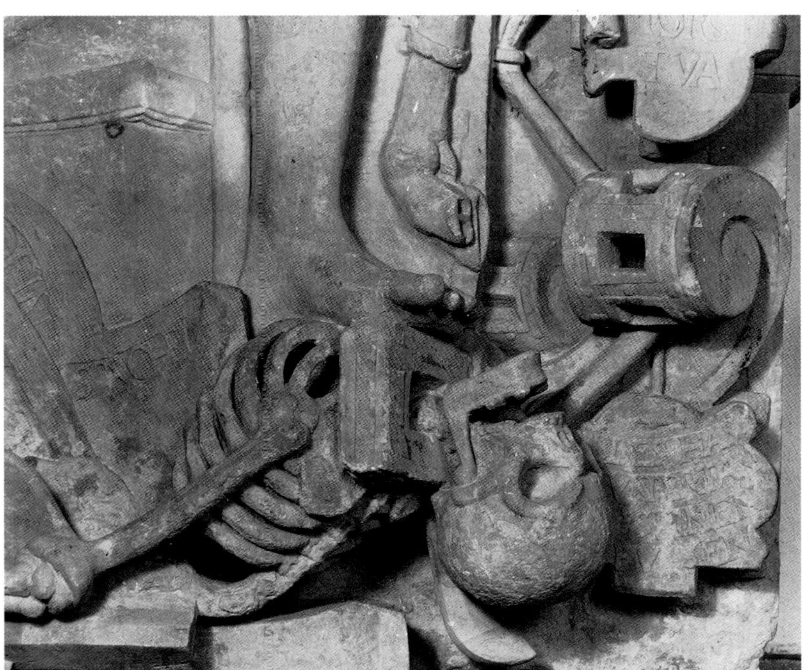

Links und rechts vom *Christus triumphans* befindet sich jeweils die magere Gestalt eines im Rollwerk verstrickten und in Ketten gelegten Teufels. Ihre verrenkten Körper mit auf den Rücken gedrehten, durchs Ornament gesteckten und an die Grundplatte geketteten Armen sind an den Hüften durch kastenförmige Vorhängeschlösser gesichert. Gleich Halseisen umschließen die Aufrollungen des Ornaments die unterschiedlich geformten tierhaft-dämonischen Köpfe.

Die Botschaft vom Sieg und der Auferstehung Christi – sie ist auch das zentrale Thema der vorwiegend auf kartuschenartigen Schilden notierten Inschriften – wird anschaulich unterstrichen durch den offenen, vom Standbein des Erlösers überschnittenen Sarkophag sowie zwei posaunende Cherubimköpfe an den Innenseiten der oberen, weit vorkragenden Rollwerkbügel. Letztere scheinen an die Worte aus dem 47. Psalm erinnern zu wollen: »Gott fährt auf mit Jauchzen und der Herr mit heller Posaune«. Zugleich verweisen die Köpfe als Verkörperung der *fama Christi* auf die ikonographische Tradition der Posaunenengel als Darstellung des Evangeliums.

Neben dem geöffneten Sarg kniet ein zeitgenössisch gekleidetes Ehepaar. Es handelt sich offenbar um Paul Praetorius und seine Frau. Dafür spricht auch ein Vergleich mit dem Porträtstich des kurfürstlichen Rates aus der »Seidelschen Bildersammlung«. Die im zarten Relief gearbeiteten winzigen Gestalten haben die Hände zum Gebet erhoben. Während der Mann die Finger behutsam aneinanderlegt, hält die Frau sie fest verschränkt.

Auffällig sind die strukturellen und kompositorischen Ähnlichkeiten mit dem fast gleichformatigen Bagius-Stein. Die Konzentration plastischer Massen hat hingegen noch zugenommen und steigert die Monumentalität des Werkes. Anschaulich belegen die diversen Abstufungen der plastischen Substanz und das kontrastreiche Nebeneinander einzelner Reliefschichten die bildhauerische Meisterschaft Scheußlichs.

Aller Wahrscheinlichkeit nach gehörte ursprünglich der heute dem Epitaph Kemnitz (Kat. 5) als Postament dienende Inschriftsockel von 1556 mit dem Relief einer gewundenen Schlange zum Epitaph Praetorius. Küster ordnete ihn dem »Bildnuß des triumphierenden Erlösers« am vierten südlichen Langhauspfeiler zu, und Nicolai erwähnt einen »Christus in Lebensgröße, 1556 in Stein halberhoben«.

Quellen und Literatur
BLfD, MA, Nr. 95 I 29/7155.23. – Borrmann, S. 233 f. – Cante, Andreas: *Hans Schenk oder Scheusslich (um 1500 – um 1572). Zur historischen Einordnung seines grossplastischen Schaffens.* Magisterhausarbeit, Freie Universität Berlin, 1993, S. 26–29. – Kurth, S. 53–55. – Leh, S. 37. – *Martin Friedrich Seidels Bildersammlung.* Berlin, 1751, Nr. 27. – Müller/Küster, S. 308. – Nicolai, S. 855. – Ribbeck, S. 66. – Schubring, S. 9, 15. – Seeger, S. 67–69.

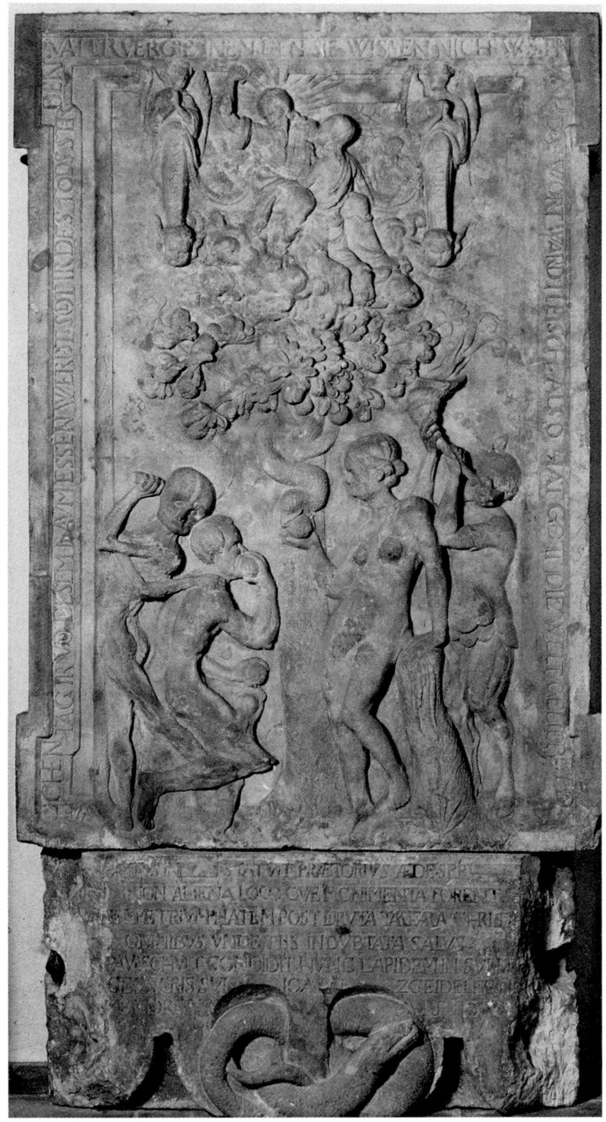

26
Kat. 5

5 (Abb. 2, 26, 27; Farbabb. 5)
Hans Scheußlich (Zuschreibung)
Epitaph für den Rentschreiber Urban Kemnitz (†26. 4. 1571) und seine Ehefrau Ursula Hanna (†21. 10. 1559)
Um 1559. Westwand, nördliche Hälfte

Sandstein; restauriert. Schädel des Todes sowie Brüste und Oberschenkel Evas ergänzt. Fassung nicht erhalten. Hermeninschrift l.: »IVSTICIA« (Gerechtigkeit), r.: »IVDICIVM« (Gericht). Umschrift u. l. beginnend: »WEL/CHEN TAG IR VON DIESEM BAUM ESSEN WERDET, SOLT IR DES TODS STERBEN./VATER VERGIB INEN. DEN SIE WISSEN NICHT W. S. THN/UND DAS WORT WARD FLEISCH. ALSO HAT GOTT DIE WELT GELIEBET DAS«. Inschrift nach Küster s. A.
H. 117 cm B. 83 cm T. 14 cm

Auf der hochrechteckigen, im Vergleich mit den anderen Scheußlich-Arbeiten kleinen und weniger aufwendigen Relieftafel ist die mehrfigurige Darstellung des Sündenfalls zu sehen. Das an den Seiten und oben umlaufende Schriftband korrespondiert mit der jeweils an den Ecken überstehenden Rahmenleiste. Wie häufig bei der bildlichen Wiedergabe des Sündenfalls folgt die Komposition weitgehend einem symmetrischen Schema. Als Mittelachse dient der Baum der Erkenntnis. Je ein Figurenpaar zwängt sich zu beiden Seiten des riefeligen Stammes zwischen die Vertikalen von Rahmen und Baum. Ihre Nacktheit ist Anlaß und Vorwand zugleich, die Proportionen und Anatomie des menschlichen Körpers bildnerisch herauszuarbeiten. Links der sitzende Adam mit dem hinter ihm stehenden Tod; rechts Eva und ein Teufel. Mit der Linken stützt sich die Stammutter der Menschheit auf einen Baumstumpf und empfängt mit der Rechten einen Apfel, den die sich um den Baumstamm windende geschuppte Schlange noch im Maul hält. Eva schaut auf Adam herab. Die Diagonale der Blickbeziehung bindet den Schlangenkopf im Hintergrund mit ein und akzentuiert so den erzählerisch-psychologischen Kern der Verführungsszene. Adam sitzt auf einem niedrigen, massiven Baumstumpf. Das linke Bein ist über das rechte geschlagen. Der rechte Oberschenkel fällt schräg nach unten, wobei der Fuß nach hinten ausweicht. Die Gelenkpunkte von Hüfte,

Knie und Fuß verbinden sich zu einem markanten Dreieck, welches im leicht angewinkelten Spielbein der Eva eine gegenläufige, aber weniger raumgreifende Entsprechung findet. Während der Kopf Adams im Profil erfaßt ist, dreht die durchmodellierte Rückenpartie sich leicht aus dem Reliefgrund heraus und dem Betrachter entgegen. Adam beißt in einen Apfel, den er mit der rechten Hand zum Munde führt, einen weiteren hält er in der Linken bereit, die auf dem übergeschlagenen Knie ruht. Im Rücken Adams schwingt der Tod als Mumienmann die Sichel. Auf eigentümliche Weise füllt er den verbleibenden knappen Raum. Die Biegung seines Körpers paßt sich der Kontur des sitzenden Urvaters an. Das nach hinten pendelnde Spielbein und der zu Adam herumgedrehte Oberkörper beschreiben einen den tödlichen Schlag vorbereitenden spannungsvollen Bogen. Hierbei kreuzen sich die Oberarme im komplizierten Gegeneinander. Während die rechte Hand nach Adams Schulter greift, schwingt der linke Arm mit der Sichel um den Kopf des Todes herum.

Hinter Eva steht ein satyrgestaltiger Teufel mit Bocksbeinen, Tierohren und einer wamsartigen, eng am Oberkörper anliegenden Kleidung. Der pralle Körper mit dem für Scheußlichs Formempfinden charakteristischen kugeligen Bauch füllt den verbleibenden Bildraum gänzlich aus. Mit den erhobenen Armen hält er ein Muschelhorn, dem Flammen entsteigen.

Unmittelbar über der Baumkrone, sie teilweise überlagernd, beginnt der himmlische Bereich mit einem auf Cherubimköpfen ruhenden Gewölk. Über ihm thront Gottvater, in der erhobenen Rechten ein Schwert, den Kopf dabei nach rechts und zur Erde geneigt. Zwischen seinen Beinen kniet Christus, die Hände zum Fürbittgebet erhoben. Flankiert wird die Gruppe von zwei Engelshermen mit strengen Gesichtern und gefalteten Händen. Sie werden von je einem

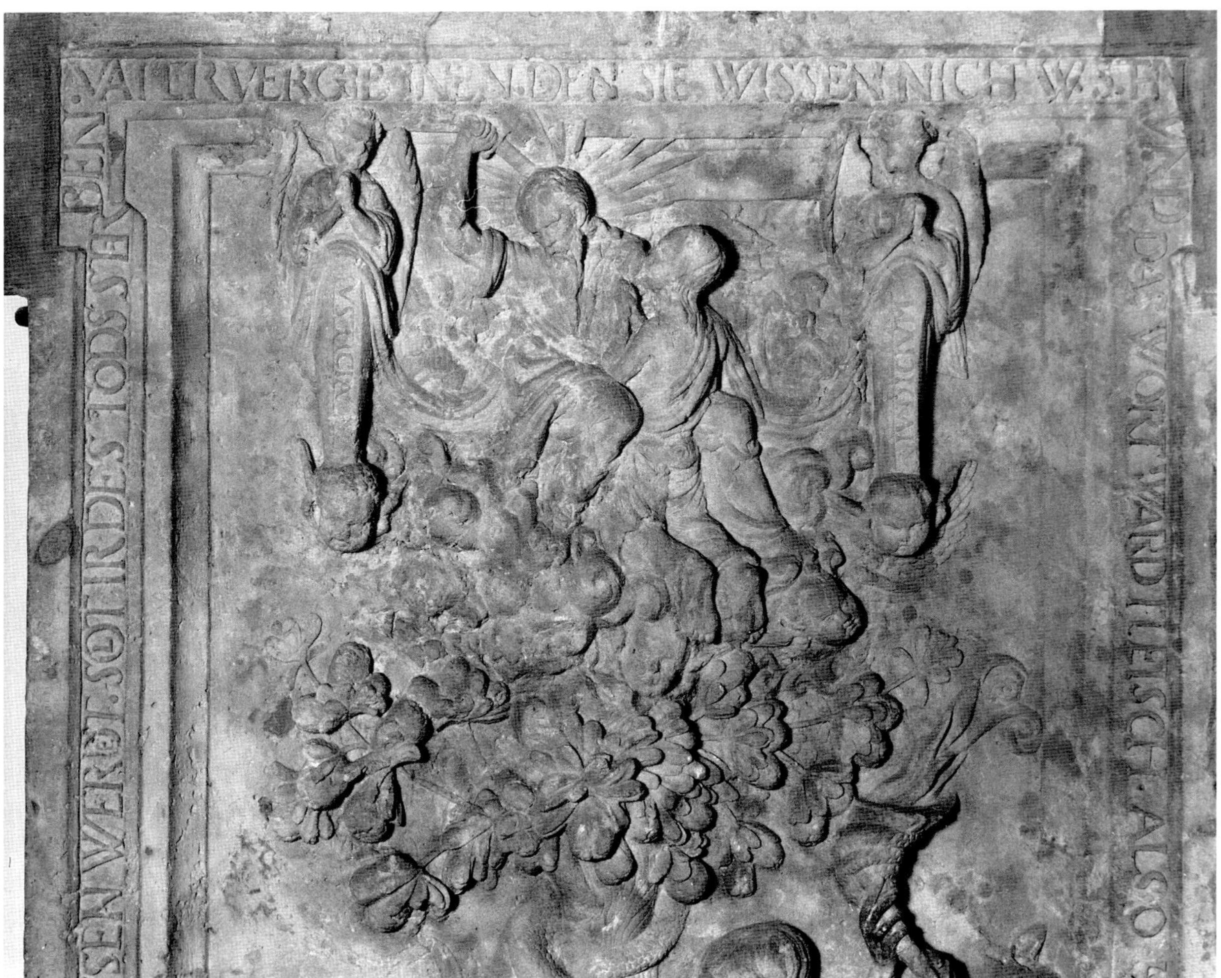

27
Kat. 5 (Ausschnitt)

Cherubsköpfchen getragen und überschneiden ebenso wie der Arm und der Strahlennimbus Gottes die Rahmenkehle. Schriftzüge auf den Schäften kennzeichnen die linke Figur als *Iustitia,* die rechte als *Iudicium* – die Begleiter Gottes im Strafgericht (Joh. 16,8). Für die Ikonographie des 16.Jhs. ist der Schritt von der Engelsdarstellung zur allegorischen Personifikation bemerkenswert. In tiefen Bögen überbrückt das Gewand Gottvaters den Abstand zu den Hermen. Hinter den Stoffbahnen steht jeweils ein betender Engel. Im Hintergrund, vom Kopf Christi überschnitten, erkennt man andeutungsweise Teile einer antiken Tempelfront als bildliche Abbreviatur des himmlischen Jerusalem.

Das Gedächtnismal befand sich einst an der Westseite des vierten nördlichen Langhauspfeilers. Nicolai spricht von einem »Chemnitzschen Denkmal«, das »Adam und Eva beym verbotnen Baume« zeigt und zusammen mit dem Epitaph Bagius am selben Pfeiler angebracht ist. Auf dem 1809 entstandenen Calau-Aquarell präsentiert es sich mit architektonischer Rahmung und auf dem Sockelgesims kniender Stifterfigur. 1817 versetzte man das Epitaph an den nördlichen Abschnitt der Westwand. Zu dieser Zeit ruhte die Relieftafel bereits auf dem ursprünglich zum Epitaph Praetorius gehörenden Inschriftpostament mit dem Schlangenrelief. Der alte Inschriftstein, 127 cm lang, 35 cm breit und 14 cm dick, wurde 1879 im Bauschutt bei der Nikolaikirche geborgen und vom Märkischen Provinzial-Museum übernommen. Als »Grabstein-Stück« führte es Buchholz 1890 in seinem Altertümer-Verzeichnis an. In der Sammlung des Märkischen Museums läßt sich diese Inschrifttafel heute nicht mehr nachweisen. Ende der 60er Jahre unseres Jahrhunderts wurde das Gedächtnismal restauriert und im Märkischen Museum aufgestellt; 1987 gelangte es wieder in die Nikolaikirche.

Quellen und Literatur
Calau, Friedrich August: *Die erste Tagung der Berliner Stadtverordnetenversammlung in der Nikolaikirche, 1809, Aquarell,* Märkisches Museum, Berlin, Inv. VII 60/1755 w. – BLfD, MA, Nr. 95 I 29/7155.23. – Borrmann, S. 233 f. – Buchholz, Rudolf: *Verzeichniss der im Märkischen Provinzial-Museum der Stadtgemeinde Berlin befindlichen Berlinischen Alterthümer von der ältesten Zeit bis zum Ende der Regierungszeit Friedrichs des Grossen,* hrsg. vom Märkischen Provinzial-Museum. Berlin 1890, S. 104. – Esche, Sigrid: *Adam und Eva. Sündenfall und Erlösung.* Düsseldorf 1957. – Kurth, S. 54 f. – Leh, S. 37. – Müller/Küster S. 243. – Nicolai. S. 855. – Ribbeck, S. 66 f. – Schubring, S. 9, 15. – Seeger, S. 72 f.

6 (Abb. 43, 101; Farbabb. 6, 7)

Epitaph für Elias Colerus (Köhler) (*1580, †25. 6. 1584), Sohn des Berliner Propstes Jacob Colerus
Um 1584. Langhaus, Nordwand

Sandstein; o. l. Ecke ergänzt. Fassung i.T. erhalten (Reliefgrund blau, Schaube schwarz, Wams rot; Tinkturen Orange, Silber und Gold); Buchstaben mit Pech ausgefüllt. Inschriften über dem Relief: »APOC: 14 BEATI MORTVI/QUI IN D(OMI)NO MORIV(N)TVR.« (Selig sind die Toten, die im Herrn sterben) sowie »Hans Nickel« (Pickel?); umlaufende Erinnerungsschrift: »ANNO D(OMI)NI. 1.5.8.4. DEN 25. IVNY,/IST SELIGLICH IM HERRN, ENTSCHLAFFE(N), ELIAS COLE=/RUS D. IACOBI COLERI SON,/SEINES ALTERS 4 IAR 9 WOCHE(N), DESSE SELE, GOT GENADE«.
H. 129,5 cm B. 79,5 cm T. 16 cm

Das kleine Format des Steines betont seine Bestimmung als Kinderepitaph. Die Figur des mit vier Jahren verstorbenen Knaben, dessen Körpermaße und Gesichtszüge allerdings die eines wesentlich älteren Kindes sind, befindet sich in einer vertieften Nische. Dem Epitaph verlieh die Diskrepanz zwischen wirklichem und scheinbarem Alter – nicht ungewöhnlich in der Grabplastik dieser Zeit – in späteren Jahren eine besondere Bekanntheit.

Das Reliefbild wird nach oben hin in mehreren, die Körper- und Gewandform paraphrasierenden Bogenschwüngen geschlossen. Der mittlere überspannt den Knabenkopf gewissermaßen als Hoheitsform und zeichnet dabei den Verlauf des hochgestellten Mantelkragens nach. Die frontal zum Betrachter gewandte, in der Mode der Zeit gekleidete Figur steht mit zur Seite geklappten Füßen fest auf dem schmalen Nischenboden. In der umlaufenden Inschrift wirkt noch die Tradition der liegenden Grabplatte nach. Die symmetrisch angelegten Reliefpartien sind zu verknappten großflächigen, teilweise leicht stereometrischen Formen zusammengezogen: die etwas steife Glockenform der Schaube mit dem Fächerschlag des Kragens, die geschlossene Wamsfläche, die Kreissegmente des gefälteten Hemdkragens sowie die Rundungen der aufstauchenden Hosenbeine. Etwas oberhalb der Körperachsenmitte bilden die übereinandergelegten Hände mit dem an den Leib gedrückten Buch einen weiteren plastischen Akzent. Er erfährt eine Entsprechung und zugleich Steigerung im kugeligen Kopf mit dem breitflächigen, ernsten Gesicht und dem nach vorn gekämmten Haar. Eine leichte Kopfwendung nach rechts lockert die ansonsten vorherrschende Symmetrie und Frontalität der Darstellung.

Zu Füßen des Colerus, in den Ecken, zwei heraldische Darstellungen. Kurth deutet sie als Familienwappen, aber es ist denkbar, daß hier ikonographische Gehalte in heraldischer Form präsentiert werden. Im heraldisch linken Schild die Darstellung des Sündenfalls, der Baum der Erkenntnis als Helmzier. Auf dem heraldisch rechten Schild ist ein Knabe mit Nimbus zu sehen, der eine Schlange, die ihn in die Ferse sticht, zertritt. Die Helmzier bildet der aus einer Krone emporsteigende Leib eines Adlers mit ausgebreiteten Schwingen und Knabenkopf, möglicherweise ein ikonographischer Hinweis auf die Krone des Lebens und die Auferstehung.

Unterhalb des Johanneszitates, den Nischenabschluß flankierend, stehen die Worte »Hans Nickel« (Pickel?). Eine Deutung als Künstlername liegt nahe, ist aber nicht gesichert.

28
Kat. 8

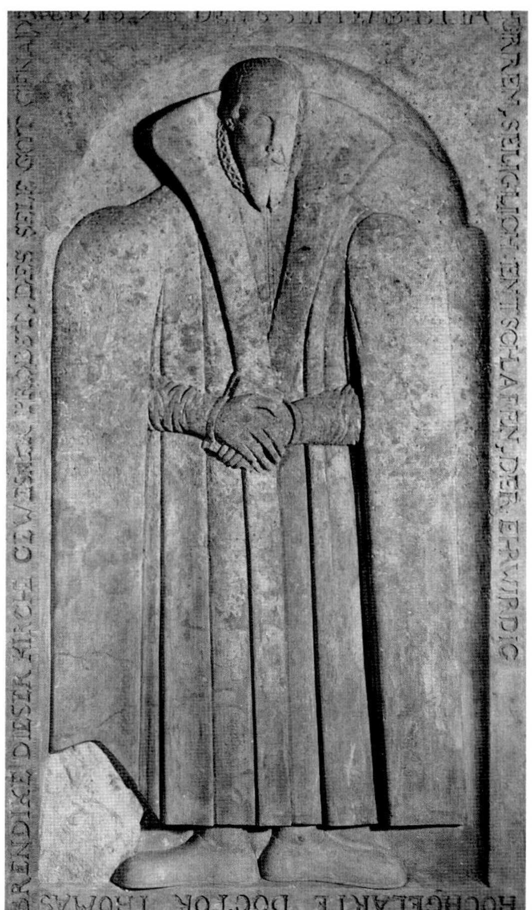

Bereits Küster überliefert als Standort den zweiten südlichen Chorpfeiler – der Blick des Knaben war also in das Sanktuarium gerichtet. Bei der Wiedereinbringung im Jahr 1987 konnte der ehemalige Aufstellungsort wegen der Instabilität des Chorpfeilers nicht mehr genutzt werden.

Quellen und Literatur
BLfD, MA, Nr. 95 I 27/7155.21. – DokA von 1968/69. Borrmann, S. 234. – Kurth, S. 17. – Lederer, Franz: *Schönes altes Berlin.* Berlin 1930, S. 120 f. – Müller/Küster, S. 306. – Ribbeck, S. 18 f. – Schubring, S. 15.

7
Epitaph für Daniel Hauber (†3. 8. 1584)
Notar und Stadtrichter
Um 1584. Langhaus, Nordwand (außen)
Sandstein, Oberfläche zerstört.
Inschrift nach Küster s. A.
H. 170 cm B. 93,5 cm

Das heute nur noch als völlig abgewitterte, mit der Wand bündig abschließende Platte existierende Epitaph für Daniel Hauber wurde von Schmidt – wie auch andere Steine an den Außenwänden der Kirche – dem Nikolaikirchhof zugeordnet.

Literatur
Müller/Küster, S. 254. – Schmidt, 4. Dekade, 8. Slg., S. 36.

8 (Abb. 28)
Epitaph für den Propst Thomas Brendike (†6. 9. 1576)
Um 1587. Langhaus, Nordwand
Sandstein; restauriert. Wappen zerstört, Ergänzungen im u. Bereich, Fassung i. R. Umschrift: »ANNO 1576 DEN 6. SEPTEMB: IST IM/HERREN, SELIGLICH ENTSCHLAFEN, DER EHRWIRDIG .../HOCHGELARTE DOCTOR THOMAS/ BRENDIKE DIESER KIRCHE GEWESENER PROPST, DES SELE GOT GENAD«.
H. 172 cm B. 97 cm T. 18 cm

Der Stein ähnelt in seinem althergebrachten Zusammenhang von Umschrift sowie flacher Rundbogennische mit Ganzfigur und Wappen dem Gedächtnismal Colerus (Kat. 6). Die Gestalt des in Amtstracht gekleideten Propstes füllt fast den gesamten Reliefgrund. Der mit dem Nischenbogen korrespondierende fächerartige

Kragen und die langen senkrechten Faltenbahnen sind jeweils zu großflächigen Formen zusammengefaßt. Den vertikalen und V-gestaltigen Strukturen fügt sich auch der schmale, sensibel gearbeitete Kopf des älteren Mannes mit dem dünnen Haar und dem sich nach unten verjüngenden, gespaltenen Bart ein. Hingegen betonen die Unterarme mit den übereinandergelegten Händen die Horizontale. Zwischen den konträren Richtungswerten vermittelt die Diagonale des von der linken Hand gehaltenen Buches.

Bei dem ehemals am vierten Strebepfeiler des südlichen Chorumgangs angebrachten Relief handelt es sich um die älteste erhaltene Darstellung eines Geistlichen der Nikolaikirche. Die Umstände der Beisetzung geben Rätsel auf. 1580 erhielt der Diakon zu St. Nikolai Merten eine Summe von über 10 Florenen erstattet, die er für Doktor Brendike, »gestorben Anno 76«, aufgewendet hatte. Die Bezahlung eines Fuhrmanns, der den »Leichenstein« des Propstes 1587 in die Nikolaikirche transportierte, ist im Kirchenrechnungsbuch vermerkt.

Quellen und Literatur
BLfD, MA, Nr. 95 I 27/7155.21. – DokA von 1968/69. – KRB, St. Nikolai und St. Marien, 1580, 1587. – Borrmann, S. 236. – Kurth, S. 32. – Müller/Küster S. 302 f. – Ribbeck, S. 24. – Schubring, S. 9, 13. – Schwebel, S. 174.

9 (Abb. 29, 30)
Kapellenrahmung für das Erbbegräbnis des kurfürstlichen Kanzlers Lampert Distelmeyer (+ 22./23. 2. 1522, † 12. 10. 1588)
Um 1588. Langhaus, 3. südliche Randkapelle
Sandstein; geringe ursprüngliche (?) Fassungsreste (Blau und Gold).
H. 544 cm B. 530 cm T. 22 cm

Der Kapellenraum öffnet sich zum südlichen Seitenschiff hin in Gestalt eines großen Rundbogens. Flankiert wird er von zwei auf Postamenten stehenden flachen Pilastern, die ein über den Wandpfeilern nur leicht verkröpftes, den Scheitel der Bogenöffnung tangierendes Gebälk tragen. Die tektonischen Zusammenhänge sind im Sinne renaissancehafter Klarheit geordnet, verlieren allerdings durch die wenig raumhaltigen Architekturglieder an Deutlichkeit. Insbesondere die nur leicht vorkragenden Gebälkenden mit ihren Engelsköpfen, die schmalen Faszien des Architravs sowie der plastische Dekor an den Pilasterschäften belegen die Flachheit der Rahmenarchitektur. Letzterer besteht aus aufsteigenden, in der Linienführung leicht graphisch wirkenden stilisierten Akanthusranken, welche symmetrisch aus Kelchen und vasenförmigen Gebilden emporwachsen und die leicht eingetieften Mittelstreifen der Stützen füllen. Das Motiv der zwei gegenständigen, ins Pflanzenwerk verwobenen Delphine, wie es den rechten Sockel ziert, findet sich des öfteren in zeitgenössischen Ornamentstichen, so bei dem Niederländer Lukas van Leyden und dem Deutschen Heinrich Aldegrever. An den westfälischen Kleinmeister erinnert auch das bereits erwähnte Arabeskenornament der Pilaster. In den Bogenzwickeln lagern spiegelbildlich einander zugeordnete geflügelte Genien, die jeweils einen Kranz emporhalten und einen Lorbeer- bzw. Palmenzweig tragen – ein vor allem in der Floris Schule und bei ihren Nachfolgern beliebtes Füllungsmotiv.

Die vier mittleren Friesfelder des Gebälks, eingespannt zwischen zwei bis an die Verkröpfungen heranreichende Ornamentabschnitte, zeigen acht heraldische Reliefs. Von links nach rechts lassen sich die Wappen vier Ehepaaren zuordnen: Lampert Distelmeyer und sei-

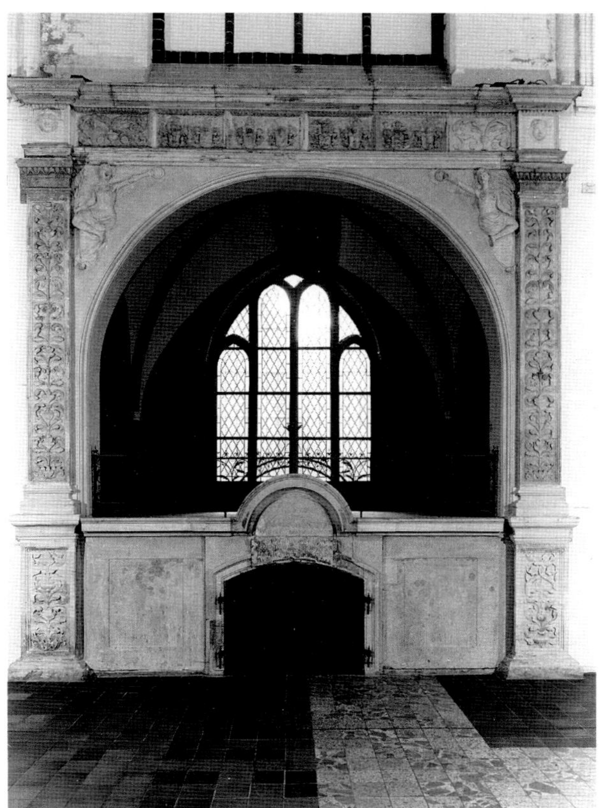

29
Kat. 9

30
Kat. 9 (Detail)

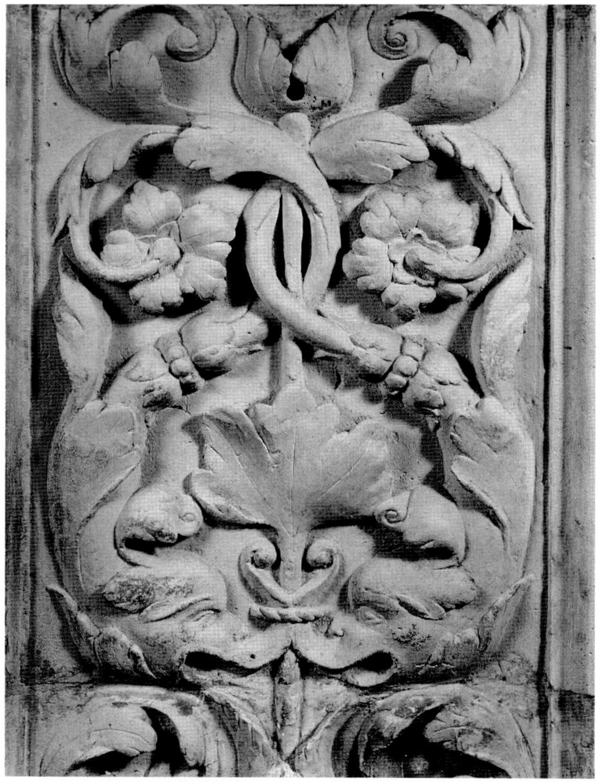

ne Frau, geb. Goldhahn; Christian und Katharina Distelmeyer, geb. Lüderitz; Johann und Caritas von Kötteritz, geb. Distelmeyer sowie Jacob und Elisabeth von Pfuhl, geb. Distelmeyer.

Die farbige Fassung des plastischen Dekors steigerte ursprünglich noch die ästhetische Pracht der als Schauwand konzipierten Kapellenrahmung. Entstanden im ausgehenden 16. Jh., erinnert sie etwas an die ausgewogene Formensprache der Jahrhundertmitte – ein für Berlin singuläres Beispiel schöner Renaissanceornamentik. Zwei Epitaphgemälde aus der Kapelle – das für den Kanzler und seine Frau sowie das von Michael Ribestein 1562 für Simon Mehlmann gefertigte – befinden sich heute in der Marienkirche.

Eine Urkunde vom Freitag nach Kantate (22. Mai) 1584 erwähnt die Übergabe einer Kapelle hinter dem Predigtstuhl an den kurfürstlichen Kanzler Lampert Distelmeyer und dessen Nachfahren. Es handelt sich um die älteste urkundlich überlieferte Einrichtung einer zwischen den vorspringenden Strebepfeilern gelegenen Grabkapelle. In dem Schriftstück wird die Aufstellung weiterer Epitaphien an den beiden Mauerflächen vor der Kapelle untersagt. Die Instandhaltung des durch drei Pfosten viergeteilten, spitzbogigen Seitenschiffensters über der Kapelle sollte auf Kosten Distelmeyers erfolgen. Im Zusammenhang mit dem Erwerb der Grabkapelle steht vermutlich die in derselben Urkunde genannte Summe von 100 Talern, die der Kanzler der Gemeinde St. Nikolai/St. Marien »verehrte«. Bereits 1587 regelte Lampert Distelmeyer testamentarisch Einzelheiten für seine Bestattung: »Also solle auch mein Weib und Kinder von denselben ersten Zinsen 300 Taler nehmen, und mir von denselben einen Leichstein und ansenlich Epitaphium legen und setzen lassen mitt gemelden und Schrift, wie ich das noch selbst ordnen, oder Sie solches im besten bedenken werden«. Die Eintragung im Kirchenrechnungsbuch aus dem Jahre 1588 bis 1589 lautet: »An Begrebnisgeldt enttpfangen 3 F (Florenen) 24 Groschen von deß Hern Canzlers begrebnis«.

Quellen und Literatur
Brandenburgisches Landeshauptarchiv, Rep. 37, Schloßarchiv Lübbenau, Nr. 6056, 6058. – KRB, St. Nikolai und St. Marien, 1588/1589. – Badstübner, S. 80. – Badstübner-Gröger, S. 417–420. – Berlinger, Rudolf und Egger, Gerhard: *Ornamentale Vorlageblätter des 15. bis 19. Jahrhunderts.* 2. erw. A., München 1981. – Borrmann, S. 236 f. – Kurth, S. 38–40. – Müller/Küster, S. 241. – Ribbeck, S. 53–55. – Schubring, S. 13. – Schwebel, S. 174.

10 (Abb. 31)
Inschriftstein aus dem Erbbegräbnis für den Amtskammerrat Heinrich Straube (*4. 10. 1534, †16. 10. 1593) und seine Ehefrau Magdalena, geb. Blanckenfelde
Wohl schon vor 1593.
Langhaus, 2. südliche Randkapelle

Sandstein, Inschriftplatte und Epitaphgemälde erhalten. Inschrift s. A.
Schriftplatte (bündig mit der Kapellenwand): H. 133 cm B. 93 cm;
Epitaphfragment (nicht im Kapellenraum): H. 41 cm B. 35 cm T. 11 cm

Von der einst reichen Ausstattung des Straubeschen Erbbegräbnisses hat sich lediglich der massive schmucklose Inschriftstein in der Schildbogennische der westlichen Kapellenwand erhalten. Die Erinnerungsschrift, lateinische Distichen, ist in einer klassischen römischen Kapitale mit den ihr eigentümlichen strengen Buchstabenformen, dem Wechsel der Schatten- und Haarstriche und den zarten Serifen vertieft in den Stein gemeißelt. Die Anfangsbuchstaben jedes Distichons sind etwas größer gehalten und näher an den Epitaphrand gerückt. Dadurch wird kalligraphisch das Versbild betont. Ligaturen und zeitgemäße Kürzungen konnten den Text nicht immer genügend straffen, so daß die Buchstaben mitunter etwas gedrängt stehen. Die sparsamen Auszeichnungen im Text sind durch einen größeren Schriftgrad hervorgehoben, die letzte Zeile zeigt eine sich kontinuierlich vergrößernde Buchstabenfolge, mit der die leicht schräg verlaufenden Zeilen ausgeglichen wurden. Die vertieften Buchstaben sind mit Pech ausgefüllt. Das antike Versmaß und die Schriftgestaltung ebenso wie das in der Inschrift stark abgewandelte Zwei-Wege-Bild des Pythagoras spielen deutlich auf die humanistische Bildung des Amtskammerrates an.

Über dem Inschriftstein hing das heute in der Marienkirche befindliche Ribesteingemälde von der Auferweckung des Lazarus aus dem Jahre 1552. An der östlichen Kapellenwand befand sich ein Gemälde mit der Auferstehung Christi. Küster spricht von einer Darstellung des Ehepaars im Kapellenraum, die »in Stein ausgehauen« war. Ihr läßt sich ein kleines Epitaphfragment zuordnen, das vor 1900 aus der Nikolaikirche in das Märkische Museum gelangte. Die Kapellenfenster wurden anscheinend, dies ist bei zahlreichen Grabkapellen zu vermuten, in Zusammenhang mit der Einrichtung des Erbbegräbnisses zugemauert.

Ursprünglich war die Kapellenöffnung, wie die der benachbarten Kapelle Distelmeyer, mit einer Renaissancerahmung versehen. Eine Vorstellung hiervon gibt das heute in der Marienkirche befindliche Gedächtnisbild für das Ehepaar Kötteritz aus dem Jahr 1616. Hiernach befand sich über dem Gebälkfries die freistehende Plastik des auferstandenen Christus, rechts und links von (anscheinend vier) kreisrunden Totenschilden gerahmt. Im Dezember 1624 fand Anna Maria Moritz, verehelichte Wernicke, verwitwete Baurath, ihre letzte Ruhestätte im Straubeschen Grabgewölbe. Vermutlich war Anna Maria eine Enkelin des Amtskammerrates.

Am 5. Januar 1668 wurde der Kammergerichtsadvokat und Berliner Bürgermeister Benedict Reichard, der eine Enkelin des Heinrich Straube geheiratet hatte, in dem Erbbegräbnis beigesetzt. Ihm folgte am 3. Oktober des selben Jahres seine Ehefrau Margaretha, geb. Moritz, in das Grabgewölbe nach.

Nach dem Tod seiner Schwiegereltern ließ der Bürgermeister Johann Tieffenbach die Grabkapelle 1669

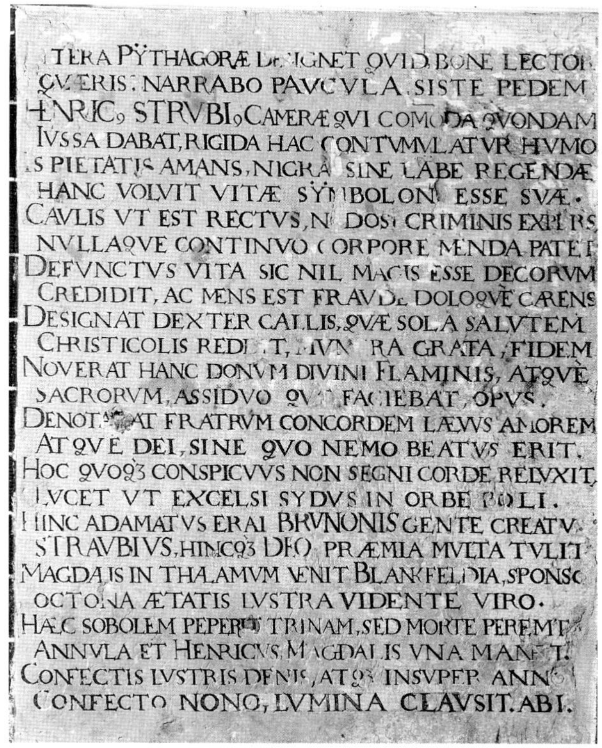

31
Kat. 10

renovieren und eine vergoldete Gedächtnistafel, umgeben von einem Blumengewinde, anbringen.

Für 225 silberne Reichstaler kaufte Ende 1766 der Kriegskommissar Friedrich Francke diese gewölbte Gruft. Die erforderliche Bestätigung durch den Kirchenpatron, den Rat zu Berlin, zog sich von Dezember 1766 bis März 1767 hin. Im gleichen Zeitraum bewarben sich die Erben des Kaufmanns Eysenhardt um die Grablege. Ihr Gebot von 200 Talern war jedoch zu niedrig. 1789 gelangte der Kaufmann Wilhelm Oehmigke in den Besitz der Kapelle.

Beim Wiederaufbau der Nikolaikirche wurden die Tür zur Franckeschen Gruft und das kunstvolle Gitter von 1767, letzteres unter Verwendung von Originalteilen, sowie die barocke Putzgliederung der Sandsteinrahmung des Gruftzugangs erneuert.

Quellen und Literatur

Gedächtnisbild für den kurfürstlichen Rat Johannes von Kötteritz und seine Ehefrau Caritas, 1616, Öl auf Holz, Marienkirche zu Berlin. – LAB, Rep. 22, Kirchenabteilung Nr. 654. – Badstübner, S. 53. – Borrmann, S. 228, 237. – Freytag, L.: Ein in der Nikolaikirche zu Berlin wiederaufgefundenes Grabdenkmal des im 17. Jahrh. verstorbenen Bürgermeisters Heinrich Straube, in: *Der Bär,* 5. 1879, S. 138. – Kurth, S. 28–29, 41–42. – Müller/Küster, S. 241–242, 245, S. 248. – Nicolai, S. 855. – Schubring, S. 14. – Ribbeck, S. 56 f.

32
Kat. 11

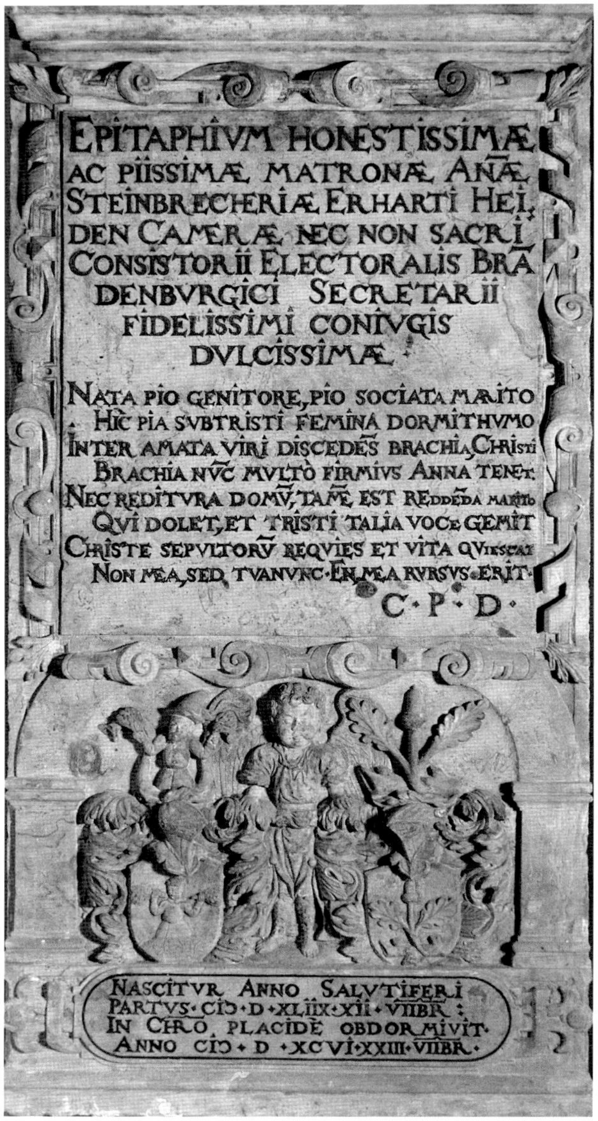

11 (Abb. 32; Farbabb. 8)
Epitaph für Anna Maria Heiden, geb. Steinbrecher (*12. 9. 1548, †23. 9. 1596)
1597 (Aufstellungsjahr nach Küster).
Chorumgang, 2. südliche Randkapelle

Sandstein; Fassung i. T.; restauriert. Vertiefte Buchstaben mit Pech gefüllt. Inschrift am Epitaphfuß:; »NASCITVR ANNO SALVTIFERI/ PARTVS. M. D. XLIIX. XII. VIIBR. (Septembris)« (Die Leibesfrucht ist geboren am 12. Setpember im heilbringenden Jahr 1548. Am 23. September 1596 in Christo sanft entschlafen.) Text der Inschrifttafel s. A.
H. 175 cm B. 89 cm T. 17,5 cm

Der hochrechteckige Stein gehört zum Typus der Inschrift- und Wappenepitaphien. Er zeichnet sich durch einen schönen Spätrenaissance-Dekor aus und trägt oben und unten ein schmales profiliertes Gesims. Über einem Sockel, auf dem eine Inschriftkartusche Geburt- und Sterbedatum nennt, erheben sich an den Seiten kurze, gedrungene Pilaster. Ihre Kapitelle tragen die Ansätze eines gedrückten Rundbogens, dessen Scheitel vom Rahmenwerk der Inschrifttafel verdeckt wird. Die so begrenzte, fast rechteckige Fläche der Bogenöffnung wird weitgehend von den aufwendig gestalteten Familienwappen des Ehepaares gefüllt. Ein zwischen Laubgewinden und Helmkleinodien etwas unbeholfen und beengt auf einem Bodenstück stehendes Engelskind präsentiert heraldisch rechts das Wappen der Familie des Kämmerers und Sekretärs Heiden sowie heraldisch links das der Familie Steinbrecher.

Die obere Inschrifttafel, welche die soziale Stellung des Ehemanns, die Trauer um die »fromme« Frau sowie die Hoffnung auf Wiederaufstehung thematisiert, wird von einem symmetrisch konzipierten Ornamentrahmen eingefaßt. In ihm dominiert ein strenges, durch Bandschlitze sich windendes Rollwerk; eingestreute nagelkopfähnliche Gebilde – Elemente des seit den 80er Jahren in Deutschland immer häufiger verwandten Bandwerkes – bereichern es. Das Motiv der lilienartigen Durchsteckform in der unteren Kartusche kommt in vielen Ornamentstichen der Zeit vor.

Küster erwähnt drei im Chor der Nikolaikirche hängende Tafelbilder »als ein Epitaphium Erhard Heiden und seiner Ehefrau«. Diese Gemälde aus dem Jahre 1597 gelten als verloren. Borrmann sah das Epitaph noch in der »Chorkapelle rechts von der Schnitterschen«; Kurth hingegen vermerkt als Standort dieses Monumentes, das er aus einer Gruppe von Grabsteinen als das »wertvollste« hervorhebt, die zweite südliche Chorkapelle.

Quellen und Literatur
DokA von 1968/69. – BORRMANN, S. 234. – KURTH, S. 31–33. – MÜLLER/KÜSTER, S. 239, 248. – SCHUBRING, S. 12.

17. Jahrhundert

12 (Abb. 33)
Epitaph für den Apotheker Michael Aschenbrenner (†1605)
1605. Westportal, nördliche Laibung

Sandstein; Oberfläche zerstört. Umschrift nach Kurth: »ANNO 1665 DEN 9. AVGVSTI ABENTS ZWIS/CHEN 8 UND 9 UHR IST DER ERNVESTE UND WOHLGEACHTE MICHAEL ASCHENBRENNER/ APOTECKER ZV BERLIN UND CÖLN IN/GOTT SELIGLICH ENTSCHLAFFEN SEINS ALTERS IM 50 JAHR DEM GOT GNADE«.
H. 184 cm B. 74 cm T. (Angabe nicht mehr möglich)

Die im Hochrelief ausgearbeitete lebensgroße Gestalt des Apothekers füllte weitgehend die kastenartige, von der Inschrift umgebene Vertiefung des Gedächtnissteines. Die frontale Haltung des Verstorbenen, wie man sie auch bei Zeheder (Kat. 1) fand, erfuhr durch die Wendung der Figur nach links und das seitlich abgewinkelte Spielbein eine weitgehende Auflockerung. Deutlich ragte der rechte, zum Standbein gehörende Fuß über den unteren Rand der Rahmung hinaus. Kurth spricht von einem »hübsch gearbeitete(n) Reliefbildnis« und beschreibt den sich in lässig-selbstbewußter Pose präsentierenden Aschenbrenner als »eine vornehme Erscheinung mit Schnurr- und Spitzbart, die Handschuhe in der Hand, eine Kette mit fünf fein ausgeführten Ehrenmedaillen um den Hals, oben rechts und links je ein Wappenschild«.

Im Rechnungsbuch der Nikolaikirche von 1665 finden sich keine Angaben über die Beisetzung des Apothekers. Das überlieferte Sterbedatum 1665 wurde bereits von Borrmann und Kurth angezweifelt. Letzterer vermutet in der dritten Ziffer eine Null und verweist auf Ähnlichkeiten mit den drei Grabsteinen der Familie Steinbrecher in der Turmhalle der Berliner Marienkirche aus den letzten Jahren des 16. Jhs. Sie zeigen den Verstorbenen ebenfalls lebensgroß in Zeittracht und von

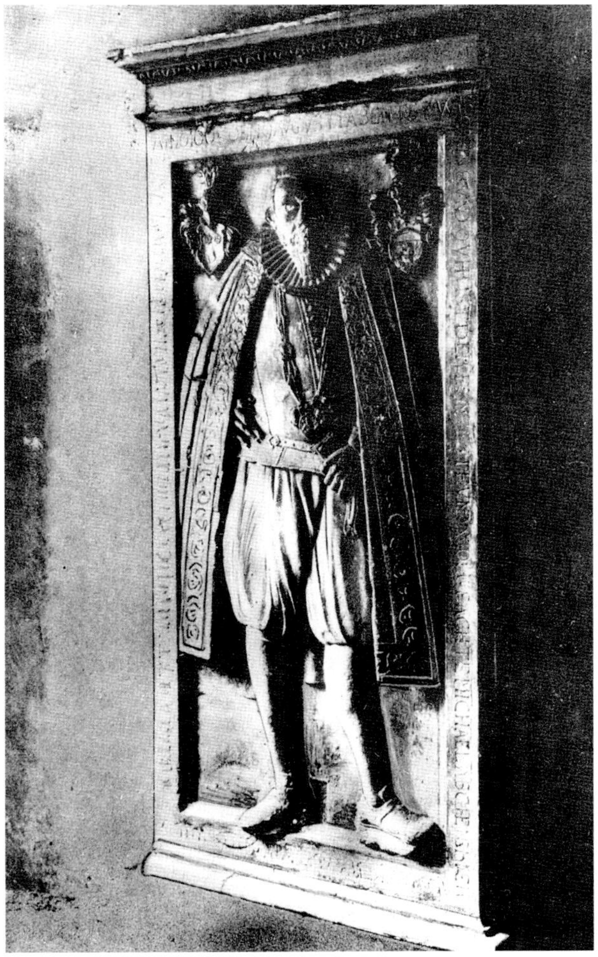

33
Kat. 12.
Zustand vor 1930

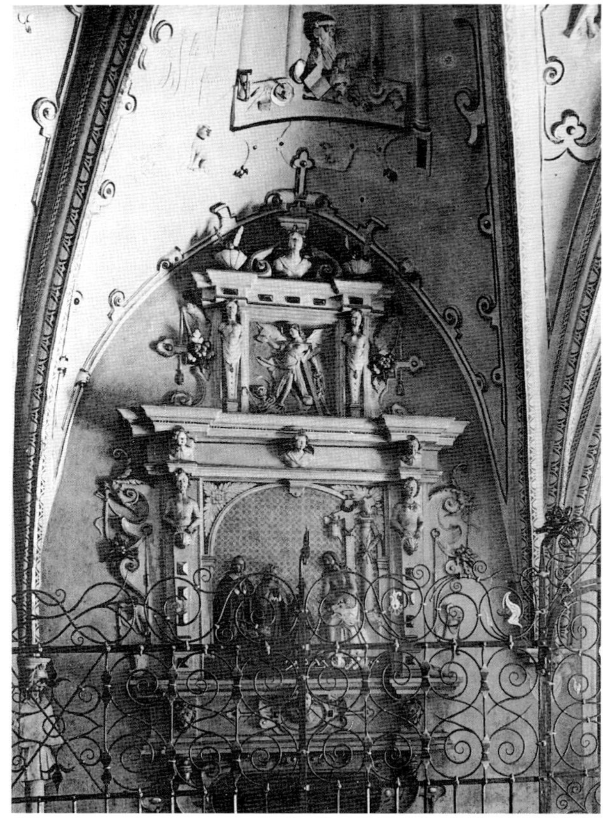

34
Kat. 13.
Zustand 1893

Wappen umgeben. Schubring, der 1937 noch Einblick in das heute nicht mehr nachzuweisende »Totenbuch« nehmen konnte, bestätigt Kurths Datierungsvorschlag.

Quellen und Literatur
KRB, St. Nikolai, 1648–1673. – Borrmann, S. 234. – Kurth, S. 57 f. – Schubring, S. 14. – Schwebel, S. 175.

13 (Abb. 8, 34–37; Farbabb. 9–12)

Epitaph für den kurfürstlichen Rat Johann von Kötteritz (†12. 1. 1609) und seine Ehefrau Caritas, geb. Distelmeyer (†1615)

Um 1610. Liebfrauenkapelle, Ostwand

Stuck; Architekturrahmung teilweise ergänzt, Plastik und Ornament stark fragmentiert; Fassung i. T. erhalten. Inschrift nach Küster s. A.
H. 376 cm B. 243,5 cm T. 31,5 cm

Das einachsige manieristische Hängeepitaph füllt mit seinem zweigeschossigen Ädikulaaufbau die Wandfläche der nordöstlichen Schildmauer. Die Aufsatzbekrönung ragte bis in den Scheitelbereich des Schildbogens hinauf, der Unterhang mit der Inschrift reichte nahe an den Kapellenboden heran. Das kräftig auskragende Gebälk des Hauptgeschosses ruht auf zwei Wandpfeilern. Dem linken ist eine männliche, dem rechten eine weibliche Karyatidenherme vorgeblendet; an ihren Schäften rechteckige Diamantquader und jeweils eine Pilgermuschel. Sockel und Gebälk verkröpfen sich in den Pilasterachsen. Die so entstandenen Stirnflächen tragen platischen Schmuck: im Gebälk zwei Knabenbüsten, an den Sockelpostamenten Löwenköpfe mit Ringen im Maul; darunter Hängeknäufe. Die Friesflächen zwischen den umspringenden Gesimsstücken ziert jeweils eine weitere Büste. Zusammen mit der im Aufsatz akzentuieren sie die Mittelachse des Monumentes und lenken den Blick des Betrachters auf die mit der Aura des Vornehmen und Würdigen versehene symmetrische Ordnung des Aufbaus. Reiches, lebendiges Roll- und Beschlagwerk formt die Seitenhänge der Ädikula, darin verwoben Tierköpfe, an die sich Blütengehänge knüpfen. Das von den Karyatiden flankierte große rundbogige Relieffeld im Hauptgeschoß zeigte das anbetend kniende Stifterpaar mit der früh verstorbenen Tochter Sabina vor dem zu Füßen des Kreuzes und der Leidenswerkzeuge – nur diese sind erhalten – sitzenden, gefesselten Christus. Der hoheitsvoll seinen Schmerz tragende Heiland erinnert an den im Mittelalter entstandenen Bildtypus des Christus in der Rast und ist Ausdruck der für das Luthertum charakteristischen *theologia crucis*. Darüber, in der von Hermenkaryatiden gerahmten Aufsatzädikula, triumphiert die Religion über den Tod. Ein geflügeltes weibliches Wesen, versehen mit Kreuz und Bibel setzt im schwungvollen Siegesgestus seinen Fuß auf ein am Boden liegendes, sich krümmendes Skelett.

Die dem Epitaph im Zweiten Weltkrieg zugefügten Schäden legten den konstruktiven Aufbau des Gedächtnismals frei, das nicht, wie bis dahin angenommen, aus Sandstein besteht. Über einem hölzernen Unterbau mit Lehmbewurf waren die zur Oberfläche hin immer feinkörniger werdenden Stuckschichten aufgetragen. Handgeschmiedete Nägel, umwickelt mit textilem Material, gaben den vollplastisch aus der Rahmung hervortretenden Köpfen Halt. Bei der Rekonstruktion verzichtete man auf die Holzunterlage. Die Fragmente wurden einer aufgerauhten Putzfläche appliziert; Ergänzungen heben sich weiß ab.

Im benachbarten Bogenfeld befand sich das heute in der Marienkirche hängende Gedächtnisbild von 1616 für das Ehepaar Kötteritz. Von großem dokumentarischem Wert ist die Darstellung im Hintergrund des Gemäldes. Sie zeigt recht detailgetreu das Innere der Nikolaikirche zu Beginn des 17. Jhs.

An der ehemals gegenüberliegenden Kapellenwand, dort, wo heute der Durchgang zur Empore ist, hing ein weiteres, von den Kindern der Verstorbenen gestiftetes einachsiges, zweigeschossiges Gemäldepitaph, dessen Ädikulagliederung, einschließlich der Inschriftkartusche im Unterhang, Ähnlichkeiten mit dem eingangs vorgestellten plastischen Gedächtnismal aufwies. Das Martin Schulz zugeschriebene Gemälde des Aufsatzes, eine Maria als Personifikation der Kirche, ist erhalten und befindet sich als Leihgabe der Evangelischen Kirche in Berlin-Brandenburg im Jagdschloß Grunewald.

Der als Durchgangskapelle konzipierte Raum legte es nahe, die zum Schutz der Epitaphien und zur Schaffung einer ehrfurchtsvollen Distanz einzubringenden Gitter parallel zur Wegeachse, d. h. zu seiten der Wände, anzuordnen. Im Zusammenhang mit der Kapellenrekonstruktion wurden die prunkvollen schmiedeeisernen Renaissancegitter restauriert und fehlende Teile ergänzt.

Eine Schauwand hin zum südlichen Seitenschiff stimmt den Besucher thematisch und ästhetisch auf den dahinterliegenden Begräbnisraum ein. Der kirchenseitige Zugang wird von einer aufwendigen Pilaster- und Gebälkarchitektur umgeben. Ihre grundlegenden Bestandteile, bis hin zu den geflügelten Genien in den Zwickeln – die hier allerdings ausschließlich Palmenwedel halten –, sind denen der Kapelle Distelmeyer (Kat. 9) vergleichbar. Die Piedestale enthalten muschelbekrönte Nischen mit zart reliefiertem groteskeartigem Dekor. Der mit dem Rankenwerk verwobene pausbäckige Engelskopf ähnelt mit seinem eigentümlichen Haarschopf den freiplastischen Knabenköpfen im Inneren der Kapelle. Ins Profil gedrehte, aus Blättern hervorwachsende Delphinköpfe überspielen die kantige, oben in zwei nach innen drehende Voluten ausbiegende Silhouette der Postamente. Zwischen den Schneckenwindungen befindet sich eine Frauenmaske als Kopfkaryatide. Die drei Rücksprünge des mehrfach verkröpften Gesimses markieren unterschiedlich stark hervortretende Schichten des Pilasterbereichs: die hintere der Ornamentstreifen, die mittlere der Wandpfeiler sowie die der vorgeblendeten Hermenpilaster. Letztere trägt jeweils riegelartig eingeschobene große rechteckige Diamantquader und eine Wappenkartusche, heraldisch rechts das Vollwappen der Familie Kötteritz, heraldisch links das der Familie Distelmeyer. Beschlag- und Rollwerkornament flankiert seitenhangartig die stützenden Bauglieder und formt nach oben hin ins Profil gekehrte, nur im Vogelleib ansichtige Greifen – ein Wächtermotiv und zugleich ein Symbol der Auferstehung und Himmelfahrt Christi. Den horizontalen Abschluß bildet das von Pilastern getragene schlichte, sich über den Wand- und Hermenpfeilern verkröpfende Gebälk. Das Epitaphgemälde von 1616 zeigt, trotz vieler Ähnlichkeiten, einen bildkünstlerisch reicher geschmückten Zugang. Möglicherweise zerstörten spätere Emporeneinbauten den umfangreichen Gebälkaufsatz. Zweifelhaft bleibt, ob die große Mosesfigur, so wie das Bild sie zeigt, je zur Ausführung kam.

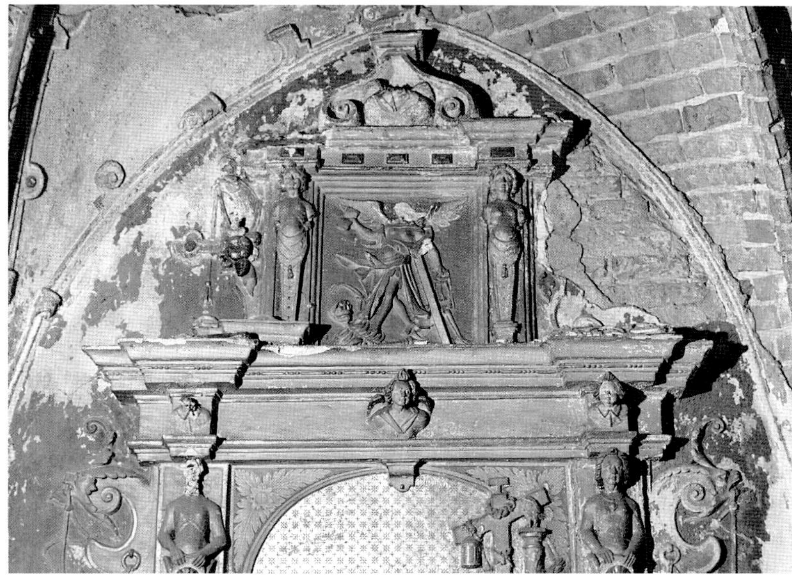

35
Kat. 13
(Ausschnitt).
Zustand 1968/69

Die von zwei queroblongen Kreuzgewölben mit acht Feldern überspannte Kapelle atmete, so Kurth, eine »verschwenderische Pracht«. Er beschreibt ausführlich die auf Vergänglichkeit, Tod, Erlösung und Auferstehung gerichteten allegorisch-figürlichen Deckenreliefs. Aus ihnen lassen sich die lutherischen Ansichten des Auftraggebers ebenso deutlich ablesen wie aus der übrigen Ikonographie des Kapellenraums. Die kostbar gefaßten Stuckarbeiten wurden durch den Krieg zerstört, nur ein verschwindend kleiner Rest existiert noch. Bei den Vergoldungen und Lüsterungen der stark ergänzten, die Gewölberippen begleitenden Ornamentleisten der Deckenfelder griff man auf Vorbilder in den Schloßkapellen von Güstrow und Schmalkalden zurück.

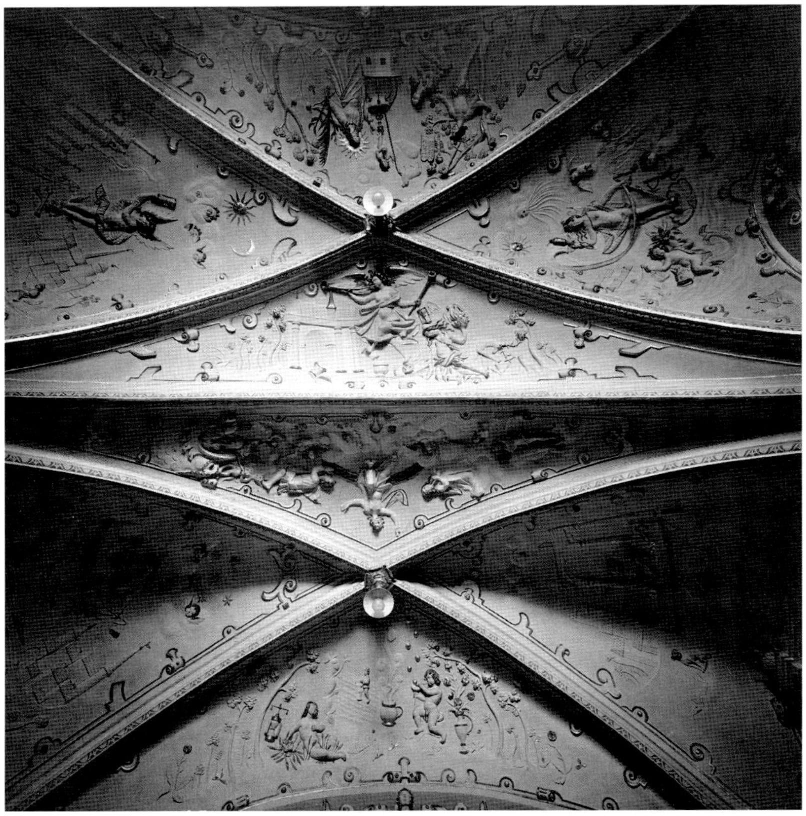

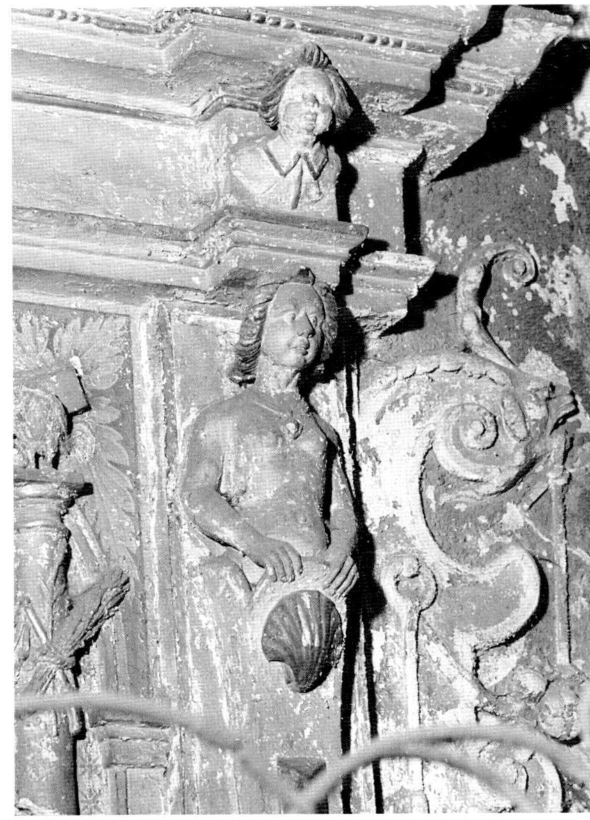

36
Allegorische Deckenreliefs. Kapelle Kötteritz. Meßbild 1919

37
Kat. 13 (Detail). Zustand 1968/69

Weitgehend erhalten hingegen blieben der plastische Dekor der Südwand sowie die Karyatiden der Rippenkonsolen in den Raumecken. Das Kapellenportal flankieren im Hochrelief zwei weibliche Gewandfiguren auf hohen, mit Löwenköpfen versehenen Volutensokkeln. Die unter schirmartigen Baldachinen vor flachen Nischen leicht nach rechts schreitenden allegorischen Gestalten wenden sich der Öffnung zu und hielten einst beide Schwerter. Die linke Plastik, vermutlich die Allegorie des Glaubens, umfaßt ein Kreuz, die rechte hält als Allegorie der Religion das aufgeschlagene Evangelium in der Hand. Die Rollwerkverzierung über dem Segmentbogen des Portals ist mit Durchsteckformen und gelüsterten Fruchtgehängen versehen; eine in den Raum ragende weibliche Büste, eine Nachbildung, schmückt das Medaillonfeld.

Das Außenportal zieren drei große Relieftondi. Zwei zeigen die Wappen der Familie Kötteritz und Distelmeyer, ein weiteres, in seitenverkehrter Anlehnung an einen Stich des für seine allegorischen Bildfindungen bekannten Niederländers Hendrick Goltzius aus dem Jahr 1594, einen von Symbolen der Vergänglichkeit umgebenen Putto und – Kurth zufolge – die Inschrift »Quis evade« (bei Goltzius »Quis evadet – Wer wird entrinnen?«). Es handelt sich hierbei um Nachbildungen der Originale von 1610; allerdings blieben die Schriftfelder leer.

Quellen und Literatur

BLfD, MA, Nr. 1b 1/3.34. – DokA von 1968/69. – *Gedächtnisbild für den kurfürstlichen Rat J. v. Kötteritz und seine Ehefrau Caritas,* 1616, Öl auf Holz, Marienkirche zu Berlin. – Badstübner, S. 48 f. – Badstübner-Gröger, S. 420–426. – Borrmann, S. 237 f. – Kurth, S. 44–48. – Leh, S. 35, 42 f. – Müller/Küster, S. 242. – Ribbeck, S. 61 f. – Schubring, S. 6–8.

14 (Abb. 38)

Epitaph für Ursula Lindholz, geb. von Striepe (*3.3. 1612, †12.1. 1653), Ehefrau von Andreas Lindholz, Bürgermeister und Kammergerichtsadvokat

Um 1653. Seit 1968/69 ausgelagert. Ehemals Chorumgang, 6. nördlicher Strebepfeiler.

Sandstein, einst farbig gefaßt (Angaben nach Kurth). Die l. o. Ecke mit einem Teil des Wappens fehlt. Inschriftplatte im u. Abschnitt zerstört. Inschrift nur i.T. rekonstruierbar. H. 180 cm B. 85 cm T. 17,5 cm

Im oberen Drittel der rechteckigen Wappen- und Inschrifttafel, axial angeordnet, befindet sich das aus einem Kartuschenschild mit Oberwappen bestehende Wappenrelief der Familie Lindholz. Zu beiden Seiten der dekorativ wuchernden Helmdecke ist eine Inschrift in den Stein geschlagen, die zu entziffern nicht mehr möglich ist (nach Kurth: Psalm 126,5). Auf dem einst roten Wappenschild der Familie von Striepe mit weißen Querstreifen waren drei weiße Lilien dargestellt, die sich in der Helmzier wiederholten. Unter dem Wappen ist die leicht vorkragende Schriftfläche angeordnet. In den ausgebogten Ecken der Tafel tritt das Flächenornament einer Blütenrosette im Flachrelief hervor. Die Inschriftzeilen in einer nüchtern-strengen Fraktur, einst vergoldet mit schwarzen Schattenlinien, sind nur noch teilweise lesbar. Sie beziehen sich auf die verstorbene Ursula Lindholz aus dem alten, vornehmen Geschlecht derer von Striepe, die am 3. März 1612 auf dem kurfürstlichen Amt Arendsee geboren wurde und 1630 heiratete. Von ihren elf Kindern, so berichten die Reste der Inschrift, blieben drei Söhne und zwei Töchter am Leben.

Die Beisetzung der Bürgermeistergattin erfolgte am 23. Januar 1653 in der Nikolaikirche.

Quellen und Literatur
DokA von 1968/69. – KRB, St. Nikolai, 1648–1673. – Kurth, S. 24 f. – Ribbeck, S. 48. – Schubring, S. 11.

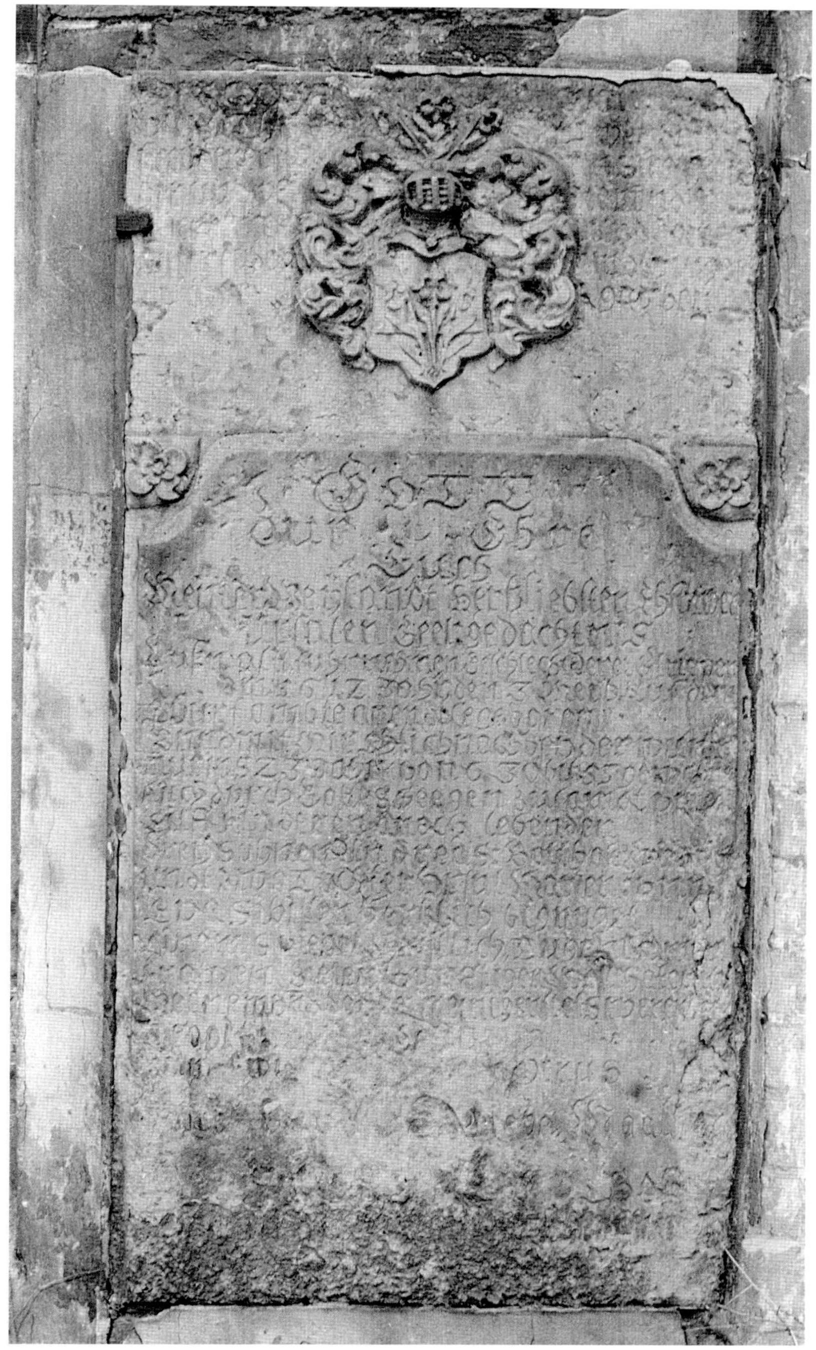

38
Kat. 14.
Zustand 1968/69

39
Kat. 15

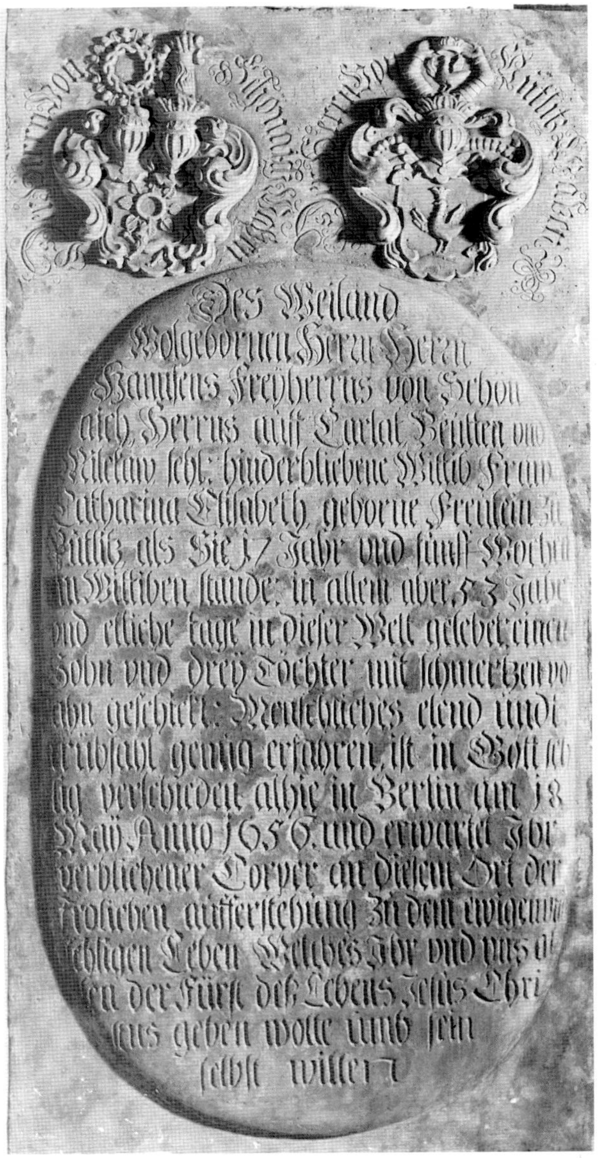

15 (Abb. 39)

Epitaph für die Freifrau Catharina Elisabeth von Schönaich, geb. von Putlitz (*1603, †18. 5. 1656)
Um 1656. Langhaus, Südwand

Sandstein; teilrestauriert. Fassung i. R. erhalten.
Wappenumschrift h. r.: »Der Herrn von Schönaich Wapen«, h. l.: »Der Herrn von Putlitz Wapen«, Tafelinschrift s. A.
H. 178 cm B. 89 cm T. 20,5 cm

Das schlichte hochrechteckige Inschrift- und Wappenepitaph zeigt ein ursprünglich schwarz gefärbtes ovales Feld mit vertieften, einst vergoldeten Frakturbuchstaben und Ziffern, das in einer deutlichen Wölbung aus der Platte heraustritt. Darüber befinden sich zwei stark plastisch ausgearbeitete Vollwappen, welche durch jeweils eine Umschrift mit verschnörkelten Initialen die entsprechende Familie zuweisen: heraldisch rechts das Wappen der Familie Schönaich, heraldisch links das derer von Putlitz. Ursprünglich war der Erinnerungsstein gegenüber dem Treppenturm im fünften südlichen Langhauspfeiler eingelassen. 1987 wurde die Ende der 60er Jahre aus der zerstörten Kirche geborgene Tafel am jetzigen Standort aufgestellt.

Im Kirchenrechnungsbuch finden sich keine Hinweise auf die Bestattung der Freifrau von Schönaich in der Nikolaikirche oder auf deren Friedhof, weder eine Gebühr für die Grabstelle noch Geläutegeld sind vermerkt.

Quellen und Literatur

DokA von 1968/69. – Borrmann, S. 235. – Kurth, S. 18. – Müller/Küster, S. 248. – Ribbeck, S. 57. – Schubring, S. 16. – Schwebel, S. 174.

16 (Abb. 12, 40)

Epitaph für Gottfried Heinzelmann (*19. 12. 1656, †1. 6. 1658), Sohn des Diakons Johann Heinzelmann
Um 1658. Seit 1968/69 ausgelagert.
Ehemals Chorumgang, 3. südlicher Strebepfeiler

Sandstein; zerborsten, stark verwittert. Teile des Reliefaufsatzes fehlen. Fassung i. R. erhalten.
Inschrift s. A.
H. (ohne Aufsatz) 118,5 cm B. 53 cm T. 12,5 cm

Die Platte mit der auf strukturiertem Untergrund erhabenen Frakturschrift wird von einem Volutengiebel überspannt, auf dem ein Relief mit drei großen Engelsköpfen und einer Buchstabensymbolik ruht. Die geflügelten Cherubimköpfe, deren Schwingenspitzen volutenartig eingerollt sind, umgeben als Dreieckskomposition eine herzförmige Kartusche mit den griechischen Buchstaben Alpha und Omega.

Von der Bekrönung hat sich lediglich der obere, mittlere Engelskopf mit Flügeln erhalten. Bereits 1968/69, vor der Bergung des Epitaphs aus der Kirchenruine, fehlte der rechte Engelskopf. Die Kartusche und das untere Schriftfeld waren damals schon abgewittert. Nur die oberen Zeilen der Erinnerungsschrift, die mit einem Zitat aus dem 3. Kapitel des Briefes des Apostels Paulus an die Galater beginnt, sind noch teilweise lesbar.

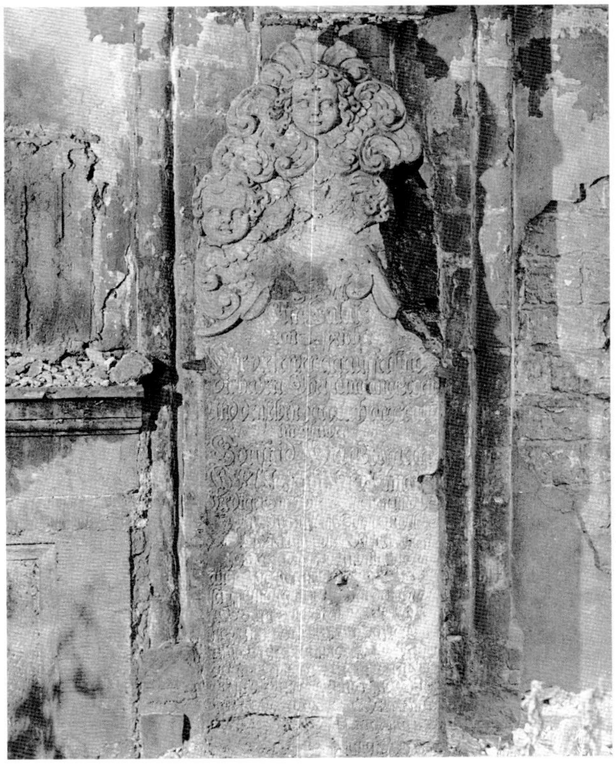

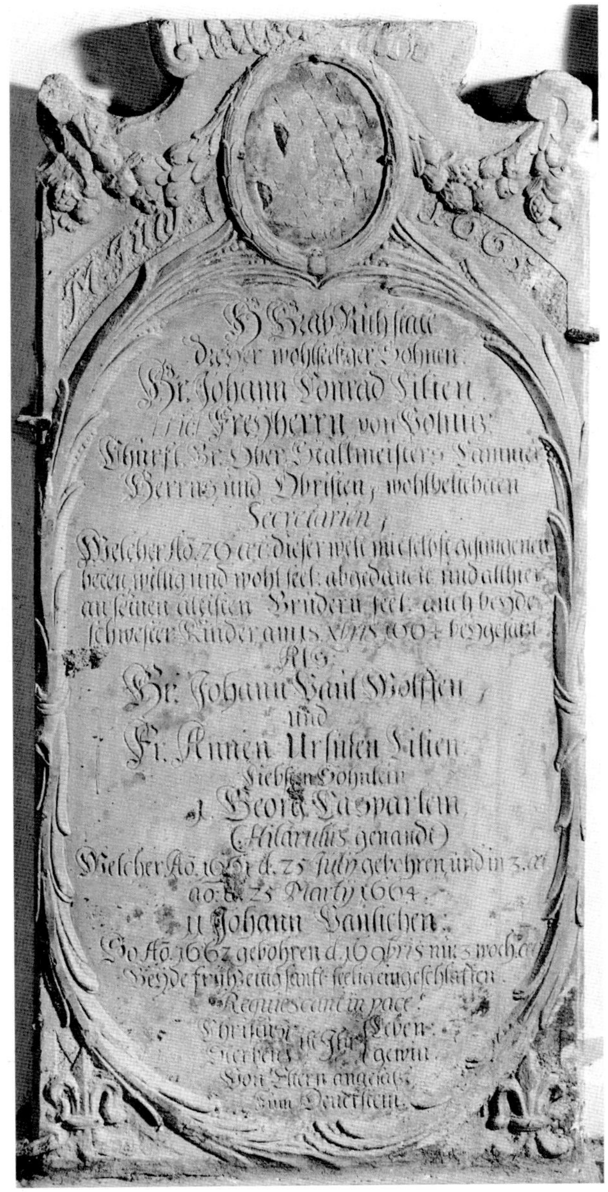

40
Kat. 16.
Zustand 1968/69

41
Kat. 17

Laut Eintrag vom 6. Juni 1658 im Rechnungsbuch der Nikolaikirche wurde »H. M. Johann Heinzelmanns Kind in der Kirch« gratis begraben.

Quellen und Literatur
DokA von 1968/69. – KRB, St. Nikolai, 1648–1673. – Kurth, S. 34. – Ribbeck, S. 23. – Schubring, S. 13.

17 (Abb. 41)
Epitaph für Johann Conrad Lilie (* 1638, beigesetzt am 18. 12. 1664), Sekretär des Freiherrn von Pölnitz, und seine Neffen Georg Caspar Wolff (* 25. 7. 1661, † 25. 3. 1664) und Johann Paul Wolff (* Oktober 1662, † 16. 11. 1662)
Juli 1665. Langhaus, Südwand

Sandstein; Porträttafel und Aufsatz fehlen, l. Volute des Giebels abgebrochen. Fassung i. R. erhalten. In vertieften Feldern auf strukturiertem Untergrund über der Inschrift: »M(onumentum) Juli 1665«, Tafelinschrift s. A. H. 151 cm B. 71 cm T. 9,5 cm (teilweise in Wand eingelassen)

Die schlichte, leicht gewöbte Inschriftplatte wird von einem hochgeschwungenen Volutengiebel überspannt, auf dem ein geflügelter Engelskopf mit eingerollten Schwingenenden ruhte. Der Aufsatz, dessen Flügelspitzen am oberen Epitaphrand sichtbar sind, gilt als verschollen. Jeweils zwei an der Mitte der Längsseiten mit einem schmalen Tuch aneinandergebundene Palmenwedel legen sich nach oben und unten, somit ein Oval formend, um die Frakturinschrift. Darunter in den eingetieften, strukturierten Zwickeln ist je eine heraldische Lilie, die »redende« Blume des Familienwappens, erhaben ausgebildet.

42
Kat. 18

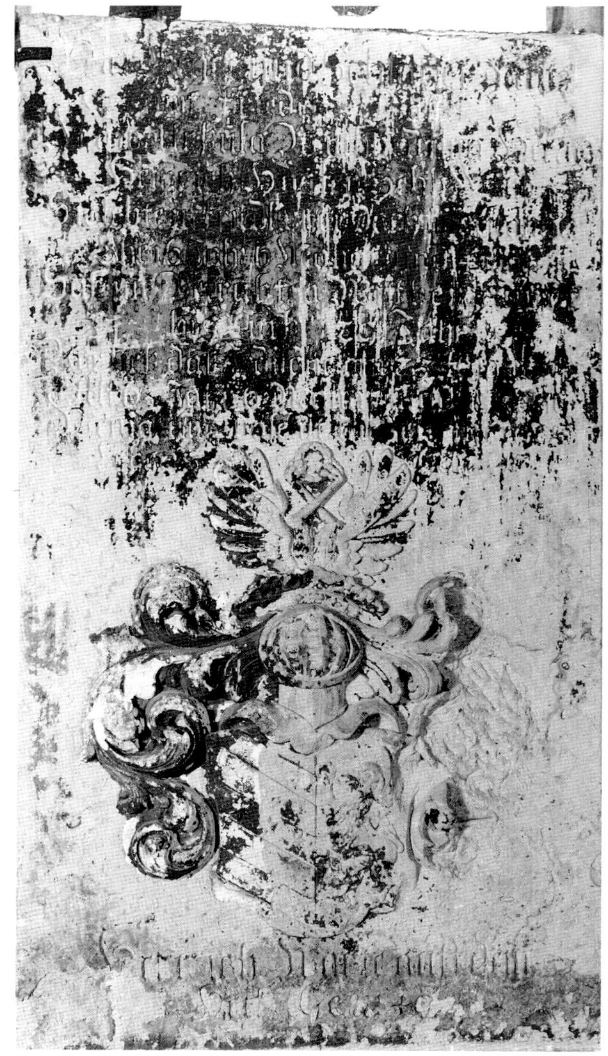

Unterhalb der Verdachung umgeben zwei Lorbeerwülste, unten durch einen Ring gefaßt, ein Medaillon. Es trug ehemals eine Kupfertafel mit dem Porträt Johann Conrad Lilies, das ihn bartlos, in Allongeperücke und gesticktem Kragen zeigte. Zwei Fruchtgehänge mit Granatäpfeln, die aus dem Blattwerk der Bildnisrahmung zu erwachsen scheinen, ranken rechts und links des Medaillonfeldes in einem Bogen zu den Volutenenden des Giebels, von denen sie in kurzen Ausläufern senkrecht herabfallen.

Der Sekretär Johann Conrad Lilie fand am 18. Dezember 1664 in der Nikolaikirche seine letzte Ruhestätte. Gebühren entfielen für den Sohn des Propstes Georg Lilie. Die Beisetzung Johann Paul Wolffs erfolgte am 14. Dezember 1662 ebenfalls in der Nikolaikirche. An Geläutegeld entrichtete die Familie Wolff 1 Taler und 8 Groschen in die Kirchenkasse. Die selben Aufwendungen wurden am 25. März 1664 bei der Grablegung für Georg Caspar Wolff in der Kirche bezahlt.

Quellen und Literatur
KRB, St. Nikolai, 1648–1673. – Leichenpredigt für Propst Georg Lilie, Bibliothek Altlandsberg, Nr. 757/IV/155 (Nr. 10). – Kurth, S. 40 f. – Ribbeck, S. 56. – Schubring, S. 14. – Schwebel, S. 174.

18 (Abb. 42)
Epitaph für Ursula Hacke, geb. Reinhart
(*12. 2. 1602, †25. 8. 1665)
Um 1665. Langhaus, Südwand
Sandstein; Wappen beschädigt,
Fassung i. R. erhalten. Inschrift s. A.
H. 179 cm B. 101,2 cm T. 14,5 cm

Der schlichte rechteckige Inschrift- und Wappenstein, welcher in dem nach innen gezogenen Strebepfeiler eingelassen ist, steht mit der Schmalseite auf einer Sandsteinkonsole. Auf dem unteren Teil der Epitaphplatte ist ein erhaben hervortretendes Vollwappen mit Schild, Helm, Kleinod und Helmdecke ausgearbeitet, das oben und unten von zwei Bibelsprüchen begrenzt wird. Das Familienabzeichen zeigt einen gespaltenen Schild, heraldisch rechts drei Schrägbalken, auf dem mittelsten drei Sterne, heraldisch links einen steigenden Greif, der mit einem Krallenfuß einen Kranz emporhält. Auf dem Schild ruht ein Spangenhelm mit Helmzier. Inmitten des offenen Fluges, die Schwingen mit je drei Sternen besetzt, kreuzen sich zwei Greifenfänge, die in den Klauen einen Kranz halten. Eine Wulst umschließt den Helmkopf und den Ansatz der Helmzier. Die Helmdecke umlegt den Schild.

Ursula Hacke wurde am 31. August 1665 in der Nikolaikirche beigesetzt. An Begräbnisgeld waren 10 Taler zu entrichten; 1 Taler und 8 Groschen sind für das Geläutegeld gezahlt worden.

Quellen und Literatur
DokA von 1968/69. – KRB, St. Nikolai, 1648–1673. – Borrmann, S. 234 f. – Kurth, S. 37. – Schubring, S. 13.

19 (Abb. 43, 101; Farbabb. 13)
Epitaph für den Propst Georg Lilie (*14. 4. 1597, †27. 7. 1666)
Um 1666. Seit 1968/69 ausgelagert.
Ehemals Chor, 2. südlicher Pfeiler

Sandstein; Fassung i. R. erhalten, Bildnis Lilie von Michael Conrad Hirt, Öl auf Kupfer, um 1666, Porträtgemälde z. Z. nördliche Chorwand. Zeichen auf keilförmiger Fläche: »1616 (?)/CHRI/VIRTUTE VALENS/MLEL (ligiert)/M. Juny A. 1665«, Tafelinschrift s. A. Inschriftstein: H. 55 cm B. 115 cm T. 15 cm; Gemälde mit Rahmen: H. 99 cm B. 90 cm

Das Pfeilerepitaph besteht aus einer schlichten, querliegenden, rechteckigen Inschrifttafel, die das oktogonale Porträtbildnis des Verstorbenen trägt. Die Epitaphplatte wird von einer erhabenen schmalen Profilleiste umzogen. Die Oberkante des Steines weist eine Aussparung für das Gemälde auf. Diese Vertiefung sowie zwei Akanthusvoluten, die rechts und links auf den oberen Eckflächen der Tafel sitzen, umschließen die unteren drei Kanten des Oktogons. Das Gemälde zeigt das Brustbild des nach rechts gewandten, den Betrachter anblickenden Geistlichen; in der Hand die aufgeschlagene Bibel. Das Weiß der gefälteten und gesteiften Halskrause kontrastiert effektvoll mit dem Schwarz der Amtskleidung und dem prächtigen Rot der Hintergrunddraperie. Ein kräftiger profilierter schwarzer Rahmen umgibt das Bildnis.

Zu beiden Seiten der Aussparung auf der Steintafel befinden sich keilförmige, von einer schmalen Leiste gerahmte Flächen. Die heraldisch Rechte zeigt eine Lilie, das »redende« Wappenmotiv der Familie, die heraldisch Linke trägt eine Inschrift.

Die Beisetzung Lilies fand in der Nikolaikirche am 5. August 1666 statt. Das Epitaph war über dem Gedächtnismal für Elias Colerus (Kat. 6) am zweiten südlichen Chorpfeiler befestigt. Eine Wiederanbringung des Inschriftsteines mit Bildnis am ursprünglichen Standort ist aus statischen Gründen nicht möglich, da der Pfeiler eine Schrägneigung aufweist. Der Einbau ist am fünften südlichen Langhauspfeiler vorgesehen, um die Blickbeziehung zum ähnlich gestalteten Pfeilerepitaph für den Schwiegersohn Lilies, den Propst Schrader (Kat. 29) wiederherzustellen.

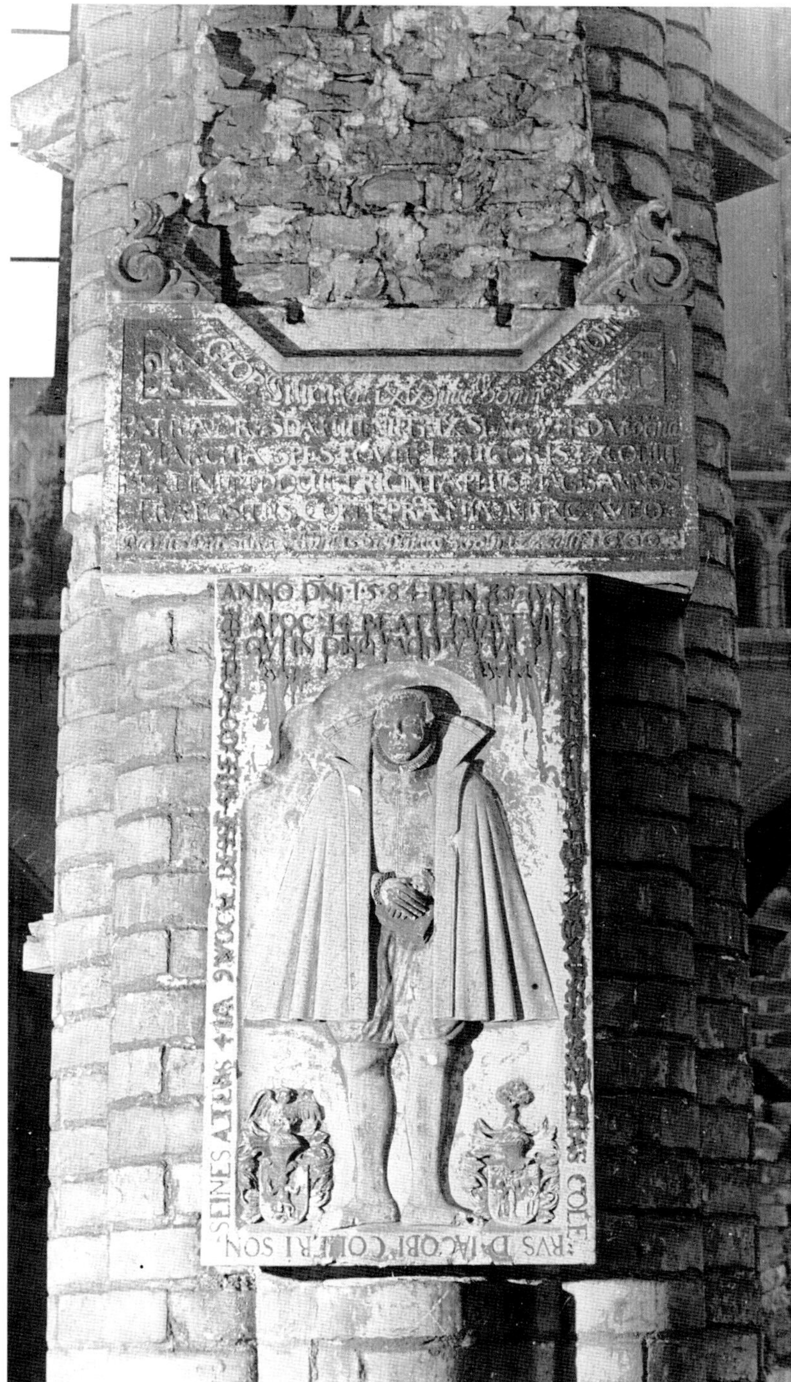

43
Kat. 19 (Inschrifttafel), darunter das Epitaph Colerus (Kat. 6). Zustand 1968/69

Quellen und Literatur
BLfD, MA, Nr. 95 I 27/7155.21. – DokA von 1968/69. – KRB, St. Nikolai 1648–1673. – BORRMANN, S. 236. – KURTH, S. 17. – MÜLLER/KÜSTER, S. 339. – RIBBECK, S. 19. – SCHUBRING, S. 15. – SCHWEBEL, S. 174.

20 (Abb. 2, 44, 57; Farbabb. 14, 15)

Epitaph für Bartholomäus Zorn (*23. 5. 1606, †24. 5. 1667), Ratskämmerer und Apotheker

Um 1667. Langhaus, Nordwand

Sandstein; teilrestauriert. Figurenschmuck des Aufsatzes stark beschädigt, Haarschopf eines Puttos ergänzt. Fassung i.T. erhalten. Inschrift am Sockel: »Nemo me lacrymis decoret nec funera fletu, /vivite felices animae: mors omnibus instat.« (Niemand soll mich unter Tränen ehren, auch nicht die Toten mit Wehklagen, lebet wohl ihr glücklichen Seelen! Der Tod steht allen bevor.). Tafelinschrift s. A. H. 213,5 cm B. 105 cm T. 27,5 cm

Der rechteckige Inschriftstein in Hochformat wird von einem gesprengten Giebelaufsatz, der in der Mitte eine flache, verlöschende Lampe trägt, bekrönt. Auf den geschweiften Enden der Verdachung sitzen zwei fast vollplastische Putten, deren Hüften von Tüchern umwunden werden. Der linke Knabe hielt ein Kreuz, der rechte einen Anker.

Zwei gekreuzte, aufsteigende Blattzweige mit Eichen- bzw. Lorbeerlaub umranken das ovale Inschriftfeld. Zwischen den oberen Eckpunkten der Inschriftplatte bildet ein blütenbesetzter Blattwulst eine Girlande, die zu beiden Längsseiten, in der Mitte durch Ringe gerafft, herabfällt und unten ovalrund ausläuft. In dieser Blatt- und Blütenrahmung bewegen sich zwei Engel, die Köpfe zum Betrachter gedreht. Die geflügelten Knaben, deren Blöße von Blattwerk bedeckt sind, halten die Krone des Lebens empor.

Unterhalb der Erinnerungsschrift ruht vor den sich kreuzenden Blattzweigen und der Girlande ein lorbeerbekränzter Totenkopf über zwei Röhrenknochen. Ähren, die aus den Knochen erwachsen, sprießen durch die Augenhöhlen des Schädels. Zu seiten dieses Reliefs rechts und links stehen auf einem profilierten Gesimsstreifen die plastisch ausgearbeiteten Familienwappen. Darunter im Sockelfeld befindet sich eine knorplig-wulstige Kartusche, die ein lateinisches Distichon trägt. Die Angaben aus dem Kirchenrechnungsbuch zur Grablegung Zorns widersprechen denen der Epitaphinschrift und der Leichenpredigt. Während das Kirchenrechnungsbuch als Beisetzungstermin den 2. Juni 1667 vermerkt, nennen die Leichenpredigt und die Erinnerungsschrift den 11. Juni als Datum der Beerdigung des Apothekers. Vermutlich ist die 11 als II (römisch zwei) zu lesen.

Nach Küster war das Epitaph ursprünglich am dritten nördlichen Langhauspfeiler angebracht. 1817 befand sich der Stein unter der Orgelempore an der Turmwand. Nach dem Ausbau des Gedächtnismals Ende der 60er Jahre und der Restaurierung wurde die Inschriftplatte 1987 an der südlichen Hälfte der Turmwand ohne Bekrönung wiederaufgestellt. Im Frühjahr 1989 mußte der Erinnerungsstein unter Hinzufügung des Aufsatzes, der bis dahin verloren schien, an seinen heutigen Standort versetzt werden, um die Aufstellung des Epitaphs Bagius (Kat. 3) zu ermöglichen.

Quellen und Literatur

BLfD, MA, Nr. 95 I 29/7155.23; Nr. 1a 29/3.20. – KRB St. Nikolai, 1648–1673. – Lorentz, Samuel: Leichenpredigt für Bartholomäus Zorn, Guben 1669, in: *Personalschriftenslg. des Gymnasiums zum Grauen Kloster in Berlin, Bd. 57.* – Borrmann, S. 235. – Kurth, S. 51 f. – Müller/Küster, S. 244 f. – Ribbeck, S. 65. – Schubring, S. 14. – Schwebel, S. 174.

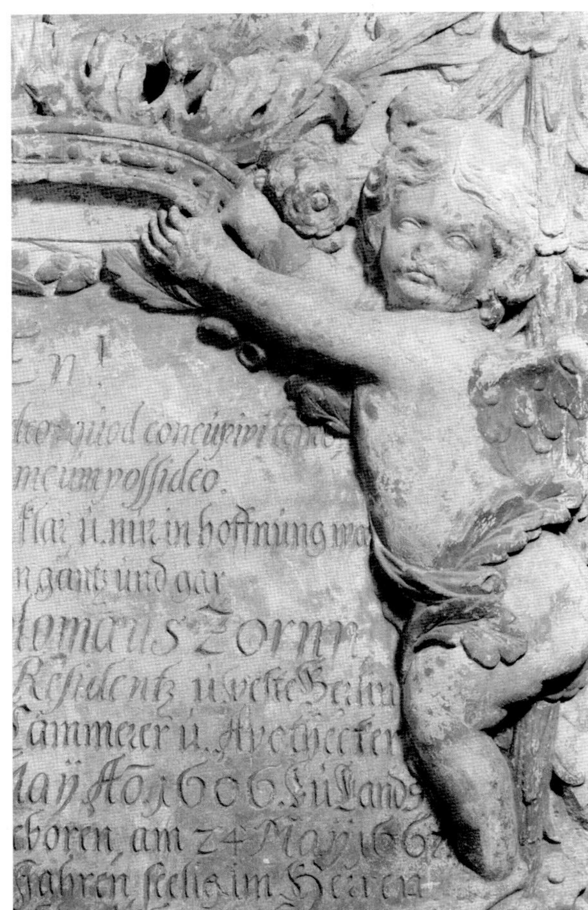

44
Kat. 20
(Ausschnitt)

21 (Abb. 45)

Epitaph für Anna Richter, geb. Fürstenwerder (*1643/44, †1. 6. 1671), Ehefrau des Kämmerers Christian Martin Richter

Um 1671. Chorumgang, 2. südlicher Strebepfeiler

Sandstein; r. Seite und u. Teil des Epitaphs stark verwittert. Fassung i. R. erhalten.
Medaillonumschrift l. o.: »Fulciat hanc aliquis« (Jemand stützt diese), r. o.: »Junctim non sin(e) qua« (Verbunden nicht ohne sie).
Tafelinschrift s. A.
H. 182 cm B. 98,5 cm T. 29,5 cm

Die massive rechteckige Epitaphplatte, welche in dem nach innen gezogenen Strebepfeiler eingelassen ist, steht mit der Schmalseite auf einem flachen Sandsteinsockel.

Das ovale, leicht gewölbte und etwas vertiefte Inschriftfeld wird rechts und links von je zwei Palmenzweigen, die an der Mitte der Längsseiten durch Tücher verknüpft sind, umlegt. Über der oberen Öffnung der Blattrahmung schwebt ein Engelskopf mit ausgebreiteten Schwingen in Frontalansicht. Am Epitaphfuß, unterhalb der Frakturschrift, befindet sich ein geflügelter, nach links gewandter Totenschädel im Halbprofil, hinter dem die Enden eines Knochens hervorragen.

Die Eckflächen des Erinnerungssteines sind mit allegorischen Medaillons gefüllt, die an Schleifenbändern hängen und eine Umschrift tragen. Das linke obere Medaillon zeigt eine Weinrebe. Im rechten Medaillonfeld steht eine doppelt gehenkelte Vase mit Blumen. Die unteren ovalen Reliefs sind stark verwittert. Kurth beschreibt links »ein(en) Baum,« und rechts »ein geflügeltes Herz, das Wurzeln zu schlagen scheint, aber an einer Kette von einer Hand, die aus den Wolken ragt, zum Himmel gezogen wird«. In den aufgeblühten Verkrustungen sind noch Spuren einer Inschrift zu erkennen, der Inhalt ist aber nicht mehr zu entziffern.

Am 12. Juni 1671 erfolgte die Beisetzung der jungen Frau, die bei der Geburt ihrer Tochter verstorben war, in der Nikolaikirche. Für die Grabstelle wurden 10 Taler an den Kirchenvorsteher entrichtet.

Quellen und Literatur
KRB, St. Nikolai, 1648–1673. – Kurth, S. 35. – Müller/Küster, S. 249. – Ribbeck, S. 22 f. – Schubring, S. 13.

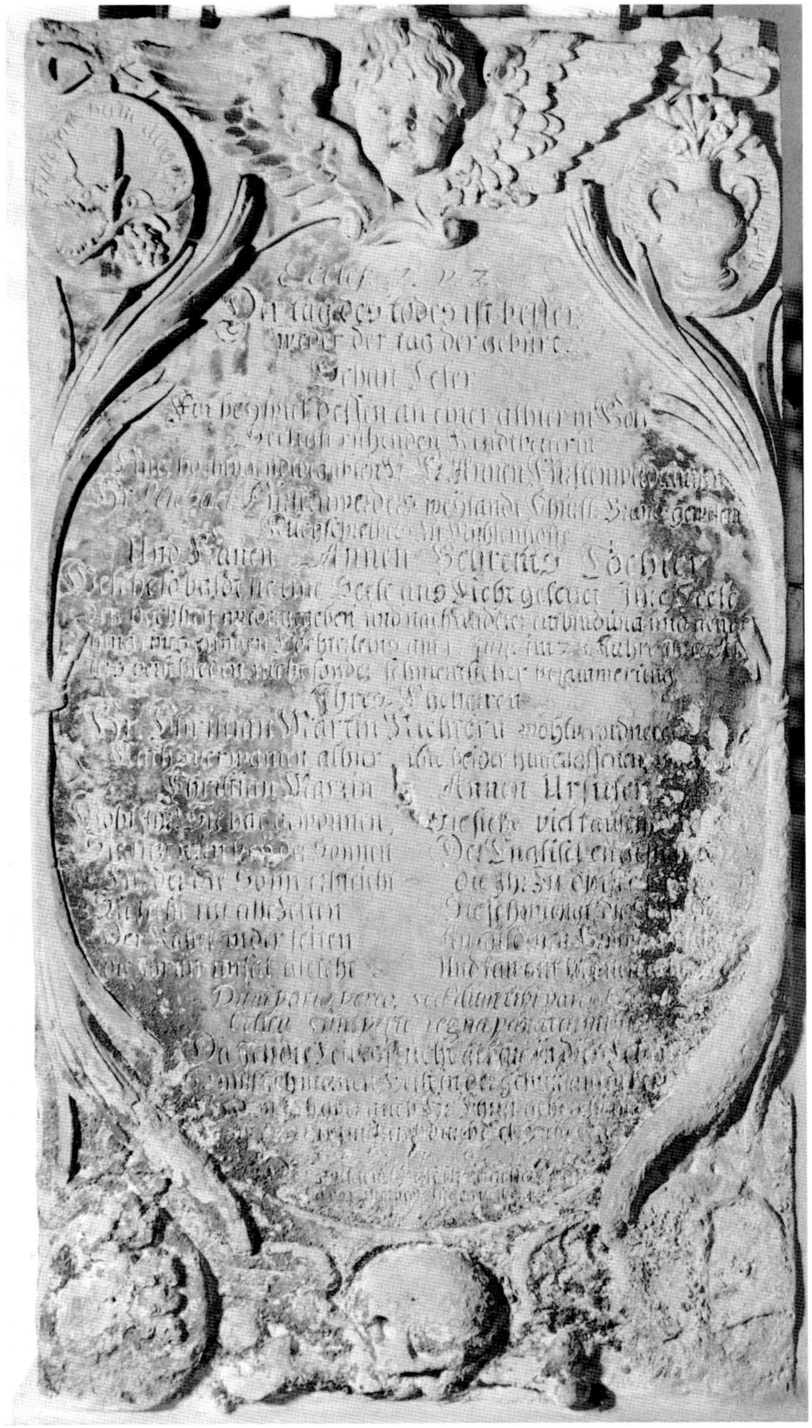

45
Kat. 21

46
Kat. 22

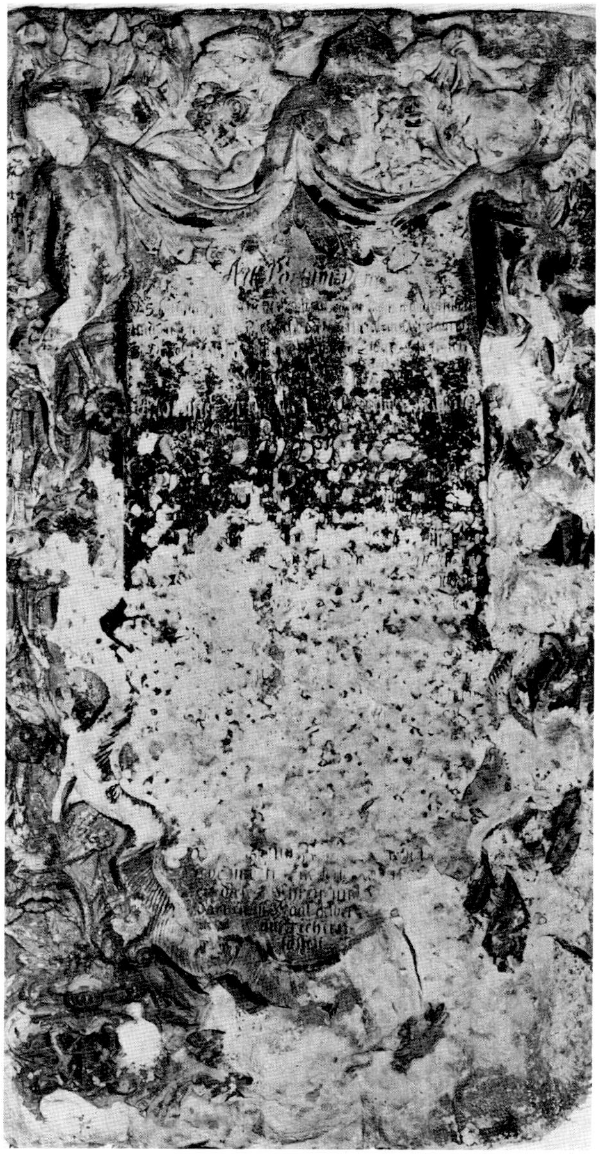

22 (Abb. 46)
Epitaph für David Reetz (* 20. 6. 1590, † 26. 1. 1672), Ratskämmerer und Handelsmann
Um 1672. Langhaus, Nordwand

Sandstein. Stark beschädigt; Inschrifttafel verwittert. Fassung i. R. erhalten, von Rußschichten und Versinterungen weitgehend verdeckt. Vollständige Inschrift nach Küster s. A.
H. 184 cm B. 97 cm T. 9 cm
(teilweise in die Wand eingelassen)

Das hochrechteckige Vorhangepitaph zeigt nahe dem oberen Abschluß drei schwebende geflügelte Putten, die ein Tuch raffen, welches die Inschrift trägt. Der lambrequinartige Querbehang des hochgezogenen Tuches unterstreicht das Inszenatorische der Komposition – die gerade vollzogene Enthüllung. Hinter den Putten sind an vier Ringen Blütengirlanden aufgehängt, die sich zu beiden Seiten des Vorhanges fortsetzen und gleichsam den Stein rahmen. Im unteren Teil endet die Draperie mit einem gewellten und sich rundenden Ziersaum mit Fransen. Das Reetzsche Wappen mit Hauszeichen im Schild befindet sich im linken Zwickel. Kurth erwähnt 1911 »die stark zerstörte Grabtafel« und bemerkt, daß nur »noch eins der beiden Wappen erkennbar« ist. Die Köpfe der seitlichen Putten waren 1968/69 noch erhalten und gingen erst später verloren.

Die Beisetzung des Ratskämmerers David Reetz erfolgte laut Eintragung im Kirchenrechnungsbuch am 4. Februar 1672 in der Nikolaikirche; auch das Geläutegeld von 1 Taler und 8 Groschen ist darin belegt.

Quellen und Literatur
DokA von 1968/69. – KRB, St. Nikolai, 1648–1673. – Müller, Andreas: *Leichpredigt über Ps. XCII. 14. 16. bey der Leich-Versammlung Herrn David Renzen, Rats-Cämmerers in Berlin, an 1672 gehalten.* Cölln. – Faden, Eberhard: *Berlin im Dreißigjährigen Krieg.* Berlin 1927, Anhang 7 c. – Kurth, S. 23 f. – Müller/Küster, S. 245, 349. – Ribbeck, S. 48. – Schubring, S. 11. – Schwebel, S. 174.

23 (Abb. 2, 47, 48, 57)
Grabstein für Margaretha Breunigk, geb. Sasse, verw. Schlehauß (* 12. 7. 1635, † 3. 2. 1672)
Um 1672. Westwand, südliche Hälfte

Sandstein; restauriert. Fassung i. R. erhalten. Medailloninschrift l. o.: »Vita hominis Flos est« (Das Leben des Menschen ist eine Blume), r. o.: »Prima Quae vitam dedit, Hora carpsit« (Die erste Stunde, die ihr das Leben gab, pflückte sie), Inschrift auf der Sockelleiste: »Vita Actuosa est: Mors quieta. Ultimo Die Vita finitur omne perit« (Das Leben ist tätig: Der Tod ist friedlich. Am letzten Tag wird das Leben beendet, jeder geht zugrunde), Sockelinschrift: »Zu stets wehrendem andencken hat/dieses Ehrengedächtnüß Hr. Melchior/Breunigk seiner Eheliebsten setzen und/aufrichten lassen.« Tafelinschrift s. A.
H. 181 cm B. 89 cm T. 23 cm

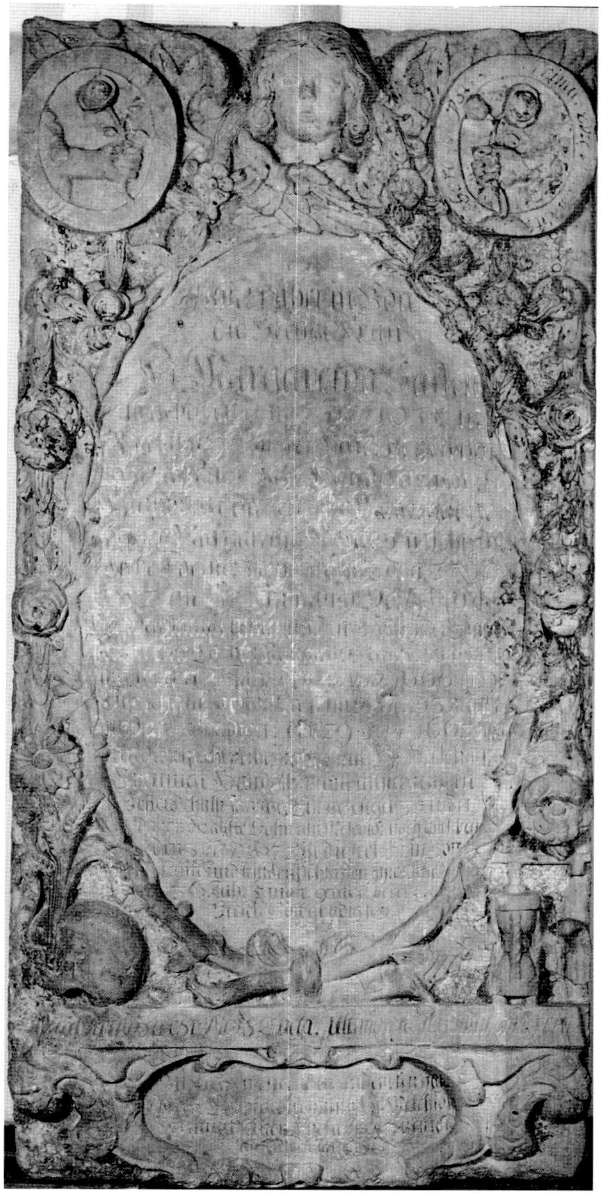

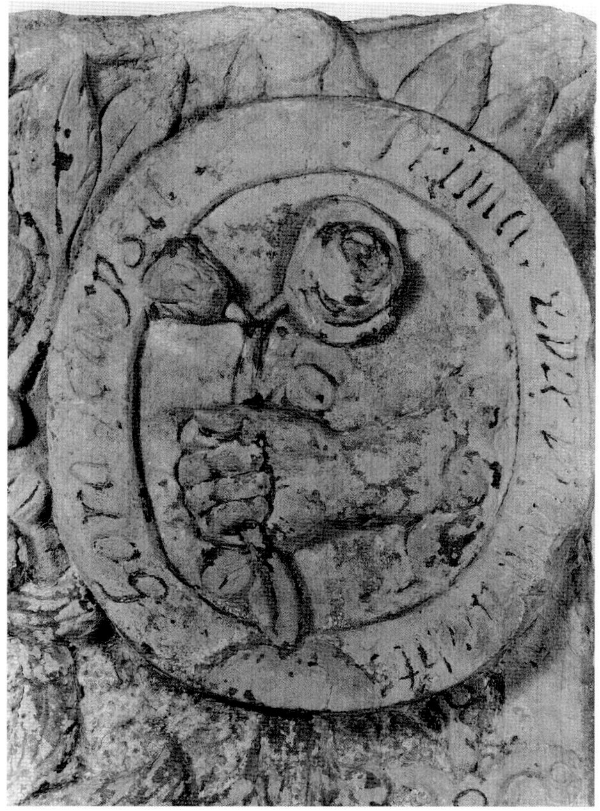

47
Kat. 23

48
Kat. 23 (Detail)

Der Stein ist von hochrechteckigem Umriß mit unterhangartiger Sockelzone. Zwischen ihr und dem großen Schriftfeld befindet sich eine schmale Leiste, auf welcher die Last des Schriftovals mit seinem Beiwerk wie auf einem Gesims zu ruhen scheint. Sie selbst wird von einer wulstig-knorpligen Kartusche getragen, deren seitliche Anschwünge ins Profil gedrehten Konsolen gleichen. Um die zentrale Inschrift sind zwei unterhalb der Zeilen in ihren Ansätzen sich kreuzende und durch eine Schleife verbundene Zweige mit Blättern und zarten Blüten gelegt. Ein Cherubskopf schwebt mit einem gekreuzten Flügelpaar vor der Brust über der Inschrift und verdeckt die sich berührenden Zweigspitzen. Von den Schultern des Engels windet sich ein kräftiges Blattgehänge hinter den Medaillons an beiden Seiten des Steines herab. Große vergoldete Blüten schmücken das Gehänge. In beiden Medaillons ist jeweils eine Hand, die aus den Wolken kommt, mit einem Blütenzweig zu sehen. Werden die Rosen ohne Dornen von Engeln gehalten – worauf möglicherweise die Wolken am Rand hindeuten – so weisen sie auf das Paradies hin. Der linke untere Zwickel wird von einem Totenschädel gefüllt, aus dessen Höhlungen Ähren sprießen und sich eine Schlange windet, die in eine der Ähren beißt. Im anderen Zwickel steht ein geflügeltes Stundenglas.

Angaben Küsters zufolge befand sich der Stein auf dem Kirchhof und wurde vermutlich 1817 in das Kircheninnere umgesetzt. Nach Ausbau und Restaurierung hat man den Grabstein 1987 wieder in der Nikolaikirche aufgestellt.

Quellen und Literatur
BLfD, MA, Nr. 1 a 29/3.20 – BORRMANN, S. 235. – KURTH, S. 51. – MÜLLER/KÜSTER, S. 250 f. – RIBBECK, S. 65. – SCHUBRING, S. 14. – SCHWEBEL, S. 174.

49
Kat. 24

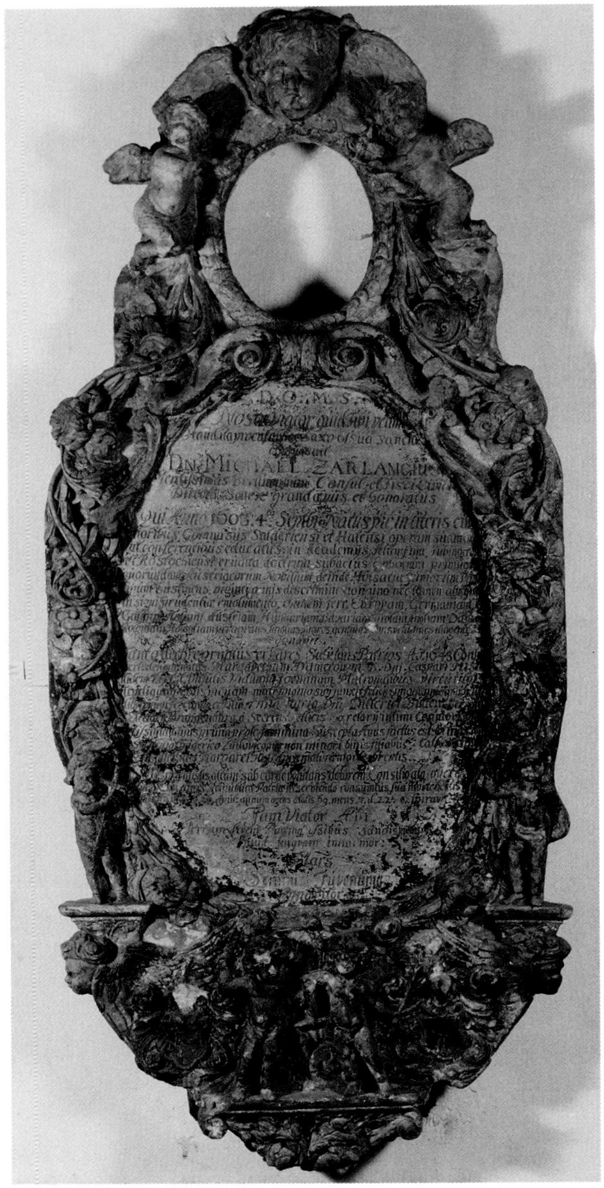

24 (Abb. 49, 57; Farbabb. 16)
Epitaph für den Bürgermeister Michael Zarlang (*4. 9. 1603, †26. 4. 1673)
Um 1673. Westwand, südliche Hälfte

Sandstein. Gliedmaße der Putten und Attribut des l. Putto fehlen; Bildnismedaillon fehlt, bis 1817 vorhanden. Beschädigungen an der Helmzier. Fassung i. T. erhalten. Inschrift s. A.
H. 228 cm B. 100 cm T. 22,5 cm

In dem Hängeepitaph von hochovalem Umriß verbindet sich eine umfangreiche lateinische Inschrift im Hauptteil mit einem darüber angeordneten Porträtmedaillon. Ein kräftiges Blatt- und Blütenornament umrankt das ovale, leicht gebauchte Schriftfeld, das von einem kleinen Volutengesims überdacht wird. Die Öffnung darüber, in der sich einst das Porträt des Berliner Bürgermeisters befand, ist von einem Lorbeerstab umkränzt. Ein geflügelter Engelskopf bekrönt das Medaillonoval; zwei geflügelte Putten bilden die seitliche Rahmung. Der rechte Putto hält einen Anker, und der linke hatte wohl ein Stundenglas als Attribut. Am unteren Teil des Epitaphs stehen auf einem mit Blattwerk verzierten Gesims zwei vergoldete Putten, der eine mit Schwert und Waage, der andere mit einem Lorbeerzweig in der Hand. Zu beiden Seiten befinden sich die farbintensiven Wappen. Auf dem heraldisch rechten ist ein gerüsteter Arm mit Waage zu sehen, auf dem heraldisch linken ein bärtiger Mann mit Lendenschurz, Blätter in der Hand haltend. An den Außenseiten des Unterhanges tragen geflügelte Engelsköpfchen Konsolen, die Putten mit einem Kreuz bzw. mit Früchten als Standfläche dienen.

Das Sandsteinepitaph befand sich nach Küster ursprünglich am zweiten nördlichen Langhauspfeiler. Wahrscheinlich ist es 1878 bei Umbauarbeiten durch Hermann Blankenstein an die Westwand der Kirche versetzt worden. Meßbildaufnahmen von 1919 dokumentieren den veränderten Standort. Das Epitaph gehört zu jenen, die in den 50er Jahren zum Schutz vor Zerstörung eingemauert worden waren. Im Zusammenhang mit der Wiedererrichtung der Nikolaikirche wurde das Epitaph ausgebaut, restauriert und 1987 an dem heutigen Platz aufgestellt.

Quellen und Literatur
BLfD, MA, Nr. 1 a 29/3.20. – Borrmann, S. 235. – Kurth, S. 49. – Müller/Küster, S. 245 f. – Nicolai, S. 855. – Ribbeck, S. 63. – Schubring, S. 14. – Schwebel, S. 174.

25 (Abb. 3, 9, 50)

Epitaph für Albert Rantz (*31.(?) 6. 1621, †9. 8. 1673), Ratsvorsitzender und Handelsmann
Um 1673. Seit 1968/69 ausgelagert.
Ehemals Chor, 4. nördlicher Pfeiler.

Sandstein. Fassung i.T. erhalten, von Ruß- und Schmutzschichten überzogen. Bildnis Rantz, Öl auf Kupfer, durch Verschmutzung unkenntlich. An l. Außenkante kleine, fast quadratische Vertiefung mit sechs Zeichen unklarer Bedeutung. Tafelinschrift s. A.
H. 200 cm B. 100 cm T. 15 cm

Der Stein im Hochformat kombiniert ein blütenumkränztes Porträt im Aufsatz mit einer schrifttragenden Vorhangdraperie. Das Bildnis zeigt den leicht nach rechts gewandten Rantz. Sein langes Haar fällt auf die Schultern und seinen großen Umlegekragen. Das Gedächtnismal wiederholt und variiert Motive des fast zeitgleichen, vermutlich in derselben Werkstatt gefertigten Epitaphs für David Reetz (Kat. 22). Auch hier finden sich die außerhalb der Draperie in einer Art Dreieckskomposition angeordneten Putten, welche ein Fransentuch hochraffen, um die Erinnerungsschrift freizulegen. Die Draperie drängt die zwei äußeren, flügellosen Putten, die sich mit den Tuchbäuschen die Augen trocknen, unmittelbar an den Rand der Platte. Hinter dem geflügelten Putto in der Mitte ranken sich zwei Blumengirlanden, von je einer Akanthusranke gehalten, seitlich der Draperie herab. Das von zwei herbeifliegenden Engelskindern präsentierte Porträt des Verstorbenen, über dem die Krone des Lebens schwebt, ist umgeben von Palmenzweigen, Blüten und Früchten. Am Fuße des Epitaphs flankieren Putten mit gesenkten Fackeln, die sich ebenfalls an einem Tuch die Tränen trocknen, einen dritten Putto. Dieser, ein Seifenbläser, sitzt auf einem Totenschädel. Die beiden Wappen mit Helmzier und Schild zu seinen Seiten verweisen auf die Familien des Verstorbenen.

Das Rechnungsbuch für die Nikolaikirche bestätigt, daß Albert Rantz (dort Rantzow) am 24. August 1673 hier beigesetzt worden ist.

Quellen und Literatur
BLfD, MA, Nr. 1 a 36/3.30. – DokA von 1968/69. – KRB, St. Nikolai, 1648–1673. – Kurth, S. 13 f. – Müller/Küster, S. 246. – Schubring, S. 12.

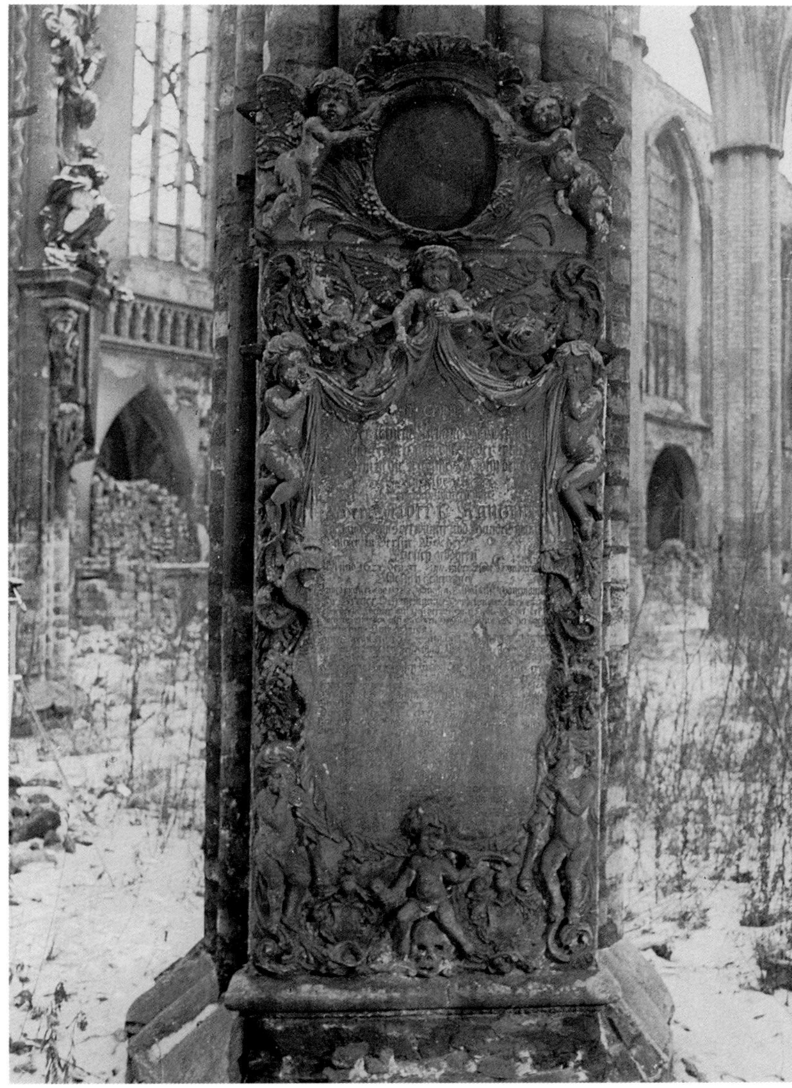

50
Kat. 25.
Zustand 1968/69

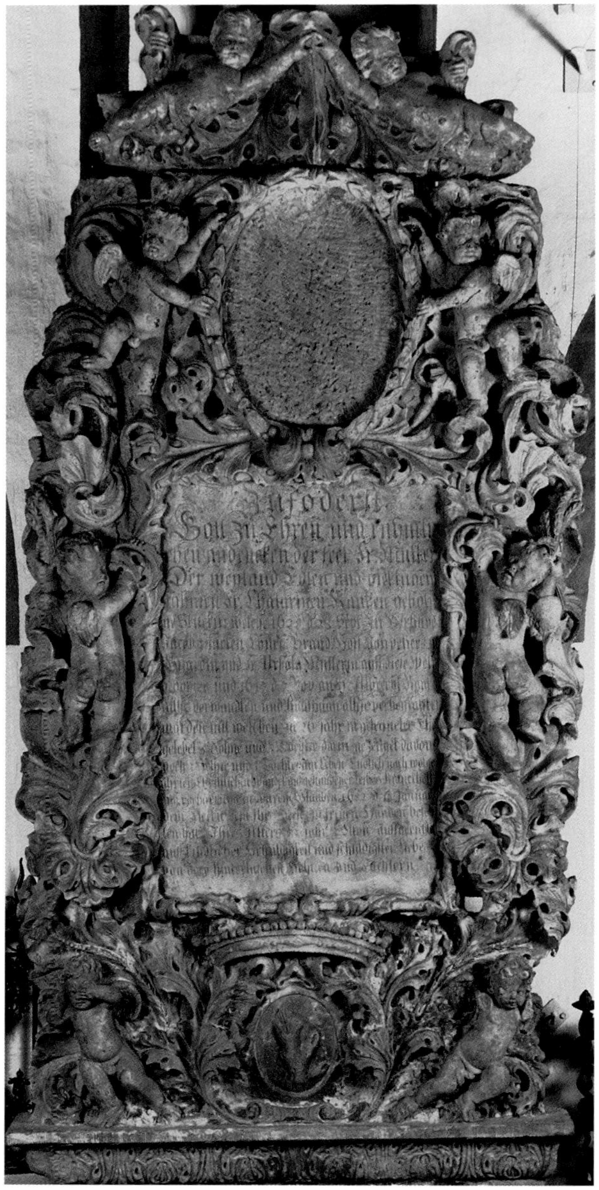

51
Kat. 26

26 (Abb. 3, 4, 16, 51)

Epitaph für Catharina Rantz, geb. Stuck (*28. 9. 1628, †18. 1. 1682), Ehefrau von Albert Rantz, Ratsvorsitzender und Handelsmann
Um 1682. Chorumgang, 6. nördlicher Strebepfeiler

Sandstein. Teilweise restauriert; Fehlstellen an Putten, Porträtmedaillon fehlt, sparsame Ergänzungen im Blattwerk. Fassung i. R. erhalten. Inschrift s. A.
H. 276 cm B. 134 cm T. 23,5 cm

Das hochragende Epitaph zeigt eine rechteckige Schrifttafel mit aufsitzendem, lorbeerumkränzten Porträtmedaillon und eine üppige, für die Zeit des ausgehenden 17. Jhs. charakteristische Akanthusrahmung sowie vier darin verwobene Puttenpaare. Oberhalb der Erinnerungsschrift tendiert die Kontur des Epitaphs, das Medaillon und die Bekrönung umschreibend, ins Ovale. Der figürlich-ornamentale Apparat ist spiegelgleich komponiert und verstärkt dadurch noch seine rahmende Wirkung.

Ein halb liegendes, halb schwebendes Puttenpaar hielt an einem Band das heute fehlende Porträt, welches von zwei sich ins Akanthuslaub stemmenden Engelskindern präsentiert wurde. Rechts und links des die Inschrift einfassenden, von Akanthusblättern umwundenen Stabes klettern zwei weitere geflügelte Putten. Während sie sich mit der einen Hand im Rankenwerk festklammern, halten sie mit der anderen Ährenbündel empor. Sowohl ihre Rücken als auch ihre Gesichter sind dem Betrachter zugewandt.

Am Fuße des Epitaphs, über einem Gesims mit Blattfries, befindet sich ein kleines Wappenmedaillon, auf dem ein Baumstumpf dargestellt ist. Große Akanthusblätter legen sich um das Medaillon und stützen die Krone des Lebens. Dieses Kartuschenmotiv wird flankiert von zwei sich in Trauer abwendenden Putten.

Die qualitätsvolle und lebendig gestaltete Arbeit weist große stilistische und kompositorische Ähnlichkeiten mit dem eng benachbarten Epitaph für Anna Westarph (Kat. 30) auf.

Quellen und Literatur

BLfD, MA, Nr. 1 a 36/3.30. – DokA von 1968/69. – Borrmann, S. 235. – Kurth, S. 14. – Ribbeck, S. 25. – Schubring, S. 12.

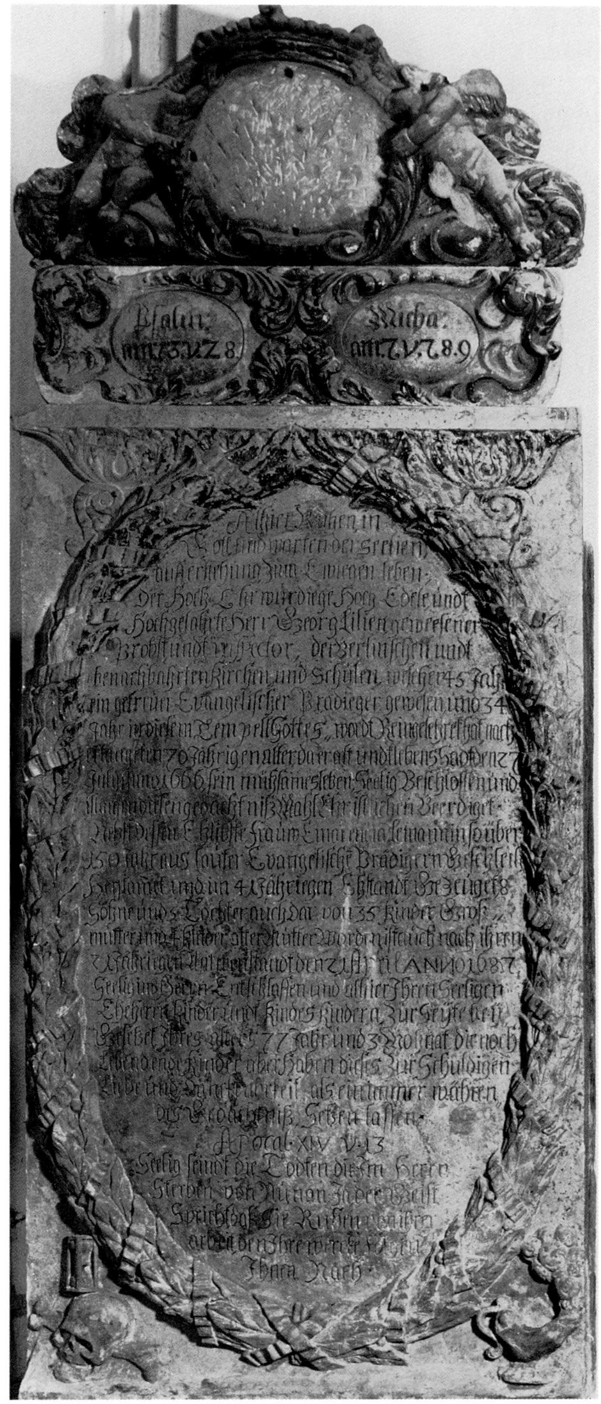

52
Kat. 28

27
Grabstein für Elias Schuster (*1. 1. 1653, †1. 4. 1687)?
Um 1687 (?). Langhaus, Nordwand (außen)

Sandstein. Völlig verwittert.
Inschrift nach Schmidt s. A.
H. 185 cm B. 99 cm. T. 22 cm

Die Auswertung der Literatur läßt die Vermutung zu, daß es sich bei dem Stein an dieser Stelle der Außenwand um den Grabstein für den Handelsmann Elias Schuster handelt.

Literatur
Kurth, S. 63. – Schmidt, 4. Dekade, 9./10. Slg. S. 38 f.

28 (Abb. 52, 106)
Epitaph für den Propst Georg Lilie (*14. 4. 1597, †27. 7. 1666) und seine Ehefrau Emarencia, geb. Lemann (*Januar 1610, †21. 4. 1687)
Um 1687. Westwand, südliche Hälfte

Sandstein. Beschädigungen am Aufsatz, vergoldete Wappentafel fehlt. Fassung i. R. erhalten. Medailloninschrift l.: »Psalm: am. 73. V. 28.« r.: »Micha: am. 7. V. 7. 8. 9.«
Tafelinschrift s. A.
H. 312 cm B. 115 cm T. 22 cm

Auf dem rechteckigen Epitaph im Hochformat dominiert die gut lesbare Inschrifttafel. Zwei kleine Schriftmedaillons und eine Wappenkartusche, auf der die vergoldete Krone des Lebens ruht, formen den Aufsatz. Das ovale Schriftfeld, welches Auskunft über die Familie und das Wirken des Verstorbenen gibt, wird von einem kräftigen Lorbeerkranz, den schmale Bänder zusammenhalten, umwunden. Unterhalb der nach links und rechts auseinanderstrebenden Zweige ruhen auf der Fußplatte Symbole der Vergänglichkeit des irdischen Lebens: ein Totenschädel, Knochen, ein Stundenglas und eine Öllampe. Oberhalb des Ovals tragen zwei zart reliefierte Voluten ornamentale Akanthusranken. Nur getrennt durch einen schmalen Sims wölben sich zwei florale Kartuschen hervor, die Bibelstellen aus dem Alten Testament zitieren. Ein geflügeltes Puttenpaar präsentiert das umrankte Medaillonfeld, in dem sich einst das Wappen Georg Lilies befand.

Dieser Stein war, wie andere an der Turmwand der Kirchenruine, bis 1980 zum Schutz vor Zerstörung eingemauert. Seit 1987 kann man ihn wieder in der Nikolaikirche betrachten.

Quellen und Literatur
BLfD, MA, Nr. 92 a 2/3.21. – Borrmann, S. 235. – Kurth, S. 48 f. – Müller/Küster, S. 335 f. – Ribbeck, S. 63. – Schubring, S. 14. – Schwebel, S. 174.

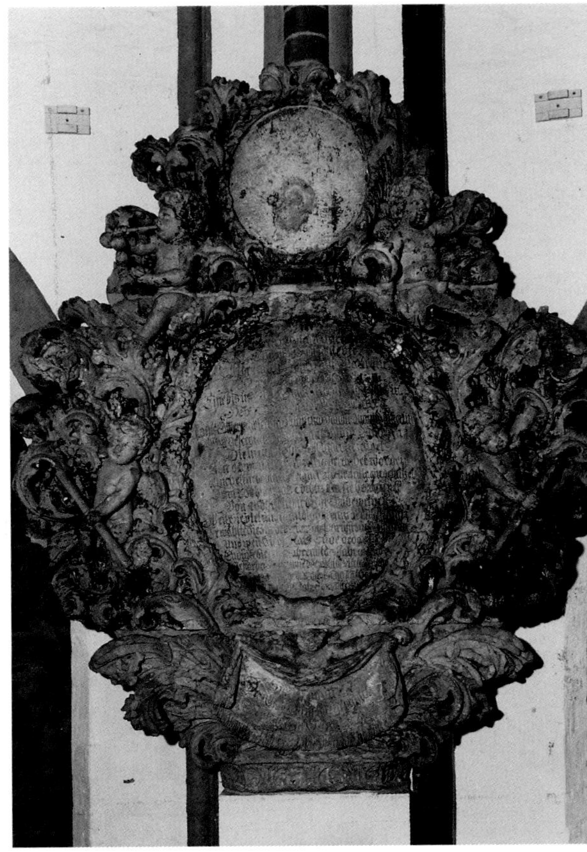

53
Kat. 30

29 (Abb. 97, 111; Farbabb. 17)
Epitaph für den Propst Johann Ernst Schrader (*13. 5. 1638, †26. 3. 1689)
Um 1689. Langhaus, 5. nördlicher Pfeiler

Sandstein; restauriert. Fassung i. R. erhalten. Bildnis Schrader, von Michael Conrad Hirt, Öl auf Kupfer, um 1689. Inschrift am Gesimsstreifen: »NATUS HELMSTADI 1638. DENAT BEROLINI 1689./ANN: MINIST: 24. AETATIS 51. TEXT: EPIST: ad. Rom. 8. V. II.« Tafelinschrift s. A.
Maße des Epitaphs:
H. 115 cm B. 180 cm T. 20 cm;
Gemälde mit Rahmen: H. 112 cm B. 103 cm

Auf einem Halbrunddienst ruht das Pfeilerepitaph mit querliegender Inschrifttafel und dem darüber eingepaßten Bildnis. Die Inschriftplatte ist an den Seiten und oben von quellendem Akanthuswerk umgeben, das die Tafelform leicht paraphrasiert. Darunter schließt sich ein von einer Blattkonsole getragener Simsstreifen mit den Lebensdaten Schraders an. Im oberen Teil, zu beiden Seiten der dreiseitigen Aussparung für das Ölgemälde, sind die Wappen seiner Eltern abgebildet: heraldisch rechts das Wappen der Familie Schrader, heraldisch links das der Familie Stisser. Das Bildnisoktogon ist von einem breiten, profilierten, schwarzen Holzrahmen mit feiner Goldleiste eingefaßt. Es zeigt den Propst en face im Talar mit weißem Beffchen.

Borrmann führt aus, daß sich das Epitaph Schrader ursprünglich im Chorraum am zweiten nördlichen Pfeiler befand, gegenüber dem ähnlich gegliederten Sandsteinepitaph mit dem Brustbild des Propstes Georg Lilie (Kat. 19). Da aus statischen Gründen das Epitaph Lilie nicht mehr am zweiten südlichen Pfeiler angebracht werden konnte, wählte man für beide Epitaphien einen neuen Standort. Im Februar 1991 wurde das Epitaph Schrader am fünften nördlichen Pfeiler im Langhaus befestigt. Das für Lilie wird zukünftig am gegenüberliegenden Pfeiler zu sehen sein, um die ehemalige Korrespondenz der Standorte sichtbar zu machen.

Quellen und Literatur
BLfD, MA, Nr. 1 a 35/3.29 a. – DokA von 1968/69. – BORRMANN, S. 236. – KURTH, S. 15. – MÜLLER/KÜSTER, S. 366. – RIBBECK, S. 18. – SCHUBRING, S. 15.

30 (Abb. 3, 4, 17, 53; Farbabb. 18)
Epitaph für Anna Westarph, geb. Cramer (*1631, †29. 12. 1691), Ehefrau des Ratskämmerers Johann Westarph
Um 1691. Chorumgang, 6. südlicher Strebepfeiler

Sandstein. Beschädigungen an den Putten. Bildnismedaillon fehlt. Bekrönung über dem Medaillonfeld mit Totenschädel und geflügeltem Stundenglas sowie die Sense sind verloren. Fassung i. T. erhalten. Tuchinschrift: »Sprichpsalm. X. 7./Das Gedächtnis der Gerechten/ bleibet im Segen«. Tafelinschrift s. A.
H. 233 cm B. 195 cm T. 19,5 cm

Auf einem hohen gemauerten Sockel ruht auf einer schmalen Konsole mit Akanthusfries das bildnerisch anspruchsvolle Epitaph. Das eichenblattumkränzte, hochovale, leicht gewölbte Inschriftfeld trug im Aufsatz ein Bildnismedaillon. Kräftiges Akanthuswerk, das weit über den Strebepfeiler hinausragt, bindet beide zu einem tropfenartigen Gesamtumriß. In den stark plastisch gearbeiteten Ranken mit ihren Schwüngen und Höhlungen bewegen sich – weitgehend spiegelgleich einander zugeordnet – vier Putten mit Attributen der Vergänglichkeit und des Todes. Zu beiden Seiten des Porträtmedaillons sind geflügelte Putten im Blattwerk sitzend dargestellt. Der linkte Putto erzeugt mit einem Halm Seifenblasen, während der rechte eine Sense vorwies. Zwei im Blattwerk stehende Putten, die jeweils mit der hinteren Hand einen Lorbeerzweig emporheben, in der vorderen eine gesenkte Fackel halten, flankieren das Inschriftfeld. Unterhalb des Schriftovals breitet ein weiterer Engel, gleichsam als Abschluß, ein Fransentuch mit einem Spruch Salomos vor dem Betrachter aus.

Die lebendige Darstellung der Putten in den einst reich vergoldeten Akanthusblättern bezeugt die Qualität der Arbeit. Das Monument weist – bei deutlich verändertem Umriß – im Aufbau und in der künstlerischen Auffassung Ähnlichkeit mit dem benachbarten Epitaph für Catharina Rantz (Kat. 26) auf.

Im Rechnungsbuch für St. Nikolai sind die Beisetzung von Anna Westarph am 10. Januar 1692 sowie 1 Taler und 8 Groschen Geläutegeld vermerkt.

Quellen und Literatur
BLfD, MA, Nr. 1 a 36/3.30. – 4 DokA von 1968/69. – KRB, St. Nikolai, 1692. – Borrmann, S. 235. – Kurth, S. 30 f. – Müller/Küster, S. 249. – Ribbeck, S. 24. – Schubring, S. 12.

31 (Abb. 111; Farbabb. 19)
Inschriftstein aus dem Erbbegräbnis für den Freiherrn Samuel von Pufendorf (* 8. 1. 1632, † 26. 10. 1694)
Um 1694. Chorumgang, 1. nördliche Randkapelle
Sandstein; zwei Aschenkrüge sowie der hölzerne, farbig gefaßte Wappenaufsatz sind verschollen, Stukkaturen ergänzt. Inschrift s. A.
Inschriftstein: H. 100 cm B. 79 cm T. 23 cm

Ein neues Klinkerpostament, dessen Maße von dem ursprünglich anscheinend verputzten Untersatz abweichen, trägt die von einem flachen, erhabenen Steg eingefaßte Inschriftplatte. Die vertieften Antiquaversalien der lateinischen Inschrift, die den Ruf des Wissenschaftlers hervorhebt, sind vergoldet und von dunklen Schattenstrichen umgeben.

Perlstab- und Akanthusfries aus Stuck verkleiden die mittelalterlichen Kreuzrippen des Kapellenraums, eine Rosette schmückt den Schnittpunkt der Gewölberippen. Reliefs von gekreuzten Lorbeer- und Palmenzweigen füllen die Zwickel. Die Kämpferzone wird von einem mehrfach gegliederten Gesims betont. Die beiden originalen schmiedeeisernen Gittertüren sowie das dekorativ gestaltete Schloß sind erhalten.

Am Tage der Beisetzung Samuel von Pufendorfs erwarb die Witwe Catharina Elisabeth, geb. von Palthen, für 240 Reichstaler das Grabgewölbe. Die Beisetzung des bedeutenden Gelehrten erfolgte im Beisein des kurfürstlichen Hofes. Der Berliner Propst Philipp Jacob Spener hielt die Leichenpredigt.

Bis 1765 wurden sechs Leichen in dem Gewölbe beigesetzt: Samuel von Pufendorf († 1694), Catharina Elisabeth von Pufendorf († 1713), Carl Constantin von Schnitter († 1721) und drei jung verstorbene Kinder von Schnitter.

1765 war das Kapellendach schadhaft, die Reparatur sollte 40 Taler betragen. Auf eine Anzeige des Kirchenvorstandes von St. Nikolai und St. Marien in den »Intelligenzblättern« vom 12., 19. und 26. August 1765 meldete sich am 9. September die 44jährige Enkelin von Pufendorfs, Christine Margaretha von Schnitter. Die einzige leibliche Erbin, durch die russische Invasion während des Siebenjährigen Krieges völlig verarmt, konnte die Reparaturkosten nicht aufbringen. Sie veräußerte die noch freie Grabstelle in der Gruft für 30 Taler an die Kirche. Die Reparaturkosten fielen der Kirchenkasse zur Last.

Quellen und Literatur
BLfD, MA, Nr. 1 a 35/3.29 a. – 3 DokA von 1968/69. – LAB, Rep. 22, Kirchenabteilung, Nr. 671. – Stiftung Preußischer Kulturbesitz, Geheimes Staatsarchiv, Rep. 8, Nr. 151 e. – Borrmann, S. 238. – Kurth, S. 27 f. – Müller/Küster, S. 250. – Nicolai, S. 853. – Ribbeck, S. 21. – Schubring, S. 10. – Schwebel, S. 174.

54
Kat. 32

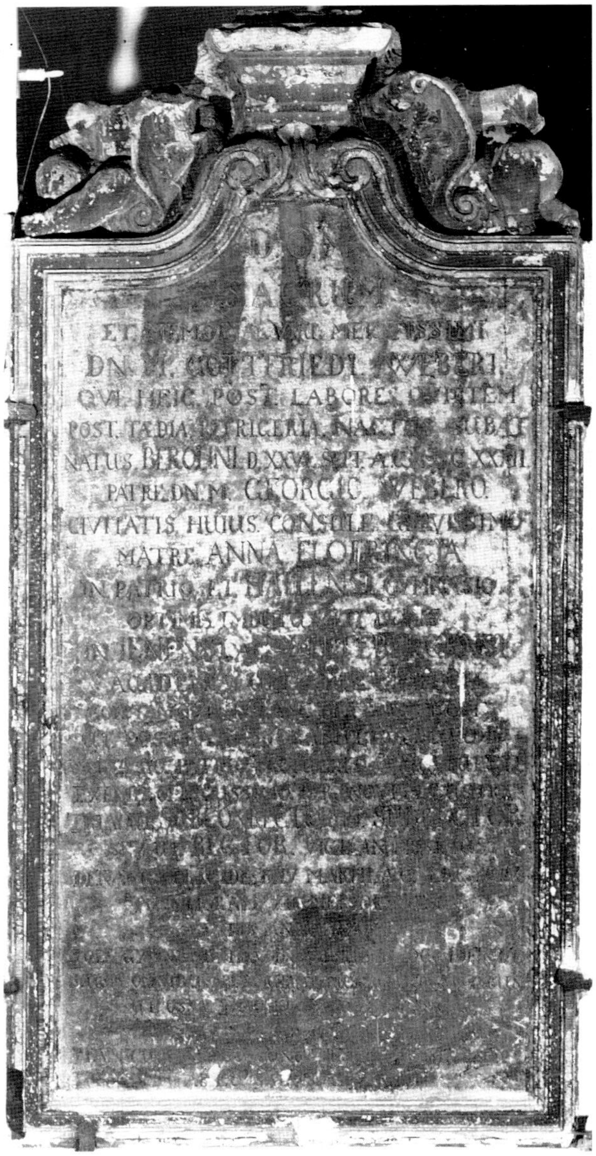

32 (Abb. 54)
Epitaph für Gottfried Weber (*26. 9. 1632, †4. 3. 1698), Rektor des Gymnasiums zum Grauen Kloster
Um 1698. Langhaus, Südwand

Sandstein, farbig gefaßt und vergoldet. Inschriftplatte gut erhalten, figürlicher Schmuck beschädigt; der Aufsatz, eine Sanduhr und zwei bekränzte, auf Röhrenknochen hängende Totenschädel, fehlt. Inschrift s. A.
H. 223 cm B. 109 cm T. 24 cm

Eine schlichte profilierte Rahmung umschließt die hochrechteckige Inschrifttafel, die im mittleren Drittel der Oberkante zu zwei Volutenendungen hochgebogen ist. Auf den sich gegenüberstehenden, mit Akanthuslaub geschmückten Volutenschnecken ruht eine Konsole. Zwei Putten lehnen sich gegen die einander zugewandten Wappenkartuschen. Die Erinnerungsschrift besteht aus vertieften Antiquaversalien, deren Größe im Verlauf des Textes Änderungen unterworfen ist. Vor allem im unteren, dem Auge leichter zugänglichen Tafelteil finden sich Zeilen mit geringerer Buchstabengröße. Mit seiner klassisch-schlichten Rahmung und der lateinisch abgefaßten Würdigung verkörpert das Epitaph einen auf den humanistischen Beruf des Verstorbenen abgestimmten Typus.

Die Beisetzung des Rektors in St. Nikolai erfolgte, so belegen es die Eintragungen in das Kirchenrechnungsbuch, am 13. März 1698. An Geläutegeld wurden 2 Taler und 16 Groschen entrichtet.

Quellen und Literatur
BLfD, MA, Nr. 1 a 32/3.25. – DokA von 1968/69. – Müller/Küster, S. 247. – Kurth, S. 37. – Ribbeck, S. 52. – Schubring, S. 13.

33 (Abb. 55, 62)

Grabstein für Johann Paul Astmann (* 24. 6. 1660, † 20. 3. 1699), Diakon an St. Nikolai
Um 1699. Nördliche Chorwand (außen)

Sandstein. Stark verwittert, Dachgesims gespalten, r. Ecke weggebrochen. Umschrift nur teilweise lesbar: »... Joh. X. v. 17«. Inschrift nach Schmidt s. A.
H. 205 cm B. 94 cm T. 27 cm.

Der hochrechteckige schlichte Grabstein wird oben durch ein mehrfach abgestuftes Gesims begrenzt, das über die Breite des Steines zu beiden Seiten hinausragt und gleichsam als Verdachung dient. Im unteren Bereich bildet ein schmales profiliertes Fußgesims mit Scharrierung den einzigen Schmuck. Das Schriftfeld auf leicht erhabenem Untergrund ist an drei Seiten von einem Schriftband umgeben.

Literatur

Müller/Küster, S. 408. – Schmidt, 4. Dekade, 9./10. Slg., S. 40 f. – Werckshagen, Carl (Herausgeber): *Der Protestantismus am Ende des XIX. Jahrhunderts in Wort und Bild.* Berlin 1900–1902, S. 489.

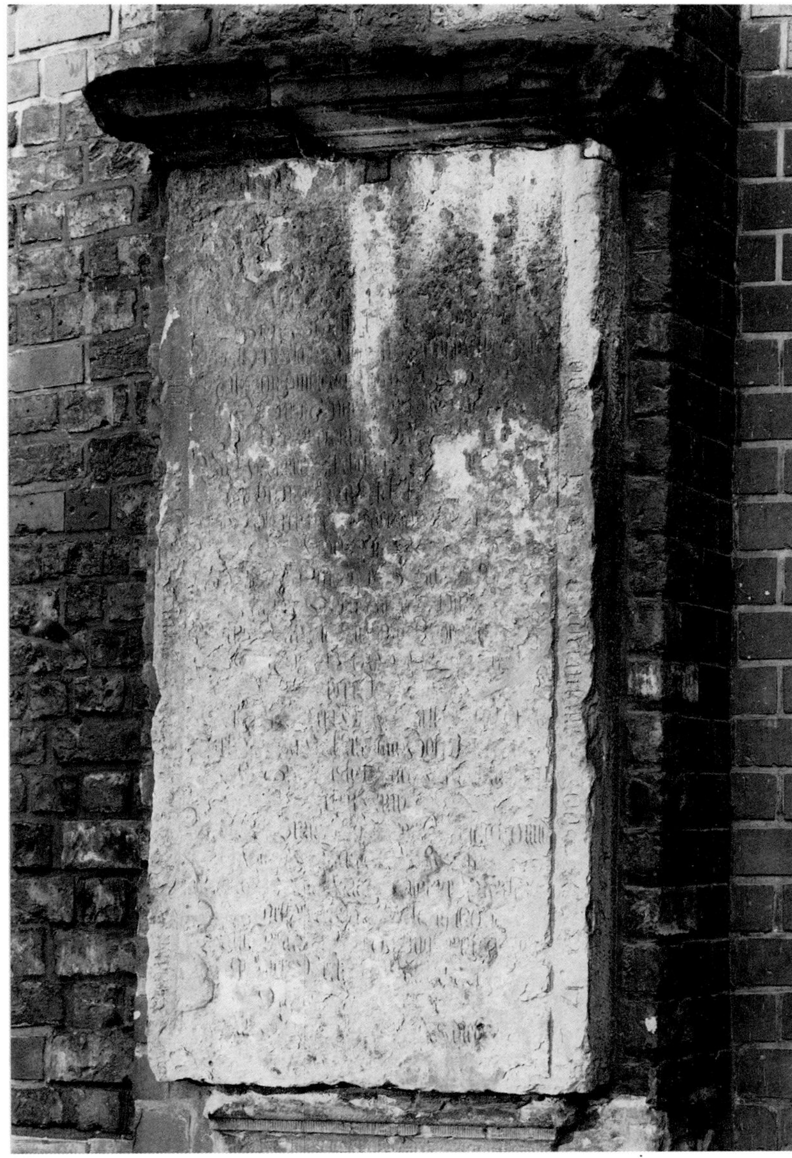

55
Kat. 33

18.-20. Jahrhundert

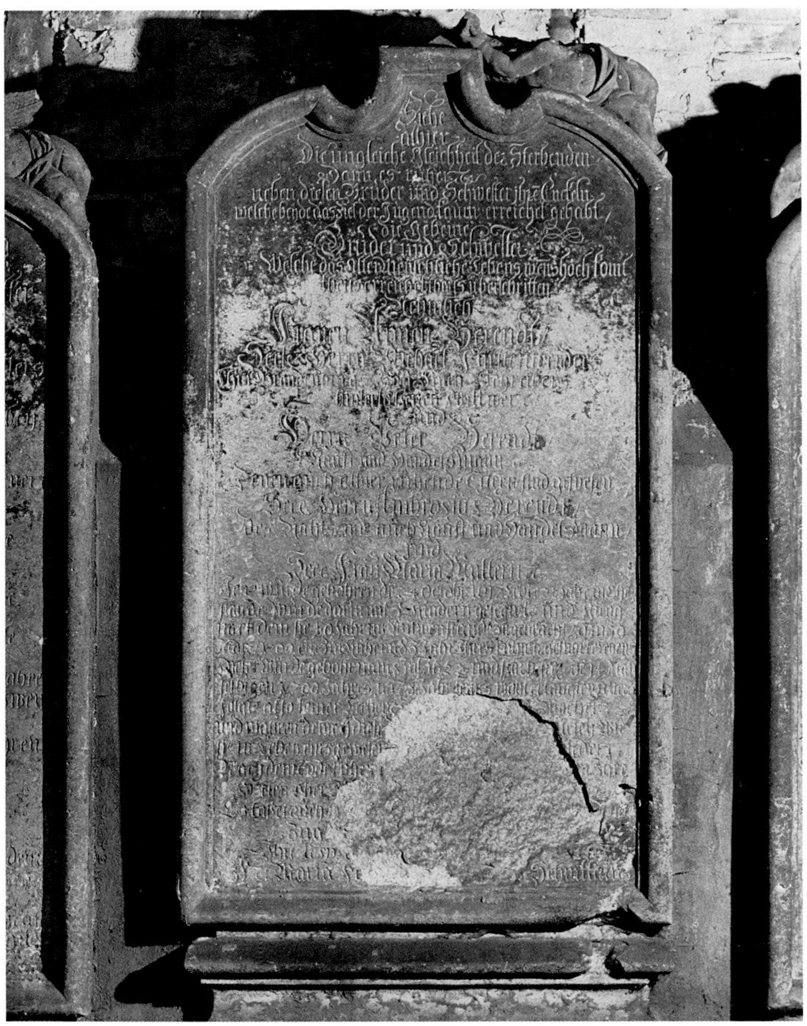

56
Kat. 34.
Zustand 1968/69

34 (Abb. 56)
Epitaph für die Geschwister Anna Berendt, vereh. Fürstenwerder (*24.10. 1617, †19.3. 1700), und Peter Berendt (*8.7. 1622, †14.5. 1700), Kauf- und Handelsmann
Um 1700. Seit 1968/69 ausgelagert.
Ehemals Chorumgang, 2. südliche Randkapelle

Sandstein. Nur der r. Putto fragmentarisch erhalten, die Krone fehlt; Schriftplatte im u. Teil stark beschädigt. Inschrift s. A.
H. 188 cm B. 96,5 cm T. 20cm

Der hochoblonge schlichte Inschriftstein ist von einer kräftigen Wulstrahmung umgeben, die im oberen Abschluß als gesprengt-bekrönter Segmentbogen in Erscheinung tritt. Darüber waren zwei spiegelbildlich einander zugeordnete Engelkinder gelagert, welche die Krone des Lebens hielten. Die Schriftplatte steht auf einem flachen, schlicht profilierten Sockel. Schwungvolle Initialen und Hervorhebungen in einer humanistischen Kursiv lockern die strenge Fraktur der vertieften Inschriftbuchstaben auf. Das Monument besitzt starke Formähnlichkeiten mit den Epitaphien Schnitter (Kat. 42) und Hynitzsch (Kat. 43).

Anna Fürstenwerder wurde laut Eintragung in das Kirchenrechnungsbuch am 25. März 1700 beigesetzt; an Geläutegeld waren 1 Taler und 8 Groschen zu entrichten. Am 9. Mai 1700 fand die Beisetzung Peter Behrendts statt. Diese Eintragung steht im Widerspruch zu dem in der Epitaphinschrift verzeichneten Sterbedatum. Als Geläutegeld wurde dieselbe Summe bezahlt wie für Anna Füstenwerder.

Quellen und Literatur
DokA von 1968/69. - KRB, St. Nikolai, 1684-1703. - Kurth, S. 32. - Ribbeck, S. 23. - Schubring, S. 13.

35 (Abb. 2, 57, 58; Farbabb. 20)
Andreas Schlüter
Portal zur Gruft für Daniel Mannlich (* 10. 4. 1625, † 21. 5. 1701) und seine Ehefrau Anna Catharina, geb. Fritze (* 1636, † 1698)
1700. Westwand, südliche Hälfte

Sandstein; restauriert. Porträtmedaillon (bis 1945 noch vorhanden, Bronze?) in Gips, Inschrifttafel (ursprünglich Kupfer) in Kunststoff nachgebildet. Fassung i. R. erhalten. Jahreszahl im Scheitel des Kartuschenrahmens,: »1700«. Inschrift s. A.
H. 440 cm B. 238 cm T. 60 cm

Der Kapellenzugang wird von zwei Stützen und einem aufsitzenden Gebälk gerahmt, dessen bildnerische Bekrönung das sepulkrale Anliegen formuliert. Scharrierte, zum Eingang hin mit einer dünnen Kehle versehene Pfosten vor verkröpften Pilastern flankieren die sich nach oben verjüngende Gruftöffnung. Das aufliegende Gebälk erweitert sich in der Mitte zu einer eigentümlich konturierten, von scharrierten Faszien und schmalen Profilleisten umzogenen Inschriftkartusche. Ihr unterer Teil ragt wie das mit einer gekrümmten Schneide und gekurvten Seiten versehene Blatt eines Beils in die Portalöffnung hinein, der obere beschreibt eine nur im Scheitel leicht ausgesetzte Halbkreisform. Diese korrespondiert mit der schwungvoll zur Mitte zu ansteigenden, von zwei gegenläufigen Voluten gebildeten Verdachung. Aus den mit Akanthusrosetten besetzten Schneckenwindungen der reich profilierten, an den Seiten mehrfach verkröpften Simsteile quellen zwei spiegelbildlich ausgespannte prächtige Lorbeergirlanden. Sie ziehen sich in knappen Bögen zu den Ecken des Architravs. Von dort, gehalten von je einem Totenkopf, fallen sie entlang der Außenkanten schwer herab und rahmen so die obere Hälfte des Zugangs.

Über den Volutenschnecken der Verdachung erhebt sich beherrschend die massige Urne. Eine von weiblichen Genien ausgebreitete Draperie verhüllt den vorkragenden Korpus. Davor – wie schwebend – ein ovales Reliefmedaillon mit dem Doppelbildnis des Ehepaares Mannlich. Es erinnert im Gleichklang der sich überschneidenden Profile und in der Art des Schulterschnittes an Darstellungen auf antiken Münzen und Medaillen. Neben und hinter dem Urnenaufsatz – die gesamte Breite der Verdachung nutzend – plazierte Schlüter die Figuren der allegorischen Szene. Ihr von rechts nach

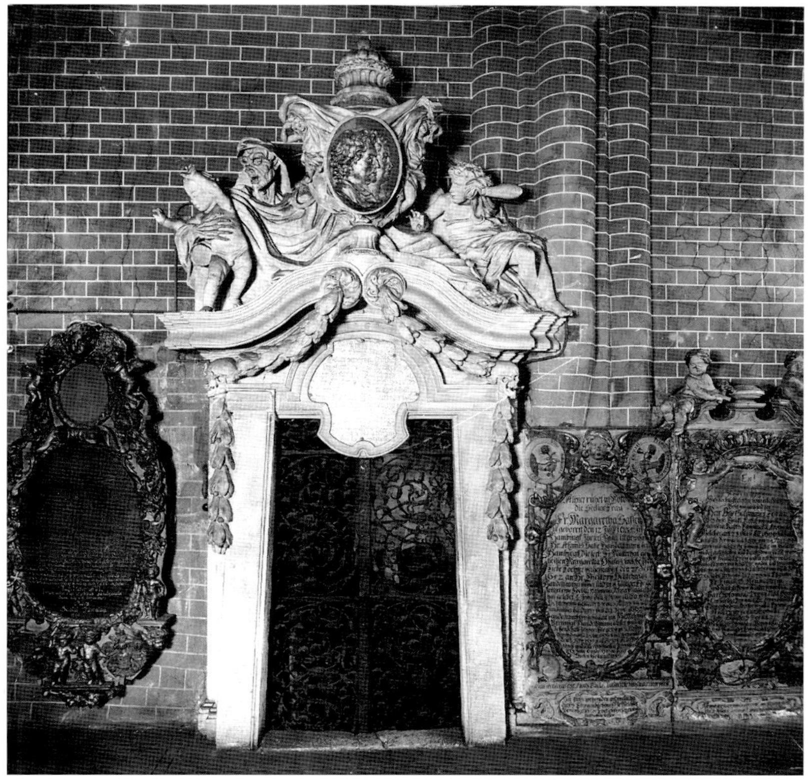

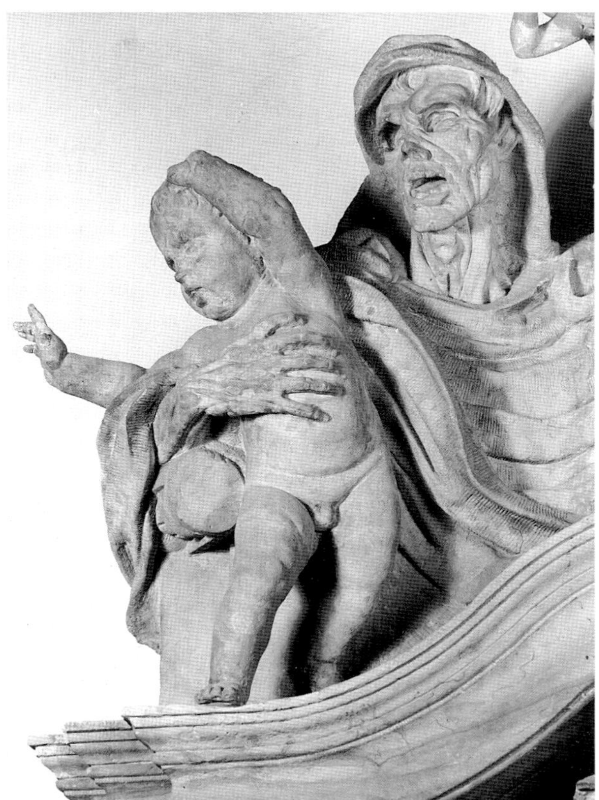

57
Gruftportal Mannlich. L. das Epitaph Zarlang (Kat. 24), r. die Epitaphien Breunigk (Kat. 23) und Zorn (Kat. 20). Meßbild 1919

58
Kat. 35 (Ausschnitt)

links gerichteter Bewegungsimpuls entzieht sie der bannenden Symmetrie der Architekturglieder. Anstatt den Vasenkörper spiegelgleich einzurahmen, verlagerte der Bildhauer den bildnerischen Schwerpunkt der Komposition auf die linke Seite, dorthin, wo der in ein Gewand gehüllte Tod ein sich hilflos sträubendes nacktes Kind packt. Im sich leicht nach rechts biegenden Kinderkörper mit den hochgeworfenen Armen findet die Bewegung der Gruppe ihren Abschluß. Ihn umkreisen mit saugender Kraft die aufsteigenden Gewand- und Ärmelfalten des Todes, die wiederum vom Tuch der Kopfumhüllung paraphrasiert werden. Ein auf der rechten Gebälkhälfte sitzender Knabe reagiert mit abwehrender Gebärde auf das grausame Ereignis. Der hochaufragende Urnenkörper mit den träumerisch versonnen sich ins Tuch drehenden Genien bindet die nach links treibenden Kräfte an das Ordnungssystem einer Dreieckskomposition; darin unterstützt von den nach rechts gewendeten Bildnisköpfen des Medaillons. Das Aschengefäß teilt die hinter ihm lagernde riesige Gestalt des Todes in zwei durch ihre formale Behandlung fast autonom wirkende Teile und verunklärt hierdurch absichtsvoll die Raumzusammenhänge. Der Tod greift gleichsam aus dem verborgenen Jenseits mit dürren, sehnigen Fingern nach dem weichen Kinderleib. Die Last des vom Tuch verhüllten Körpers fängt der angewinkelte rechte, auf einem Stundenglas ruhende Arm ab. Energisch stößt der Kopf aus der Gewandmasse hervor. Das mumienartig zersetzte Antlitz mit den tiefen Augenhöhlen und dem zum Anruf geöffneten Mund scheint selbst wie von Schmerz verzerrt, verrät unbarmherzige Willkür und zugleich qualvolle Getriebenheit. In diesem Widerspruch klingt ein metaphysischer Bezug an, der ansonsten der Szene fehlt. Das fiktive Geschehen wird nicht zu einer bloßen ikonographischen Formel religiöser Grabmalskunst – allerdings ist die inhaltlich bedeutsame örtliche Bindung an den Kirchenraum hervorzuheben – und verzichtet auf die von der christlichen Heilsgeschichte ausgehenden Zeichen des Trostes. Die konkrete Bildfindung sowie die starke Intensität der Gestaltung mögen auch durch die Trauer des Bildhauers um seinen einjährigen Sohn Gotthardt, der Anfang des Jahres 1700 starb, beeinflußt sein.

Der mitleidlose Zugriff des als Subjekt agierenden Todes gibt eine eindringliche Allegorie des Sterbens, die in der zeitgenössischen Bildnerei ohne Beispiel ist. Der im Urnenaufsatz anklingende Unsterblichkeitsgedanke, darauf weist Keisch hin, erfährt eine problematische Brechung durch den bereits in der Antike formulierten Zusammenhang von Leben, Schlaf, Traum und Tod.

In die Todesikonographie ist der gesamte Portalbau miteinbezogen, dessen schwere, von antiken Begräbnisstätten angeregte Architektur Schlüter eindrucksvoll zum Ausdrucksträger formte. Die pylonenartig gegen die Last des vorkragenden Aufbaus sich stemmende Pforte – man vergleiche hierzu die Schnittdarstellung von Kothe – mit ihren sepulkralen Schmuckformen greift das antike Motiv des die Grenze zwischen Leben und Tod symbolisierenden Todestores auf.

Das Grabmal Mannlich gehört zu den wenigen erhaltenen Werken, die Schlüter für einen bürgerlichen Auftraggeber schuf. Der Bildhauer und der Hofgoldschmied, so wird vermutet, kannten sich bereits vom gemeinsamen Arbeiten her; Schlüter fertigte um 1696 höchstwahrscheinlich das Modell für einen von Mannlich in Silber ausgeführten »Liegenden Hirschen«.

Das Rechnungsbuch der Nikolaikirche hält für den 24. Oktober 1699 fest: »H Manlichs Fr. aus dem Dhom in sein Gewölb gebracht«. An diesem Tag erfolgte anscheinend die Überführung der Gebeine der 1698 verstorbenen Gattin des Goldschmieds in die fertiggestellte Gruft. 1965 verlieh man das Gruftportal, das in der Kirchenruine der Witterung und mutwilligen Zerstörungen ausgesetzt war, an das Bode-Museum. Es kehrte 1987 an seinen ursprünglichen, nun leicht erhöhten Standort zurück. Von den originalen Gittern sind nur Reste erhalten; gegenwärtig füllen Gitterfelder aus der im Krieg zerstörten Beyerschen Kapelle den Gruftzugang.

Quellen und Literatur

BLfD, MA, Nr. 1 a 29/3.20, Nr. 95 1 29/7155.23. – KRB, St. Nikolai, 1684–1703. – Staatliche Museen zu Berlin-Preußischer Kulturbesitz/Zentralarchiv, VA 499. – *Barockplastik in Norddeutschland.* Kat. (Museum für Kunst und Gewerbe Hamburg), Mainz 1977, S. 169 f. – *Die Bau- und Kunstdenkmale der DDR. Hauptstadt Berlin, I.* Berlin 1983, S. 62 f. – Borrmann, S. 238 f. – Fründt, Edith: *Der Bildhauer Andreas Schlüter.* Leipzig 1969. – Keisch, Claude: *Zur Todesikonographie bei Andreas Schlüter.* Staatliche Museen zu Berlin, Forschungen und Berichte 13. 1971, S. 41–43. – Korf, Winfried: *Die Vorstellung vom Tode im Schaffen von Andreas Schlüter.* Semesterarbeit, Kunstgeschichtl. Institut d. Humboldt-Universität zu Berlin, 1964, S. 37–42. – Kothe, Julius: Das Männlichsche Grabmal in der St. Nicolai-Kirche in Berlin, in: *Zentralblatt der Bauverwaltung. 6. 2. 1886.* – Kurth, S. 49–51. – Ladendorf, Heinz: *Andreas Schlüter.* Berlin 1937, S. 88. – Leh, S. 36 f. – Müller/Küster, S. 24. – Nicolai, S. 855 f. – Ribbeck, S. 64 f. – Schubring, S. 9 f. – Schwebel, S. 175.

36 (Abb. 2, 15, 59)

Epitaph für Elisabeth Rheetz (* 1645, † April 1703), geb. Bredo, Ehefrau des Mühlenmeisters Tobias Rheetz

Um 1703. Westwand, nördliche Hälfte

Sandstein, Fassung i. R. erhalten.
Medailloninschrift: »APOC: XIV. 13/seelig sind die Todten die/in den Herren sterben/von nu an: Ja der Geist/spricht daß sie ruhen von/ihrer Arbeit.« Text der Inschrifttafel s. A.
H. 144,5 cm B. 58,5 cm T. 15,5 cm

Rechteckiges Inschriftepitaph mit zwei übereinander angeordneten, unterschiedlich ausgerichteten und gerahmten Inschriftovalen.

Das große erhabene Inschriftfeld auf der rechteckigen Platte ist von einer Wulstrahmung umgeben. Zwei geflügelte Engelsköpfchen füllen die oberen Zwickel. Ein mit Bändern umwundener Lorbeerkranz umschließt das Medaillon am Fuße des Epitaphs. Das linke Feld zwischen den Ovalen zeigt als Relief einen Totenschädel, durch dessen Jochbeine Ähren sprießen. Im rechten Feld schwebt ein geflügeltes Stundenglas vor zwei menschlichen Gebeinen. Eine gesenkte, verlöschende Fackel ergänzt die auf Vergänglichkeit, Tod und Auferstehung verweisende Ikonographie. Schwungvoll-straffe, vertiefte Frakturbuchstaben bilden die Inschrift.

Nach den Eintragungen im Kirchenrechnungsbuch erfolgte die Beisetzung von Elisabeth Rheetz am 4. April 1703, so daß ihr Ableben wohl auf den 1. April zu datieren ist. An Geläutegeld waren 1 Taler und 8 Groschen zu entrichten.

Quellen und Literatur

BLfD, MA, Nr. 95 1 29/7155.23. – KRB, St. Nikolai, 1684–1703. – KURTH, S. 55. – RIBBECK, S. 69. – SCHUBRING, S. 15.

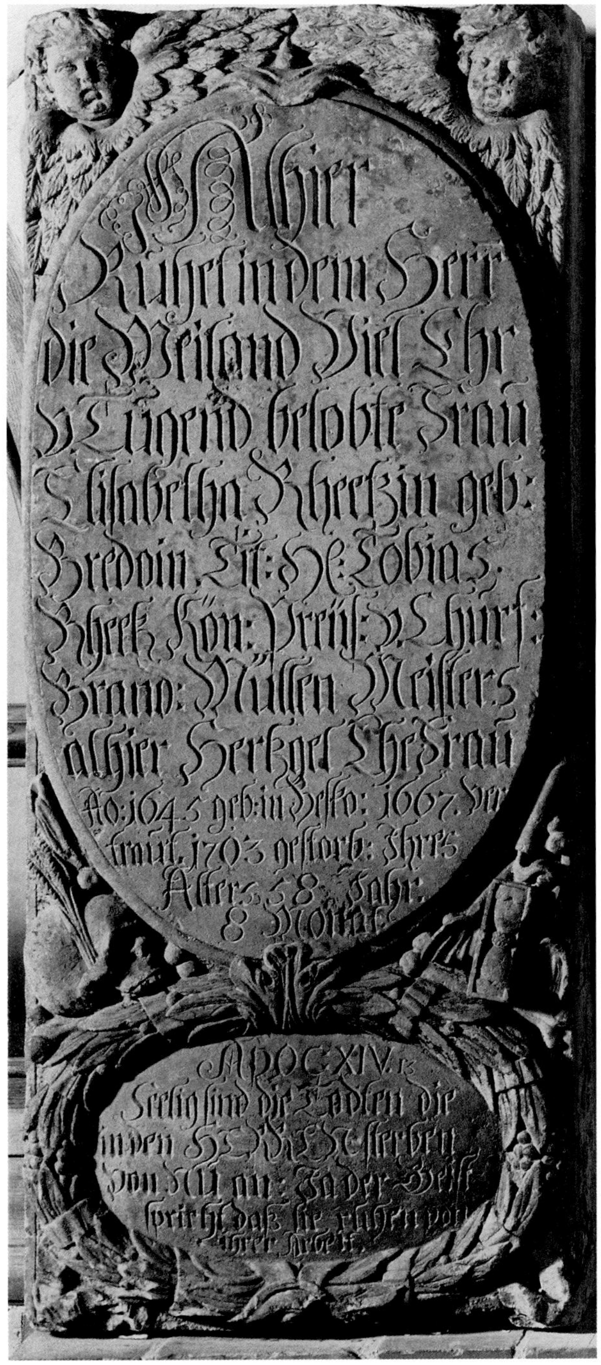

59
Kat. 36

37 (Abb. 60, 61; Farbabb. 21, 22)
Grabdenkmal für Carl Constantin von Schnitter (* 25. 5. 1657, † 1721), Obrist und Festungskommandant und seine Ehefrau Emerentia Elisabeth, geb. von Pufendorf (* 28. 4. 1668) Zwischen 1704 (Ahnenattest) und 1721. Chorumgang, Scheitelkapelle

Sandstein, restauriert; Fassung i. T. erhalten.
Inschrift am Fuß des Grabmals: »Hier ruhet in Gott der weyland Hochwohlgebohrner Herr CARL CONSTANTIN VON SCHNITTER, Seiner Königl. May:(estät) in Preussen gewesener/ Obrister bey der Infanterie und Commendant der Vestung Peitze ist gebohren, Anno 1657 den 25. May und gestorben Anno 17 den /Wie auch dessen Ehegemahlin die Hochwohlgebohrne Frau EMERENTIA ELISABETH von SCHNITTER gebohrne frey Frau von PVFENDORF/
ist gebohren Anno 1668 den 28 Aprill und gestorben Anno 17 den Deren Seelen Gott genädig sey«.
H. 322 cm B. 278 cm T. 43 cm

Der plastisch stark gegliederte Sandsteinaufbau des Erbbegräbnisses nimmt die gesamte Kapellenrückwand ein. Über dem gestuften Sockel erheben sich an den Seiten zwei korinthische Pilaster mit kräftigen Gebälkstük-

60
Kat. 37
(Ausschnitt).
Zustand 1968/69

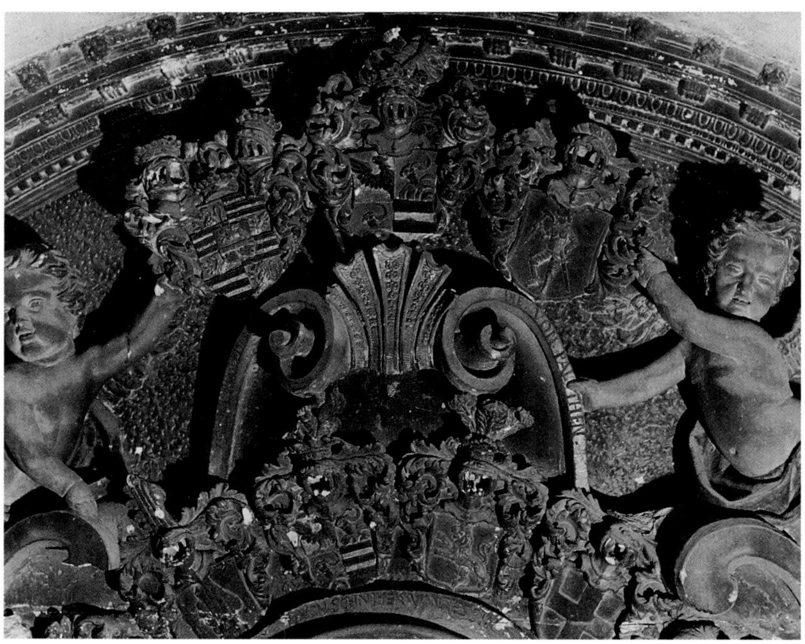

ken. Auf ihnen ruhen die Enden eines mächtigen Segmentbogens, der in seinem Verlauf den Schildbogen des Kapellengewölbes nachzeichnet. Diese deutlich tektonisch empfundenen Architekturglieder umgeben eine große Bildnis- und Wappenkartusche, die ihrerseits im unteren Teil von einem in kräftigem Relief herausgearbeiteten dekorativen Trophäen- und Waffenensemble gerahmt wird. Besonders eindrucksvoll gestaltet sind die nach außen gestellten, Sockel und Pilaster überschneidenden Tropaia. Mit ihren einwärts gekehrten Helmen und den wie lebendig sich sanft biegenden Rüstungen sind sie ein Teil des ikonographisch-dekorativen Apparates und leiten den Blick von der vorderen Reliefebene in die dahinterliegende Räumlichkeit. Ein weiteres deutliches Antikezitat in der ansonsten überwiegend zeitgenössischen militärischen Dekoration aus Kanonen, Fahnen, Trommeln und Fanfaren bildet der links hinter der Kartusche hervortretende Gorgonenschild.

Im Zentrum der Darstellung steht das große, ovale, von 16 Wappen umgebene Medaillon mit dem nach rechts gewandten Brustbild des Verstorbenen im Harnisch und Mantel (Sandstein, nicht Stuck, wie Borrmann vermutete). Das Porträt übersetzt Motive des für die Barockplastik Norddeutschlands so folgenreichen Bildnistypus der von Andreas Schlüter um 1703 fertiggestellten Büste des Landgrafen Friedrich II. von Hessen-Homburg ins Relief, ist aber von ihrem barocken Pathos weit entfernt. Das wenig differenzierte Gesicht, die etwas steife Körperhaltung und der hölzerne Faltenwurf der Mantelbahnen kontrastieren mit den weichen, üppigen Wellen der Allongeperücke.

Unter dem Segmentbogenabschluß präsentieren heranschwebende Putten drei Wappen. Das mittlere ist das des Carl Constantin von Schnitter. Heraldisch rechts befindet sich das Wappen des Schwiegervaters, Samuel Freiherr von Pufendorf, das fehlerhaft wiedergegeben ist – die Tinkturen wurden verwechselt. Heraldisch links erblickt man das Wappen der Schwiegermutter, Catharina Elisabeth von Pufendorf, geb. von Palthen. Die Familiennamen der beiden seitlichen Wappen befinden sich auf den Randleisten der Voluten, welche die große Kartusche im oberen Bereich schließen. Die Wappen, die das Medaillon umrahmen, zeigen heraldisch rechts die väterliche Ahnenreihe, heraldisch links die mütterliche. Es wurden auch Wappen verwendet, die nicht den leiblichen Vorfahren von Schnitters zuzuordnen sind. Es ist denkbar, daß von Schnitter die bürgerliche Herkunft seiner Vorfahren verschleiern wollte.

Am Rand des Bildnismedaillons sind, beginnend mit dem von Schnitterschen, folgende Wappen der väterlichen Linie abgebildet: Von Schnitter, von Pentzig, von Hayne, von Wuris, von Grifton, von Wolffen, von Nadelwitz und von Tschirnhausen. Mütterlicherseits von oben nach unten: von Nörrenberg, von Lützou, von Lützou, von Budden, Zaastro, von Wangelin, von Bulau.

Sein Licht empfing das Bildwerk durch eine kreisrunde Öffnung in der barock gewölbten Kapellendecke. Die freigelassenen Sterbedaten der Inschrift legen die Vermutung nahe, daß das Erbbegräbnis zu Lebzeiten des Ehepaares vollendet wurde.

Die Stirnfläche des Grabgewölbes ist mit Sandstein verkleidet, die Grufttür wurde nachgebildet. Das prachtvolle Originalgitter hat sich weitgehend erhalten (Füllungsbleche zwischen den Bögen ergänzt).

Die Gestaltung des Epitaphs scheint durch den plastischen Schmuck des Zeughauses beeinflußt zu sein. In seiner komplexen, verschiedene traditionelle Motive des Aufbaus vereinenden Gestaltung ist das Grabmal Schnitter eine charakteristische Schöpfung des beginnenden 18. Jhs. Ähnlich strukturierte Arbeiten, zumeist vielgliedrige Hängeepitaphien, finden sich vor allem in verschiedenen Patronatskirchen der Mark Brandenburg und der angrenzenden Gebiete.

Bereits 1701 war die Schnittersche Gruft anscheinend vorhanden. Das Rechnungsbuch für die Berliner Nikolaikirche berichtet über die Beisetzung eines jung verstorbenen Kindes von Schnitter. Carl Constantin von Schnitter selbst wurde nicht in seinem Erbbegräbnis, sondern im Pufendorfschen Gewölbe beigesetzt.

Ende der 60er Jahre unseres Jahrhunderts erfolgte der Ausbau des Bildwerkes. Bereits zu diesem Zeitpunkt, so wird vermutet, war durch den Einfluß der Witterung und durch die Feuchtigkeit aus den Schuttmassen am Fuße des Kapelleneinbaus die untere Zone der Farbschicht zu einem großen Teil zerstört. Hingegen ist die Fassung der oberen Hälfte in ungewöhnlich frischen Farben und Vergoldungen gut erhalten. Eine punktiert abgehobene Ergänzung schließt die Lücken zwischen den erhaltenen Farbpartien.

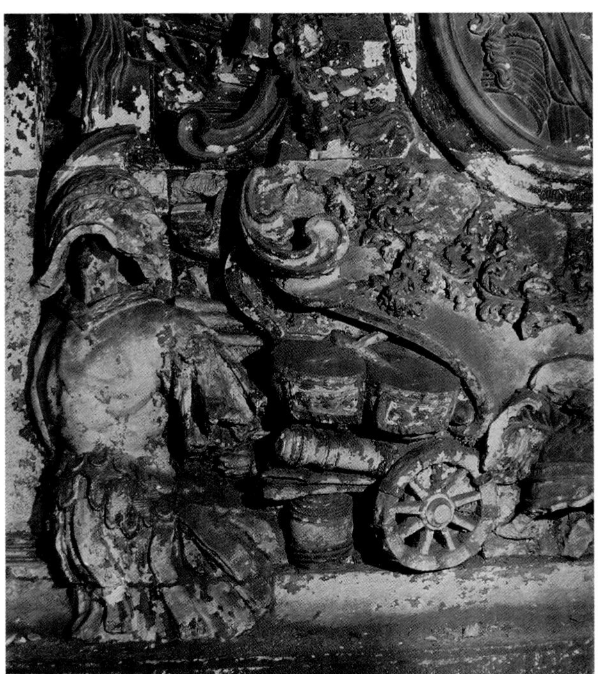

61
Kat. 37
(Ausschnitt).
Zustand 1968/69

Quellen und Literatur
9 DokA von 1968/69. – LAB, Rep. 22, Kirchenabteilung, Nr. 671. – KRB, St. Nikolai, 1684–1703. – BORRMANN, S. 240. – KURTH, S. 30. – MÜLLER/KÜSTER, S. 240. – RIBBECK, S. 24 f. – RODEMANN, KARL: *Das Berliner Schloss und sein Untergang.* Berlin (o. J.) – SCHUBRING, S. 10. – SCHWEBEL, S. 174. – SCHWEBEL, OSKAR: Obrist von Schnitters Denkmal in St. Nikolai zu Berlin, in: *Der Bär, 17.* 1898, S. 553–555. – VEIGEL, HANS-JOACHIM: Schätze der Nikolaikirche, Teil II, in: *BZ am Abend,* 22. 4. 1989, – WENTSCHER, ERICH: Die Entfaltung der Schnitter in Görlitz und Zittau, Sonderdruck in: *Der Herold, Vierteljahresschrift für Heraldik, Genealogie und verwandte Wissenschaften, 26.* 1983, Bd, 10, Heft 10/11.

38 / 39 (Abb. 62)
Epitaphien für Philipp Jacob Spener (* 13. 1. 1635, † 5. 2. 1705) und seine Ehefrau Susanna, geb. Ehrhardt (* 8. 1. 1644, † 5. 11. 1705)
Um 1705. Sakristei, Nordwand (außen)
Sandstein; vollkommen verwittert.
Inschrift nach Schmidt s. A.
Kat. 38: H. 165 cm B. 82 cm T. 16 cm
Kat. 39: H. 164 cm B. 82 cm T. 17,5 cm

Vielen Geistlichen der Nikolaikirche wurde im 17./18. Jh. ein Gedächtnismal im Bereich der Sakristei gesetzt. Bei den beiden Epitaphien an der Sakristeiaußenwand kann es sich um die Steine für den Propst Philipp Jacob Spener und seine Ehefrau Susanna Spener handeln. Eine eindeutige Zuordnung ist nicht möglich, daher die Doppelnummer im Katalog. Ribbeck schreibt 1817 über die »leider schon sehr verfallenen Grabsteine, welche unweit der Sakristei an der Kirchenwand errichtet und mit einem Gitter eingefaßt sind.« An anderer Stelle setzt Ribbeck fort: »Von demselben Gitter umge-

62
Chor und östliche Sakristeiwand. Vorn l. beginnend: der Grabstein Astmann (Kat. 33), die Gedenktafeln Spener (Kat. 82) und Haude (Kat. 83), das Epitaph Brandes (Kat. 41) sowie die Epitaphien Kat. 38/39

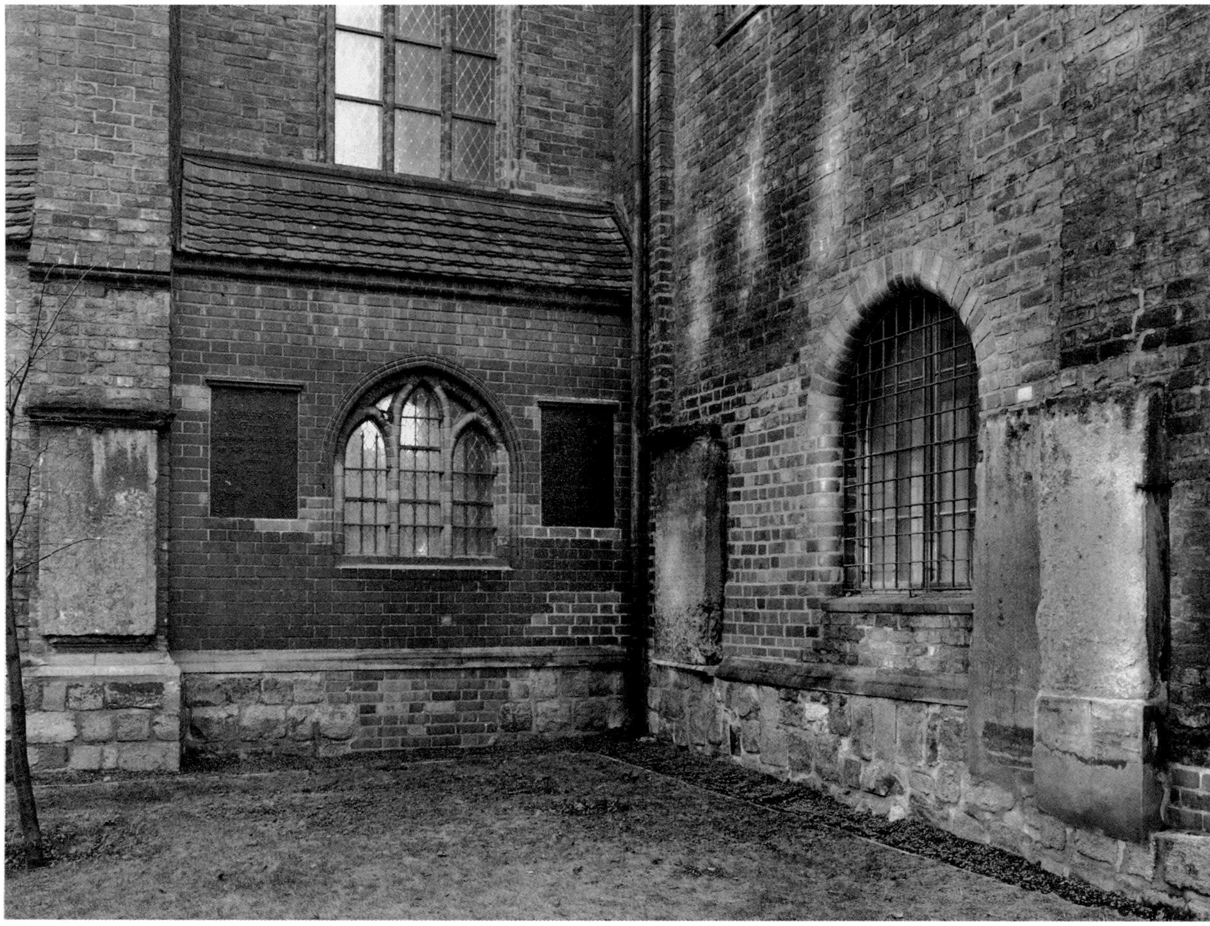

ben, daß Speners Denkmal einschließt sind die einfachen Epitaphien ... des Buchhändlers Ambr. Haude, eines Spenerschen Schwiegersohnes (gest. 1748)«. Meßbilder von 1939 zeigen diese Anordnung der Grabsteine und Gedenktafeln hinter dem schmiedeeisernen Gitter.

Quellen und Literatur
BLfD, MA, Nr. 26 m 36/7155.9, Nr. 1 a 12/3.3. – *Königlich privilegirte Berlinische Zeitung von Staats- und gelehrten Sachen,* 20. 1. 1835, 21. 1. 1835 und 26. 1. 1835. – Müller/Küster, S. 382 f. – Ribbeck, S. 71 ff. – Schmidt, 4. Dekade, 8. Slg. S. 26 f. – Schwebel, S. 175.

40 (Abb. 2, 63)
Unterhangkonsole des Epitaphs für Johann Friedrich König (†1706)
Um 1706. Vorläufiger Standort: Nische am 1. Nordportal

Eichenholz. Fassung i. T. erhalten. Spruch an der Konsole: »Vater ich wil das wo ich/bin auch die bey mir seyn/die du mir gegeben hast/das sie meine Herr-/ligkeit sehen./Joh: 17 V. 24«.
H. 60 cm B. 68 cm T. 33,5 cm

Das ehemals am nördlichen Abschnitt der Westwand unmittelbar über dem Gedächtnismal Dähne angebrachte hölzerne Hängeepitaph – von dem sich nur die Unterhangkonsole erhalten hat – reichte bis nahe an die Orgelempore heran. Auf einem Meßbild von 1939, das einen Blick auf zahlreiche Denkmäler an der Westwand gewährt, ist das Epitaph König nur undeutlich auszumachen. Kurth beschreibt es als »von Akanthus« umrahmt, »gekrönt«, versehen »mit zwei Wappen, auf seinem Sockel die Schriftstelle« aus dem Johannes-Evangelium.

Quellen und Literatur
BLfD, MA, Nr. 951 29/7155.23. – Kurth, S. 55. – Ribbeck, S. 67. – Schubring, S. 15.

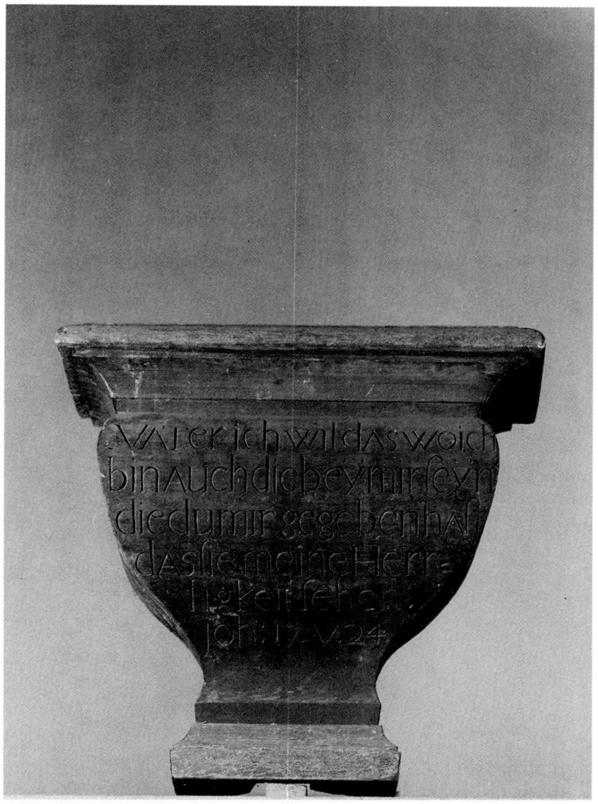

63
Kat. 40

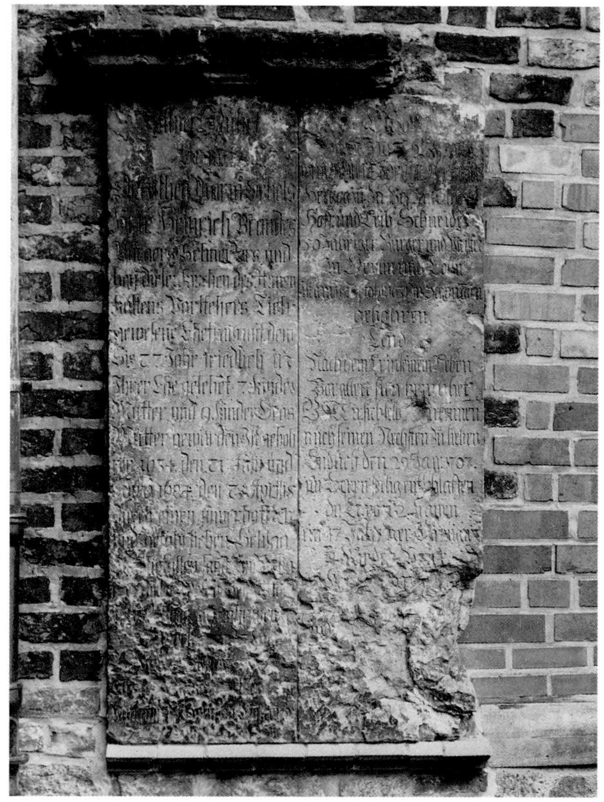

64
Kat. 41

41 (Abb. 62, 64)

Epitaph für Dorothea Maria Brandes, geb. Gebels (*21. 7. 1634, †25. 4. 1685) und ihren Ehemann Heinrich Brandes (*16. 10. 1631, †29. 1. 1707), Schneider und Armenkastenvorsteher von St. Nikolai

Um 1707. Sakristei, Ostwand (außen)

Sandstein; unteres Drittel der Inschriftplatte und Verdachung beschädigt. Spuren von Einschüssen sind über das Schriftfeld verteilt. Inschrift s. A., zerstörte Textstellen nach Küster ergänzt.

H. 216 cm B. 115 cm T. 32 cm

Das Schriftfeld der hochrechteckigen Steintafel ist durch eine senkrechte Ritzlinie in zwei Hälften gegliedert. Eine profilierte Verdachung schützt die auf einem neuen Klinkersockel ruhende Platte.

Literatur

MÜLLER/KÜSTER, S. 253. – SCHMIDT, 4. Dekade, 8. Slg. S. 28.

42 (Abb. 65)

Epitaph für Benjamin Engelbert Schnitter (*30. 3. 1688, †3. 8. 1707), Student der Philosophie und des Rechts

Um 1707. Seit 1968/69 ausgelagert.

Ehemals Chorumgang, 2. südliche Randkapelle

Sandstein. Die Puttenköpfe und die Akanthusbekrönung über dem Relief fehlen, die Schriftplatte im unteren Teil leicht beschädigt.

H. 185 cm B. 94,5 cm T. 24 cm

Der schlichte, durch eine kräftige Wulst gerahmte Inschriftstein zeigt sich in Gestaltung und Aufbau weitgehend identisch mit den ehemals in derselben Kapelle befindlichen Inschriftepitaphien für Behrendt (Kat. 34) und Hynitzsch (Kat. 43). Seine Oberkante folgt demselben bewegten Umriß, zwei hingelagerte Engelsputten präsentieren die Krone des Lebens.

Quellen und Literatur

DokA von 1968/69. – KURTH, S. 32. – RIBBECK, S. 23. – SCHUBRING, S. 13.

65
Kat. 42.
Zustand 1968/69

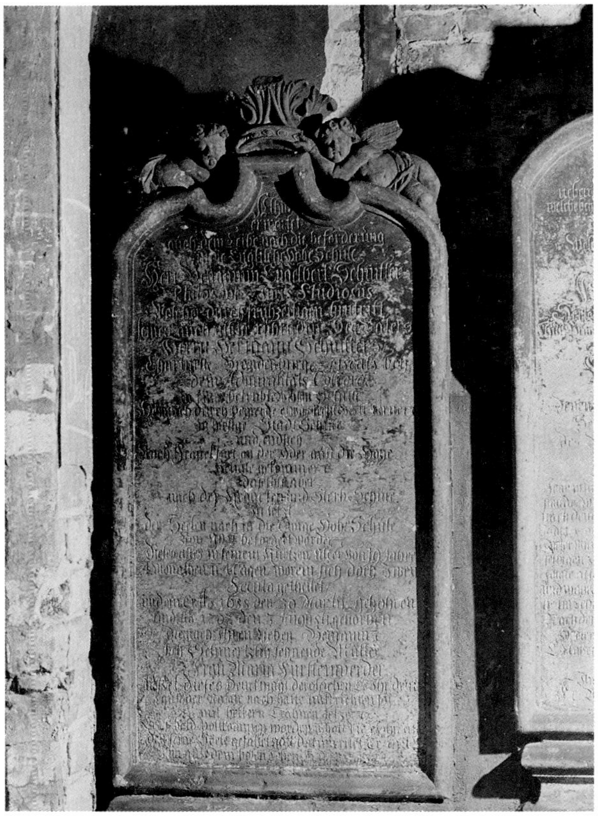

66
Kat. 43.
Zustand 1968/69

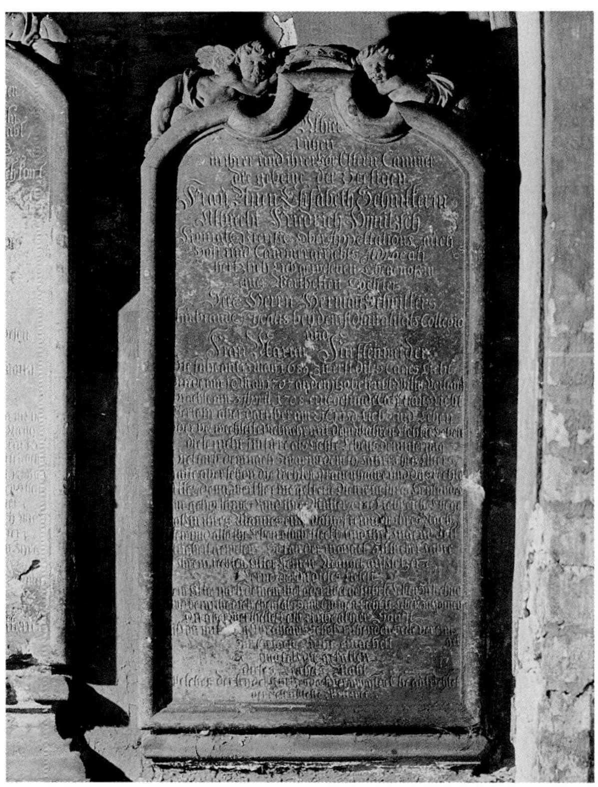

43 (Abb. 66)

Epitaph für Anna Elisabeth Schnitter, vereh. Hynitzsch (*13.5.1689, †21.4.1708)
Um 1708. Seit 1968/69 ausgelagert, ehemals Chorumgang, 2. südliche Randkapelle

Sandstein. Köpfe der Putten fehlen, von der Laubkrone ist nur der Reif erhalten. Schrifttafel stellenweise beschädigt. Inschrift s. A.
H. 186 cm B. 94,5 cm T. 21 cm

Ein schlichtes Inschriftepitaph, das in Aufbau und Gestaltung den Gedächtnismalen der Geschwister Behrendt (Kat. 34) und Schnitter (Kat. 42) entspricht. Alle drei aus dem ersten Jahrzehnt des 18. Jhs. stammenden Steine wurden anscheinend in derselben Werkstatt gefertigt.

Quellen und Literatur
DokA von 1968/69. – Kurth, S. 32. – Ribbeck, S. 23. – Schubring, S. 13.

44 (Abb. 67)

Epitaph für Johann Conow (*19.6.1645, †20.7.1687), kurfürstlich-brandenburgischer Postmeister zu Perleberg, und für seinen Enkel Johann Conow (*21.9.1692, †1.11.1708)
Um 1708. Chorumgang, 3. nördlicher Strebepfeiler

Sandstein. Inschriftplatte u. Sockel stark verwittert, Fassung in geringen Resten erhalten. Inschrift s. A.
H. 211,5 cm B. 102 cm T. 33 cm;
Sockel: H. 60,5 cm B. 95 cm T. 49 cm

Auf einem kräftig profilierten Sockel ruht die nahezu rechteckige Inschrifttafel, deren oberer Abschluß eine gesprengt-bekrönte Kontur zeigt. Ein kräftiger Wulst umrahmt die Platte. Die vertieften Frakturbuchstaben der Inschrift werden von ornamentalen Bogenschwüngen geschmückt.

Die Beisetzung des Postmeisters erfolgte am 20. Juli 1687 nachts in der Kirche. Das Geld für das große Geläute, so ist weiterhin dem Kirchenrechnungsbuch zu entnehmen, betrug 2 Taler und 16 Groschen.

Quellen und Literatur
DokA von 1968/69. – KRB, St. Nikolai, 1684–1703. – Kurth, S. 29. – Müller/Küster, S. 249. – Ribbeck, S. 22. – Schubring, S. 12.

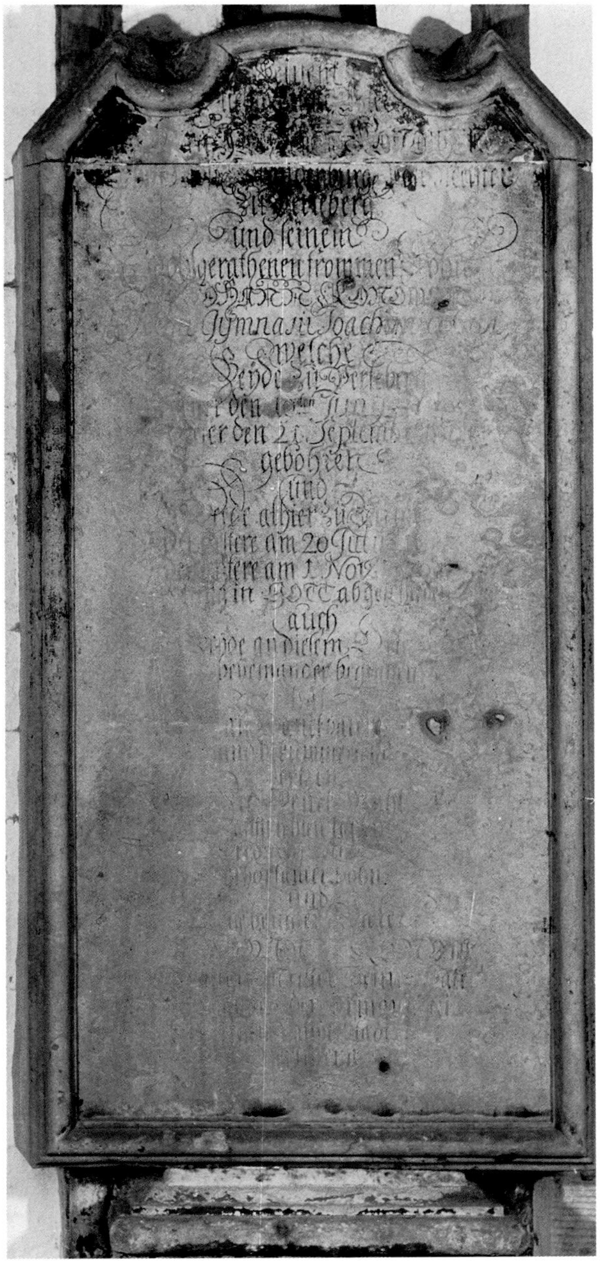

45 (Abb. 68; Farbabb. 23, 24) 67 Kat. 44

Epitaph für Ursula Maria Zorn, geb. Bernhard (*28. 7. 1674, †20. 2. 1711), Ehefrau des Apothekers Friedrich Zorn

1711. Chorumgang, 1. südlicher Strebepfeiler

Sandstein; o. Abschluß des Strahlenkranzes fehlt. Fassung i. R. erhalten. Inschrift auf Postament: »Hoc Amoris monumentum/posuit/ Friederic: Zorn./Pharmacop: Berol: 1711« (Dieses Grabmal der Liebe hat Friedrich Zorn, Apotheker zu Berlin, 1711 aufgestellt.). Tafelinschrift s. A.
H. 234 cm B. 134 cm T. 23,5 cm

Das Gedächtnismal besteht aus einer gebauchten ovalen Inschriftplatte und einem Aufsatz mit einem Symbol der Dreifaltigkeit im Strahlenkranz. Beide werden durch die Elemente der plastischen Rahmung zu einem großen, ins Ovale tendierenden Umriß zusammengeschlossen.

Das Gedächtnismal ruht auf einem reich profilierten und gegliederten Sockel. Zwei Palmenwedel legen sich in großzügigen, bewegten, symmetrischen Schwüngen, somit annähernd ein Oval formend, um die Inschriftplatte, die oben und unten zu Voluten ausläuft. Zwei lebendig gestaltete, zum Schriftfeld geneigte Engelsköpfe umfassen mit ihren Flügeln die Palmenzweige. Über der oberen Einrollung erhebt sich ein reliefiertes Zeichen der Trinität, umgeben von einer Wolken- und Strahlengloriole, aus der Cherubimköpfchen herausblicken. Ein flaches, nach oben an Breite zunehmendes Postament mit gekurvten Seitenteilen am Epitaphfuß nennt den Stifter und die Entstehungszeit des Erinnerungsmales. Zu seiten dieses Piedestals ragen die Astenden der emporsteigenden Palmenwedel hervor, welche sich oberhalb des Postamentes, verdeckt von einer Blattvolute, kreuzen.

Quellen und Literatur

DokA von 1968/69. – Borrmann, S. 235. – Kurth, S. 36. – Müller/Küster, S. 249. – Ribbeck, S. 22. – Schubring, S. 13. – Schwebel, S. 174.

68
Kat. 45
(Ausschnitt)

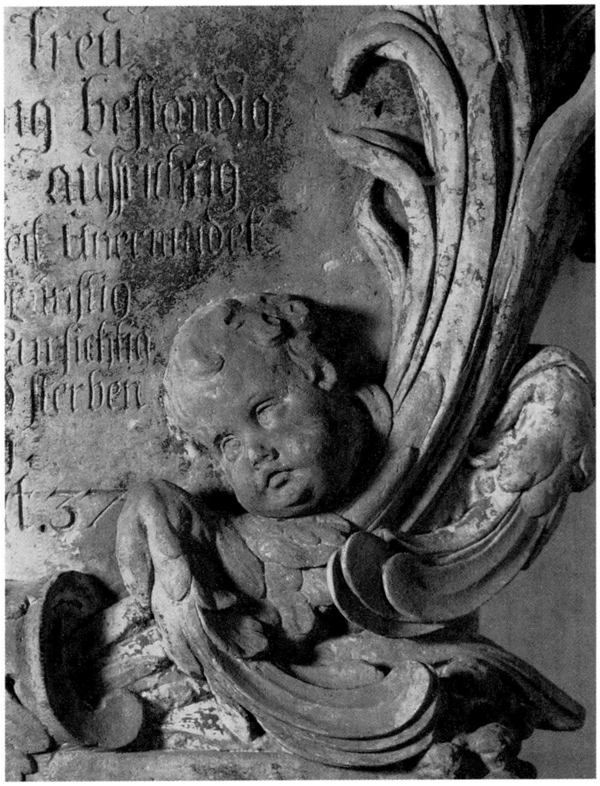

69
Kat. 46
(Ausschnitt)

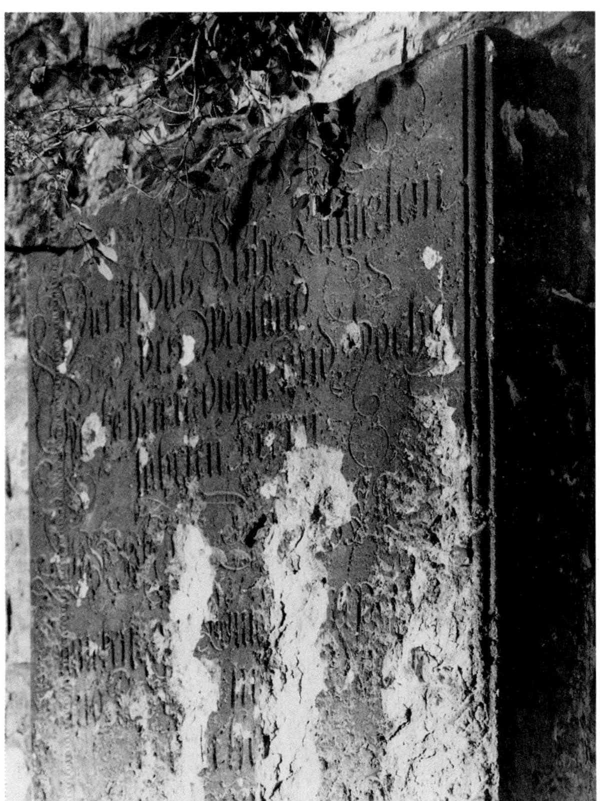

46 (Abb. 69)

Epitaph für den Propst Conrad Gottfried Blanckenberg (* 23. 8. 1657, † 30. 12. 1712)
Um 1712. Sakristei, Westwand (außen)

Sandstein. Im u. Teil stark verwittert, Schrift größtenteils unlesbar, Oberfläche mit Rußschicht überzogen. Inschrift nach Schmidt s. A.
H. 171 cm B. 83 cm T. 17 cm

Der hochrechteckige Stein ruht auf einem zusammengesetzten Sandsteinsockel und wird von einer zarten Profilleiste umzogen. Die Initialen der lebhaft schwungvollen Fraktur – eine charakteristische Schrift des deutschen Barocks – verbinden sich an der Oberkante sowie auf dem lesbaren Schriftfeld zu kalligraphischen Ornamenten und bilden den einzigen Schmuck auf diesem Epitaph.

Quellen und Literatur
BLfD, MA, Nr. 26 m 35/71558. – Müller/Küster, S. 411. – Schmidt, 4. Dekade, 9./10. Slg., S. 41 f.

47 (Abb. 70; Farbabb. 25)

Epitaph für Matthias Crüger (* 1658/59, † 21. 1. 1713), Hofküchenmeister des Markgrafen Philipp Wilhelm von Schwedt
Um 1713. Chorumgang, Nordwand

Sandstein; teilrestauriert. R. Totenschädel fehlt; Fassung i. T. erhalten. Inschrift s. A.
H. 189 cm B. 104,5 cm T. 28,5 cm

Auf einer einst freihängenden Grundplatte befindet sich die von Architekturelementen umgebene, an den Schmalseiten blattartig ausfransende, leicht gewölbte Schrifttafel. Ähnlich geformte, aus jeweils zwei in der Mitte zusammentreffenden schwungvollen Schneckenwindungen gebildete Gesimse rahmen oben und unten die von Pilastern flankierte Erinnerungsschrift. Die Voluten sind einander spiegelbildlich zugeordnet, wobei die nach unten ausbiegenden Schwünge des Sockelgesimses den architektonischen Charakter der Rahmung zum Ornamentalen hin verschieben. Die eigentliche Stützfunktion des Architekturaufbaus fällt an einen ausdrucksstark gearbeiteten, bärtigen Chronoskopf mit ausgebreiteten Schwingen. Zwei Volutenkonsolen, von denen Blattgehänge herabfallen, stützen die geraden Anlaufstücke des Fußgesimses, auf denen jeweils ein fast

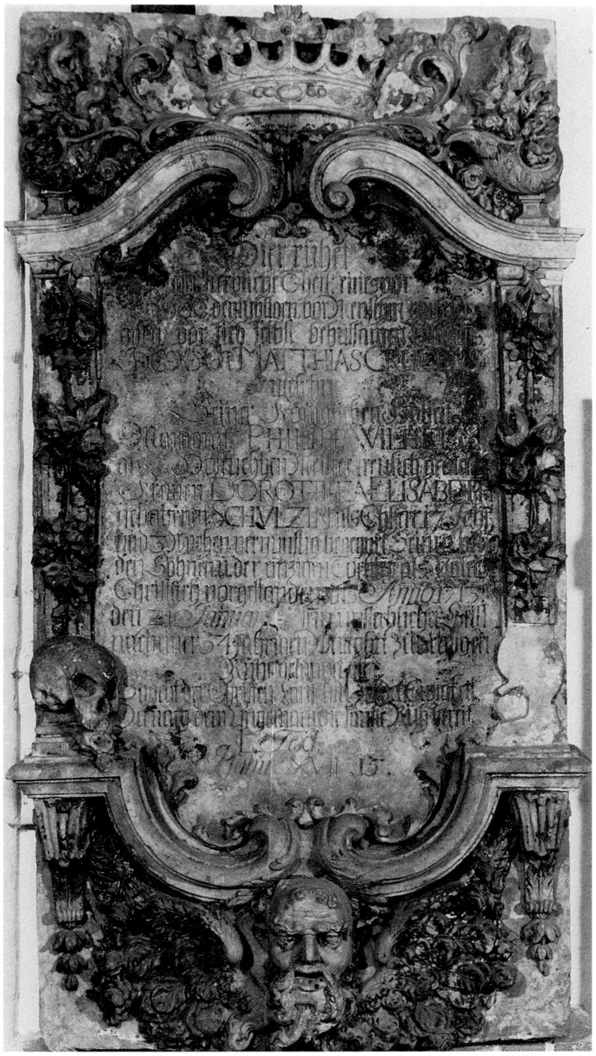

70
Kat. 47

vollplastisch durchgebildeter, einwärts gewandter Totenschädel ruht. Die hochschwingende Volutenverdachung trägt mittig die Krone des Lebens und zu seiten zwei flammende Lampen. Aus den gegenläufigen Schneckenwindungen erwachsen Akanthusblätter, welche die Krone umfassen. Zwei Rosengirlanden, deren Ansätze auf dem Gesims zwischen den Blattschwüngen und den Lampen ausgebildet sind, treten unterhalb der Verdachung wieder zutage und fallen in dekorativer Form herab. Sie füllen die leicht eingetieften, scharrierten Mittelteile der Pilaster, ranken durch die Totenschädel und laufen über die Flügelspitzen des Chronos aus.

Der Epitaphaufbau ähnelt dem der Gedächtnismale für Körber (Kat. 48), Stiller (Kat. 52) und Schultze (Kat. 55).

Quellen und Literatur
BLfD, MA, Nr. 3 a 35/3. 29 a; Nr. 3 a 34/3.29. – DokA von 1968/69. – Kurth, S. 27. – Ribbeck, S. 21. – Schubring, S. 12.

48 (Abb. 71)

Epitaph für Johann Christoph Körber (* 15. 5. 1658, † 20. 2. 1713), Stadt- und Kirchenmusiker
Um 1713. Langhaus, 4. südliche Randkapelle

Sandstein; verwittert. Schriftfeld in der Mitte beschädigt, Gesichtspartie des Chronoskopfes fehlt. Fassung i. R. erhalten. Inschrift s. A.
H. 191 cm B. 104 cm T. 16 cm

Auf einer hochrechteckigen Grundplatte befindet sich das von Architekturelementen umgebene, leicht gewölbte, unten etwas eingezogene Inschriftoval. Zwei Volutenbänder umlegen die Erinnerungsschrift. Aus deren oben und unten zusammenstoßenden, gegenläufigen Schneckenwindungen erwachsen Akanthusblätter, die teilweise dem Schwung der Rahmung folgen.

Über den geraden Anlaufstücken des kräftig nach unten ausschwingenden, profilierten Sockelgesimses erheben sich zwei, mit je einem Blatt- und Blütengehänge verzierte Pilaster. Auf ihnen ruht ein bandartiges, ins Profil gedrehtes Volutengesims. Aus den Einrollungen entsprießen Akanthuslaub und Lorbeerzweige, welche die Verdachung mit der Krone des Lebens umranken.

Der ganze Aufbau lagert auf einem fast vollplastischen bärtigen Chronoskopf, dessen ausgebreitete Schwingen die Krümmung des Gesimsbogens nachzeichnen. Zwei Palmenwedel, die sich unterhalb des Bartes kreuzen, umspielen den geflügelten Greisenschädel.

Laut Küster befand sich das Grabmal ursprünglich auf dem Nikolaikirchhof. Vermutlich wurde der Stein 1817 bei Umbauarbeiten in der Kirche an seinen jetzigen Standort versetzt.

Literatur
Borrmann, S. 241. – Kurth, S. 38. – Müller/Küster, S. 253. – Ribbeck, S. 52. – Schubring, S. 13.

71
Kat. 48

72
Kat. 49

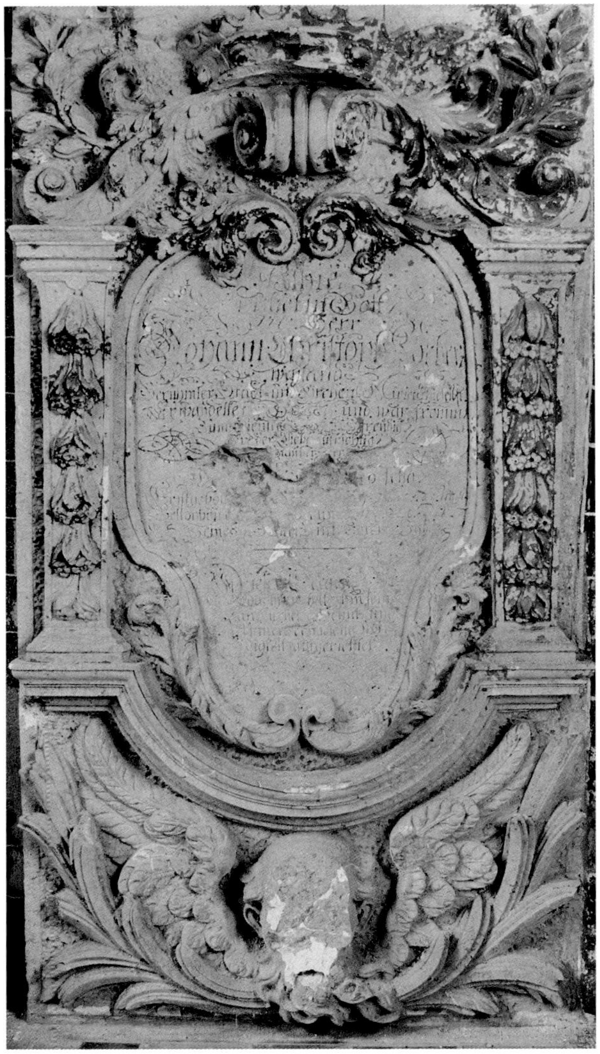

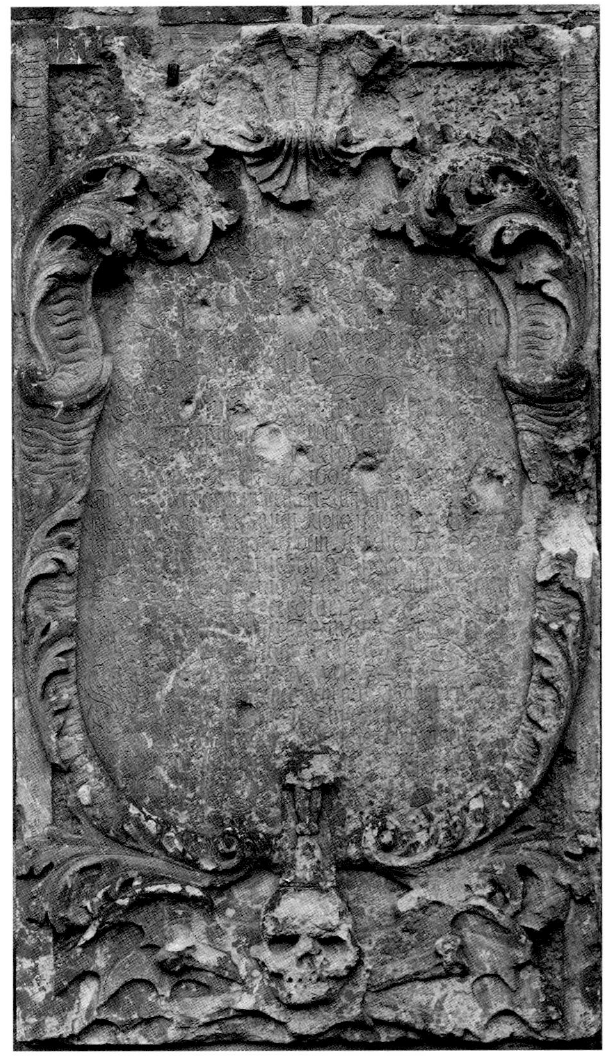

49 (Abb. 72)
Epitaph für Christian Friedrich Walther (* 15. 4. 1695, † 12. 4. 1713), Sohn von Gottfried Walther, Huf- und Waffenschmied sowie Kirchenkastenvorsteher zu St. Nikolai
Um 1713. Langhaus, Nordwand (außen)

Sandstein; verwittert. Spuren von Einschüssen auf dem Schriftfeld, Beschädigungen an der l. o. und r. mittleren Kante. Umschrift auf Rahmung i. R. lesbar: »Gerechte«, »in Ruhe«; Tafelinschrift s. A.
H. 185 cm B. 109 cm T. 23 cm

Der rechteckige Inschriftstein wird von einer Rahmenleiste, auf der Spuren einer Umschrift zu erkennen sind, umgeben. Zwei bandartige, unten zu Voluten geformte Akanthusranken bilden ein die Inschrift rahmendes Oval. Diese »Blattbänder« überdecken teilweise die Epitaphrahmung an den Längsseiten. Ein Muschelornament füllt die freie Fläche zwischen dem Akanthuswerk über der Erinnerungsschrift. Den Epitaphfuß schmückt ein vor gekreuzten Knochen plastisch ausgebildeter Totenkopf mit Fledermausschwingen. Auf dem Schädel steht ein Stundenglas, das zwischen den Volutenwindungen ins Schriftfeld hineinragt.

Literatur
Müller/Küster, S. 253. – Schmidt, 4. Dekade, 9./10. Slg., S. 36 f.

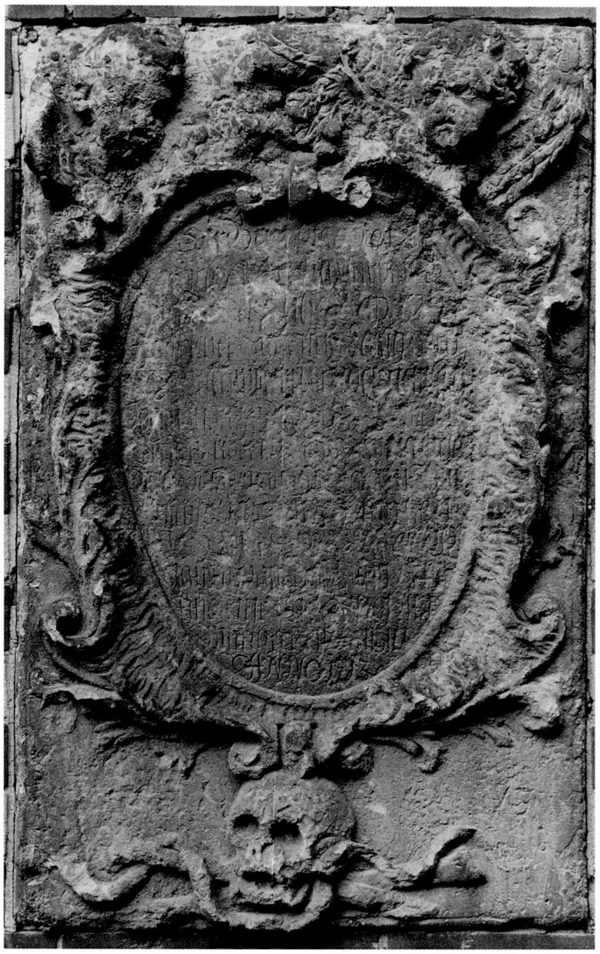

50 (Abb. 73)
Epitaph für die Geschwister Johann Friderich, Maria Loysa, Christian Gottlieb, Friderich sowie Maria Sophia Retcher
1713. Chorumgang, 2. südlicher Strebepfeiler (außen)

Sandstein; stark verwittert. Inschrift nach Schmidt s. A.
H. 132 cm B. 84 cm T. 7 cm

Das hochrechteckige Epitaph trägt ein leicht gewölbtes ovales Inschriftfeld. Es wird von bandartigen, innen zu einer Wulst geformten, außen von Akanthusblättern umrollten Volutenelementen umrahmt. Die unteren Schneckenwindungen ruhen auf einem über Knochen lagernden, von einer Schlange umwundenen Totenschädel. Zwei etwas unterschiedlich gestaltete, geflügelte Engelsköpfe über dem Schriftoval zieren die oberen Zwickel der Platte.

Der Erinnerungsschrift ist zu entnehmen, daß die Eltern der verstorbenen Kinder, der Kaufmann Johann Friedrich Retcher und seine Gemahlin Martha, 1713 das Gedächtnismal stifteten. 73 Kat. 50

Literatur
Kurth, S. 63. – Schmidt, 4. Dekade, 8. Slg., S. 28 f.

51 (Abb. 74–76; Farbabb. 26)
Johann Georg Glume (Werkstatt)
Grabkapelle für den Geheimen Rat Severin Schindler (*18. 1. 1671, †22. 11. 1737) und seine Ehefrau Maria Rosina, geb. Bose (*15. 8. 1688, †17. 1. 1746)
Begonnen 1713, beendet nach 1732.
Langhaus, 6. südliche Randkapelle

Sandstein, farbiger Marmor, Alabaster. Kapellenrahmung restauriert. Engelsfiguren und -köpfchen, Grabplatte und Leichentuch nicht erhalten; Fragmente der Christusfigur, Postament, Kartusche und Inschrifttafeln ausgelagert. Fassung i. R. erhalten. Kartuschentext: »Er/ist auferstanden/und ist nicht hie./Siehe da die Stätte/da sie Ihn hin-/legten«; Inschrift am Segmentgiebel: »Schindlers/Erb Begräbnis.« Text der Tafeln sowie weitere Maße s. A.
Maße der Kapelle:
H. 474 cm B. 374 cm T. 369 cm

Der sich über einem den Gruftzugang aufnehmenden Sockel erhebende Kapellenraum zeigt sich heute ohne den im Zweiten Weltkrieg zerstörten bühnenartigen Denkmalsaufbau. Von der einstigen künstlerischen Pracht zeugt vor allem die monumentale sandsteinsichtige Zugangsrahmung. Ein großer Rundbogen mit breiter Laibung schließt die Kapellenöffnung nach oben ab. Er ruht auf einem vorkragenden und von Volutenkonsolen getragenen Kranzgesims.

Je eine rechteckige Gedächtnistafel aus schwarzem Marmor mit vergoldeter Fraktur, über der ein Cherubsköpfchen schwebte, füllte die Laibungsabschnitte unter den Gesimsstücken. Gekrönt wird der Eingangsbogen von einem wuchtigen Segmentgiebel, an dessen konkaven Seiten sich ehemals Lorbeergehänge schmiegten. Im Scheitel zeigte sich ursprünglich das von einem Strahlenkranz umgebene alabasterne Auge Gottes.

74
Kat. 51.
Meßbild 1919

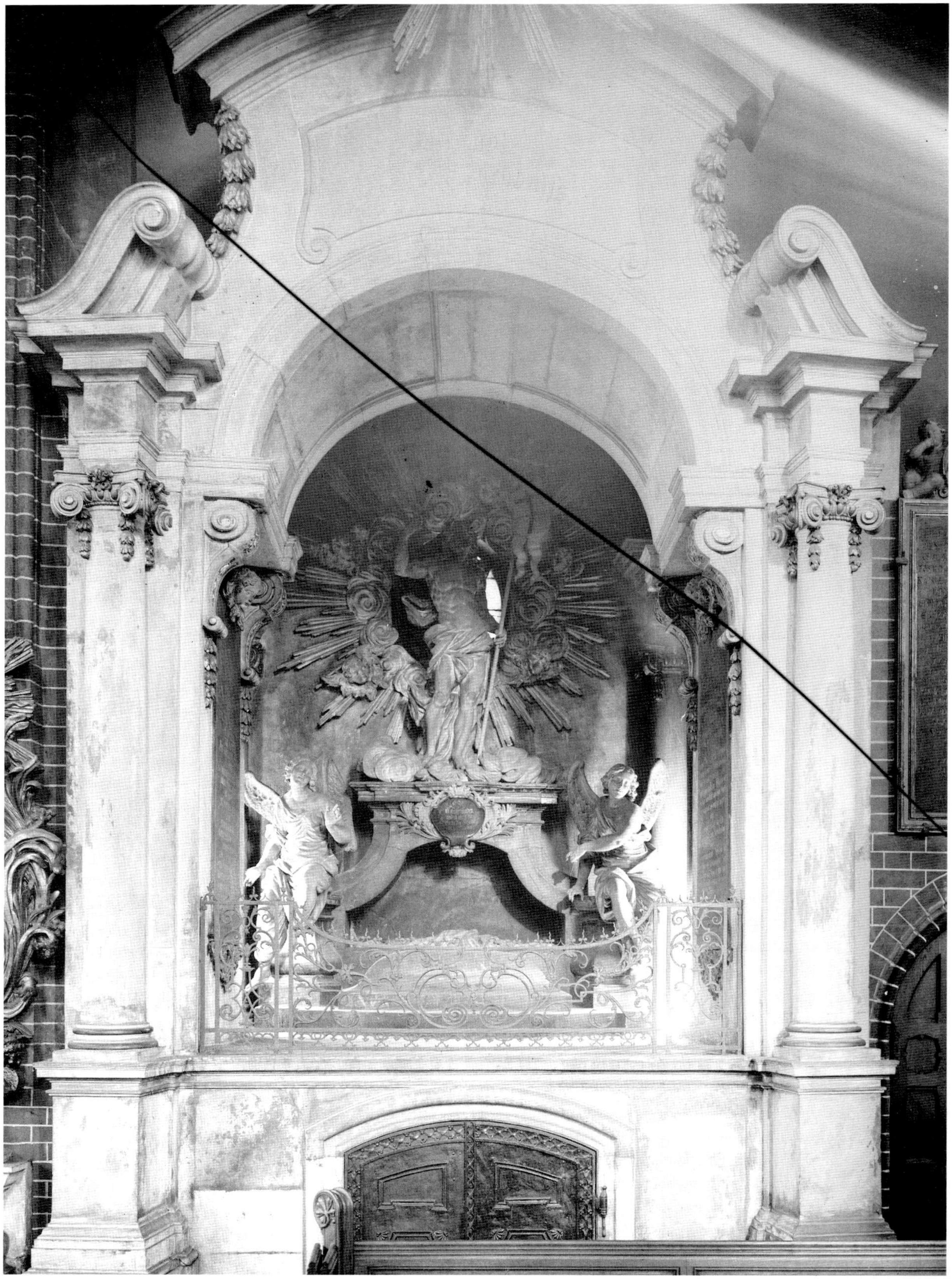

Den Zugang flankiert eine mächtige Säulenstellung, welche die Hoheitsform der Öffnung in einen triumphbogenartigen Zusammenhang einbindet. Das Majestätische der symmetrisch komponierten Rahmung wird durch die volutenartigen, äußerst kurzen Verdachungsschwünge sowie die leicht nach außen weisenden Säulenpostamente – ein beliebtes Motiv barokker Portalarchitektur – noch unterstrichen. Im Inneren der Kapelle findet das Säulenmotiv, auch das der geschmückten ionischen Kapitelle, seine Fortsetzung: In die Ecken eingestellte Rundstützen tragen das kräftige Gesims. Vor der Rückwand erhob sich das Grabdenkmal – eine eindrucksvolle, als *theatrum sacrum* inszenierte Auferstehung Christi. Nach einer Meßbildaufnahme von 1919 läßt sich folgender Aufbau rekonstruieren: Ein geschweifter profilierter Unterbau aus rötlich geflecktem Marmor – das Grab des Heilands mit der vor den angedeuteten Eingang gestellten Deckplatte – hebt die lebensgroße Figur des Gottessohnes in die Höhe. Dieser steht, in der Linken die Siegesfahne, vor einer imposanten, vom Sonnenlicht durchfluteten Wolkengloriole. Zwei lebensgroße Engel sitzen auf den seitlichen, balusterförmigen Enden des Unterbaus und flankieren die leere Grabkammer. Eine Bildidee, die vermutlich der Darstellung des Johannes (20, 11–13) von der Begegnung Maria Magdalenas mit den Engeln entspringt. Die ausgreifenden Gesten der Skulpturen interpretieren anschaulich die Kartuscheninschrift zu Füßen des *Christus triumphans*. Sie verkündet die Botschaft des Engels an die drei Frauen, so wie sie Markus (16, 6) festhält. Auf diese Stelle des Evangeliums nahmen auch die von Küster erwähnten Wandbilder im Rücken der Szene Bezug, die darstellten, »wie die Weiber zum Grabe kommen.« Kurth zeigte sich insbesondere beeindruckt von den »stimmungsvollen Beleuchtungseffekten«, die vom Licht hervorgerufen werden, das durch die farbigen Scheiben der ovalen Wandöffnung im Rücken des Christus und die für das Auge des Betrachters verborgenen Seitenfenster ins Innere fällt.

Die dokumentierte lebendige Gesamtkomposition des Grabdenkmals sowie die Fragmente der Christusfigur verraten eine hohe künstlerische Qualität. Es ist zu vermuten, daß Glume, der für den Minister von Kraut (Kat. 61), den Schwiegervater Schindlers, tätig war, auch für die Bildhauerarbeiten in der Grabkapelle Schindler verantwortlich zeichnete.

Zu den wenigen Grüften, die heute noch über eine Treppe erreichbar sind, gehört das »Ruhe-Cämmerlein«

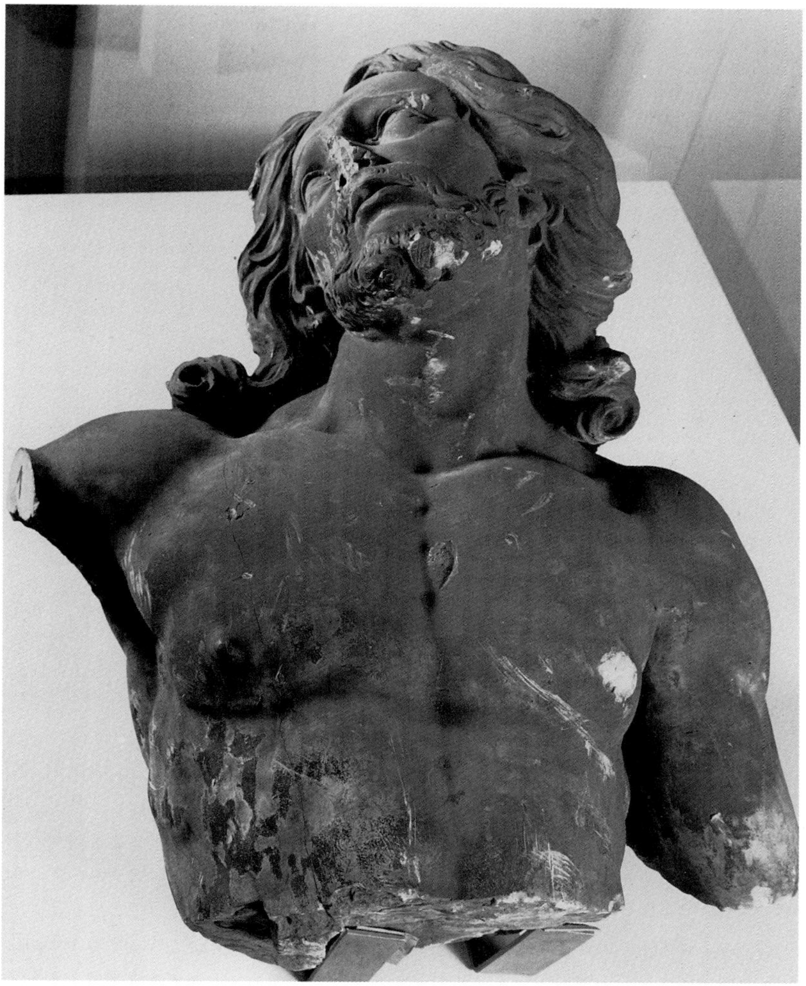

75
Kat. 51
(Fragment)

der Familie Schindler. Wie auch in anderen Grabgewölben führen seitliche Belüftungsschächte nach außen. Zwei Sandsteinfundamente bezeichnen die Stellen, an denen ehemals die Särge standen.

Das Schindlersche Erbbegräbnis durchdringt als einziges den Baukörper der Kirche. Nach außen tritt es als eine durch Pilaster und Bögen tektonisch gegliederte Architektur in Erscheinung, deren Elemente von einer schwungvollen, aus gegenläufigen Voluten gebildeten Verdachung zusammengefaßt werden. Zwischen den Schneckenwindungen schwebt ein geflügelter bärtiger Chronoskopf. Auf dem kahlen Greisenschädel steht ein Stundenglas; über ihm in einer großen Strahlen- und Wolkengloriole mit fünf Cherubimköpfen das Tetragramm. Eine Schlange, die ihren Schwanz verschlingt, legt sich ringförmig um die vier hebräischen Schriftzeichen. Totenköpfe und Draperie schmücken die Pilasterkapitelle – ein Motiv, das sich in Abwandlungen auch bei

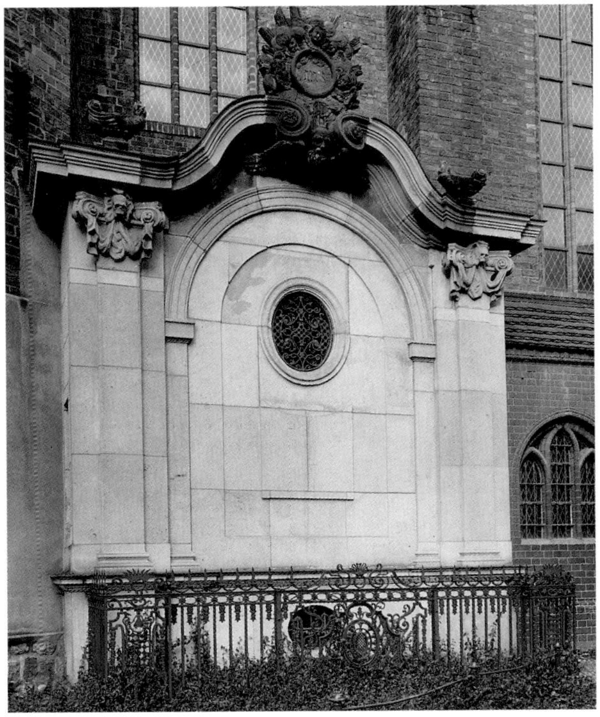

76
Kat. 51
(Außenansicht)

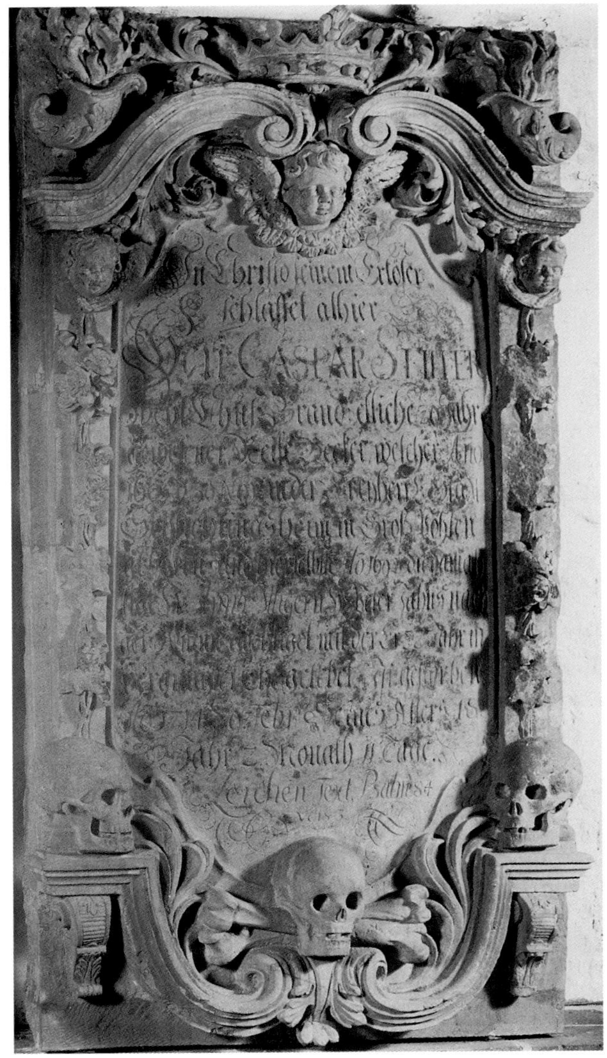

77
Kat. 52

Kraut (Kat. 61), Köppen (Kat. 70) und Schütze (Kat. 76) findet. Ein kräftiges Fußgesims markiert die Grenze zwischen Kapelle und Gruft. In der Höhe des Sockels springt ein schmiedeeisernes barockes Gitterwerk vor; kunstvolle Vergitterung auch in den Fenstern. Borrmann schreibt, am »13. November 1732 schloss Schindler einen Contract mit der Kirche zum Zweck einer Vergrösserung seines Erbbegräbnisses und Errichtung eines eisernen Gitters, vermuthlich des schmucken schmiedeeisernen Gitters an der Aussenseite des Anbaues.«

1713 erhielt der Maurermeister Trincks den Auftrag für ein bauliches Gutachten zur Errichtung des Grabmals. Die Bedenken, daß der gewagte Kapellenumbau die Stabilität des Kirchenbauwerks beeinträchtigt, wurden ausgeräumt. Eine Wölbung der Kapelle, so besagt das Gutachten, erhöht die Stabilität der Kirchenwand. Um den aufwendigen Eingriff in die Bausubstanz zu verwirklichen, erwarb Schindler für 100 Taler den vor der Kirche gelegenen Holzplatz des Totengräbers.

Quellen und Literatur
BLfD, MA, Nr. 58 a 2/3.12; Nr. 1 a 32/3.25. – DokA von 1968/69. – LAB, Rep. 22, Kirchenabteilung, Nr. 652. – Borrmann, S. 240. – Kurth, S. 36 f., 63. – Leh, S. 38. – Müller/Küster, S. 240, 255 f. – Ribbeck, S. 50–52. – Schubring, S. 10, 13. – Schwebel, S. 174.

52 (Abb. 2, 77)
Epitaph für Caspar Stiller (* 30. 11. 1665, † 9. 2. 1714), kurfürstlich-brandenburgischer Reisebäcker
Um 1714. Westwand, nördliche Hälfte

Sandstein; mittlerer Totenschädel am Epitaphfuß ergänzt, die äußeren Flügel der beiden Engelsköpfchen auf den Lisenen fehlen, Blütengehänge beschädigt. Fassung i. R. erhalten. Inschrift s. A.
H. 186 cm B. 102 cm T. 24 cm

Auf einer hochrechteckigen, einst freihängenden Grundplatte rahmen Architekturglieder das an den Schmalseiten in ornamentalen Schwüngen auslaufende Schriftfeld. Das Sockelgesims bricht nach kurzen, geraden, von Volutenkonsolen getragenen Anläufen – auf denen im Dreiviertelprofil nach innen gewandte Totenschädel lagern – in steil nach unten geführten Volutenbögen aus. Über deren eingerollten Enden präsentiert sich in Frontalansicht, auf gekreuzten Knochen ruhend, ein weiterer Totenkopf. Aus den Schneckenwindungen erwachsen zwei schmale Palmenwedel, die, den Innenseiten des Gesimses folgend, die freie Fläche zwischen den Schädeln und dem Schriftfeld füllen.

Über den Anläufen des Fußgesimses erheben sich Lisenen, auf denen die hochschwingende Volutenverdachung aufsitzt. Diese wird geschmückt von zwei brennenden Lampen und der Krone des Lebens. Unterhalb der gegeneinander geführten Schneckenwindungen schwebt mit ausgebreiteten Schwingen ein anmutiger Engelskopf. Zwei der Verdachung folgende Blattschwünge verdecken die Ansätze je eines zu den Lisenen hinüberspielenden Blütenbehanges. Die fast freiplastischen Formen der Blumendekoration füllen die schmalen Wandstreifen, an deren oberen Enden sich zwei kleine Engelsköpfchen mit zusammengefalteten Flügeln befinden. Zusammen mit dem größeren Engelskopf darüber bilden sie inhaltlich und kompositorisch ein Pendant zu den drei Totenschädeln auf dem Sockelgesims. Im Aufbau ähnelt das Epitaph den Gedächtnismalen für Crüger (Kat. 47), Körber (Kat. 48) und Schultze (Kat. 55). Gleichartig gestaltete Erinnerungssteine für seinen jüngeren Bruder Christoph Stiller und dessen Ehefrau Anna sind in der Südwand der Marienkirche (innen) eingelassen.

Quellen und Literatur
BLfD, MA, Nr. 95 I 29/7155.23. – Kurth, S. 54. – Ribbeck, S. 66. – Schubring, S. 15.

53 (Abb. 78)

Epitaph für Maria Elisabeth Becker, geb. Schwaneberg (* 16. 9. 1685, † 8. 3. 1715), Ehefrau des Handelsmannes Johann Conradt Becker Um 1715. Sakristei, Nordwand (außen)

Sandstein; o. Bereich stark verwittert, Schriftfeld durch Einschüsse beschädigt. Fassung i. R. erhalten. Inschrift s. A.
H. 164 cm B. 82 m T. 17,5 cm

Die schlichte rechteckige Inschriftplatte im Hochformat wird von einer schmalen Profilleiste gerahmt. Zwei zart reliefierte, einander zugewandte, geflügelte Engels-

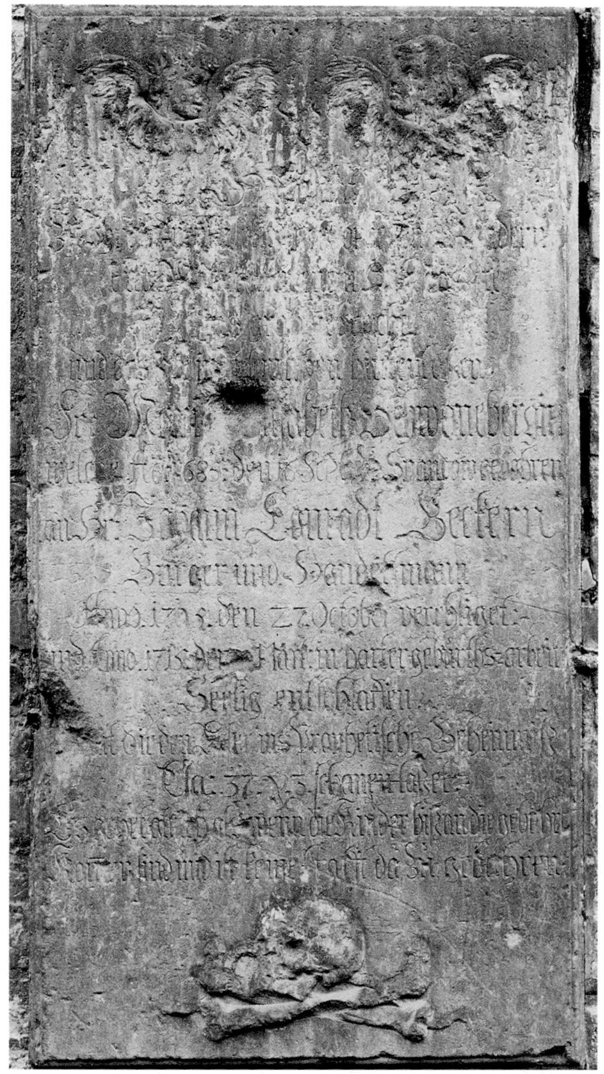

78
Kat. 53

köpfe schmücken den oberen Bereich des Steines. Unterhalb der Frakturinschrift prangt das »Wappen« des Todes – ein von einer Schlange umwundener Totenschädel über gekreuzten Knochen.

Literatur
Kurth, S. 63. – Schmidt, 4. Dekade, 9./10. Slg., S. 45 f.

79
Blick vom südlichen Chorumgang nach Westen. Im Vordergrund das Epitaph Zorn, im Mittelgrund das Epitaph Didde (Kat. 59). Meßbild 1919

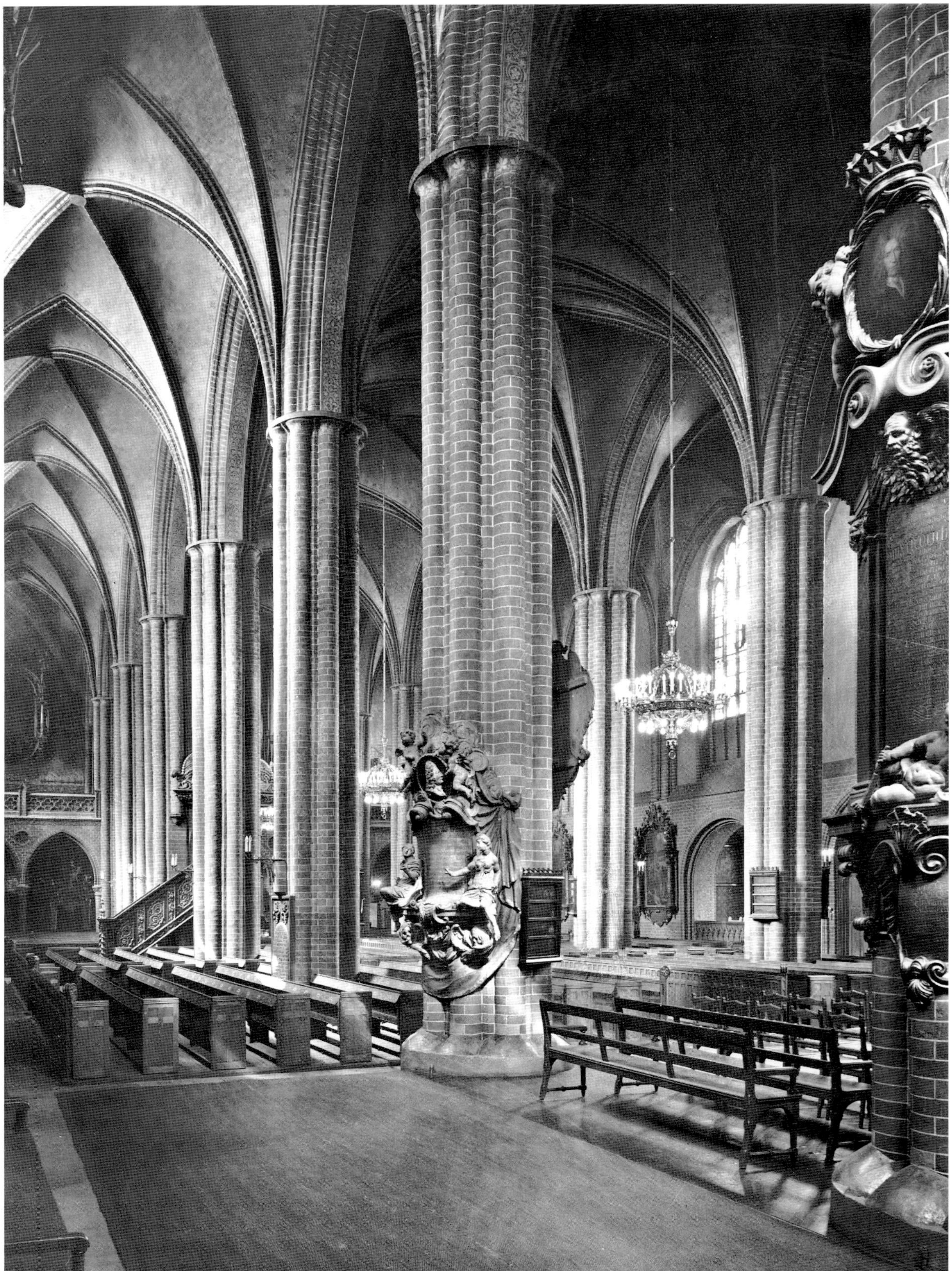

54 (Abb. 10, 79, 80, 97, 111; Farbabb. 27)
Epitaph für Friedrich Zorn (* 18. 3. 1643, † 8. 1. 1716), Apotheker und Handelsmann
Um 1716. Seit 1968/69 ausgelagert.
Ehemals Chor, 2. südlicher Pfeiler

Sandstein; Putten des Aufsatzes beschädigt, Porträtgemälde verschollen. Fassung i. T. erhalten. Inschrift auf Tafel und Kartusche s. A. Maße z. Z. nicht zu ermitteln.

Das Pfeilerepitaph besteht aus einem ädikulaartigen Hauptgeschoß mit Inschriftplatte, über dem das von zwei Putten gehaltene Porträtmedaillon schwebte, und einer Kartusche mit Stifterhinweis als Unterhang. Das Gedächtnismal umgreift drei Dienste des Bündelpfeilers und paßt sich ihm durch die starke Verkröpfung seines architektonischen Aufbaus an.

Die konvexe Inschriftplatte wird an den Längsseiten von einer Wandpfeilerarchitektur flankiert. Den Abschnitten unmittelbar zu seiten der Schrifttafel sind Pilaster vorgelegt, deren Kapitelle aus einer Kombination von Voluten und Engelsköpfchen mit gekreuzten Flügeln bestehen. Darüber erhebt sich eine Verdachung, deren geschwungenes Kranzgesims aus zwei in der Mitte zusammentreffenden, großen, mit Blüten besetzten Voluten geformt ist. Unmittelbar unterhalb dieser dekorativ aufgefaßten Verschmelzung zweier gegenläufiger Schneckenwindungen zeigt sich ein nahezu vollplastischer, eindrucksvoll charakterisierter, bärtiger Chronoskopf mit ausgebreiteten Schwingen. Der geflügelte Greisenschädel füllt die durch das Hochschwingen der Verdachung oberhalb der Inschriftplatte entstehende Fläche. Über dem gewellten Volutengesims hielten zwei Engel das Oval des Porträtgemäldes mit dem nach rechts gewandten Brustbild des Apothekers in Allongeperücke, schwarzem Rock und braunem Mantel. Eingefaßt wurde das Bildnis, auf dem eine Sternenkrone ruhte, von zwei Palmenzweigen.

Der gesamte Aufbau lagert auf einem verkröpften Sockelgesims, das von vier kräftigen Konsolenspangen getragen wird. Auf seinem mittleren Abschnitt liegt, mit dem angewinkelten linken Arm auf ein Stundenglas gestützt, ein fast freiplastisch ausgearbeiteter, trauernder Putto. Der nackte Knabe ergreift mit der linken Hand den Zipfel eines hinter dem Körper geführten Tuches und trocknet sich mit ihm die Tränen. Mit der Rechten senkt er eine verlöschende Fackel. Unter dem Gesims hängt axial eine ovale gewölbte Inschriftkartusche, die von zwei Volutenelementen umrahmt wird. Die freien Flächen zwischen den Schneckenwindungen zieren Muschelornamente.

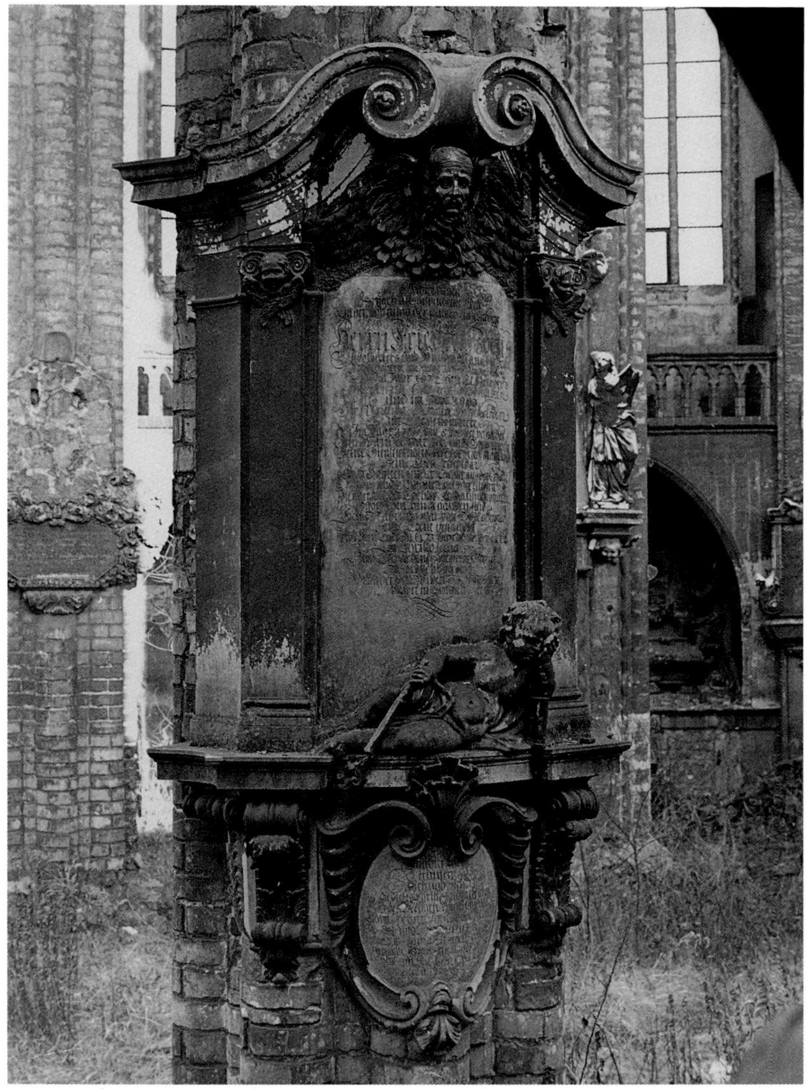

80
Kat. 54.
Zustand 1968/69

Quellen und Literatur
BLfD, MA, Nr. 3 a 34/3.29; Nr. 1 a 35/3.29 a. - DokA von 1968/69. - Borrmann, S. 235. - Kurth, S. 18. - Müller/Küster, S. 247. - Ribbeck, S. 19. - Schubring, S. 16. - Schwebel, S. 174.

81
Kat. 55

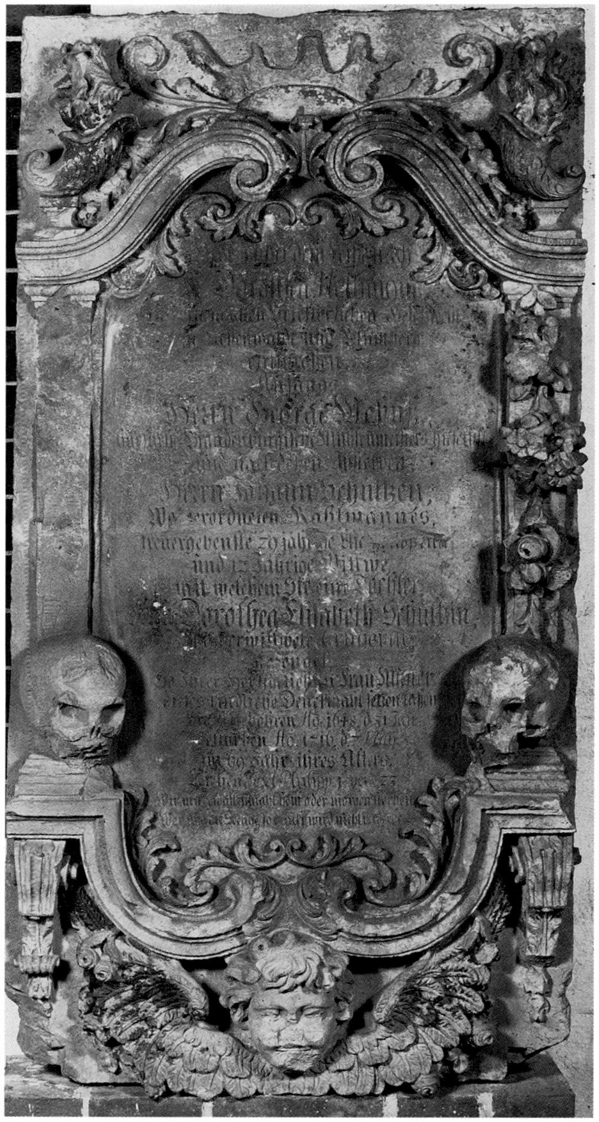

55 (Abb. 81)
Epitaph für Dorothea Schultze, verw. Mebuß, geb. Hellwig (* 31. 1. 1648, † 7. 5. 1716), Ehefrau des Ratmannes Johann Schultze
Um 1716. Langhaus, Nordwand

Sandstein; teilrestauriert. Krone bis auf die Konturen abgeschlagen, das l. Blumengehänge fehlt, die Rosen zwischen den Kiefern der Totenschädel abgebrochen, Totenköpfe teilweise verwittert, Antlitz des Engelskopfes beschädigt. Fassung i. R. erhalten. Inschrift s. A. H. 189 cm B. 94 cm T. 21,5 cm

Auf einer einst freihängenden rechteckigen Grundplatte im Hochformat umgeben Architekturelemente die leicht gewölbte, an den Schmalseiten ausfransende Inschriftplatte.

Ähnlich geformte, einander spiegelbildlich zugeordnete, schwungvolle Volutengesimse rahmen oben und unten die von Pilastern flankierte Erinnerungsschrift. Die geraden Anlaufstücke des Sockelgesimses – über denen im Dreiviertelprofil je ein einwärts gewandter Totenschädel ausgebildet ist – ruhen auf zwei eingerollten Konsolen mit Blattgehängen. Die steil nach unten gerichteten, gebauchten Gesimsbögen werden von einem fast vollplastischen Engelskopf mit ausgebreiteten Schwingen gestützt, dem somit die Funktion eines tragenden Architekturteils zufällt. Über den horizontalen Enden des Fußgesimses erheben sich Pilaster, auf denen die schwungvoll straffe Volutenverdachung aufsitzt. Sie trägt ihrerseits die von Akanthusblättern umlegte Krone des Lebens. Auf den äußeren, geraden Gesimsstücken stehen zwei mit Akanthuslaub geschmückte, brennende Lampen. Schwere, oberhalb der Verdachung ansetzende Blütengehänge legen sich dekorativ vor die Pilaster, ranken durch die Kiefer der Totenschädel und enden über den Schwingen des Engelskopfes.

Das Gedächtnismal für Dorothea Schultze wiederholt den Typus der Epitaphien Crüger (Kat. 47), Körber (Kat. 48) und Stiller (Kat. 52). Die Ähnlichkeit mit dem ersteren geht, auch was die Farbigkeit anbelangt – darauf weisen Fassungsreste hin –, bis ins Detail. Vermutlich wurden beide Epitaphien in derselben Werkstatt gefertigt und entstanden im Auftrag der Dorothea Elisabeth Schultze, verwitwete Crüger, was die getreuliche Wiederholung des Crügerschen Schemas erklärt.

Ursprünglich war der Stein im zweiten nördlichen Chorpfeiler gegenüber dem Epitaph für ihren Schwiegersohn, Matthias Crüger, eingelassen. Nach dem Wiederaufbau der Nikolaikirche erhielt der Ende der 60er Jahre geborgene Erinnerungsstein 1987 seinen jetzigen Standort.

Quellen und Literatur

BLfD, MA, Nr. 95 I 29/7155.23. – Kurth, S. 15. – Ribbeck, S. 18. – Schubring, S. 15.

56 (Abb. 82, 83)

Grabmal für Joachim Friederich Falckenberg (* 31. 8. 1661, † 13. 5. 1716), Kauf- und Handelsmann, und seine Ehefrau Maria, geb. Meyer
Um 1716. Seit 1968/69 ausgelagert. Ehemals Chorumgang, Nordwand

Sandstein. Große Stücke gut erhalten. Fassung i. R. erhalten, durch Rußschicht teilweise verdeckt. Inschrift und Maße s. A.

Zur Zeit ist von dem Grabmal nur noch der mit Sandstein eingefaßte Zugang zur Gruft, der durch eine weit ausladende Konsole überdacht wird, zu sehen. Über ihm befand sich ehemals, ähnlich wie beim Grabmal Gerresheim (Kat. 57), der epitaphartige Aufbau. Dokumentationsaufnahmen von 1968/69 belegen: Auf einem flachen, fast zum Kenotaphgesims reduzierten Sarkophag ruhte die von einem Rahmen umgebene Inschrifttafel. Zwei große Volutenkonsolen mit kräftigen Lorbeergehängen flankierten die Sandsteinrahmung. Der auf ihnen lagernde, mehrfach profilierte Wellengiebel trug in der Mitte eine von einer Schlange umwundene Urne. Von ihr abgewandt saßen zwei geflügelte Putten auf dem Giebel. Während der linke Putto ein Stundenglas hielt, preßte der rechte Putto ein hinter seinem Rücken zur Bogenform gerafftes Tuch an die Augen. Das tympanonartige Feld oberhalb der Tafel füllte ein scheinbar emporschwebender Totenkopf mit ausgebreiteten Fledermausflügeln, unter denen die Enden eines gebrochenen Knochens hervorragten.

Im Zuge des Wiederaufbaus wurde die Grufttür erneuert; aufgrund technischer Installationen mußte die in das Grabgewölbe hinabführende Treppe entfernt werden.

Quellen und Literatur
BLfD, MA, Nr. 27 i 22/3.36. - DokA von 1968/69. - Kurth, S. 26. - Ribbeck, S. 20. - Schubring, S. 11.

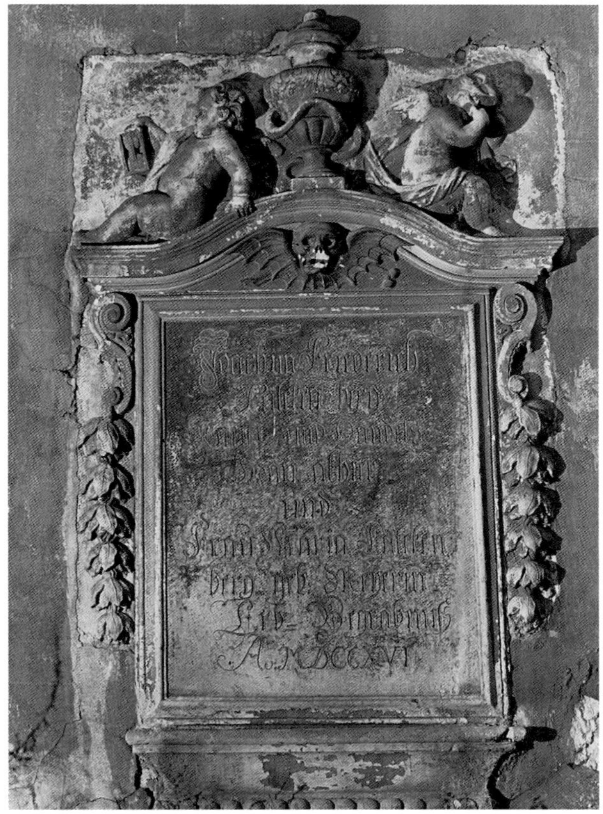

82
Kat. 56.
Zustand 1968/69

83
Kat. 56
(Ausschnitt)

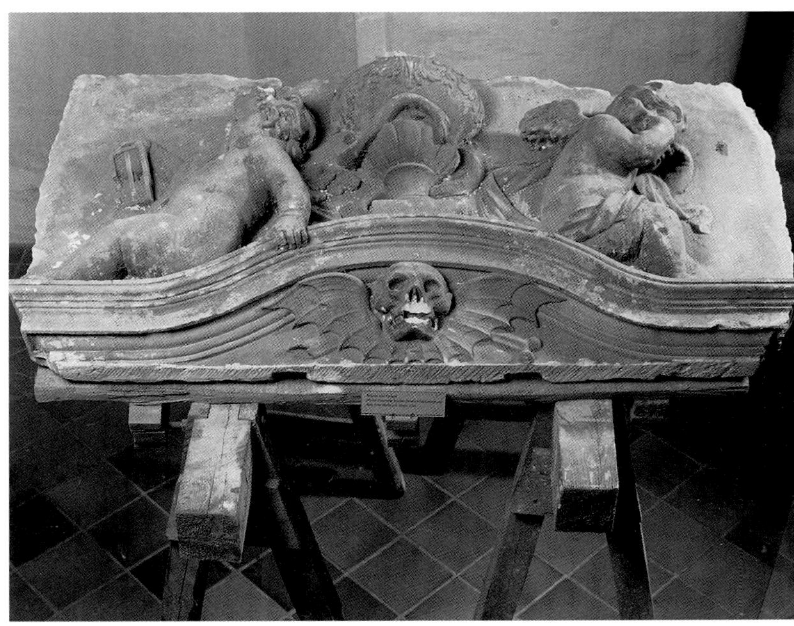

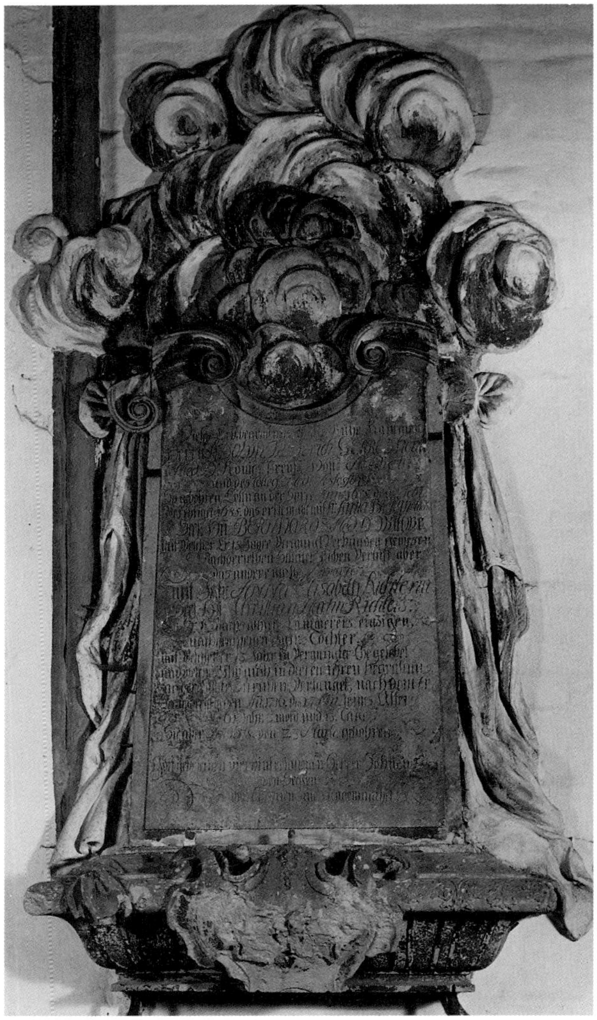

84
Kat. 57

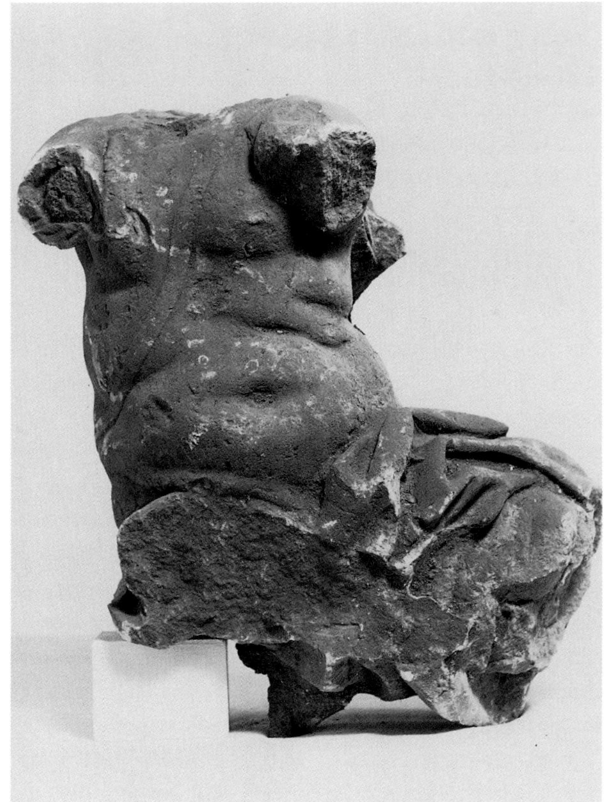

85
Kat. 57
(Puttofragment)

57 (Abb. 84, 85)
Grabmal für Adolph Friderich Gerresheim (*4. 2. 1655, † 17. 5. 1716), Hofmedicus und Assessor, und seine zweite Ehefrau Anna Elisabeth, geb. Richter (*23. 3. 1678)
Um 1716. Chorumgang, Nordwand

Sandstein. Wolkenaufsatz und Draperie Stuck. Fehlstellen an Volutenfüßen des Sarkophags und am l. Putto; zwei Engelsköpfchen fehlen; Beschädigungen an Wappen und Stukkaturen, teilweise ergänzt. R. Putto und r. Volutengesims fragmentarisch erhalten. Fassung i. R. erhalten. Inschrift und Gruftmaße s. A.
Grabmalsaufbau: H. 329 cm B. 282 cm T. 45 cm

Über dem profilierten Gesims des Grufteinganges mit nachgebildeter schmiedeeiserner Tür erhebt sich der auf Volutenspangen ruhende Scheinsarkophag mit der Inschrifttafel und dem abschließenden Gewölk. Der teilweise aus der Wand heraustretende Steinsarg, verziert mit den Familienwappen in einer volutenumrahmten Kartusche, trägt die sich leicht nach oben verjüngende Inschrifttafel. Sie wird durch das gesprengte Volutengesims von dem üppigen Stuckgewölk mit darin schwebenden Engelsköpfchen getrennt. Die Draperie fällt zu beiden Seiten hinter der Inschrift herab und bedeckt die Enden des Sarkophags. Ursprünglich saß auf seinen Ecken je ein Putto, der rechte mit gefalteten Händen, den Blick auf die Schrifttafel gerichtet, der linke sinnend, den Kopf auf den angewinkelten Arm gestützt.

Hinter der Grufttür führt eine Treppe in das mit einer Mittelstütze versehene Grabgewölbe. Hier, unterhalb der Sakristei, waren die Ruhestätten für Adolph Friderich Gerresheim und seine Ehefrau sowie für die Eheleute Falckenberg.

Quellen und Literatur
BLfD, MA, Nr. 3 a 34/3.29; Nr. 1 a 35/3.29 a; Nr. 27 i 22/3.36; Nr. 27 i 21/3.28. – DokA von 1968/69. – Kurth, S. 25. – Müller/Küster, S. 240. – Ribbeck, S. 20. – Schubring, S. 11. – Schwebel, S. 174.

58 (Abb. 86)

Epitaph für Traugott Christian Schlenckard (*2. (?) 9. 1672, †18. 11. 1718), Kaiserlich und Königlich-Preußischer Notar, Oberappellations- und Kammergerichtsnotar sowie Gerichtsadvokat Um 1718. Langhaus, Südwand (außen)

Sandstein. Sehr stark verwittert, Inschrifttafel kaum lesbar. Inschrift nach Küster s. A.
H. 185 cm B. 98 cm T. 16 cm

Das hochrechteckige Inschriftepitaph ist mit einem zarten umlaufenden Profil versehen und verzichtet auf jeden plastischen Schmuck.

Literatur
KURTH, S. 63. – MÜLLER/KÜSTER, S. 252. – SCHMIDT, 4. Dekade, 8. Slg., S. 31 f.

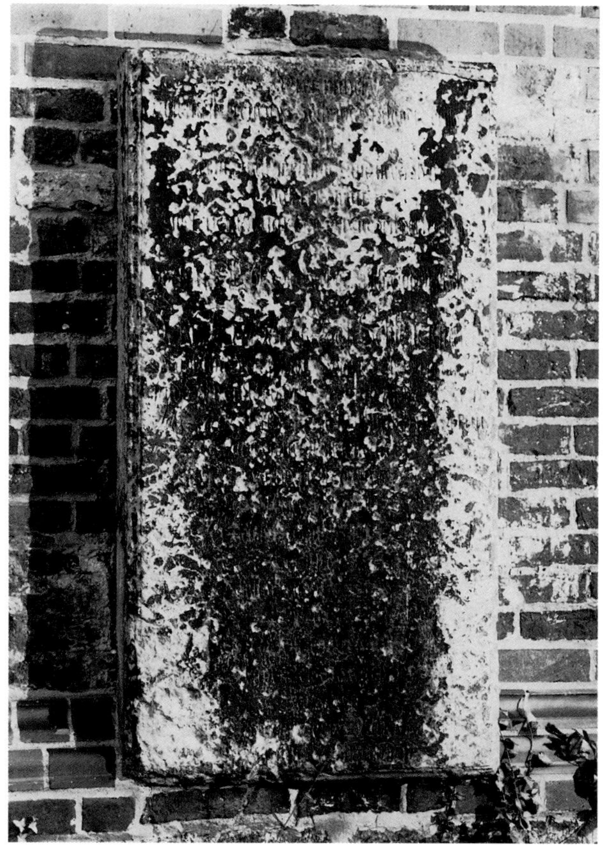

86
Kat. 58

59 (Abb. 12, 79, 87; Farbabb. 28)

Epitaph für Justus Vollrath Didde (*12. 6. 1669, †13. 1. 1719), Kammergerichtsadvokat, Richter und Oberkirchenvorsteher in Cölln Um 1719. Chor. 1. südlicher Pfeiler

Sandstein, Stuck, Alabaster. Figuren aus Alabaster fehlen. R. Putto als Fragment erhalten, l. Putto fehlt. Stuckrahmung zum größten T. zerstört. Bildnis Didde fehlt. Fassung i. T. erhalten, durch Rußschichten und Versinterungen teilweise verdeckt. Inschrift s. A.
Epitaphaufbau ohne Stuck:
H. 224 cm B. 128 cm T. 32 cm

Das für die Anbringung an einem Pfeiler entworfene Hängeepitaph trägt im Hauptgeschoß über einem verkröpften, geschwungenen Gesims eine gebauchte Inschrifttafel von kompliziertem Umriß. Kräftig hervortretende Voluten begrenzen das Schriftfeld und stützen das Medaillon. In dem von Engelskindern flankierten Medaillonfeld, umlegt von einer Schlange (Uroboros), befand sich das nach rechts gewandte Reliefporträt des Verstorbenen. Seine Kontur zeichnet sich noch auf dem Medaillongrund ab. Tafel und Unterhang werden von einer seitlich der Inschriftverdachung zu großen Bäuschen zusammengerafften Vorhangdraperie hinterfangen, die sich an die Rundung des Pfeilers schmiegt. Ursprünglich saßen auf den konsolförmigen Anschwüngen an den Gesimsenden weibliche Alabasterfiguren, Allegorien der Rechtssprechung. Der Mitte des Fußgesimses ist eine Volute vorgeblendet, welche im Unterhang in einer fächerartigen Muschelform ausläuft; Sinnbild des Grabes, das den Verstorbenen vor der Auferstehung umschließt. Die geflügelten Totenköpfe zu beiden Seiten sind teilweise in ein Tuch gehüllt, das als Draperie, ein Leichentuch andeutend, unterhalb der Flügel die Fläche bedeckt.

Die Reste des plastischen Schmuckes sowie Meßbildaufnahmen von 1919 bezeugen die hervorragende Qualität dieses Epitaphs, das sich in seiner Gestaltung vollendet dem Pfeiler anpaßt.

Quellen und Literatur
BLfD, MA, Nr. 1 a 25/3.16; Nr. 1 a 30/3.23. – 2 DokA von 1968/69. – BORRMANN, S. 235. – KURTH, S. 18. – MÜLLER/KÜSTER, S. 250. – RIBBECK, S. 19. – SCHUBRING, S. 16.

87
Kat. 59

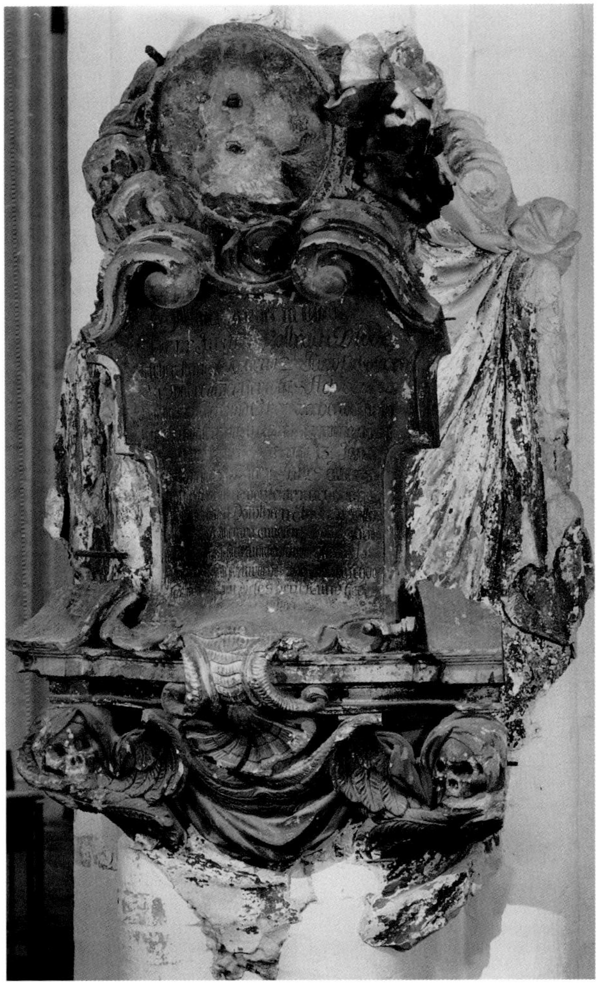

88
Kat. 60.
Zustand vor der Zerstörung

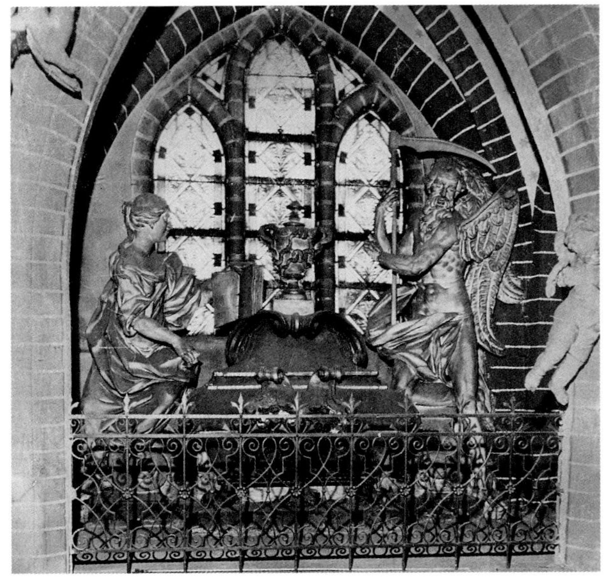

60 (Abb. 88, 89; Farbabb. 29)
Johann Georg Glume (Werkstatt)
Grabdenkmal für Johann Wolfgang Bewert (*22. 2. 1662, †11. 8. 1721), Geheimer Justizrat, Kammer- und Appellationsgerichtsrat
Um 1721. Chorumgang, 2. nördliche Randkapelle

Sandstein, Inschriftplatte Kalkstein. Figurenschmuck leicht beschädigt, Attribute größtenteils verloren; erhalten das Buch, der Urnenkorpus und i. T. die Fassung. Freigelegtes Rankenmotiv an der Kapellendecke (nach 1500). Buchaufschrift nach Borrmann: »Königl. Preuss. Verfas. Cam(m)er. Gerichts Ordnung«; Inschrift und Kapellenmaße s. A.
H. 198 cm B. 235 cm T. 64 cm;
Inschrifttafel: H. 129,5 cm B. (Unterkante) 87 cm T. 9 cm

Das Grabmal zeigt ein in der Nikolaikirche in mehreren Varianten vertretenes Aufbauschema: einen von allegorischen Figuren flankierten Sarkophag (s. Kat. 61, 62, 74, 76). Im Unterschied zum fast zeitgleichen Grabdenkmal Kraut (Kat. 61), wo hoch über dem Schausarg die Büste des Stifters thront, ruhte beim Bewert-Monument ursprünglich ein Inschriftstein auf dem Sarg. Bezeugt wird diese Anordnung durch Ribbeck, der 1817 »eine lateinische Inschrift« über dem Sarkophag erwähnte. Offenbar handelt es sich hierbei um die Tafel, die heute an der linken Seitenwand der Kapelle befestigt ist. Borrmann und Kurth führen hingegen eine von Schlangen umwundene Urne auf dem Sarkophag an – vermutlich eine Hinzufügung des 19. Jhs. Dieser Aufbau wird auch durch ein Foto aus der Zeit vor 1945 belegt. Als Postament erhebt sich über dem Sarkophagdeckel eine glockenartige, von zwei zusammenwachsenden Volutenschwüngen bekrönte Form. Erlaubt die geräumige Kapelle des Finanzministers Kraut das Übereinander von Sockel und Sarkophag, findet sich hingegen bei Bewert, der Räumlichkeit angemessen, die horizontale Staffelung von Sarg und Podium. Dem mit zwei Klauenfüßen auf einer Sandsteinplinthe stehenden Steinsarg sind mittig die einst farbig gefaßten Familienwappen appliziert. Die Enden des Podiums überschneiden die Seiten des Schausarges und schwingen nach unten hin in je einer Volute aus. Sie dienen den sorgfältig gearbeiteten Figuren als Sitz- bzw. Stützfläche.

Links ruht eine sich dem Sarkophagaufsatz zuwendende weibliche allegorische Figur; in ihrer rechten

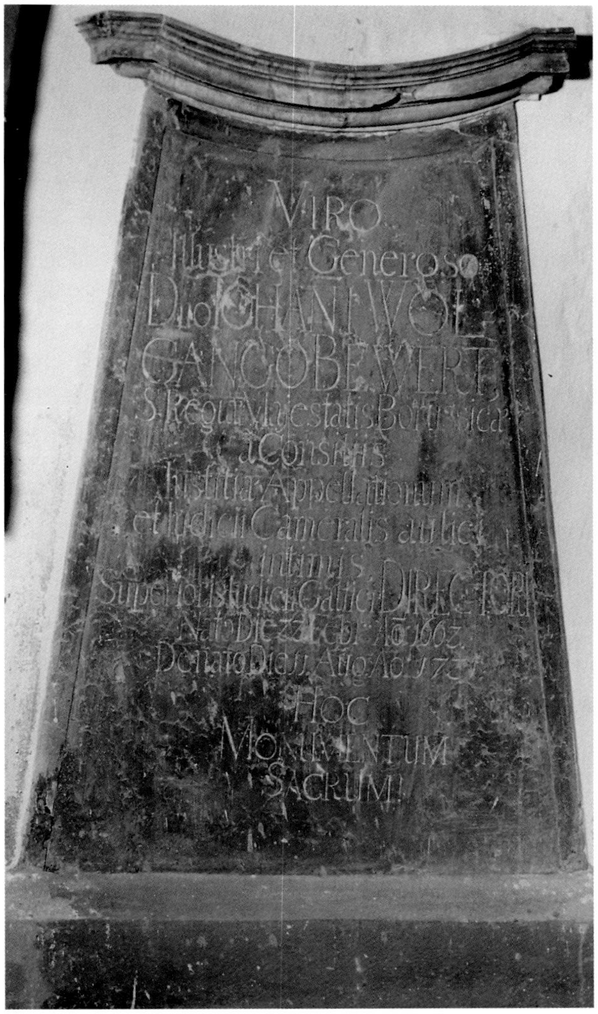

89
Kat. 60
(Inschrifttafel)

Hand hielt sie ursprünglich das Schwert der Gerichtsbarkeit. Borrmann erwähnt es noch, Kurth zufolge war die Waffe 1911 nicht mehr vorhanden. In der Linken hielt die Frau ein Buch, Bewerts »Kammergerichtsordnung« von 1709. Auf der anderen Seite des Sarges steht, sich mit dem rechten Knie abstützend, ein geflügelter Chronos mit Leibband und wehendem Tuch. Er hat den Kopf zum Betrachter gewandt und weist im Quergriff mit der linken Hand auf die Sarkophagbekrönung. Einst hielt der Zeitgott eine Sense in der rechten Hand; sie ging 1945 verloren.

In Typus und Gewandbehandlung ähneln die Skulpturen denen Glumes in der Krautschen Kapelle. Es ist zu vermuten, daß sie ebenfalls in der produktiven Werkstatt dieses bedeutenden Bildhauers des Berliner Spätbarocks gefertigt wurden.

Wie Akten zum Berliner Kirchenwesen belegen, hatte Bewert am 29. Juli 1721 »für 200 Taler in bar die Begräbnisstätte neben der des Freiherrn von Pufendorf« erworben. Zusätzlich verwendete er noch Geld für die Innenausstattung der Grabkapelle. Eine ehemals an der östlichen Kapellenwand befindliche, heute nicht mehr nachzuweisende Gedenktafel für Margarete Helene Bewert, geb. Lehmann, war ohne Inschrift geblieben, da die Witwe Bewerts 1750 im Erbbegräbnis ihrer Familie in Bautzen beigesetzt wurde. Im Jahr 1784 machten drei nicht in Berlin ansässige Erben ihren Besitzanspruch auf die Kapelle geltend, in der Absicht, sie zu verkaufen. Die Verhandlungen führten erst Jahre später zu einem Ergebnis. Am 4. April 1788 lehnte das Konsistorium endgültig die beabsichtigte Veräußerung ab. Der Berliner Rat als Kirchenpatron billigte die Entscheidung, »weil es die Absicht ist, daß die Kirchen Leichen in der Stadt zum Besten der Einwohner immer mehr eingeschränkt werden sollen, als auch aus dem Grunde, weil nach der Verschreibung vom 29. July 1721 dem damaligen Geheimen Rate Bewert der kleinen Kapelle in der Nicolai-Kirche bloß für seine Leibeserben und Nachkommen zum Begräbnis-Gewölbe eingeräumt worden, der nachgesuchte Verkauf derselben nicht gestattet werden kann«.

Quellen und Literatur
Farbuntersuchung unter Anleitung von Gerhard Kunze und Thomas Schubert. – Foto (Zustand vor der Zerstörung) aus dem Besitz der Familie Bewert. – 5 DokA von 1968/69. – LAB Rep. 22, Kirchenabteilung, Nr. 695. – Borrmann, S. 240. – *Chronik der Familie Bewert.* 1940 (maschinenschriftlicher Auszug). – Kurth, S. 29. – Ribbeck, S. 26. – Schubring, S. 12.

61 (Abb. 11, 90–92; Farbabb. 30–33)
Johann Georg Glume
Begräbniskapelle für Johann Andreas von Kraut (* 17. 7. 1661, † 24. 6. 1723), Geheimer Kriegsrat sowie Minister des Generaldirektoriums, und seine Ehefrau Anna Ursula, geb. Schindler (* 27. 11. 1662, † 7. 7. 1720)
1725. Turm, nördliche Kapelle

Architektur in Sandstein; Sarkophag und Postament rötlicher Marmor; Wappen und Inschriftkartusche sowie Draperie am Sarkophag Alabaster; nicht erhaltener Faltenwurf auf der Wand anscheinend Stuck; Fußboden Marmor und Schiefer; Inschrifttafel Kalkstein; nicht erhaltene Reliefplatten im Zugang Blei (nach Borrmann).

Wappenkartusche weitgehend erhalten, z. Z. noch ausgelagert, an ihrer Stelle eine Stuckkopie. Es fehlen u. a. die Inschrifttafel der »Ewigkeit«, einzelne Figurenpartien, die Reliefs der Zwickelkartuschen, die Gittertüren (z. Z. am Hofzugang des Otto-Nagel-Hauses), die Kuppelmalerei »Triumph des Glaubens« sowie das Wandbild »Auferstehung Christi« an der Ostseite (beide Malereien von unbekannter Hand). Ergänzt wurden u. a. der Totenkopf am Grabmal (Vorbild Gruftportal Mannlich), die Sarkophagfüße (Vorbild Grabdenkmal Bewert), die Nasenspitze der Büste, das Buch, der Dekor der Bogenlaibungen, ein Postamentfeld. Die ehemals vermutlich verkupferten Bogenkartuschen heute mit einer Lüsterung, die den Eindruck der Verkupferung hervorruft.
Inschriftkartusche: »CHRISTO/RESVRRECTO/SACRUM/EP. PAVLI. A. D. PHIL:/CAP: III. V: XX. XXI« (Dem auferstandenen Christus geweiht. Phil. 3, 20 f.); Signatur an der Sockelkante der Allegorie des Verlangens nach Gott: »JOH: GEOR: GLUME/INVENTOR ET SCULPTOR«. In der Mitte des querlaufenden Ornamentfrieses der Türrahmung die Jahreszahl »1725«. Texte der Inschrifttafeln und Kapellenmaße s. A.
Grabmal: H. (bis zum Scheitel der Büste) 324 cm, B. 248 cm T. 87 cm;
Figur der Ewigkeit:
H. 205 cm B. 80 cm T. 50,5 cm;
Figur des Chronos:
H. 210 cm B. 102 cm T. 54 cm

Ein schmiedeeisernes, teilweise vergoldetes Ziergitter mit flammenden Lampen über den hermenartig gegliederten Pfosten und einer Monogrammkartusche im dekorativen Aufsatz trennt die Kapelle vom Turmdurchgang. Vor der Bogenstirn des Eingangs befindet sich eine bis ins Gewölbe hinaufreichende, mit zwei Palmenwedeln geschmückte, imposante Wappenkartusche. In der Tiefe werden die Zugangsseiten von je einem gekuppelten Säulenpaar begleitet. Die Interkolumnien dienen zwei lebensgroßen allegorischen Figuren als Nischen. Über ihnen erhebt sich ein den Zugang überspannender Korbbogen, dessen Laibung ehemals drei der Krümmung angepaßte Reliefs mit biblischen Erweckungsszenen aufnahm: die Vision des Ezechiels von der Auferstehung Israels (Ez. 37, 1–14) sowie die Totenerweckung des Lazarus (Joh. 11, 1–45) und der Tochter des Jairus durch Christus (Mt. 9, 18–26), (Mk. 5, 21–43), (Lk. 8, 41–46; 49–56). Statt der letzteren nennt Küster die Auferweckung des Jünglings von Nain (Lk. 7, 11–15).

Vom Portal her betritt man einen leicht längsrechteckigen Raum, wobei der vorspringende Grabmalsaufbau sowie das querliegende Fliesenornament ihn eher quadratisch erscheinen lassen. Den Wänden ist eine ionische Pilaster- und Säulenordnung vorgeblendet. Totenköpfe an den Kapitellen, deren Kalotten von einer aus der Mitte der Schneckenwindungen hervorquellenden Draperie kopftuchartig verhüllt sind, unterstreichen das sepulkrale Anliegen. Ein Motiv, das sich auch in der Schindlerschen Kapelle (Kat. 51) findet und in den Epitaphien Didde (Kat. 59), Köppen (Kat. 70) und in der Kapelle Schütze (Kat. 76) wiederkehrt. Schmale Pilasterstreifen, übereck gestellte Rundstützen und ein dazwischenliegender, in den Winkel eingestellter Pilaster mit vertikaler Kantenrinne werden jeweils von zwei kurzen Gebälkstücken zu einem eindrucksvollen Gliederungsmotiv zusammengefaßt. Die profilierten, in den Ecken umspringenden Simsteile dienen den Volutenenden der großen, die Wände und Öffnungen überspannenden Korbbögen gleichsam als Konsolen. Die Bögen, deren Scheitel mit Kartuschen besetzt sind, tragen eine flache Kuppel, in der sich ehedem ein ovales, den Sieg des Glaubens veranschaulichendes Deckenbild befand. Seine angegriffene Originalsubstanz erforderte bereits 1878 eine weitgehende Restaurierung. Eingefaßt wurde die Kuppelmalerei von einem aus dem Rapport von Volutenkonsolen und Blütenkassetten zusammengesetzten Gesimsstreifen, den ein Akanthus- und ein Lorbeerfries begrenzen. Die sphärischen, kleinteilig mit Blütenrosetten kassettierten Zwickel der Pendentifs trugen mit den Reliefs der Gerechtigkeit, Barmherzigkeit, Treue und Wachsamkeit geschmückte Kartuschen. Diese von Küster ausführlicher beschriebenen Tugendallegorien zeigen deutlich die ikonographisch-bildkünstlerische Verherrlichung des Auftraggebers, der sich der Nachwelt als unbestechlicher, wachsamer Staatsdiener und tätiger Christ präsentierte.

Den inhaltlichen und gestalterischen Höhepunkt der Kapelle bildet der reich gegliederte, durch ein Fenster im Westen beleuchtete Aufbau des aus Sarkophag, Bildnisbüste und Figuren bestehenden Grabmals vis à vis vom Eingang. Ein breitgelagertes Piedestal hebt mit seinem nach oben schwungvoll sich verjüngenden Mittelteil, dem eine große Inschriftkartusche vorgesetzt ist,

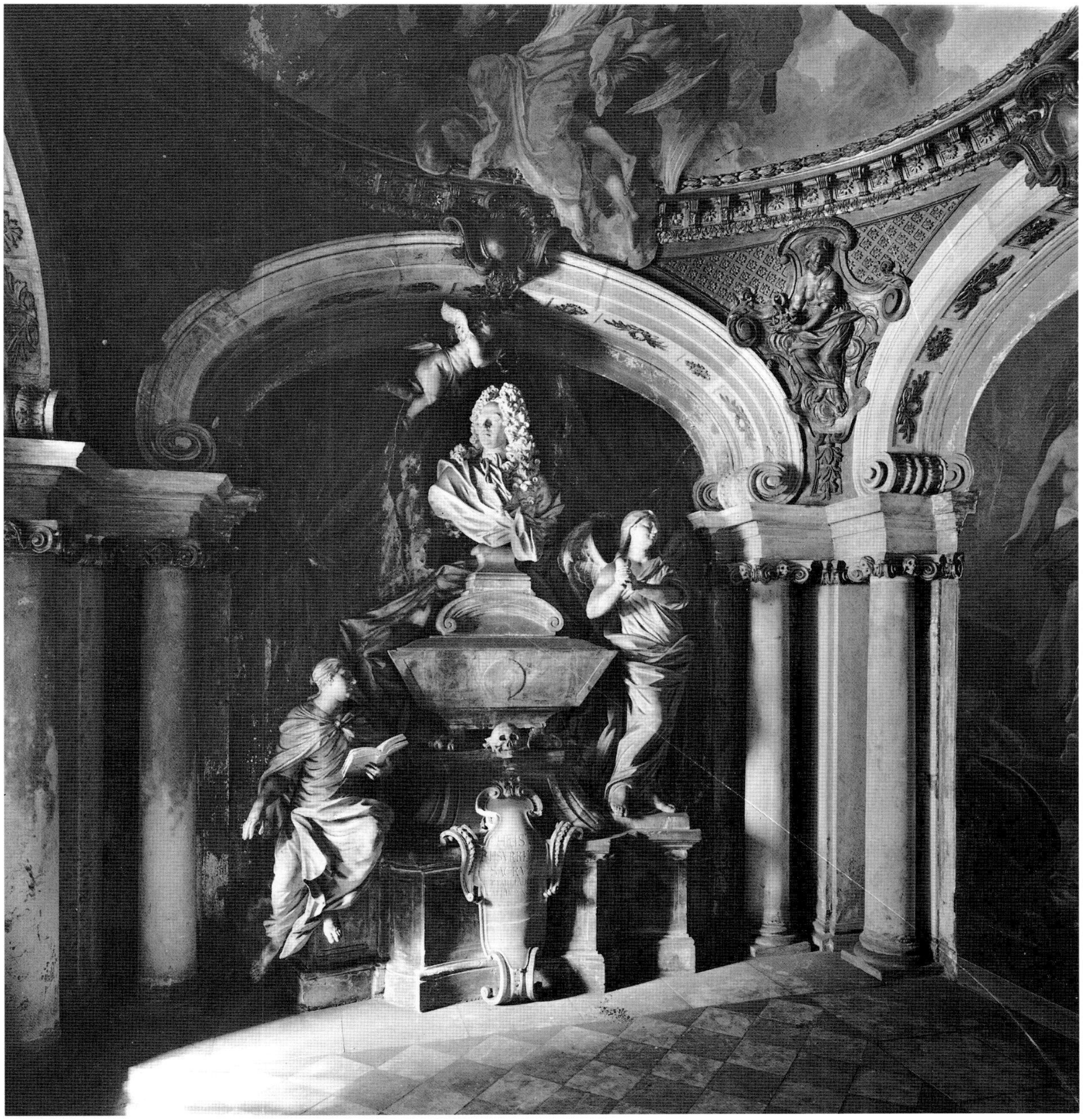

90
Kat. 61.
Meßbild 1919

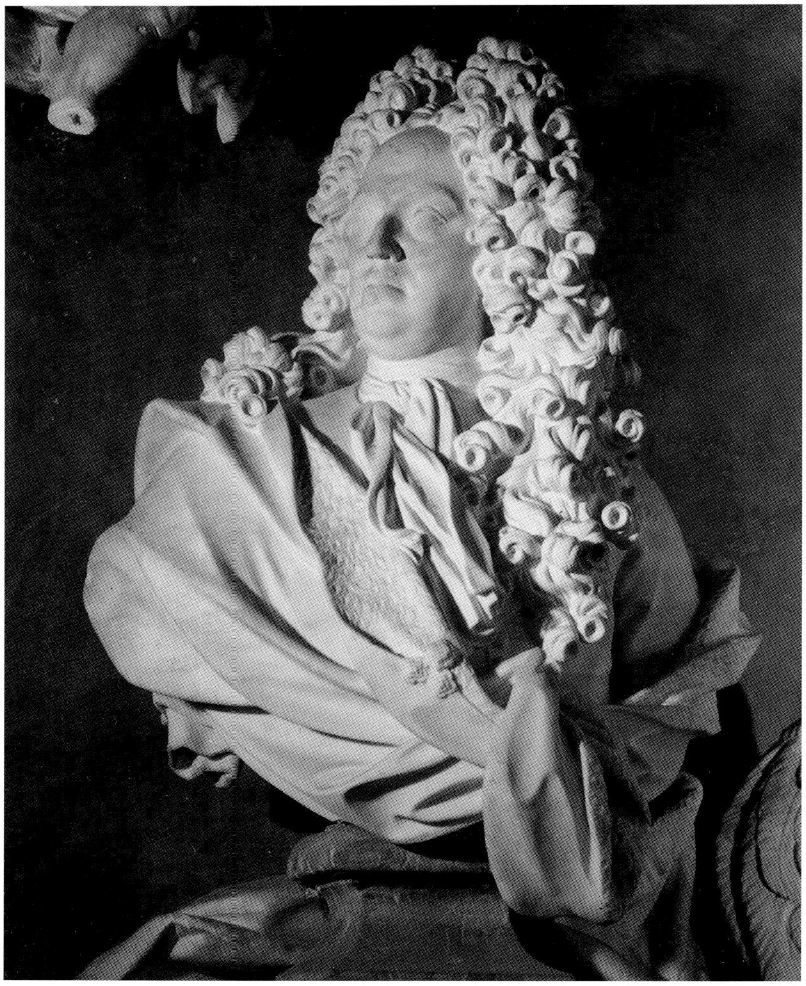

91
Kat. 61 (Büste)

den kleinen Sarkophag in die Höhe. Dieser ruht auf Löwenklauen, zwischen ihnen, in der Mittelachse des Monumentes, ein Totenschädel. Die schmalen flügelartigen Seitenteile, welche den Untersatz podiumartig erweitern, greifen die leicht konkave Biegung des vortretenden Hauptsockels auf. Sie tragen die lebensgroßen, den Aufbau flankierenden Skulpturen. Zur Linken sitzt die »Verachtung der Welt«, eine Frauengestalt, in der Hand das aufgeschlagene Evangelium; zu Füßen einst Reichsapfel, Krone, Medaillen und goldene Ketten. Zur Rechten steht ein weibliches Flügelwesen, die Allegorie des Verlangens nach Gott. Über ihm erstrahlte ehemals der Stern Jakobs; mit gefalteten Händen hält es ein Herz empor. In der Plinthenkante ist die Künstlersignatur eingemeißelt. Die Köpfe der Figuren blicken nach links, wobei die sie verbindende Diagonale die Grabmalsseiten miteinander verklammert. Beide Skulpturen sind antikisch gekleidet und verraten durch ihr bewegtes Faltenspiel Glumes künstlerisches Interesse an Gewanddrapierung.

Auf dem flachen Sarkophagdeckel ruht ein federnder, an den Enden sich einrollender Segmentbogen, der die überlebensgroße Bildnisbüste emporhebt. Ein heranschwebender geflügelter Putto bekrönt sie mit einem Sternenreif. Die Kraut-Büste steht in der Tradition des von Gianlorenzo Bernini in seinem Spätwerk entwickelten Typus eines heroisch-idealen Fürstenporträts, der auch Schlüters kompakte, schwerblütige Bronzebüste des Landgrafen Friedrich II. von Hessen-Homburg verpflichtet ist. Wie bei dem Porträt des Francesco d'Este, das Bernini 1650/51 schuf, antworten der Kopfdrehung nach rechts ins Dreiviertelprofil die im Gegensinn verlaufenden diagonalen Falten des Gewandes. Der pelzgefütterte Mantel verhüllt die rechte Schulter; Stoffbahnen überspielen elegant den unteren Büstenabschluß und verunklären die Körperform. Durch die energische Wendung des dominierenden Hauptes gerät die linke Hälfte der zu großen »Lockenflügeln« aufgeschwollenen Allongeperücke – bei Schlüter findet sich diese Art der Haargestaltung nicht – vor den Rumpf. Zusammen mit dem dekorativ herabhängenden Gewandzipfel bildet sie eine das Momentane der Kopfbewegung abschwächende Vertikale. Das einflutende Licht trifft auf das weich modellierte, auf Untersicht hin gearbeitete Antlitz mit dem leicht vorgeschobenen Unterkiefer und dem Doppelkinn. Die Büste bezeichnet die Spitze einer Dreieckskomposition, deren Symmetrie durch die unterschiedlichen Haltungen der Assistenzfiguren gelockert wird.

Den Auftakt zum Figurenprogramm der Kapelle bilden die ihre Köpfe dem Eintretenden zuwendenden Skulpturen. In der verschatteten linken Nische steht auf rechteckiger Plinthe der greise Chronos. Er hält mit der Linken die auf dem Boden aufsetzende Inschrifttafel und umfaßte einst mit der Rechten eine Sense; die Flügel berühren fast die Rückwand. Das Standmotiv mit dem im Schritt verharrenden Spielbein und dem einknickenden Oberkörper deutet den Kontrapost nur an. Die leichte Drehung des Rumpfes nach rechts zum Eingang hin bereitet die entschiedenere des Kopfes vor. Das bärtige Antlitz mit der für Glume charakteristischen Falte über dem Nasenbein ähnelt den zwischen ausgebreiteten Flügeln modellierten Chronosköpfen auf den Dekkelschrägen des von Glume entworfenen Kindersarkophags für Prinz Friedrich Wilhelm (†1711) im Berliner Dom. Der kräftige Bart fällt in weichen Wellen auf die

Brust; unter der nackten Haut markieren sich Knochen, Sehnen und Adern. Vor der Hüfte schwingt bogenförmig nach rechts ein Tuch mit spröde-knittrigen Falten. Es verhüllt die Scham und formt im Rücken der Figur eine auf die Plinthe herabfallende Stoffbahn.

Gegenüber steht auf einer Fußplatte und dicht an die Laibung gerückt die Personifikation der Ewigkeit, einen Sternreif auf dem Haupt. Mit der Rechten hielt sie ehedem eine auf die Einrichtung des Grabmals hinweisende Inschrifttafel, die Linke deutete auf den Namen des Stifters. Das Gewand zeichnet den Kontrapost nach, deutlich markiert sich das Knie des Spielbeines. Parallelfalten ziehen von der herausgebogenen linken Hüfte herab und betonen die tragende Funktion des Standbeines. Die Bewegungszusammenhänge der Gliedmaße sind ähnlich organisiert wie beim Engel am Grabmal, auch hier die vom Parallelschwung der Arme unterstützte leichte Rumpfdrehung nach rechts und die gegenläufige, deutliche Wendung des Kopfes. Diagonale, von den Schultern kommende und vor der Brust sich kreuzende Gewandbahnen unterstreichen noch die Torsion des Oberkörpers. Das Standmotiv wird durch eine Art Schlaufe, welche die im Rücken herabfallende Draperie unter den Füßen der Figur bildet, eigentümlich bereichert. Ein kleinteiliger, sorgfältig gearbeiteter Spitzenbesatz ziert Gewandsaum, Ärmel und Ausschnitt.

Der besonders bei den Nischenfiguren spürbare flämische Einfluß, wie er sich vor allem in den leicht manieristischen Körperhaltungen und den liebevoll ausgarbeiteten Details zeigt, ist, so vermutet auch Ilse Oschütz, auf eine als wahrscheinlich anzunehmende Lehre Glumes bei dem Niederländer Tobias Wilhelmi zurückzuführen. Augenfällig sind Ähnlichkeiten mit den von Wilhelmi 1694 gefertigten geflügelten Freiplastiken vom Epitaph für Margaretha Catharina von Alvensleben in Eichenbarleben. Allerdings sind die inszenatorische Kraft des barocken Gesamtentwurfs der Kapelle sowie die hohe Qualität der bildnerischen Arbeit nicht ohne das Vorbild Schlüters zu denken, in dessen Nachfolge sie stehen.

Das aufwendige ikonographische Programm sowie die qualitätvolle künstlerische Umsetzung in Verbindung mit verschiedenen kostbaren Materialien weisen ebenso auf den herausgehobenen sozialen Rang des Verstorbenen hin wie die an fürstlichen Grabkapellen orientierte, noble räumliche Abgeschiedenheit. Im Sinne einer barocken Vergegenwärtigung, die in der Nikolaikirche nur noch der Auferstehungsszene am Grabmal

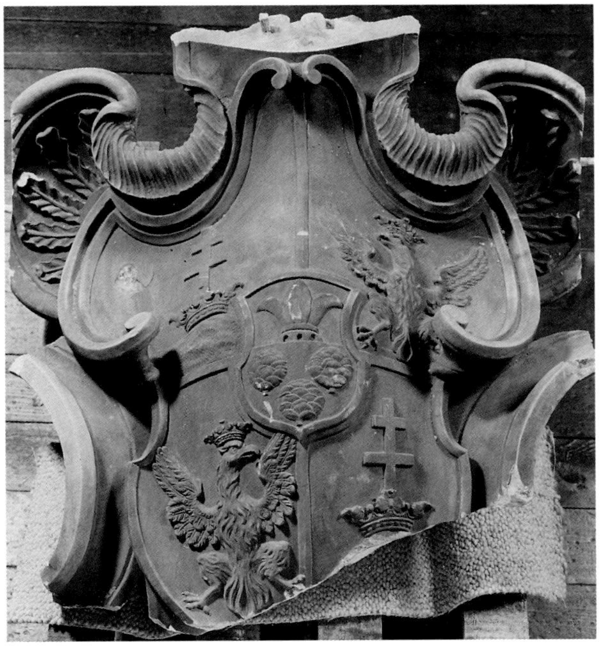

92
Kat. 61 (Wappenkartusche)

Schindler eigentümlich war, wird die hinter einem Ziergitter gelegene Kapelle zu einer Illusionsbühne, auf welcher das von Westen einfallende Licht – ehemals erhellte es auch die Malerei an der Ostwand – Regie führt. Dem trägt auch die Tatsache Rechnung, daß Teile des Postaments und der Alabasterdraperie nicht paßgerecht gearbeitet sind, sondern unter Berücksichtigung der Lichtverhältnisse vor Ort, also mit leichten Korrekturen, verfugt wurden.

Die letzte Beisetzung in der Familiengruft – von der Inschrift nicht mehr erfaßt – fand im Jahre 1819 statt. Sie betraf Charlotte von Arnstedt, geb. von Kraut, eine Enkelin von Christian Friedrich Kraut.

Quellen und Literatur

BLfD, MA, Nr. 27 i 22/3.36, Nr. 1 b 2/3.35. – DokA des Restaurators Günter Gohlke. – 12 DokA von 1968/69. – Farbentwürfe von Ullrich Schneider, 1988. – Jacob, Julius: *Innenansicht der Krautschen Kapelle,* 1889, Aquarell, Märkisches Museum, Inv. VII 83/118 w. – Badstübner, Ernst: Der Turmbau der ehemaligen Nikolaikirche zu Berlin, in: *Denkmale in Berlin und in der Mark Brandenburg.* Weimar 1987, S. 67. – Blankenstein, Hermann: Die Restauration der St. Nikolai-Kirche zu Berlin, in: *Deutsche Bauzeitung, 14* (1880). S. 390. – Badstübner-Gröger, S. 426–429. – Borrmann, S. 239. – *Die Bau- und Kunstdenkmale in der DDR. Hauptstadt Berlin, I.* Berlin 1984, S. 62 f. – Kurth, S. 55–57. – Leh, S. 37 f. – Müller/Küster, S. 240, 254 f. – Oschütz, Ilse: *Johann Georg Glume. Sein Verhältnis zu Andreas Schlüter und zu der Kunst seiner Zeit.* Staatsexamensarbeit, Fachrichtung Kunstgeschichte, Humboldt-Universität zu Berlin, 1957. – Rachel, S. 178 f. – Ribbeck, S. 69 f. – Schubring, S. 9, 15. – Schwebel, S. 175.

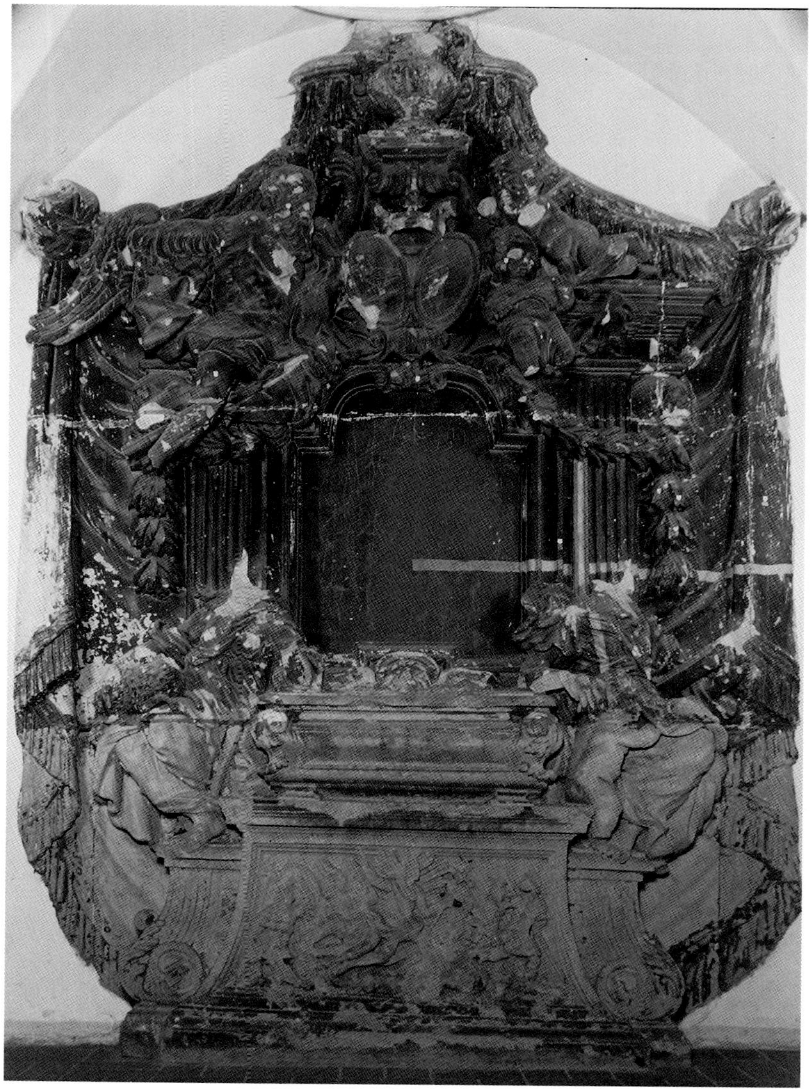

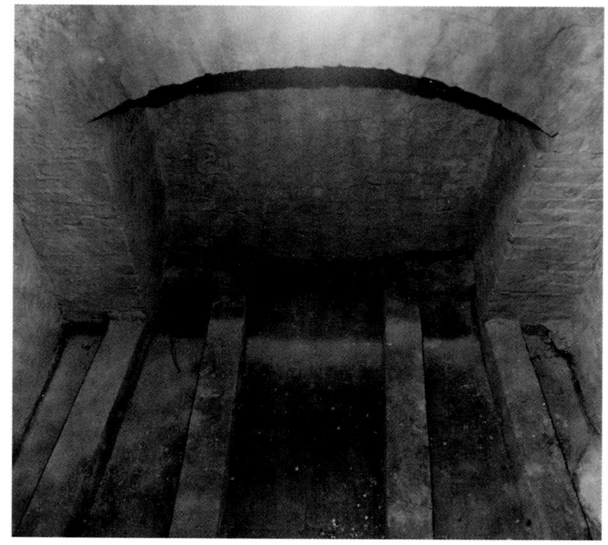

93
Kat. 62

94
Kat. 62 (Gruft)

62 (Abb. 93, 94)
Anonymes Grabmal
2. Viertel 18. Jh. (?).
Chorumgang, 3. südliche Randkapelle
Sandstein; figuraler Schmuck beschädigt, Gliedmaße der Putten und des Chronos fehlen teilweise. Köpfe der weiblichen Allegorien abgeschlagen. Fassung i. g. P. erhalten.
H. 308 cm B. 235 cm T. 45,5 cm

Das architektonisch gegliederte Grabdenkmal von geringer Tiefe wird von einem bis an die Kapellendecke reichenden Baldachin hinterfangen, dessen oben rechts und links zu Bäuschen geknoteten Stoffbahnen an den Seiten schwer herabfallen und den Blick auf das Monument freigeben. Eine Gestaltung, die an die Darstellung von Wappenzelten erinnert. Das Grabmal gehört zum Typus des von allegorischen Figuren flankierten Sarkophags mit Inschriftplatte. Es verknüpft Elemente des Aufbaus, wie sie sich bei Bewert (Kat. 60) und Kraut (Kat. 61) zeigen: der durch ein Postament emporgehobene Sarkophag und das nach hinten gerückte Podium.

Das vorspringende sich nach oben verjüngende Postament mit gekurvten Seitenteilen präsentiert in einer Profilrahmung ein eher grob gearbeitetes, figurenreiches Auferstehungsrelief. Dieses Piedestal trägt einen im Maßstab reduzierten Sarkophag, dessen Seiten von aufgelegten Akanthusvoluten geformt werden. Ein maskenartiger Schädel mit ausgebreiteten Flügeln liegt auf dem Sargdeckel. Auf den nach unten in Akanthusvoluten ausschwingenden Enden des podiumartigen Hinterbaus sitzen, an den Steinsarg gelehnt, zwei weibliche Figuren: zur Linken, auf einen Anker gestützt, die Personifikation der Hoffnung mit einem Lamm auf dem Schoß, auf der anderen Seite die Allegorie des Glaubens, ein Buch in der linken Hand haltend. Seitlich an diese geschmiegt, ruht ein nackter, trauernder Knabe, seine Tränen an ihrem Gewand trocknend. Über dem Schausarg erhebt sich in einer Pilasterarchitektur ein von einer Profilleiste umzogenes leeres Feld, welches die Inschrifttafel aufnehmen sollte. Die Rahmung springt unten in der Breite des maskenartigen Kopfes zurück, erweitert sich oben nach kurzem geraden Verlauf bogenartig und läuft in Schneckenwindungen aus. Oberhalb dieser Einrollungen befinden sich in einer Volutenspange zwei ovale, geneigte Medaillons, zwischen denen die Krone des Lebens schwebt. Das leere, rechte Medaillonfeld wird von einem geflügelten Putto mit einem Reif bekrönt. Seitlich davor ergreift ein zweiter mit beiden Händen einen Palmenwedel. Das linke Oval zeigt eine Taube, auf einem Ast sitzend, mit einem Ölzweig im Schnabel. Daneben hebt ein geflügelter bärtiger Chronos mit der linken Hand ein Stundenglas empor, in der anderen hält er die Sense. Aus den unteren Windungen der Spange entsprießen zwei Lorbeergehänge, die seitlich zu je einem Totenschädel hinranken, um von dort schwer herabzufallen. Die oberen Einrollungen tragen über einer profilierten Plinthe eine gehenkelte vasenförmige Urne.

Im Kapellengewölbe ist noch die kreisrunde Öffnung eines heute im Dachbereich geschlossenen Lichtschachtes zu sehen, durch den einst eine effektvolle Beleuchtung von oben erfolgte.

Quellen und Literatur
DokA von 1968/69. – Borrmann, S. 240. – Kurth, S. 32. – Schubring, S. 13.

63 (Abb. 95–98; Farbabb. 34)
Johann Georg Glume
Epitaph für Carl Gottfried Schrader (*2. 10. 1687, †13. 12. 1726), Königlich-Preußischer Hofrat
Um 1726. Chor, 3. nördlicher Pfeiler

Marmor, Alabaster. Stark beschädigt, Figurenschmuck und Dekor nur in geringen Resten erhalten. Bildnis Schrader von Georg Lisiewski, Öl auf Kupfer, nach 1726, Inv. VII 59 855x; ausgelagert. Fassung i. R. erhalten. Bezeichnet im Unterhang r. u. in der Rahmenleiste: »JOH. GEOR. GLUME INVENTOR/ET SCULPTUR«. Tafelinschrift s. A.
Epitaphfragment:
H. 270 cm B. 186 cm T. 48 cm;
Gemälde: H. 73 cm B. 63 cm

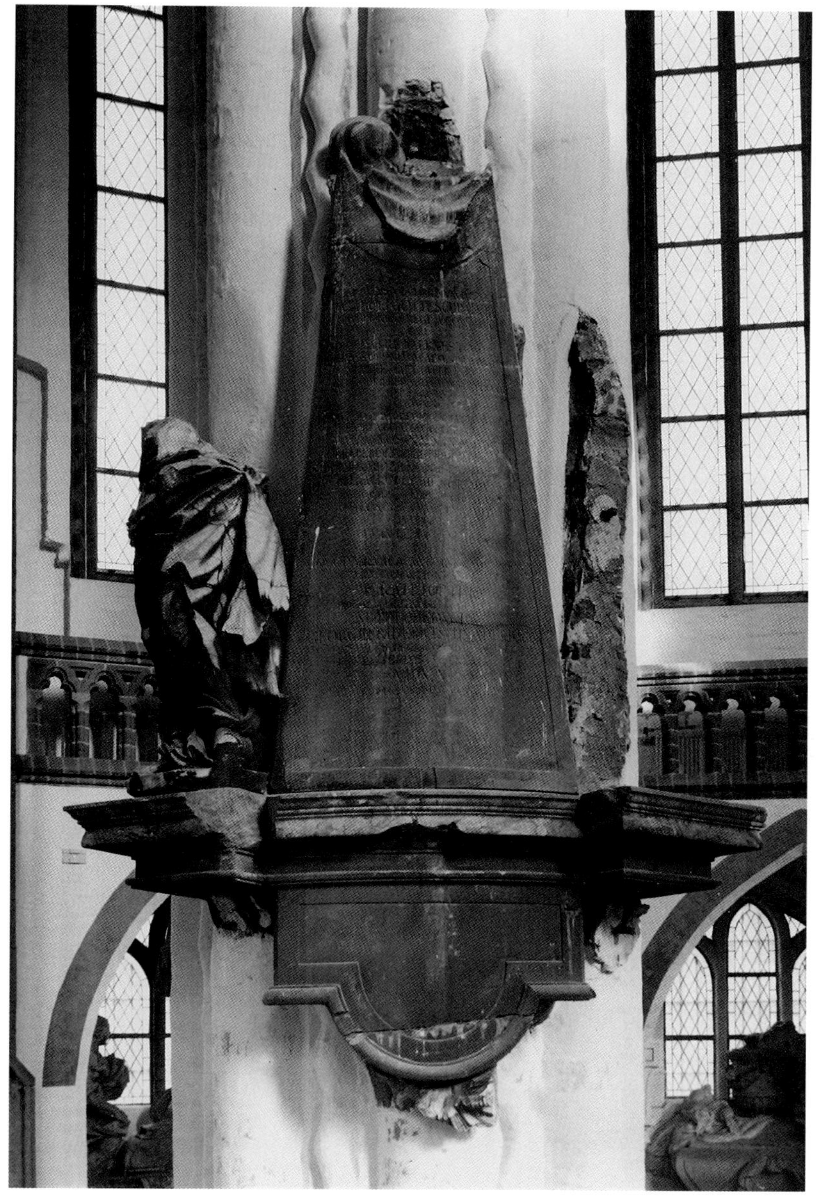

95
Kat. 63

Das monumentale, sehr symmetrisch aufgefaßte Hängeepitaph weist im Hauptgeschoß eine obeliskenartige Inschrifttafel auf, die durch ein profiliertes Fußgesims vom Unterhang getrennt ist. Die Radierung von Anton Balthasar König, nach 1726, und Meßbildaufnahmen von 1919 dokumentieren die ursprüngliche Pracht des signierten Epitaphs. Es paßt sich der Krümmung des Pfeilers vollendet an und springt nur in der Breite der Schrifttafel zurück. Die vorkragenden Seitenenden mit dem verkröpften Karnies akzentuieren die Standflächen der lebensgroßen, vollplastischen Figuren. Auf der linken Seite ist der Torso einer Alabasterfigur zu erkennen,

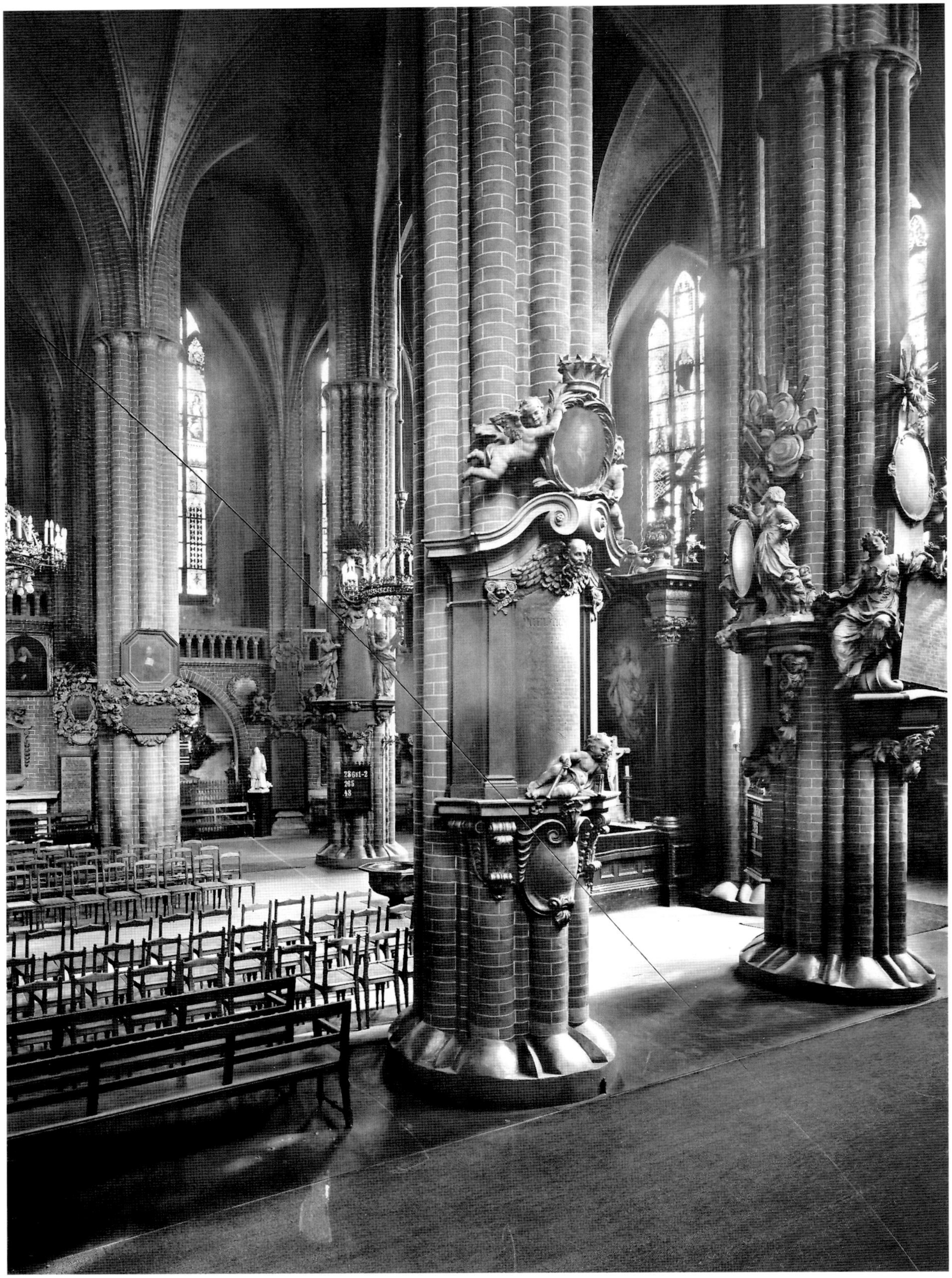

97
Blick vom südlichen Chorumgang nach Norden. L. im Vordergrund das Epitaph Zorn (Kat. 54), r. die Epitaphien Schrader (Kat. 72) und Porst (Kat. 65); l. im Hintergrund das Epitaph Schrader (Kat. 29), rechts das Epitaph Schrader (Kat. 63). Meßbild 1919

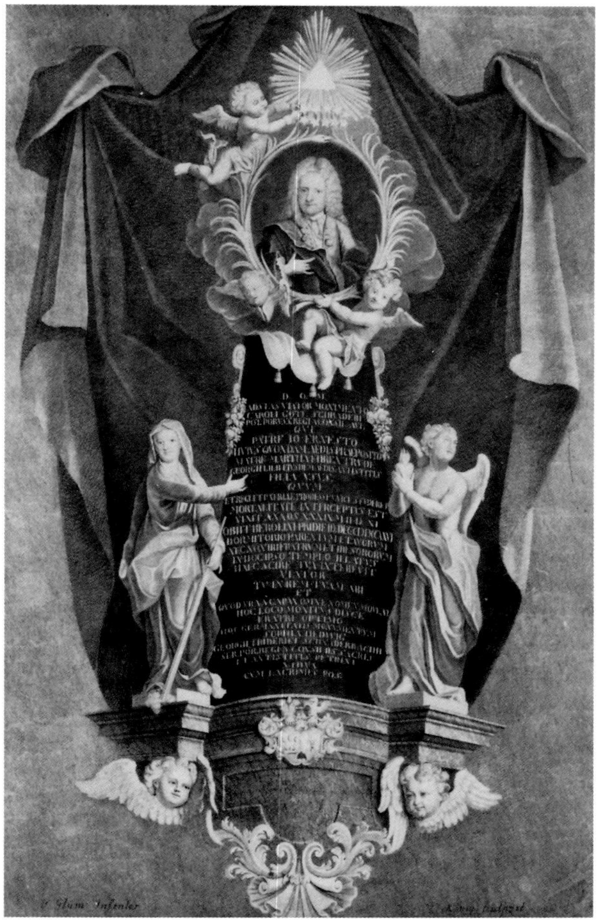

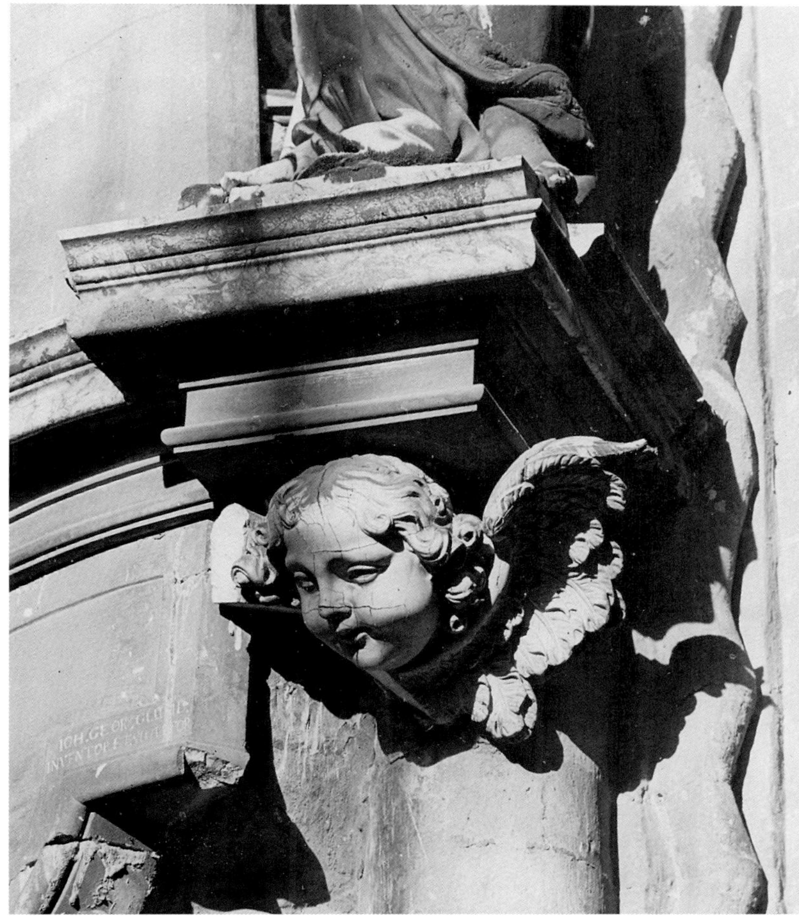

96
A. B. König: Epitaph des Hofrates Schrader, nach 1726, Radierung

98
Kat. 63 (Detail)

während auf der anderen Seite nur noch die Befestigung der einst geflügelten Figur erhalten ist. Die linke weibliche Gewandfigur wies mit der rechten Hand auf die leicht konvex gewölbte Inschrifttafel und hielt in der anderen Hand eine gesenkte Fackel. Die rechte Alabasterfigur hob mit beiden Händen ein flammendes Herz empor. Zwei geflügelte Engelsköpfchen begrenzten seitlich den Unterhang und dienten gleichzeitig den gekröpften Gesimsflanken als Konsolen. Vor dem gebogenen Mittelteil des Karnieses waren die Wappen der Eltern, Schrader und Stisser, angebracht. Der Unterhang schloß mit stilisiertem Blattwerk und einem Muschelornament ab. Oberhalb der Inschrift, umgeben von kräftigem Alabastergewölk, befand sich das ovale Ölgemälde des Verstorbenen. Von einer sich in den Schwanz beißenden Schlange sowie vergoldeten Palmenwedeln gerahmt, zeigte es den Hofrat Schrader en face mit kostbarem Justaucorps in goldenem Farbton, mantelartigem roten Überwurf sowie Allongeperücke. Ein neben dem Medaillon schwebender geflügelter Putto reichte die Sternenkrone; ein zweiter präsentierte das Bildnis. Schenkt man der Radierung von König Glauben, schaute ein Engelsköpfchen vom linken, unteren Medaillonrand auf den Betrachter. Oberhalb der Krone des Lebens bildete das Symbol der Trinität, ein Dreieck in einem Strahlenkranz, die Epitaphbekrönung.

Die eindrucksvolle Gestaltung des figürlichen Schmuckes weist deutlich auf die stilistische und zeitliche Nähe zu den Skulpturen in der Krautschen Kapelle (Kat. 61) hin.

Quellen und Literatur
BLfD, MA, Nr. 95 i 27/7155.21; Nr. 27 i 21/328. – DokA von 1968/69. – König, Anton Balthasar: *Epitaph für den Hofrat Schrader von J. G. Glume,* nach 1726, Radierung, Märkisches Museum Berlin, Inv. XI 24 772. – Borrmann, S. 236. – Kurth, S. 14 f. – Ribbeck, S. 16. – Schubring, S. 15.

64 (Abb. 99; Farbabb. 35–37)
Grabdenkmal für Johann Heinrich Baurmeister (* 12. 3. 1672, † 20. 4. 1727), Kauf- und Handelsmann, und seine Ehefrau Euphrosine, geb. Meyer (* 14. 2. 1672)
Vor 1727 (Sterbedatum der Ehefrau im Schriftfeld freigelassen). Liebfrauenkapelle, Westwand

Sandstein. Restauriert; Fassung i.T. erhalten, Fehlstellen an den Wappen und Putten retuschiert; Kopf der rechten Figur ergänzt, rechte Lampe und Sockel des Aufsatzes fehlen. Gesimsinschrift: »NAT: d: 12: Marty. 1672. DENAT: d: 20 April: 1727.« Inschrift unter dem h. r. Wappen: »Aus dem bittern/das süße.«; unter h. l. Wappen: »Durch die Ver =/wesung vollkom(m)en.« ; auf dem Tuchbogen: »Unvergäng =/ lich«, auf dem Bildmedaillon: »sursum (empor)/WASSER BLASSEN/RAUCH UND WIND UNSERS/LEBENS ABRISS/SIND.«, am l. Lampensockel: »Da ich ausgelöschet/ bekom(m)e ich neues Licht«. Sockelinschrift der Allegorie der Festigkeit: »Festiglich«. Inschrift des Spruchbandes der Allegorie der Endlichkeit: »0000000 eins ist noth«, Sockelinschrift: »Endlich«.
Kartuscheninschrift s. A.
Epitaphaufsatz: H. 250 cm B. 242 cm T. 32 cm

Der von einem Gitter des frühen 17. Jhs. umschlossene Grabmalsaufbau überschneidet links den Rand des rückwärtigen Schildbogens, den er bis über die Mittelachse verdeckt, und ragt in den Gewölbezwickel hinein.

Auf dem durch rustizierte Ecklisenen und Pilaster gegliederten Postament des architektonisch gerahmten Gruftzugangs ragt im mittleren Drittel eine hochovale, gebauchte Inschrifttafel auf, die an den Seiten und oben von Voluten eingefaßt wird. Eine mehrteilige plastische Figurenkomposition legt sich als ein erweiterter Rahmen um die Kartusche und ist mit ihrer Kontur einem aus den Gesimsenden und der Spitze des Monuments gebildeten Dreieck eingeschrieben.

Ein bärtiger geflügelter Chronos unter dem Gesims, flankiert von zwei geflügelten Engelsköpfchen, vermittelt zwischen dem Unterbau und dem figuralen Arrangement. Über dem Korbbogen des Gruftzuganges kennzeichnet er zugleich die Grenzscheide zwischen der Welt der Lebenden und der Grablege als Ort für die Toten.

Zwei kräftige Eckvoluten über einem schmalen Sims tragen auf kleinen Postamenten links die stehende Allegorie der Endlichkeit und rechts die der Festigkeit. Sie flankieren die Längsseiten der Inschriftkartusche, an deren Fuß zwei sitzende Putten die Familienwappen vorweisen. Das heraldisch rechte Wappen zeigt einen Bienenkorb mit schwärmenden Immen auf Silber, die Helmzier wiederholt das Korbmotiv. Das heraldisch linke Wappen, ein Schnitter im Kornfeld auf Silber, hat als Zimier einen Arm, dessen Hand den Stiel einer Sense unmittlbar unterhalb des Eisens umfaßt. Der heraldisch nicht korrekte hellblau-silbrige Untergrund, möglicherweise auf Farbveränderungen zurückzuführen, steht wohl für Silber. Die Inschriften unter den Wappen sind auf die Wappendarstellungen bezogen.

Über der oberen Voluteneinfassung der Erinnerungsschrift, von Palmenwedeln umgeben, glänzt die vergoldete Krone des Lebens. Darüber schwebt ein geflügelter Chronos, scheinbar auf den Stiel seiner Sense gelagert. Die Bartlocken des Zeitgottes umspielen den oberen Rand eines bemalten Medaillons. Der rechte Arm und das Sensenblatt korrespondieren mit der Rundung des Ovals. Über dem ausgefalteten Flügel des Chronos hält ein Putto das Spruchband mit dem *memento.* Von diesem fällt eine Draperie hinter der Chronosfigur auf die Inschriftplatte herab. Das von einem schmalen, vergoldeten Wulstrahmen umgebene Medaillonbild greift das Motiv eines Puttos als Seifenbläser auf. Es variiert die Seifenbläserdarstellung aus der Dekkengestaltung der Kötteritzkapelle und des Reliefttondos an deren Außenwand. Über einem emporschwebenden, geflügelten Herz ist ein Schriftband mit der vergoldeten Aufschrift: *sursum,* im unteren Drittel des Medaillons der vergoldete Text zum Thema der Vergänglichkeit zu lesen.

Die Allegorie der Festigkeit weist mit der linken Hand auf das Rundbild, in der Rechten hält sie ein brennendes Herz. Die Gestalt der Endlichkeit trägt ein Spruchband mit dem Symbol der Unendlichkeit, sieben Nullen, und dem Hinweis, daß »eins« not ist. Von den einst paarig an den Ecken des Gesimses auf Inschriftsockeln angeordneten Lampen ist nur die linke erhalten.

Quellen und Literatur

BLfD, MA, Nr. 59 u 7/7155.25. – 5 DokA von 1968/69. – Restaurierungsdokumentation von Gerhard Kunze. – BORRMANN, S. 240. – KURTH, S. 48. – MÜLLER/KÜSTER, S. 240. – RIBBECK, S. 62. – VEIGEL, HANS-JOACHIM: Schätze der Nikolaikirche, Teil II. in: *BZ am Abend,* 22. 4. 1989, S. 4.

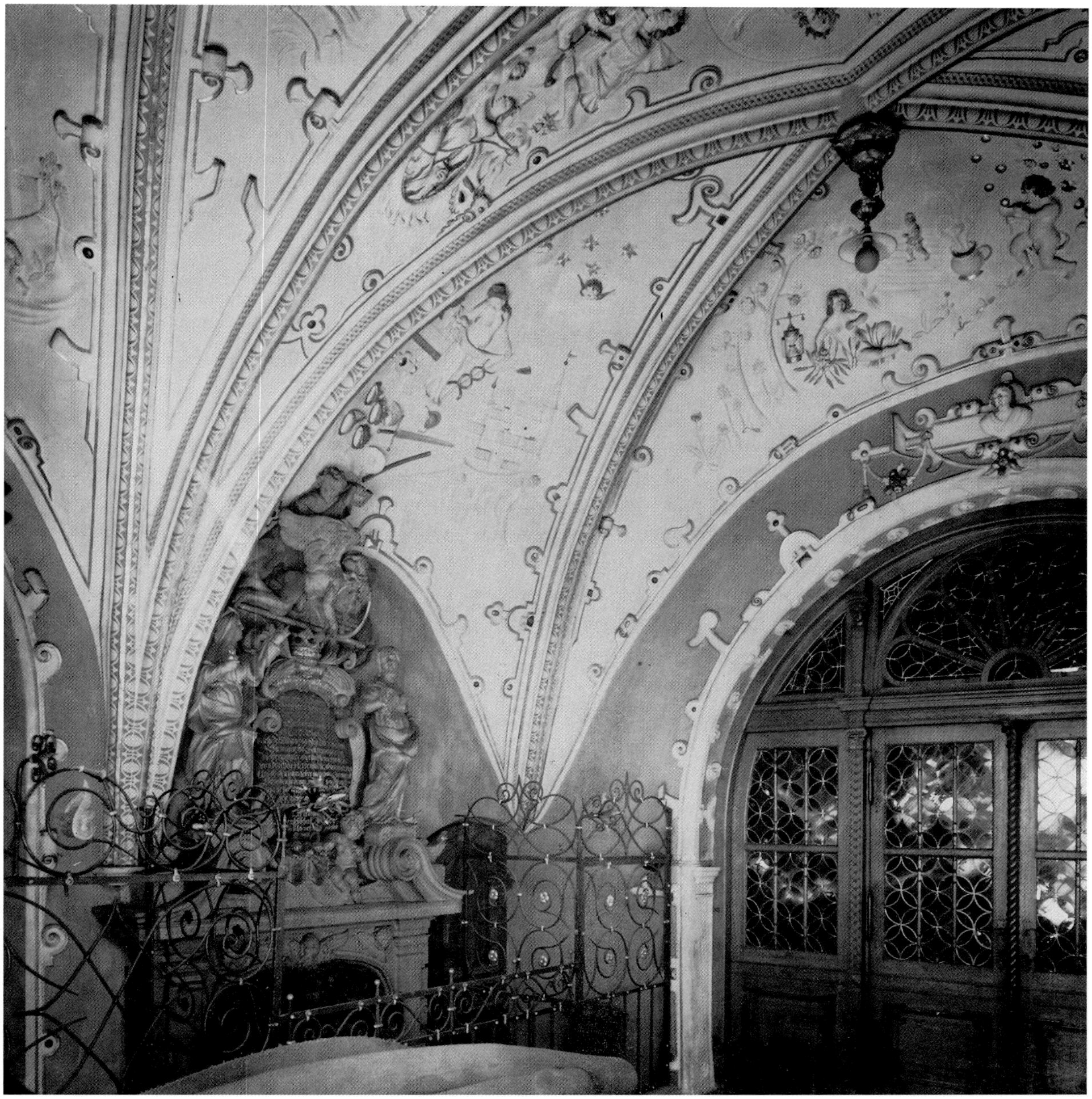

99
Kat. 64.
Meßbild 1939

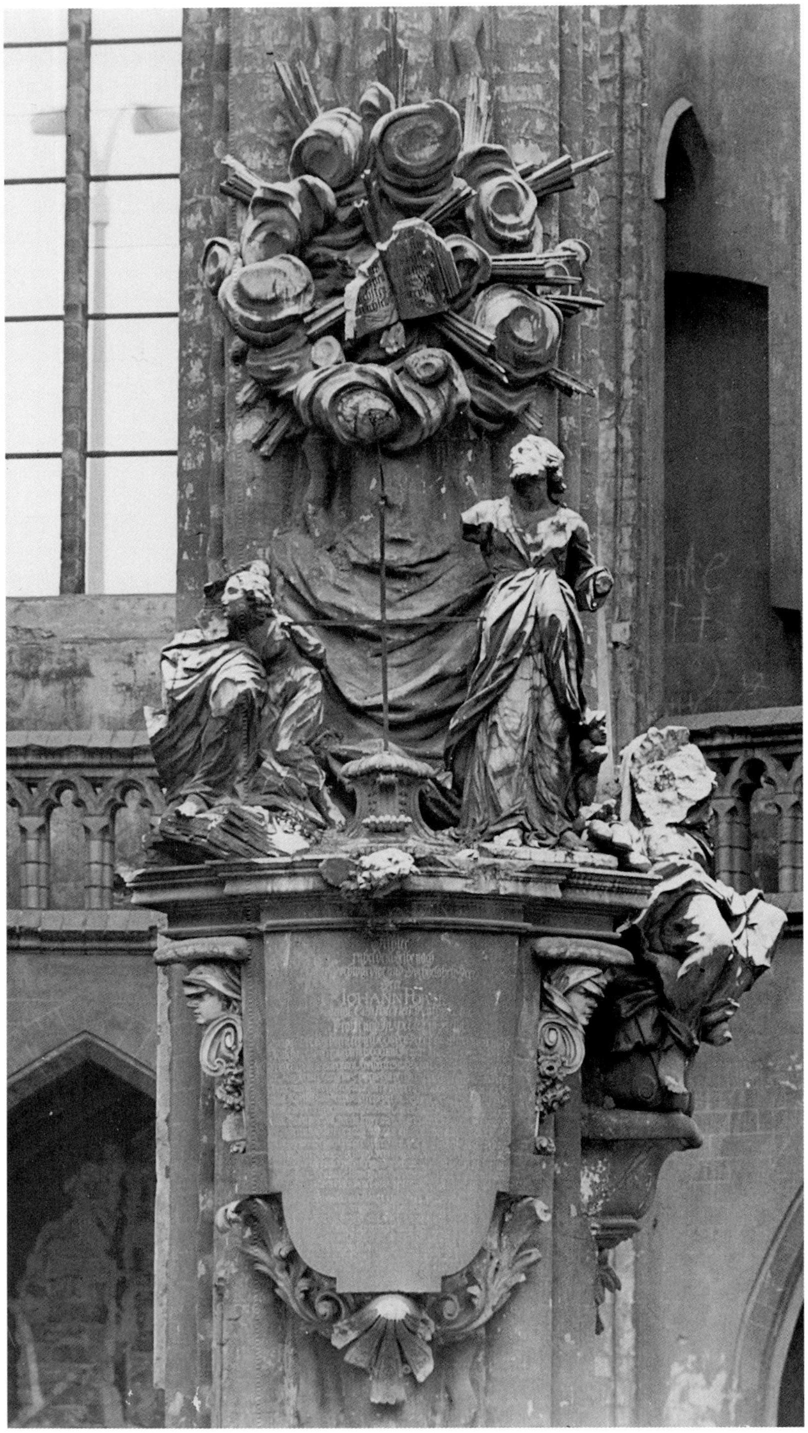

100
Kat. 65.
Zustand 1968/69

65 (Abb. 97, 100, 101; Farbabb. 38)
Johann Georg Glume (Zuschreibung)
Epitaph für den Propst Johann Porst
(* 11. 12. 1668, † 9. 1. 1728)
Um 1728. Chor, 3. südlicher Pfeiler

Alabaster, Marmor. Epitaphteile bis auf die fragmentarische Wolkengloriole seit 1968/69 ausgebaut, figürlicher Schmuck weitgehend zerstört. Inschriftplatte, verkröpfte Marmorkonsole, eine Konsolvolute mit verhülltem Frauenkopf sowie Bruchstücke der flachen Alabasterkissen magaziniert; Bildnis erhalten. Aufschriften der Buchseiten nach DokA. L. S.: »(Worte)/Liebe deinen/(N)ächsten/(a)ls dich selbst« (3. Mose, 19, 18). R. S.: »(G)ottes/seelig sind/die da geistlich/arm sind/den das Him=/melreich ist ihr.« (Matthäus 5, 3). Inschriften s. A.
Wolkengloriole: H. 112 cm B. 186 cm T. 48 cm

Am Pfeiler ist noch ein Rest des Epitaphs zu sehen – ein Wolkenkranz, durchdrungen von einer Strahlengloriole aus Alabaster. Das aufgeschlagene Buch im Zentrum der Epitaphbekrönung, die Heilige Schrift, fehlt.

Das einst drei Dienste umgreifende Hängeepitaph von beachtlicher Höhe paßt sich mit seiner Architektur und den bildkünstlerischen Arbeiten der Rundung des Chorpfeilers an. Ein klassisch profiliertes Gesims trug den figuralen Aufbau, der das auf einer kleinen Konsole stehende Porträtmedaillon umgab. Zugleich trennte es diesen Bereich vom Unterhang, der plastisch umrahmten Inschrifttafel. Zwei Kopfkonsolen zu seiten der Schriftplatte, von dieser durch einen zurückspringenden Randstreifen getrennt, stützen die mit einem Kissen unterlegten Gesimsenden. Diese Konsolen, trauernde Frauenköpfe auf Voluten über einem Blütengehänge, waren mit einem Tuch verhüllt, das tief in das Antlitz reichte und in weichem Faltenschwung das Gesichtsoval umspielte. Die eingezogenen und abgerundeten unteren Ecken der hochoblongen, zylindrisch vorgewölbten Schriftplatte waren seitlich von kräftigen Akanthusranken umgeben. Diese entwickelten sich von einem Muschelornament an der unteren Plattenkante. Die eng aneinandergerückten Zeilen einer filigranen, englaufenden Fraktur der symmetrischen Inschrift bedeckten nahezu das gesamte Schriftfeld, lediglich der Name hob sich in einer breitlaufenden, größeren Antiqua wirkungsvoll von der gleichmäßigen Schrifttextur ab.

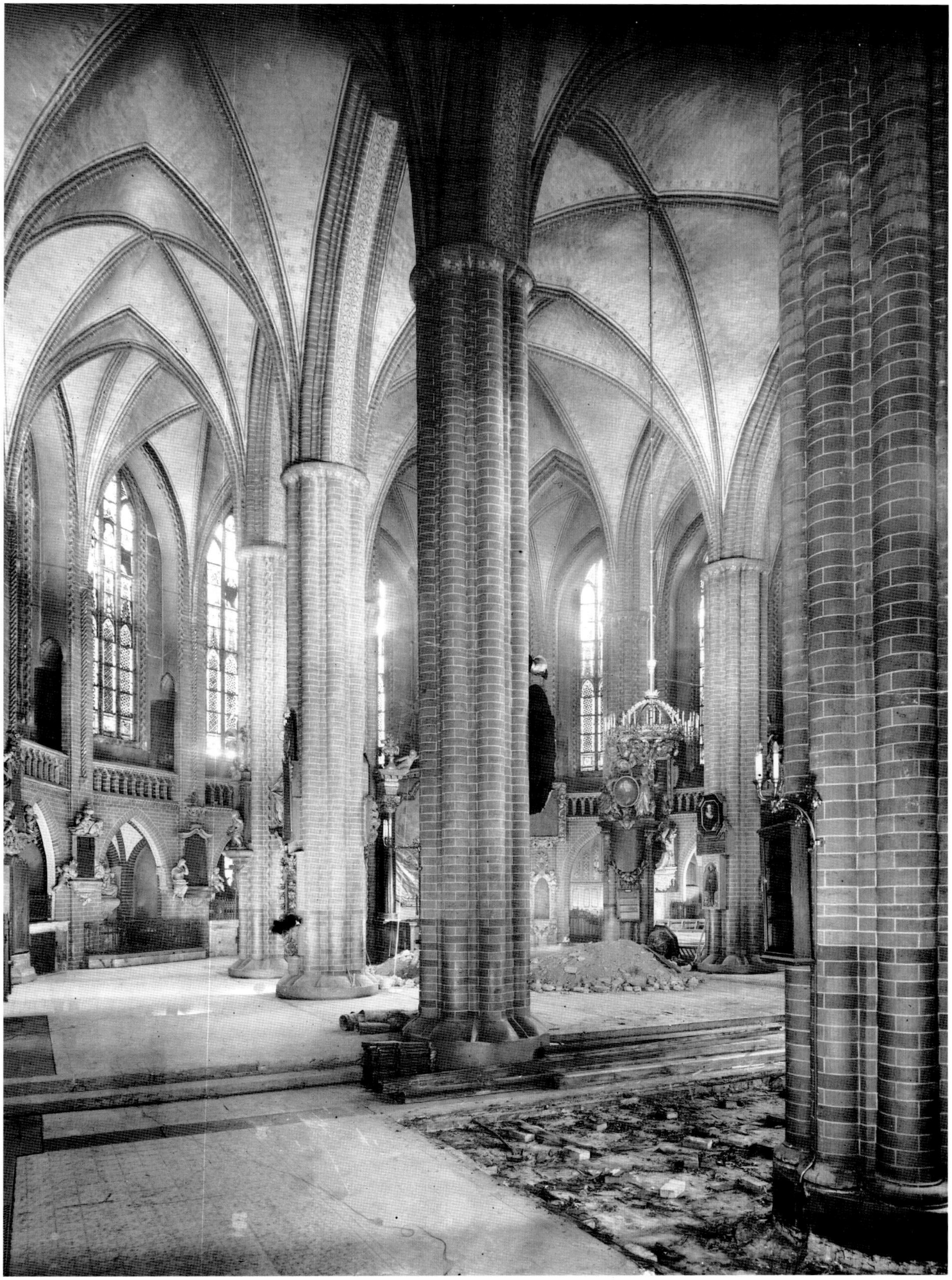

101
Blick von Norden in den Chor. Am Pfeiler hinter dem Leuchter das Epitaph Porst, r. davon die Epitaphien Colerus (Kat. 6) und Lilie (Kat. 19). Meßbild 1939

Ein geflügeltes Puttenköpfchen vor der Stirnfläche des Gesimses vermittelte zwischen Unterhang und figuralem Aufsatz. Die figürliche Komponente auf dem Sockel zeigte links eine auf einem Stein sitzende Frauengestalt, die Allegorie der Glaubenslehre, mit Bibel und Fackel, an deren Licht ein Knabe seine Fackel entzündete. Die aufrecht stehende Gestalt zur Rechten, ein Wanderer mit Stab, bekränzte gemeinsam mit der Figur der Glaubeslehre das Porträt des Propstes. In die Mantelfalten des Pilgers hüllten sich zwei Kindergestalten. Nach der Deutung Kurths symbolisierten die beiden Figurengruppen die Schriften von Johann Porst; die linke das »Wachstum der Wiedergeborenen«, die rechte die »Göttliche Führung der Seelen«.

Die Rückseite der Vitentafel aus schwarzem Marmor zeigt einen lateinischen Text, dessen Zeilen an den Rändern der einst größeren Platte abbrechen. Anscheinend wurde hier ein älterer Stein wiederverwendet. Das in vorzüglicher Qualität gearbeitete Epitaph ähnelte in Komposition und Stil dem Monument für Schrader von Johann Georg Glume (Kat. 63) und ist wohl ebenfalls in dessen Werkstatt entstanden.

Quellen und Literatur
BLfD, MA, Nr. 1a 37/3.31, Nr. 951 27/7155.21, Nr. 1a 35/3.29 a, Nr. 1a 36/3.30. – DokA von 1968/69. – Borrmann, S. 236. – Kurth, S. 16. – Müller/Küster, S. 256, 412–416. – Ribbeck, S. 15 f. – Schubring, S. 11, 15. – Schwebel, S. 174.

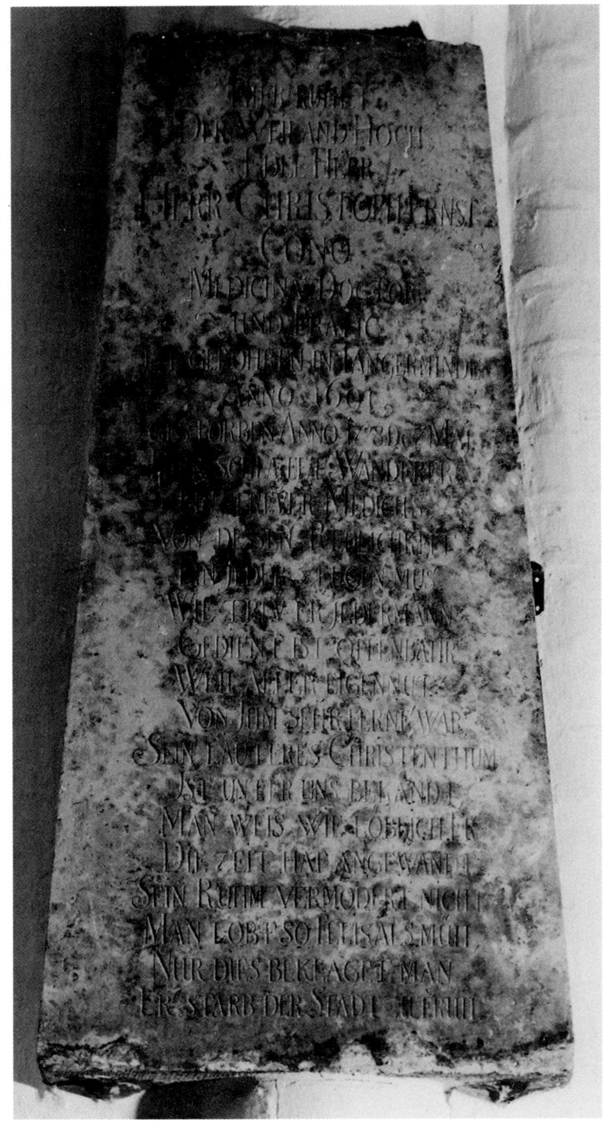

102
Kat. 66

66 (Abb. 102)
Epitaph für den Doktor der Medizin Christoph Ernst Cono (*1691, †7. 5. 1728)
Um 1728. Chor, 2. nördlicher Pfeiler

Sandstein. Fassung i. R. Nur Inschrifttafel erhalten. Inschrift s. A.
H. 174,5 cm B. 181 cm T. 25 cm

Der einstige obeliskenartige Epitaphaufbau ist auf Meßbildfotos nur in der Seitenansicht erkennbar. Der schwarz gefaßten, konisch sich nach oben verjüngenden Inschriftplatte mit vergoldeten Buchstaben war ursprünglich ein flacher, sparsam verzierter, vergoldeter Rahmen vorgeblendet. Auf die Mitte der oberen Rahmenleiste, an den Ecken von zwei nach außen gewandten flachen Reliefs geflügelter Engelsköpfchen flankiert, legte sich eine Kartusche. Kurze Laubgehänge belebten die seitliche Rahmung nahe der Oberkante. In einem ovalen, anscheinend vergoldeten Medaillonfeld über der Schriftplatte befand sich die nach rechts gewandte Reliefbüste des Mediziners. Die Krone des Lebens bildete den oberen Abschluß des Epitaphaufbaus.

Quellen und Literatur
BLfD, MA, Nr. 27i 20/3.26, Nr. 951 27/155. 21. – Kurth, S. 15. – Ribbeck, S. 18. – Schubring, S. 15.

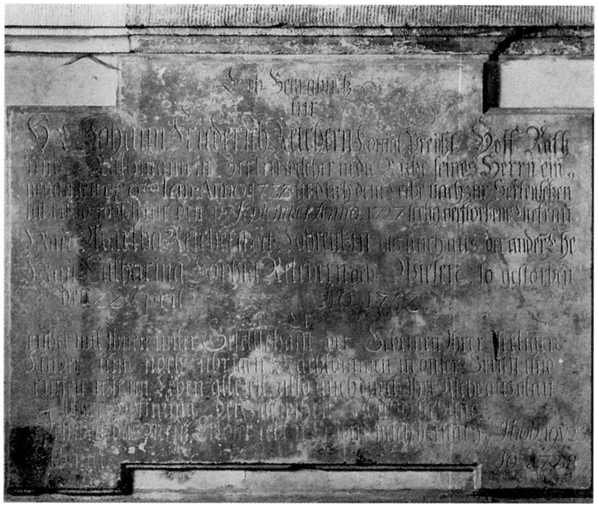

103
Kat. 67

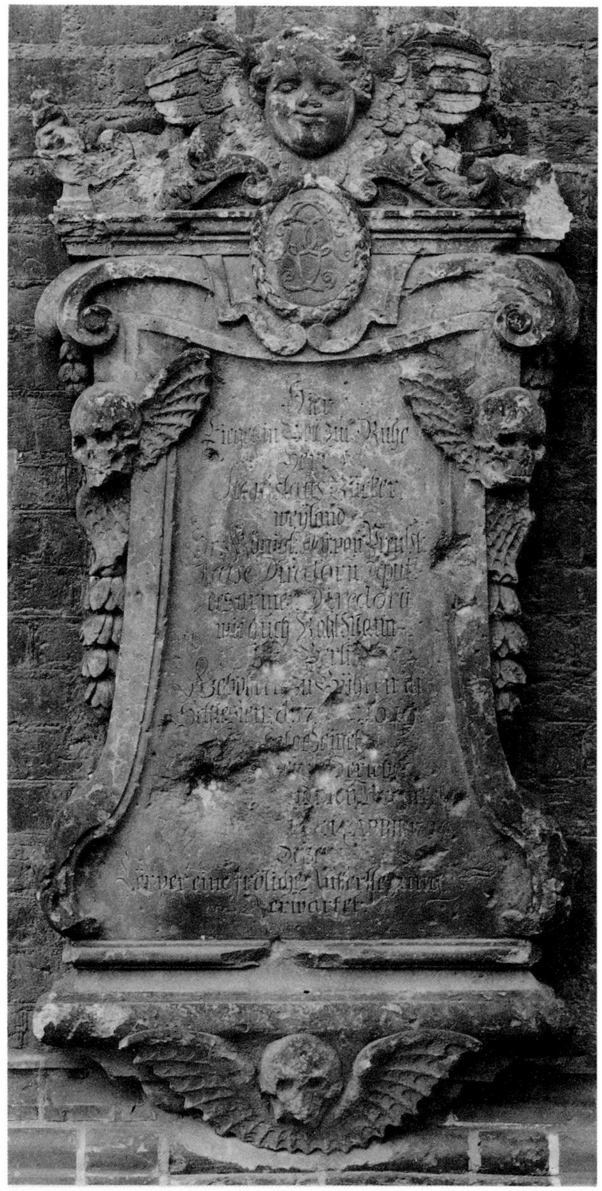

104
Kat. 68

67 (Abb. 103)
Inschriftplatte an der Grabkapelle für den Hofrat Johann Friedrich Retcher (†1732) und seine Ehefrauen Martha, geb. Lohrentz (†1727), und Catharina Sophia, geb. Wiesen (†1752)
1728. Chorumgang, 1. südliche Randkapelle
Sandstein, Unterbau der Kapelle ausgebessert. Gitterkopie anstelle des verlorengegangenen Originals. Inschrift s. A.
H. 90,5 cm B. 126,5 cm T. 3,5 cm

Die umlaufend schmal gekehlte Inschriftplatte an der Stirnwand der Kapellenverkleidung ist an der Oberkante durch ausgesparte Ecken und kurze Auskragungen an den Fußenden einprägsam gegliedert. Die formschöne, mit sparsamen Bogenschnörkeln versehene Fraktur, lediglich durch eine humanistische Kursiv unterbrochen, hebt die Namen der Verstorbenen und den Hofratstitel in einem ausgewogenen größeren Schriftgrad hervor.

Das Erbbegräbnis befindet sich in der einzigen, die gleichmäßige Reihung der Chorkapellen unterbrechenden Doppelkapelle des spätgotischen Kirchenbaus. Am 30. Dezember 1728 setzte Johann Friedrich Retcher sein Testament auf. Im selben Jahr wurde die Gruft erbaut, über der sich ein schmiedeeisernes, rhythmisch gegliedertes Gitter mit den Initialen Retchers und der Jahreszahl 1728 befindet.

Quellen und Literatur
BLfD, MA, Nr. 1 a 30/323. – Borrmann, S. 240. – Kurth, S. 35–36. – Rachel, 2. Bd., S. 24, Anmerkung 1. – Ribbeck, S. 22. – Schubring, S. 13.

68 (Abb. 104)
Epitaph für Stanislaus Rücker (*17. 12. 1649, †14. 4 1734), Ratsherr, Akzisedirektor und Deputierter des Armendirektoriums
Um 1734. Langhaus, Nordwand (außen)
Sandstein, Einschußlöcher und Fehlstellen. Inschrift s. A., fehlende Textstellen nach Küster ergänzt.
H. 200 cm B. 97 cm T. 19 cm

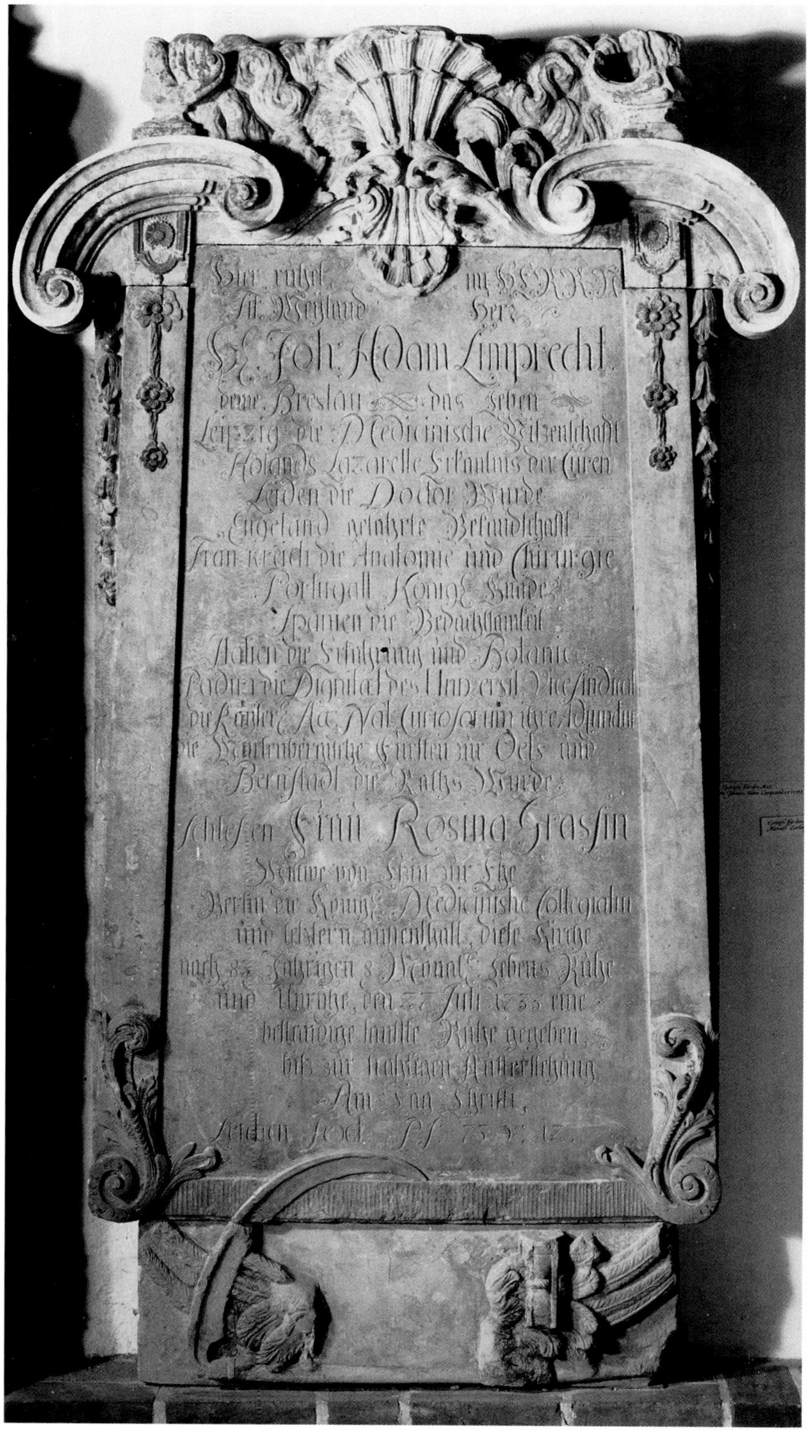

105
Kat. 69

Die konvex gewölbte Inschriftplatte ruht auf einem klassisch profilierten Sockel, vor dessen unterer Hälfte ein geflügelter Totenschädel ausgearbeitet ist. Das zu einem Segmentbogen nach unten zusammengefaßte Schwingenpaar ist rhythmisch-strahlenförmig gekehlt. Seitlich rahmen gebrochene Volutenleisten die sich nach oben verjüngende Inschrifttafel. An deren Oberkante, einer straffen Doppelvolute vorgeblendet, befindet sich ein lorbeerumrahmtes Medaillon mit den erhabenen, verschnörkeltem Initialen des Verstorbenen. Das Oval überragt das Gesims der Bekrönung und vermittelt so zwischen Schrifttafel und Aufsatz. Unter den Volutenschnecken erblickt man rechts und links geflügelte Totenschädel. Die zur Tafel gerichteten Schwingen, deren rhythmische Kehlung das Motiv am Sockelfuß variiert, überschneiden bogenförmig die obere Kante der Schriftfläche. Die äußeren Flügel sind vor einem von den Volutenschnecken herabfallenden Blattgehänge nach unten gefaltet. Ein vollgesichtig-derber Engelskopf bekrönt die waagerechte Verdachung mit den zwei aufgesetzten Akanthusvoluten. Auf dem linken Gesimsrand steht noch eine der einst paarig angeordneten verlöschenden Lampen.

Die Reste der Inschrift weisen eine wohlgeformte Fraktur auf.

Literatur

Müller/Küster, S. 251. – Kurth, S. 64. – Schmidt, 4. Dekade, 9./10. Slg., S. 35.

69 (Abb. 18, 105, 106)

Epitaph für den Doktor der Medizin Johann Adam Limprecht (* Dez. 1651?, †27. 7. 1735)

Um 1735. Westwand, südliche Hälfte

Sandstein, Fassung i. R. erhalten. Die Gesichtspartie des Totenschädels und die Krone im Aufsatz fehlen. Inschrift s. A.
H. 219 cm B. 121 cm T. 15,5 cm

Die sich nach oben verjüngende Inschriftplatte wird von zwei Pilastern gerahmt, die je einen kräftigen C-Bogen des gesprengten Volutengesimses stützen. An der Innenkrümmung sind die Wülste der Bogenfüllungen jeweils zum Pilasterkapitell verkröpft. Ein kurzes Blütengehänge unter dem Kapitell und zwei Akanthusvoluten am Fuß sind den Pilasterschäften appliziert. Seitlich der Stützen fällt im oberen Drittel ein Lorbeergehänge von

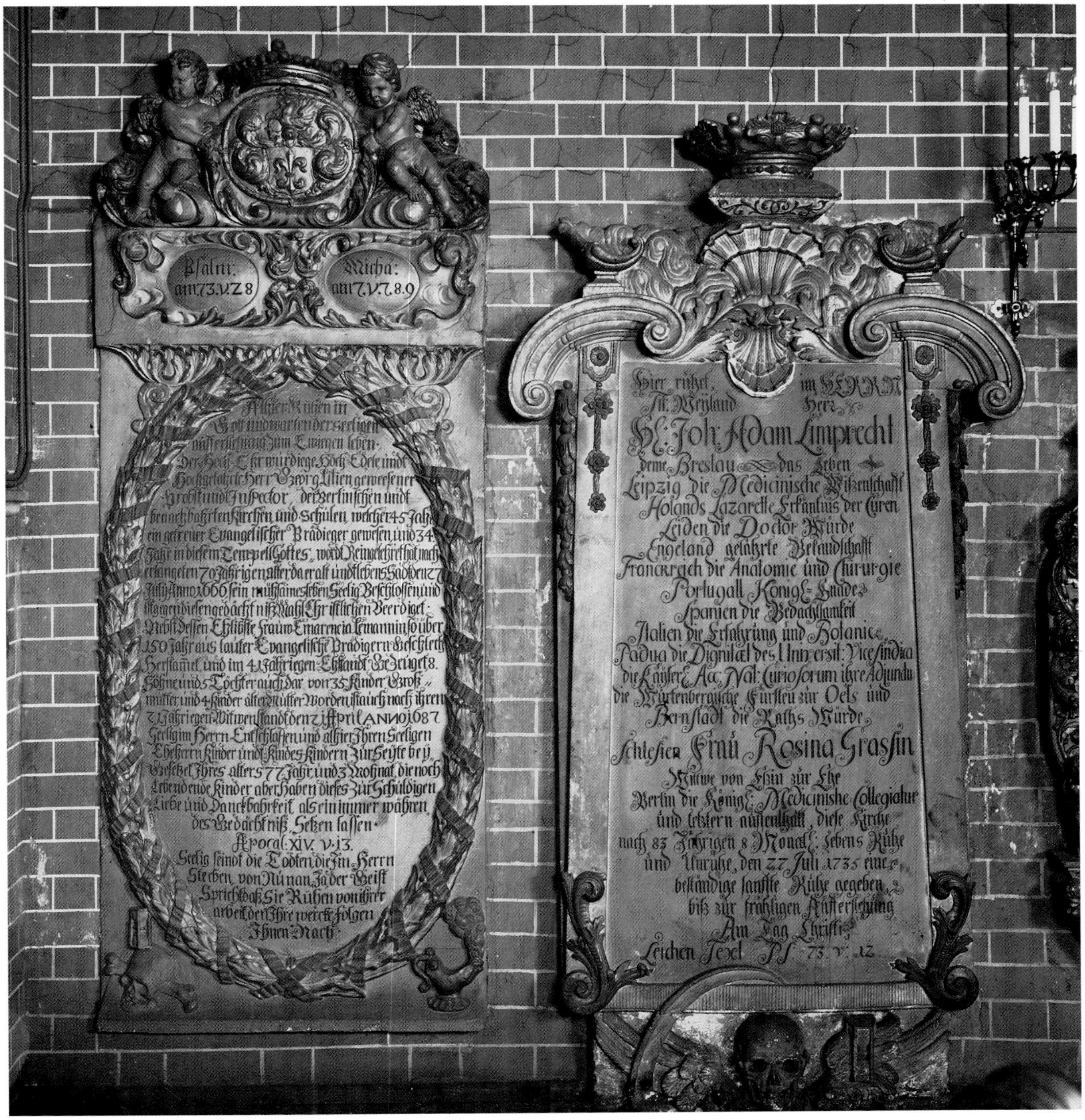

106
Westwand. R. das Epitaph Limprecht, l. das Epitaph Lilie (Kat. 28). Meßbild 1919

107
Kat. 70

den äußeren Bogenenden herab. Den inneren Schnekkenwindungen entsprießen Akanthusvoluten, deren eingerollte Blattenden sich in der Mittelachse des Monumentes begegnen. Eine kleine, herabhängende Muschel überschneidet den Rand der Schriftplatte – eine größere, fächerartig aufgerichtet, stützt optisch ein Kissen, auf das die Krone des Lebens gebettet war. Voluminöse Rauchschwaden entquellen den beiden flankierenden, verlöschenden Lampen auf den Gesimsbögen und bedecken, zum Ornament stilisiert, die Binnenflächen des Epitaphaufsatzes. Den flachen, rechteckigen Sockel füllt das Hochrelief eines geflügelten Totenschädels mit Stundenglas und Sense. Deren Blatt ragt in die Schrifttafel und verklammert sie mit dem Sockel. Die Inschrift zeigt eine Fraktur, die durch zahlreiche Auszeichnungen in einer humanistischen Kursiv mit schwungvollen Initialen belebt wird. Die Namen der Verstorbenen sind durch einen größeren Schriftgrad hervorgehoben.

Quellen und Literatur
BLfD, MA, Nr. 92 a 2/3.21. – Kurth, S. 49. – Ribbeck, S. 63. – Schubring, S. 14.

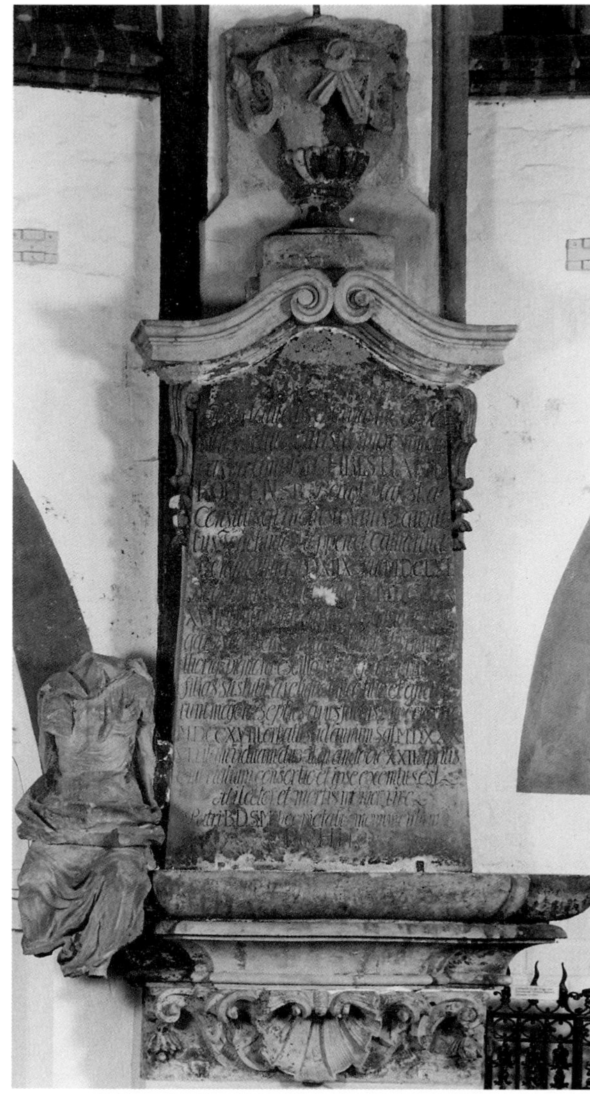

70 (Abb. 3, 4, 14, 107, 108)
Epitaph für den königlichen Rat Christian Köppen (*18. 1. 1661, †22. 4. 1736)
Um 1736. Chorumgang, 5. nördlicher Strebepfeiler
Sandstein; figuraler Schmuck stark beschädigt, Puttofragment z. Z. ausgelagert, plastischer Dekor an der Urne z. T. abgeschlagen. Fassung i. T. erhalten. Inschrift s. A.
H. 309,5 cm B. 146 cm T. 38 cm

Das in seiner Struktur einem Hängeepitaph ähnelnde Gedächtnismal erhebt sich über einem vorspringenden Wandstreifen, der von einem unterhangartigen Muschelornament gschmückt wird. Allegorische Figuren flankieren die Inschrifttafel. Auf dem Wandstreifen ruht ein kräftiges, leicht geschwungenes, verkröpftes Sockelgesims, das den sich nach oben verjüngenden Epigraphstein trägt. Die Platte mit der Erinnerungsschrift wird von einem schmalen, gewellten Dachgesims begrenzt; Volutenspangen stützen die vorkragenden Seitenteile. Von den Konsolen fallen kurze Lorbeergehänge herab. Über dem Dachgesims breitet sich ein kräftiger, profilierter Volutengiebel aus, der eine Flammenurne emporhebt. Ihren Korpus zierten zwei Totenschädel, welche unter einer girlandenartig um die Vasenwandung herumgeführten Stoffbahn hervorschauten. Dieser Dekor variiert ein Motiv, das auch beim Epitaph Didde (Kat. 59) sowie in den Kapellen Schindler (Kat. 51), Kraut (Kat. 61) und Schütze (Kat. 76) auftritt.

Auf dem zweifach zurückspringenden, linken Endstück des Fußgesimses sitzt eine trauernde Frauengestalt, deren Kopf ehemals von einem Tuch bedeckt war, das sich im weiteren Verlauf quer über ihren Schoß legte. Zur Rechten befand sich ein sitzender Putto, der in der linken Hand eine gesenkte, verlöschende Fackel hielt.

Quellen und Literatur
BLfD, MA, Nr. 1 a 36.3.30. – DokA von 1968/69. – Borrmann, S. 236. – Kurth, S. 29 f. – Ribbeck, S. 25. – Schubring, S. 12.

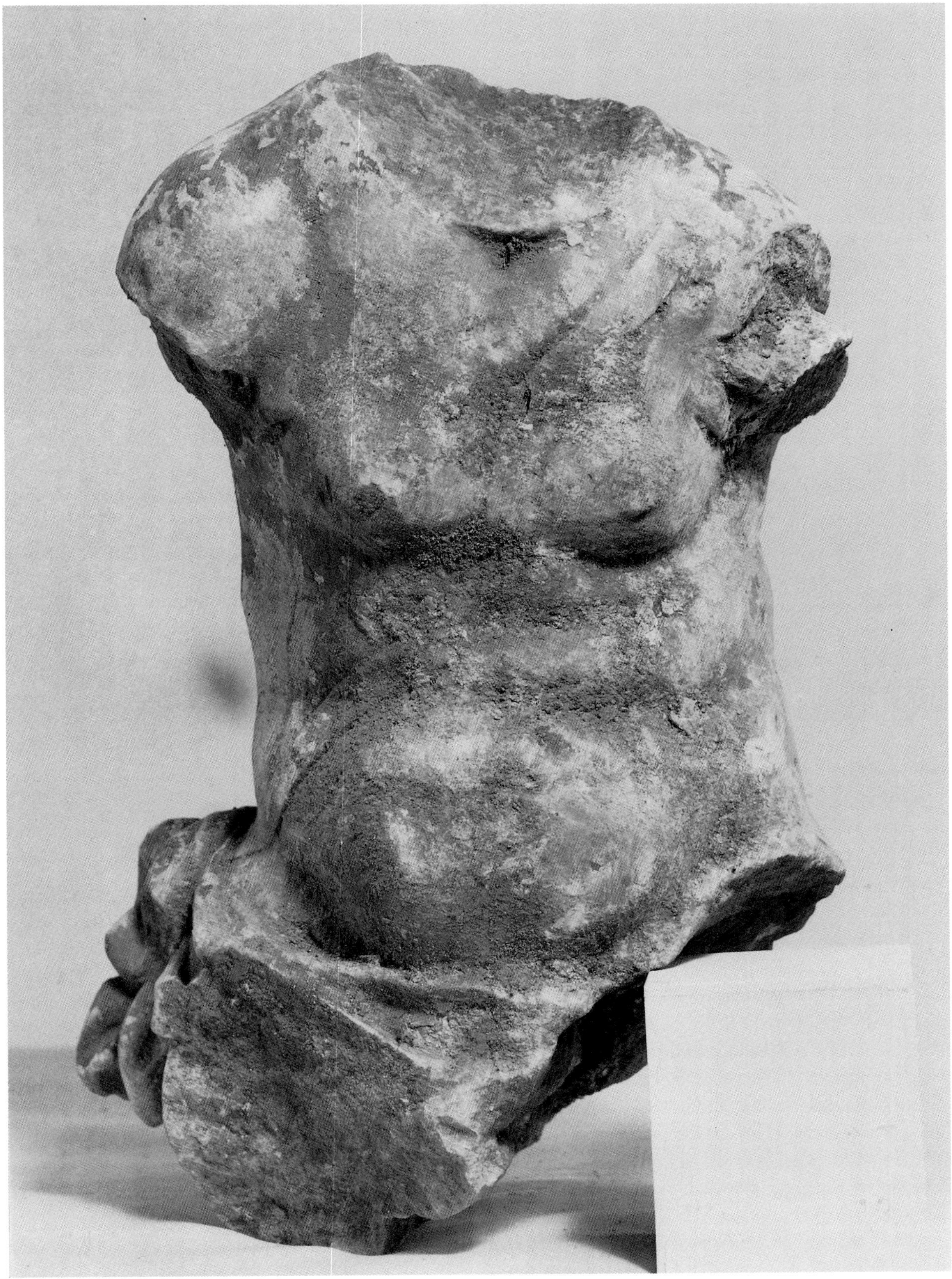

108
Kat. 70 (ausgelagertes Puttofragment)

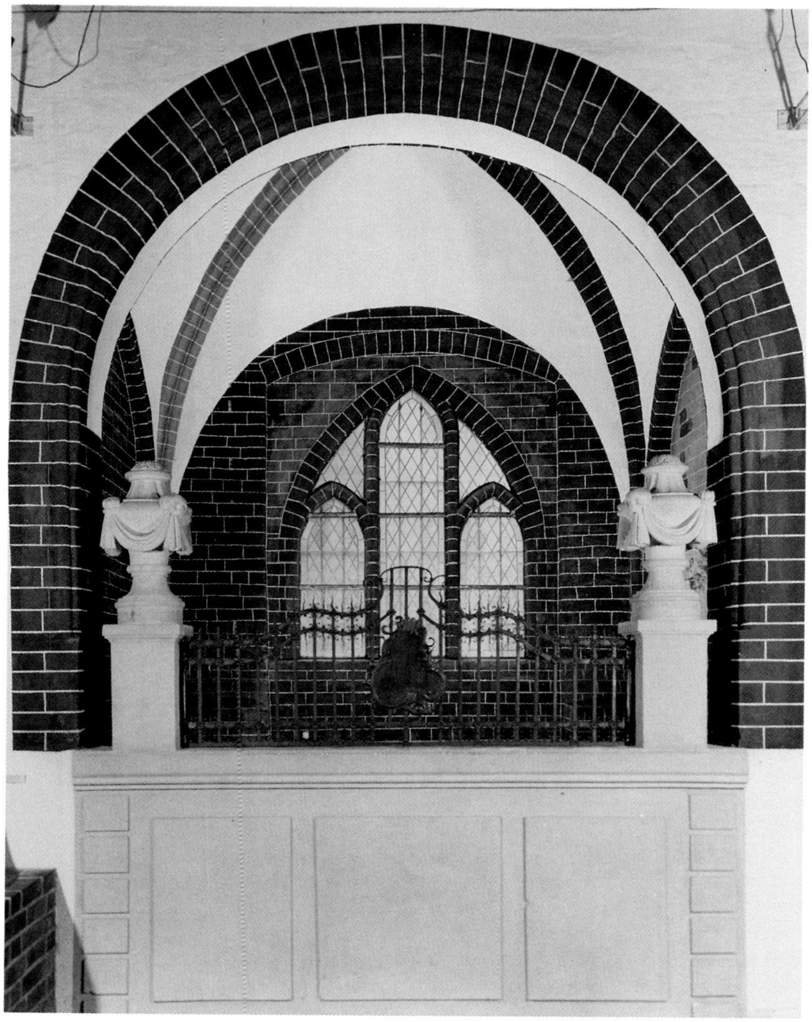

109
Kat. 71

71 (Abb. 109)
Erbbegräbnis derer von Wolfskehl
Um 1740. Langhaus, 4. südliche Randkapelle

Kapellenzugang in ursprünglicher Form erneuert, Sandsteinurnen nachgebildet. Schmiedeeisernes Originalgitter teilweise ergänzt, Rocaillekartusche statt Familienwappen hinzugefügt. Inschrift unterhalb des Wappens nach Kurth: »(DA)S REICHSFREYHERRLICH WOLFFSKEILISCHE ERBBEGRAEBN(IS).«
Urnenmaße: H. 87 cm Dm. 43 cm

Über einer Brüstung zwischen zwei gemauerten und verputzten Sockeln, auf denen je eine Urne steht, ist ein zur Mitte in sanften Schwüngen ansteigendes, in den Formen des Rokokos gestaltetes Gitter befestigt. Einst trug dieser Kapellenabschluß das Wolfskehlsche Wappen. Kurth beschreibt: »... ein goldener Schild mit einem Mohren, der drei rote Rosen hält, und ein Helm mit schwarz und gold geschrägtem halbem Fluge«. Um die Urnen legen sich girlandenartig Tücher, die zu je drei Bäuschen gerafft werden und jeweils einen Totenschädel durchziehen. Irrtümlicherweise wurden die Vasen bei der Wiederherstellung des Kapellenzuganges um eine Achse zu weit nach innen gedreht. Hieraus erklärt sich die von der ursprünglichen Situation abweichende Position der Totenköpfe. Im Kapellenboden befindet sich der durch eine Deckplatte verschlossene Gruftzugang.

1740 erwarben zwei Fräulein von Wolfskehl den westlich des Treppenturmes gelegenen kapellenartigen Raum hinter der Brauttür, um hier ein Erbbegräbnis ihrer freiherrlichen Familie einzurichten. Zu diesem Zweck wurde der Zugangsraum baulich verändert, die Portalöffnung zum Teil vermauert. Heute noch ist von außen der obere Bereich des reich profilierten spätgotischen Gewändes der ehemaligen Brauttür zu erkennen, welches als Rahmung für das Kapellenfenster dient.

Quellen und Literatur
BLfD, MA, Nr. 1 a 30/3.23. – BORRMANN, S. 240 f. – KURTH, S. 37 f. – RIBBECK, S. 53. – SCHUBRING, S. 13.

72 (Abb. 12, 110, 111)
Johann Georg Glume (Zuschreibung)
Epitaph für Johann Christoph Schrader (*2. 4. 1683, †30. 6. 1744), Mitglied und Rendant des königlich-preußischen Oberkollegiums der Medizin, Apotheker, Kauf- und Handelsmann
Um 1744. Chor, 3. südlicher Pfeiler

Farbiger Marmor, Alabaster, Sandstein; Epitaphaufbau nur fragmentarisch erhalten. Das Gemälde, der geflügelte Putto, die Urne in Vogelgestalt, die Kartusche, die Inschriftplatte, das Blütengehänge sowie die Wolkengloriole mit dem Auge Gottes sind nicht mehr vorhanden. Kopf und Gliedmaße der allegorischen Frauengestalt fehlen. Die Verdachung über dem Plattenträger ist beschädigt. Die l. u. Ecke der Hinterfütterung ist ausgebrochen. Fassung i. T. erhalten.
Inschrift s. A.
H. 423 cm B. 170 cm T. 42 cm

110
Kat. 72

Das monumentale Hängeepitaph hat sich nur in stark reduzierter Form erhalten. Über einem verkröpften voluminösen Kenotaphgesims, das drei Dienste des Bündelpfeilers umgreift, erhebt sich vor einem flach gearbeiteten Obelisken die nach rechts angeschrägte Hinterfütterung für die Inschrifttafel, auf welcher die Reste der Verdachung sichtbar sind. Seitlich hinterlegen zwei wulstige, gebogene Volutenkonsolen den Plattenträger für die Erinnerungsschrift. Auf der linken Wulst befindet sich der Torso einer Frauengestalt.

Der ursprüngliche Aufbau kann aufgrund von Meßbildaufnahmen und Inventarbeschreibungen rekonstruiert werden. Er verbindet die von allegorischen bzw. symbolischen Figuren flankierte Inschrifttafel, das Porträtmedaillon und die geflügelte, rocailleartige Unterhangkartusche zu einer um den hochaufragenden Obelisken angeordneten Komposition.

Der geneigte Plattenträger hinterfing eine mit eingetieften vergoldeten Frakturbuchstaben und Ziffern versehene, flache Inschrifttafel, die u. a. Gattin und Tochter als Stifter des Monumentes auswies. Zwei gegenläufige Volutenschwünge bilden die Verdachung. Aus ihrer Mitte erwuchs eine muschelartige Kartusche, bekrönt von einer Rose. Den Schnecken entsprossen Akanthusblätter, die sich auf die Verdachung legten. Von ihrem rechten Rand fiel bogenförmig ein Blütengehänge herab. Auf dem rechten vorspringenden Endstück des Kenotaphgesimses stieg mit ausgebreiteten Schwingen ein Phönix – dessen Leib einer vasenförmigen Urne glich – aus Flammen empor. Links neben der Erinnerungsschrift saß eine lorbeerbekränzte allegorische Frauenfigur, vielleicht die Personifikation der Ewigkeit. Sie lehnte sich mit dem linken Arm, in der Hand einen Lorbeerzweig, behutsam an die ein wenig nach rechts kippende Inschriftplatte. Einfühlsam zeichnete das dünne Gewand die Form des Leibes nach und betonte die volle Körperlichkeit der Figur. Das komplizierte Sitzmotiv wurde durch die raumgreifende anmutige Lagerung der Figur überspielt. Während die sanfte Biegung der Körperachse die Neigung der Schrifttafel aufnahm, wurde diese von der gegenläufigen »Schulterlinie« sowie der andächtig träumerischen Kopfwendung leicht konterkariert; ohne dadurch den nach rechts zielenden Bewegungsimpuls und die asymmetrische Verteilung der plastischen Massen in Frage zu stellen.

Oberhalb der Schriftplatte war am Obelisk das ovale Ölporträt des Verstorbenen befestigt. Es zeigte das Brustbild des Apothekers in nach links gewandtem Dreiviertelprofil, schwarzem Rock und rotem Mantel. Den Kopf schmückte eine Allongeperücke. Ein sparsam mit Blüten und Blattwerk versehener, vergoldeter Rahmen umgab das Bildnis, welches von einem seitlich heranschwebenden Putto präsentiert wurde. Darüber befand sich das Auge Gottes im Wolken- und Strahlenkranz.

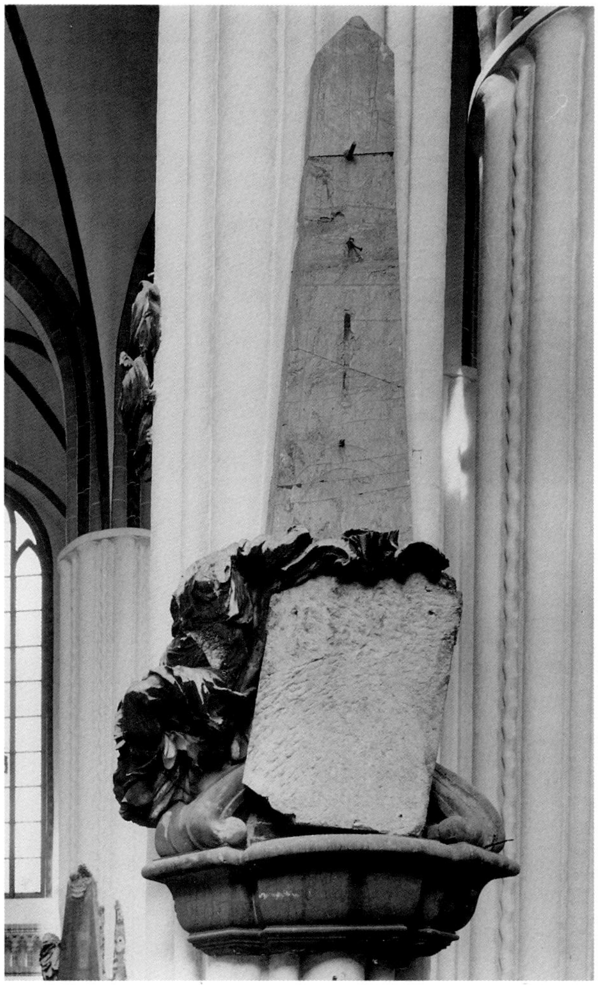

Der Epitaphaufbau zeigt großes kompositorisches Vermögen. Die plastischen Formen offenbaren in ihrer sinnlichen Ausstrahlung eine künstlerische Qualität, wie sie im Berlin jener Jahre sich nur in den besten Arbeiten Johann Georg Glumes findet. Auffällig ist die typologische Ähnlichkeit mit dem von Glume signierten, allerdings knapp zwei Jahrzehnte älteren Epitaph des Hofrates Schrader (Kat. 63).

Quellen und Literatur

BLfD, MA, Nr. 1 a 30/3.23.; Nr. 27 i 21/3.28; Nr. 1 a 35/3.29 a. – Borrmann, S. 236. – Kurth, S. 16 f. – Ribbeck, S. 16. – Schubring, S. 16.

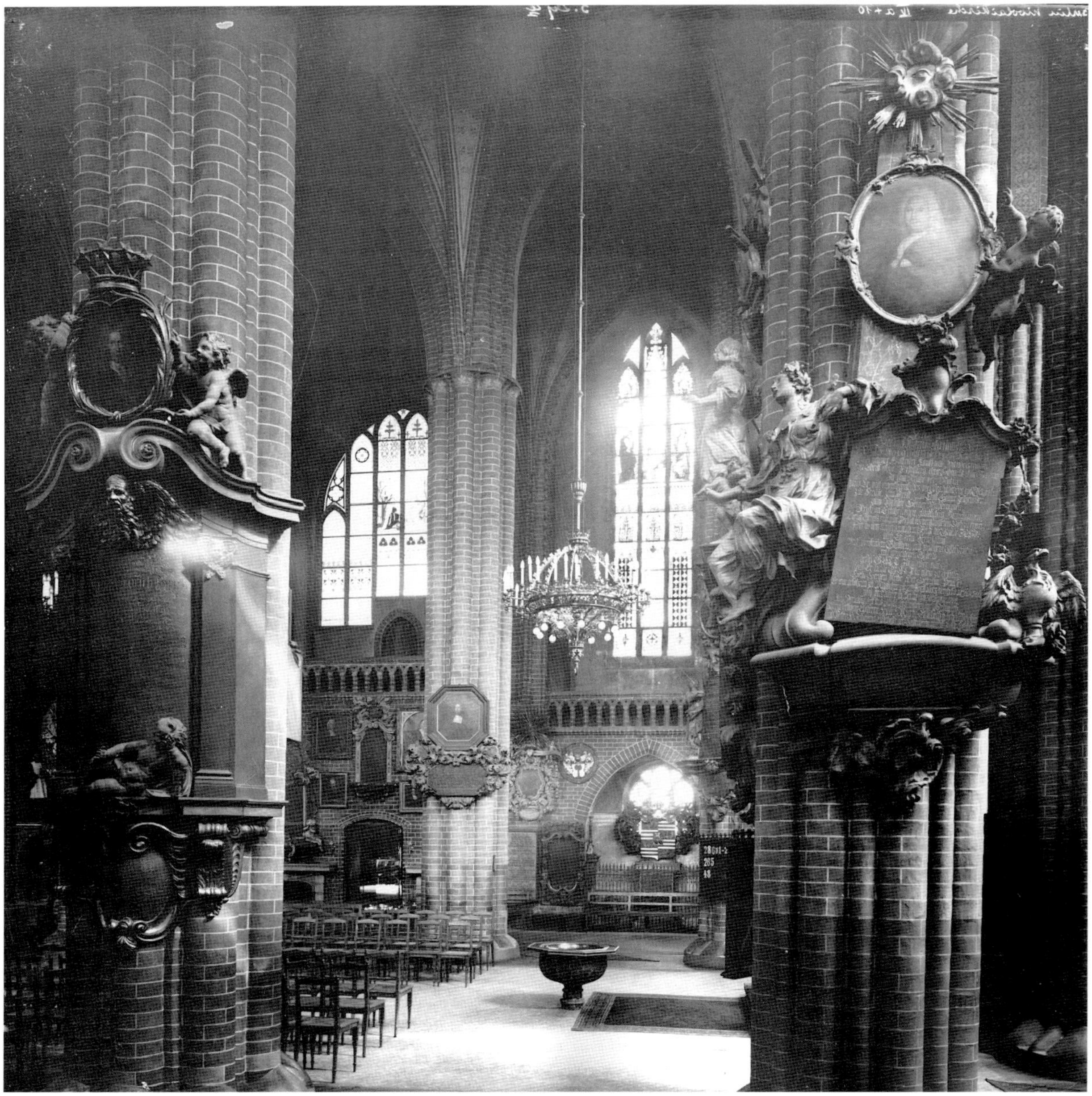

111
Blick vom südlichen Chorumgang nach Norden. Vorn am r. Chorpfeiler das Epitaph Schrader, am l. das Epitaph Zorn (Kat. 54), am 2. nördlichen Chorpfeiler das Epitaph Schrader (Kat. 29). In der Kapellennische das Erbbegräbnis Samuel von Pufendorf (Kat. 31). Meßbild 1919

73 (Abb. 112)

Inschrifttafel für Justus Michael Sprögel, Kauf- und Handelsmann, und seine Ehefrau Christina Maria, geb. Liebermann

1744. Langhaus, 3. südliche Randkapelle

Sandstein; Inschrift s. A.
H. 66 cm B. 80,5 cm T. 3 cm

An der Kapellenbrüstung über der nachgebildeten Grufttür ist eine leicht erhabene, schlichte Schrifttafel eingelassen. Die Unterkante der Platte zeichnet die Krümmung des Gruftzuganges nach und weist eine Aussparung auf. Die Seitenkanten springen nach kurzem geraden Verlauf etwas zur Mitte hin ein und laufen nach oben halbkreisförmig zusammen. Diese Rundung wird vom »hochgedrückten« Teil des Brüstungsgesimses gerahmt.

Aus der eingetieften Erinnerungsschrift in Frakturbuchstaben, lediglich die Jahresangabe ist in Antiqua eingeritzt, läßt sich folgern, daß 1744 das ehemalige Erbbegräbnis Distelmeyer (Kat. 9) in den Besitz der Familie Sprögel überging.

Ein in den Formen des 18. Jhs. erneuertes Gitter bildet den Kapellenabschluß.

Literatur
Borrmann, S. 237. - Kurth, S. 40. - Ribbeck, S. 55. - Schubring, S. 14.

74 (Abb. 113; Farbabb. 39, 40)

Grabmal für Wilhelm Heinrich Culemann (*6. 11. 1677, †4. 4. 1746), Geheimer Rat der Kriegs- und Domänenkammer, und seine Ehefrau Helena Christina, geb. von Kupner (*8. 2. 1696)

Um 1746. Chorumgang, 4. nördliche Randkapelle

Sandstein; Gliedmaße und Attribute der allegorischen Frauengestalten fehlen teilweise. Aufsatz mit Bekrönung nicht mehr vorhanden, r. Volutenanstückung am Tafelfuß ist verloren. Fassung i. T. erhalten. Inschrift s. A.
H. 219 cm B. 219,5 cm T. 57 cm

Über einer mit Sandstein verkleideten Brüstung, welche die nachgebildete Grufttür birgt, erhebt sich an der Rückseite der Kapelle der harmonisch eingefügte Grabmalsaufbau. Er wiederholt das Motiv des von allegorischen Figuren flankierten Sarkophags mit Inschrifttafel.

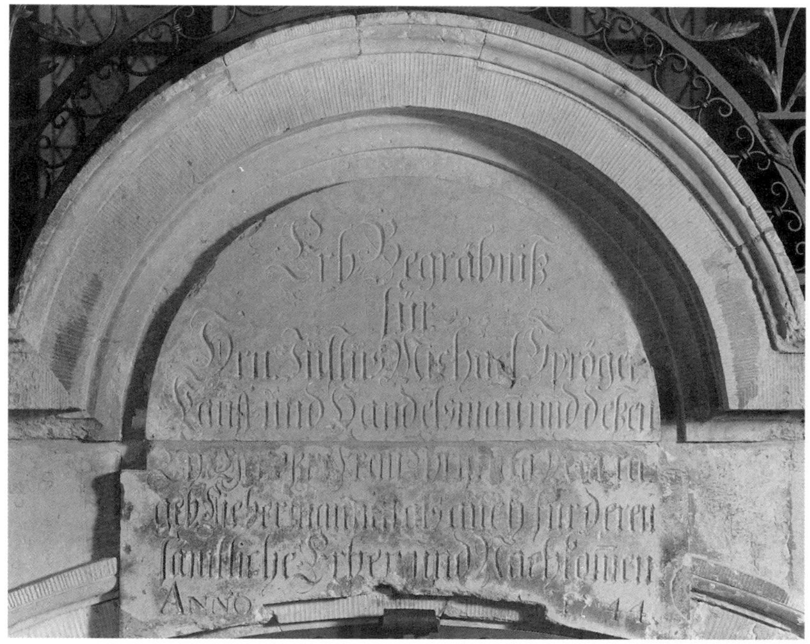

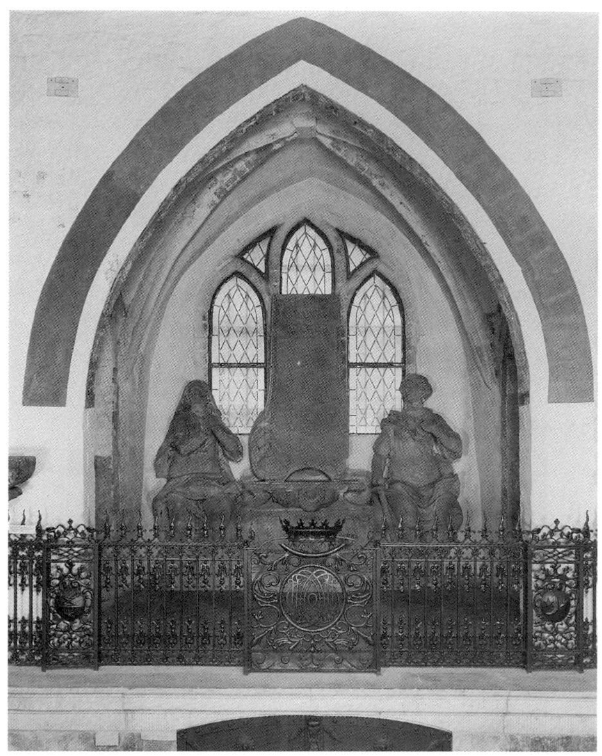

112
Kat. 73

113
Kat. 74

114
Kat. 75

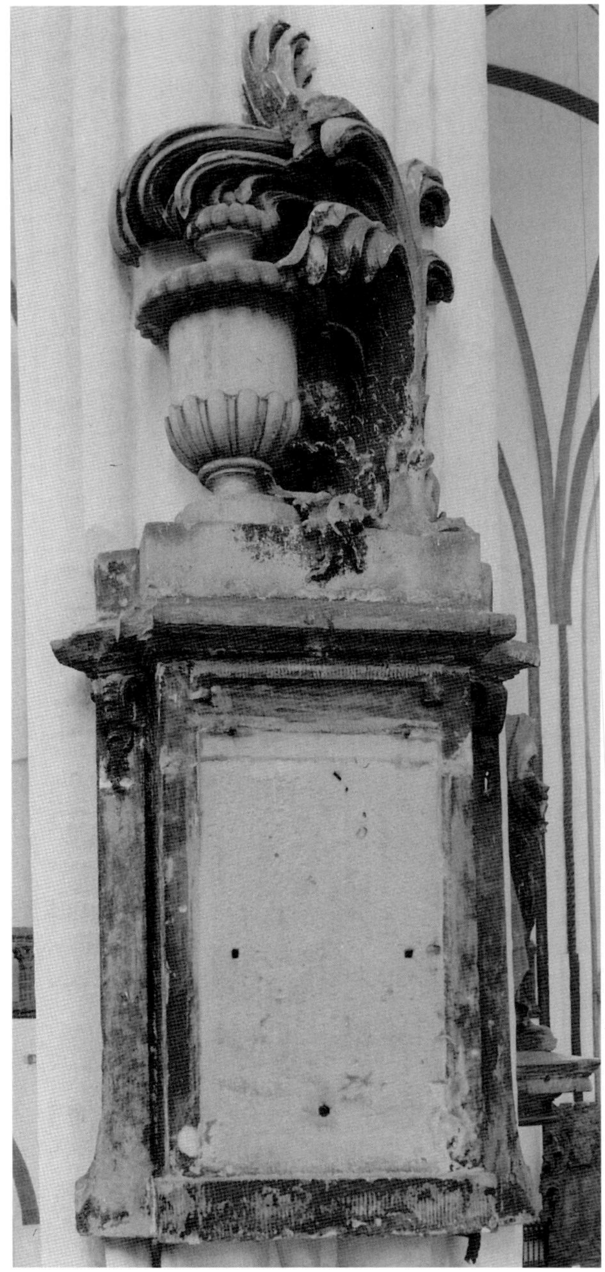

Der Schausarg erhebt sich über dem vorkragenden Mittelteil eines scharrierten Sockels. Zu seinen Seiten, auf einem rückwärtig gelegenen Podium, sitzen zwei Frauengestalten. Zur Rechten befindet sich die Personifikation der Hoffnung, mit der rechten Hand auf einen Anker gestützt, den Kopf leicht geneigt nach links gewandt. Ein von der rechten Schulter schräg über den Rücken verlaufendes Tuch umspielt faltenreich die Hüfte. Auf der anderen Seite ruht eine weitere allegorische weibliche Figur, das Antlitz anmutig nach oben gerichtet. Von ihrem Kopf fällt schleierartig ein Tuch herab, das sich als große Faltenbahn quer über ihren Schoß legt. Borrmann sah in der Plastik die Verkörperung des Glaubens und führt folgende Attribute an: ein aufgeschlagenes Buch mit den Worten »Offenbarung 14 v. 13« und eine gesenkte Fackel.

Über den Steinsarg ragt die am Fuß teilweise bogenförmig eingezogene, seitlich ausbiegende und sich nach oben verjüngende Epigraphplatte empor. Profilleisten, die unten zu eingerollten ornamentalen Wülsten geformt sind, umgeben die Erinnerungsschrift. Aus den Verdickungen erwachsen Akanthusblätter, welche sich über die gekurvten Ränder der Schrifttafel legen. Einst trug die Platte einen Aufsatz mit Familienwappen und Krone. Ein erneuertes Gitter, dessen mit Monogramm und Wappendarstellungen geschmückte Felder unterschiedlich stark vorspringen, grenzt den Kapellenraum vom Kircheninneren ab.

An den Seitenwänden der Kapelle sind zwei erst während des Wiederaufbaus der Kirche entdeckte und freigelegte Wandmalereien aus der Zeit um 1500 zu sehen. Die spätgotischen Bilder zeigen weibliche Heilige mit ihren Attributen, rechts Anna selbdritt und Maria Magdalena, links Barbara und Katharina.

Quellen und Literatur
DokA von 1968/69. – Borrmann, S. 240. – Kurth, S. 30. – Ribbeck, S. 25. – Schubring, S. 12. – Schwebel, S. 174.

75 (Abb. 3, 4, 114)
Epitaph für den Appellationsrat Johann Friedrich Loeper (* um 1696, † 3. 2. 1750) und seine Ehefrau Christiane Margarethe (* um 1728, † 16. 12. 1759)
Um 1759. Chor, 3. nördlicher Pfeiler

Sandstein, Sockelgesims mit Unterhangkartusche, zwei Putten und die schwarze Marmorplatte mit der lateinischen Inschrift fehlen. Totenkopf am Palmenfuß abgeschlagen, Teile der o. Palmenwedel abgebrochen. Fassung i.T. erhalten. Inschrift s. A.
H. 316 cm B. 104 cm T. 52 cm

Das mehrgliedrige Hängeepitaph, einst bestehend aus einem von zwei Putten flankierten Hauptgeschoß mit Bekrönung und einem Unterhang, ist nur noch in reduzierter Form erhalten.

Oberhalb einer Architekturrahmung, die eine flache Inschriftplatte aus schwarzem Marmor trug, erhebt sich auf einem kräftigen Sockel eine aus der Mittelachse nach links gerückte, vasenförmige Urne. Daneben wächst eine Palme - Baum Christi - aus Akanthuswerk empor, deren Wedel sich im großen Bogen über die Urne neigen. Am Fuß der Palme lag auf gekreuzten Knochen ein nach rechts gewandter Totenschädel. Die Inschriftrahmung mit den angeschrägten, zurückspringenden Seitenteilen umspannt zwei Dienste des Bündelpfeilers.

Der ganze Aufbau ruhte auf einem kräftigen, verkröpften Sockelgesims. Eine große mit Rosenblüten und Akanthuslaub versehene sowie von C-Bögen begrenzte Rocaillekartusche bildete den Unterhang. Auf den abgeknickten Enden des Fußgesimses stand zur Rechten auf einer Plinthe ein trauernder Putto, sich mit einem Tuch die Tränen trocknend; zur Linken saß ein nach unten schauender Knabe. Wahrscheinlich hielt er einst eine gesenkte, verlöschende Fackel in der rechten Hand. Die Erinnerungsschrift nennt als Stifter des Gedächtnismales Johann Wilhelm Loeper, den Sohn der Verstorbenen.

Quellen und Literatur
BLfD, MA, Nr. 1a 36/3.30. - DokA von 1968/69. - Borrmann, S. 236. - Kurth, S. 14. - Ribbeck, S. 16. - Schubring, S. 16.

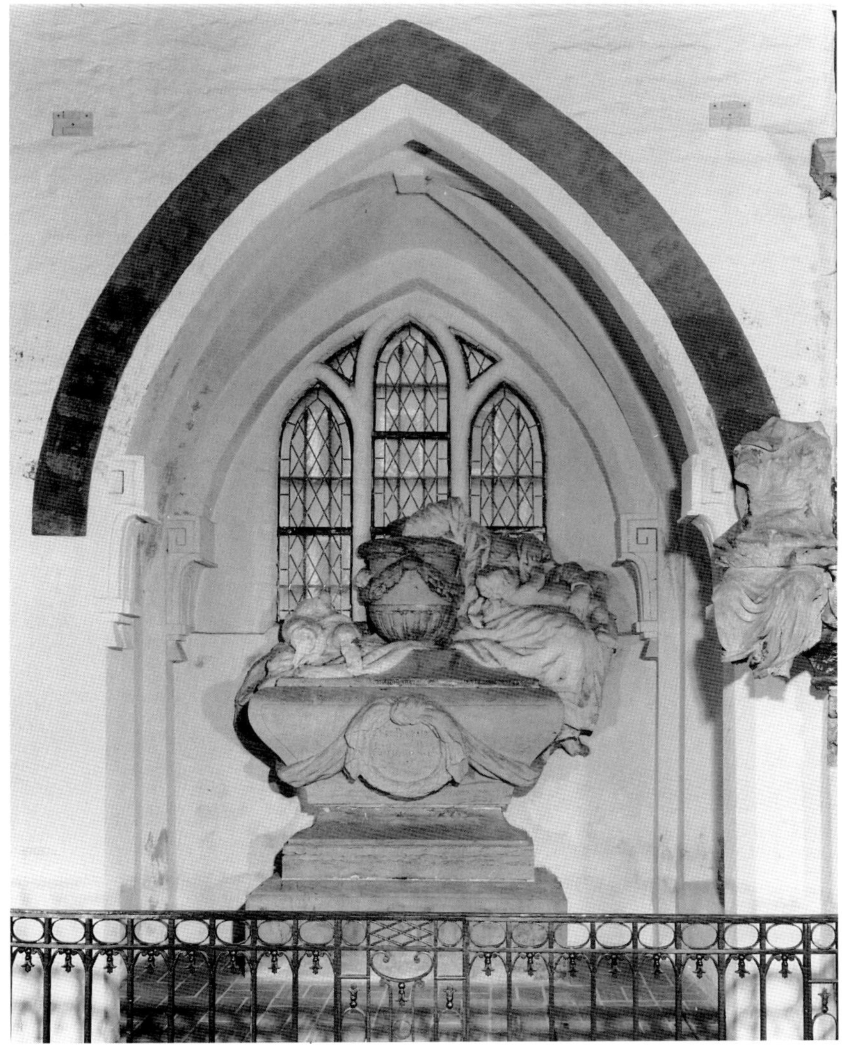

115
Kat. 76

76 (Abb. 13, 115, 116)
Christian Friedrich Heinrich Sigismund Bettkober
Grabmal für den Manufakturisten Gottfried Sigmund (Simon) Schütze
1774. Chorumgang, 3. nördliche Randkapelle

Sandstein und Stuck; Figurenschmuck stark beschädigt. Konsolen für das Kapellengewölbe ergänzt, Totenkopfzierat fehlt. Signatur am Sarkophag: »Heinr. Bettkober fec.«, Inschrift im Lorbeerkranz: »ERB-BEGRAEBNIS/DES/KAUFMANNS HERRN/GOTTFRIED SIMON SCHÜTZE/ANNO/MDCCLXXIV«.

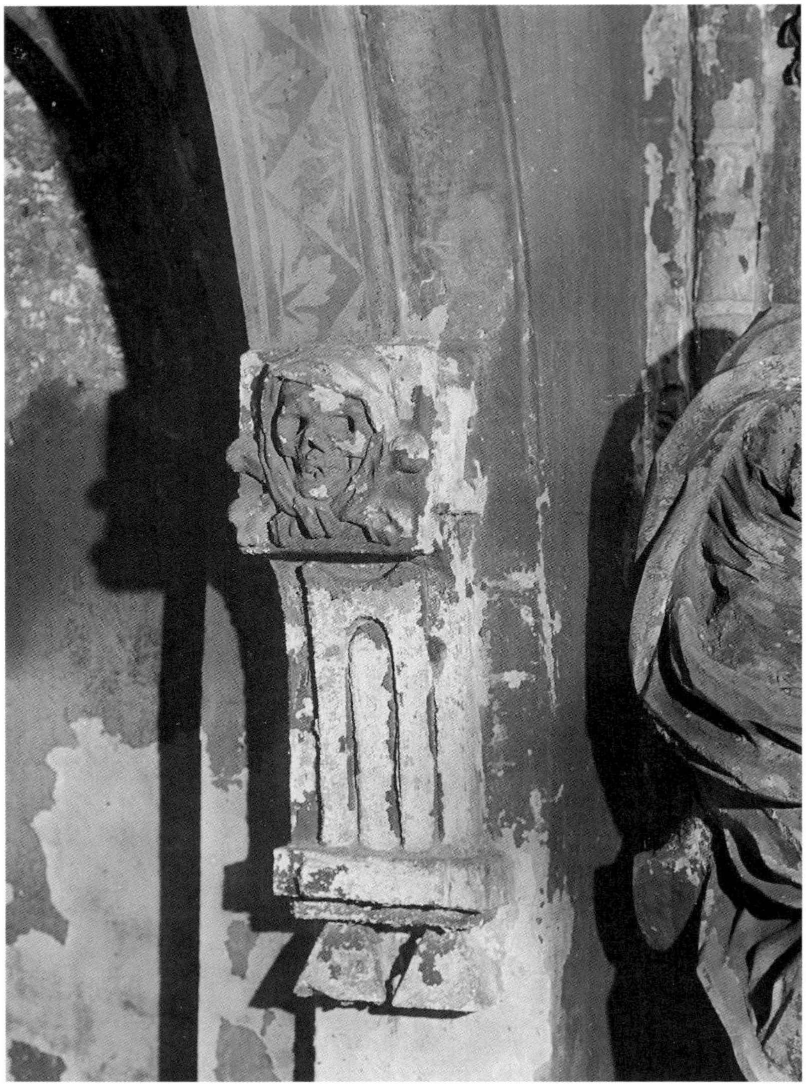

116
Kat. 76 (Detail).
Zustand 1968/69

Für das Grabmal Schütze wurde der Typus des Sarkophags mit begleitenden allegorischen Figuren gewählt. Abweichend von dem Schema einer flankierenden Anordnung sind die Skulpturen unmittelbar auf dem Schausarg plaziert.

Über einem scharrierten Postament ruht auf einem Sockel ein sich nach oben schwungvoll erweiternder Sarkophagkörper mit schlichter Wandung. Die Vorderfläche ziert ein Lorbeerkranz, der die Stifterinschrift umrahmt. Ein mit dem Kranz verknüpftes Bahrtuch legt sich girlandenartig um den Steinsarg, auf dem mittig eine wuchtige Urne steht. Ein Lorbeerfeston, über Knäufe gelegt, ziert ihren Korpus. Daran lehnt, die ganze rechte Sarkophaghälfte einnehmend, eine in ein weites faltenreiches Gewand gehüllte, klagende Frauengestalt, vermutlich die Personifikation der Caritas. Mit dem linken Arm umfaßt sie ein auf ihrem Schoß liegendes, nacktes Kind; mit der rechten Hand ergreift sie das Sargtuch – eine charakteristische Geste der Trauer – und trocknet ihre Tränen. Auf der anderen Seite des Schausarges sitzt ein Putto, der einst die Urne bekränzte. Das spätbarocke Kapellengewölbe stützen mit Mäanderbändern und Guttae verzierte Konsolen. Ihre Stirnflächen schmückten reliefierte Totenköpfe vor gekreuzten Knochen, deren Schädel mit einer kopftuchartigen Draperie versehen waren. Dieser Dekor variiert ein Motiv, das bereits an den Stützenkapitellen der Kapellen Schindler (Kat. 51) und Kraut (Kat. 61) sowie an dem Urnenzierat des Epitaphs Köppen (Kat. 70) Anwendung fand.

Im Grabmal Schütze offenbaren sich Anzeichen einer veränderten Stimmungslage. Reiches Ornament und barocke Bewegtheit weichen einer verhaltenen, stärker an der Antike ausgerichteten Formensprache. Der in die Höhe gehobene voluminöse Sarkophag mit der massigen Urne, die antikgewandete Frauenfigur, der bekränzende Genius sowie der strenge Dekor unterstreichen den sepulkralen Ernst des Monuments. Es ist die früheste bekannte signierte Arbeit Bettkobers, dessen Neigung zum Malerisch-Stofflichen vor allem an der teigig-weichen, etwas spannungslos modellierten Caritas deutlich wird. Ihr unter dem faltenreichen Gewand verborgener Körper gewinnt wenig plastisches Volumen und bleibt in seiner Zeichnung seltsam unscharf.

Ein vorspringendes Sockelgesims mit gebogenen Seitenteilen erweitert die Kapellenfläche in den Chorumgang hinein und erhöht den Boden des Raumes geringfügig gegenüber dem Niveau des Kirchenbodens. Ein nachgebildetes schmiedeeisernes Gitter ragt über dem Gesims empor. Der Zugang zur Gruft ist durch eine aufgelegte Deckplatte verschlossen. In der Kapelle befanden sich nach Angaben Nicolais Gemälde von Christian Bernhard Rode, die allerdings bei Borrmann keine Erwähnung mehr finden.

In dem »gehorsamsten Bericht an einen hochlöblichen Rat der königlichen Residentzien« vom Juli 1773 teilten die Kirchenvorsteher von St. Nikolai und St. Marien mit, daß der Manufakturier Gottfried Sigmund Schütze sich entschlossen hatte, hinter dem großen Altar der Nikolaikirche ein Begräbnisgewölbe für sich und zwei Familienmitglieder auf eigene Kosten zu erbauen. Für den Platz bot er 200 Reichstaler. Von weiteren 50 Talern sollten die Zinsen für die bauliche Instandhaltung des Gewölbes verwendet werden. Schütze, der kurz zuvor für die Beisetzung seiner Tochter in einer Grabstätte unter dem Kirchenboden 50 Reichstaler entrichtet hatte, wollte diese in sein Erbbegräbnis umbetten lassen. Für das Grabgewölbe wird eine Grundfläche von 12 Fuß Länge und 8 Fuß Breite angegeben.

Quellen und Literatur
BLfD, MA, Nr. 1 51 27/7155.21. – DokA von 1968/69. – LAB, Rep. 22 Kirchenabteilung, Nr. 675. – Borrmann, S. 240. – Kurth, S. 30. – Nicolai, S. 853 und 3. Anhang, S. 24. – Ribbeck, S. 25. – Schubring, S. 12.

77 (Abb. 2, 117)
Epitaph für den Zimmerpolierer Christoph Kluge (*18. 9. 1686, †23. 5. 1764) und dessen vier Enkel: Christoph Abraham Kluge (*1. 9. 1756, †2. 2. 1757), Daniel Gottfried Wilhelm Kluge (*22. 7. 1760, †Oktober/November 1779), Samuel Christoph Abraham Kluge (*19. 12. 1762, †Januar 1780), Johann Gottfried Abraham Kluge (*6. 6. 1760, †November 1776)
Um 1780. Westwand, nördliche Hälfte
Sandstein. O. und u. verwittert; Bruchstelle am r. Rand. Fassung i. R. erhalten. Inschrift s. A.
H. 202 cm B. 114 cm T. 14 cm

Das schlichte hochrechteckige Epitaph ist von einer gekehlten, einst vergoldeten Rahmung umgeben. Die eingetieften Buchstaben und Ziffern der Inschrift füllen die Fläche des Steines fast vollständig und sind teilweise noch durch eine dunkle Färbung hervorgehoben. Ribbeck schreibt 1817, »rührend aber und erbaulich ist die Grabschrift des Zimmerbohrers Kluge, die uns zugleich erzählt, wie dessen vier Enkel früh als Jünglinge gottergeben starben.«

In den 50er Jahren wurde dieses Epitaph zum Schutz vor Zerstörung eingemauert, später ausgebaut und 1987 seitlich versetzt an der Turmwand auf einem Klinkersockel aufgerichtet.

Quellen und Literatur
BLfD, MA, Nr. 95 1 29/7155.23. – Kurth, S. 55. – Ribbeck, S. 67. – Schubring, S. 17.

117
Kat. 77

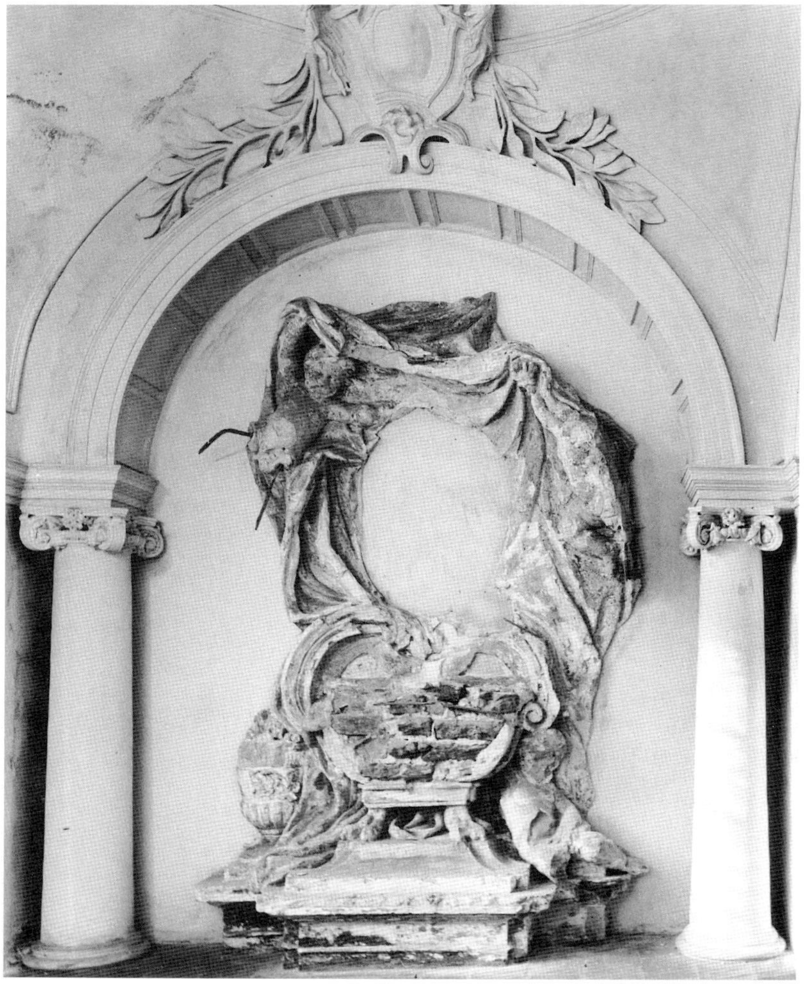

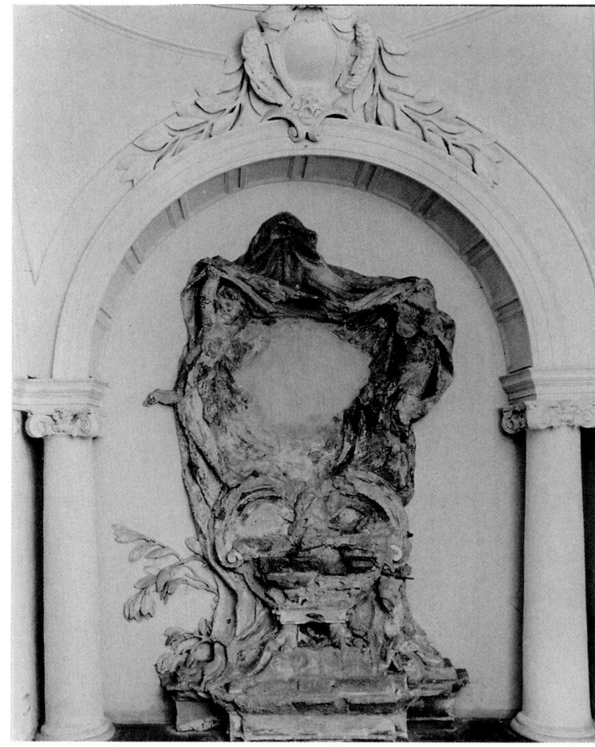

118
Kat. 78 (r. Grabmalsaufbau)

119
Kat. 78 (l. Grabmalsaufbau)

78 (Abb. 118, 119)
Erbbegräbnis für den Kaufmann Christian Wendlandt (*21. 9. 1704, †24. 6. 1776) und seine Ehefrau Dorothea Louise, geb. Kletten (*17. 5. 1704, †31. 12. 1783)
Um 1783. Langhaus, 2. südliche Randkapelle

Postamente sowie Sarkophage aus Ziegelstein und Stuck; nur fragmentarisch erhalten. Gemälde, ein Putto und Inschriftmedaillon fehlen. Inschrift nach Kurth sowie Kapellenmaße s. A.
R. Grabdenkmal:
H. 259,5 cm B. 171 cm T. 53 cm;
l. Grabdenkmal: H. 272 cm B. 166 cm T. 49 cm

In den sich gegenüberliegenden Rundbogennischen der restaurierten Randkapelle erheben sich die sehr ähnlich gestalteten Grabdenkmäler. Ihre fragmentarisch erhaltenen Aufbauten und ihre portalartige Säulenrahmung füllen weitgehend die von Rundbögen mit kassettierten Laibungen überwölbten Schmalseiten des Kapellenraumes. Im Scheitel der Bögen leiten geflügelte Wappenkartuschen zum Deckenoval der Kuppel über. In jedem Rundbogen steht auf einem Postament ein reduzierter Sarkophag mit Klauenfüßen. Aufwendige Stuckdraperien, die im oberen Teil von jeweils zwei schwebenden Putten seitlich gerafft werden, fallen zu den Seiten bis zum Postament herab. Heute bloßliegende Eisenarmierungen hielten einst die plastisch durchgebildeten Stuckteile. Auf dem rechten Postament ruht an den Sarkophag gelehnt ein trauernder Putto. Eine mit Rankenfries verzierte Urne steht auf der anderen Seite des Sarges. Ursprünglich befand sich in dem von der Stuckdraperie umspielten Oval eine schwarze Marmorplatte mit vergoldeter Inschrift für den Kaufmann Wendlandt und seine Gemahlin. Zum gegenüberliegenden Grabdenkmal schreibt Kurth: »Links das Ölgemälde des Chronos, der seine Hippe schleift. Am Sarkophag faltet ein Putto mit schmerzlichem Gesichtsausdruck vor einem Buch die Hände.« Obwohl das Gemälde und der Putto nicht mehr vorhanden sind, läßt sich die ehemalige Komposition noch erahnen. Auf Meßbildaufnahmen von 1919 ist ein Gitter vor der Kapelle zu erkennen, welches heute, wie die meisten originalen Ziergitter, verschollen ist.

Die erste Erwähnung fand die Kapelle im Jahre 1694. Der Berliner Ratskämmerer Johann Ohnesorge (*20. 9. 1645, †3. 11. 1716) erwarb für 150 Taler »ein Gewölbe im Süden der Nikolaikirche«. Als im November 1763 dieses Gewölbe baufällig geworden war und das Dach einzustürzen drohte, wurden Erben gesucht, die für die auf 95 Taler veranschlagten Reparaturkosten zuständig waren. Da sich keine Nachfahren meldeten, erfolgte am 30. September 1765 die Verlusterklärung. Für die freigewordene Grabkapelle bewarben sich der Archidiakon Kütze sowie der Kaufmann Wendlandt. Letzterer erhielt den Zuschlag, obwohl beide dieselbe Summe, 500 Taler, für die geräumige Gruft einschließlich des Kapellenaufbaus geboten hatten.

Quellen und Literatur
BLfD, MA, Nr. 1 a 27/3.18. – LAB, Kirchenabteilung, Rep. 22, Nr. 671. – Porst, Johann: *Leichenpredigt für Johann Ohnesorge. Personalschriftenslg. des Gymnasiums zum Grauen Kloster, Bd. XVIII.* – Kurth, S. 42 f. – Müller/Küster, S. 240. – Ribbeck, S. 57. – Schubring, S. 14.

79 (Abb. 120)

Grabstein für den Propst Johann Joachim Spalding (*1. 11. 1714, †22. 5. 1804)

Um 1804. Langhaus, Nordwand (außen)

Sandstein. Beschädigungen in Nähe der Befestigungsanker; l. u. Ecke fehlt. Inschrift s. A.
H. 181,5 cm B. 94 cm T. 15 cm

Der schlichte hochrechteckige Stein mit hervorkragendem Schriftfeld steht auf einem aus vier unterschiedlichen Teilen zusammengesetzten Sandsteinpostament. Seine klare einfache Form ohne jeden plastischen Schmuck wird durch die keilförmig eingeschlagene Schrift mit wenigen ausgewählten Worten unterstrichen. Zwei unterschiedlich lange Zierlinien im unteren Teil des Grabsteins heben ein Zitat aus der Apostelgeschichte hervor. Meßbildaufnahmen von 1939 zeigen, daß oberhalb des Steines eine heute nicht mehr vorhandene abgestufte Sandsteinverdachung angebracht war. Die Ausführung gleicht im wesentlichen dem Grabstein für Marie Charlotte Spalding (Kat. 80) und deutet auf dieselbe Werkstatt hin.

Quellen und Literatur
BLfD, MA, Nr. 1 a 15/3.6; Nr. 26 m 35/71558. – Kurth, S. 63. – Ribbeck, S. 75 f. – Schwebel, S. 175. – Spalding, Johann Joachim: *Lebensbeschreibung von ihm selbst aufgesetzt und herausgegeben mit einem Zusatze von dessen Sohne Georg Ludwig Spalding.* Halle 1804.

80 (Abb. 120)

Grabstein für Marie Charlotte Spalding, geb. Lieberkühn (*11. 2. 1749, †5. 9. 1804), Witwe des Propstes Spalding

Um 1804. Langhaus, Nordwand (außen)

Sandstein. Verwittert; Fehlstellen in Nähe der Bandeisen. Schriftfeld im o. Bereich kaum lesbar. Inschrift nach Ribbeck s. A.
H. 179 cm B. 97 cm T. 13,5 cm

Die hochrechteckige Inschriftplatte mit leicht hervorkragendem Schriftfeld ruht auf einem Sandsteinsockel neben dem Grabstein für den Propst Spalding. Der in den Steingrund geschlagene sparsame Text besteht aus keilförmig vertieften Versalien. Unterhalb einer leicht rautenförmigen Zierlinie wird auf das Buch Sirach verwiesen. In der äußeren Form sowie der Schriftgestaltung weist der Grabstein deutliche Ähnlichkeiten mit dem Stein für den Propst Spalding (Kat. 79) auf.

Quellen und Literatur
BLfD, MA, Nr. 1 a 15/3.6; Nr. 26 m 35/71558. – Ribbeck, S. 75 f. – Spalding, Johann Joachim: *Lebensbeschreibung von ihm selbst aufgesetzt und herausgegeben mit einem Zusatze von dessen Sohne Georg Ludwig Spalding.* Halle 1804.

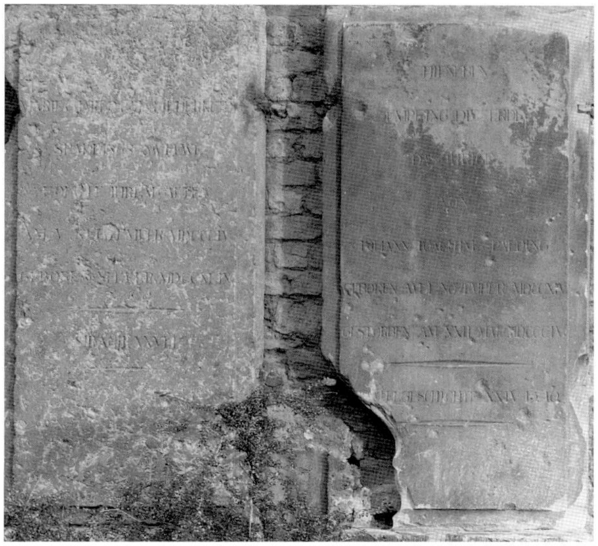

120
Kat. 79 (rechts), Kat. 80 (links)

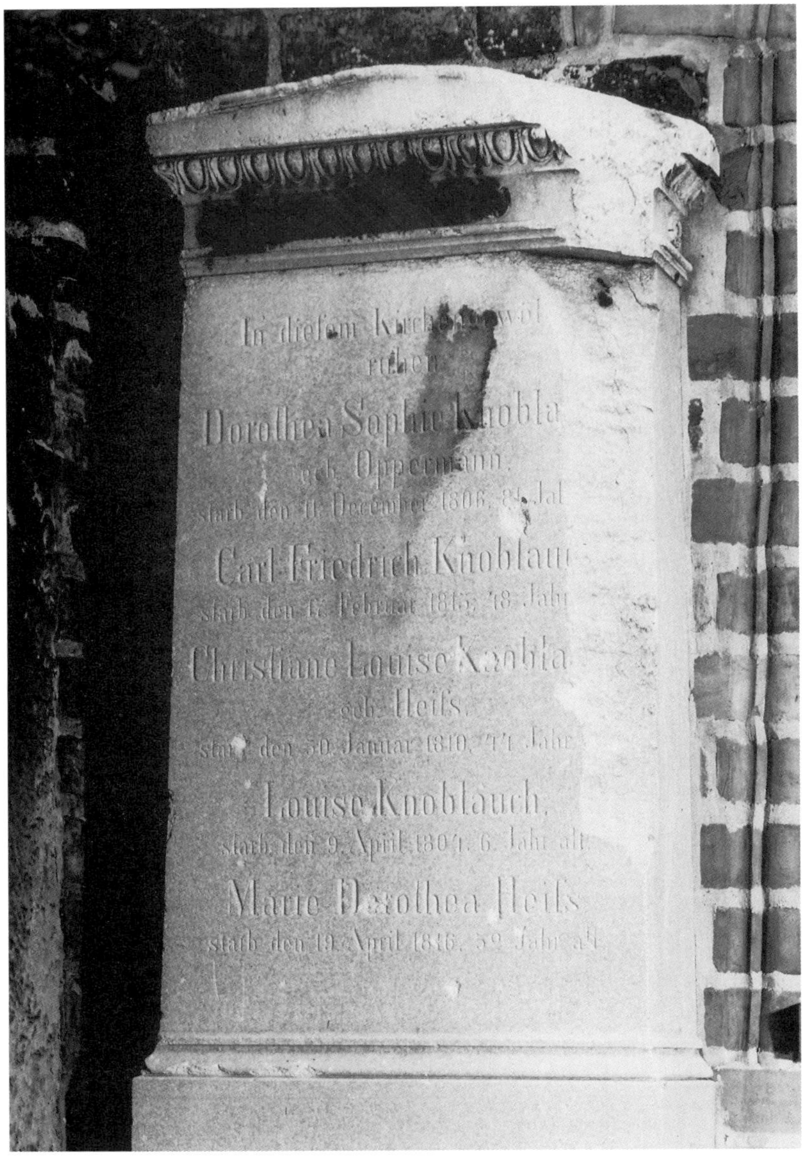

121
Kat. 81

81 (Abb. 121)
Inschriftstein für das Erbbegräbnis von Dorothea Sophie Knoblauch (*2. 11. 1727, †11. 12. 1806), Carl Friedrich Knoblauch (*27. 8. 1765, †17. 2. 1813), Christiane Louise Knoblauch (†30. 1. 1810), Louise Knoblauch (*23. 3. 1798, †9. 4. 1804) und Marie Dorothea Heiss (†19. 4. 1816)
Zwischen 1806 und 1816. Sakristei, Westwand (außen)

Marmor. R. Schriftrand und Aufsatz beschädigt.
Inschrift s. A.
H. 166 cm B. 76,5 cm T. 26,5 cm

Die sich nach oben leicht verjüngende Inschrifttafel steht auf einem querrechteckigen Sockel. Der Aufsatz mit kleiner Giebelverdachung zeigt einen kräftig profilierten Eierstab und einen Rosettenfries. Von den ursprünglich fünf Rosetten auf der Vordereite sind nur noch vier erhalten. Der gesamte Aufbau ruht auf einem Sandsteinpostament und wird durch einen rechteckigen Granitblock noch erhöht.

Quellen und Literatur
BLfD, MA, Nr. 26 m 35/71558. – *Stammtafel der Familie Knoblauch.* München 1927–30.

82 (Abb. 62, 122)
Gedenktafel für den Propst Philipp Jacob Spener (*13. 1. 1635, †5. 2. 1705)
1835. Chor, Nordwand (außen)

Gußeisen, geschwärzt. Starke Rostnarben.
Inschrift: »Dr. Philipp Jacob/Spener,/geboren zu Rappoltsweiler/am 25sten Januar 1635,/ gestorben/den 5ten Februar 1705,/als Probst zu Berlin./S.S./1835.«
H. 124cm B. 89 cm

Die schlichte hochrechteckige Gedenktafel für den Berliner Propst ist direkt in die Kirchenwand eingelassen. Ein schmales kymationgeschmücktes Gesims oberhalb der Tafel, das eine Verdachung andeutet, ist die einzige Zierde.

Der in der Gedenktafel angegebene Tag der Geburt Speners ergibt sich aus der Berechnung nach dem Gregorianischen Kalender. Philipp Jacob Speners 200. Geburtstag war der Anlaß dafür, daß seine Nachfahren 1835 diese Tafel an der Nikolaikirche anbringen ließen.

Literatur
Grotefend, Hermann: *Taschenbuch der Zeitrechnung des deutschen Mittelalters und der Neuzeit.* Berlin 1984, S. 25. – Kurth, S. 63. – Wereckshagen, Carl (Herausgeber): *Der Protestantismus am Ende des XIX. Jahrhunderts in Wort und Bild.* Berlin 1900–1902, S. 489.

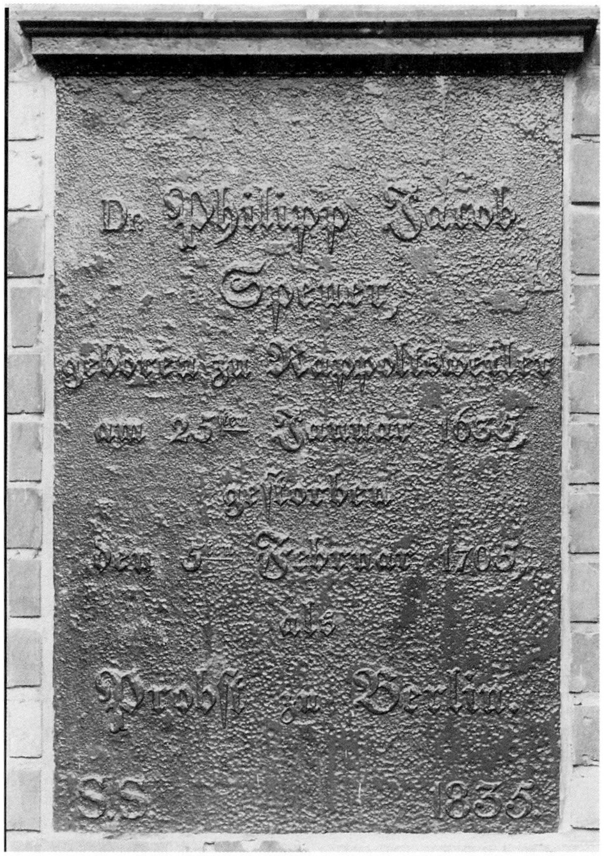

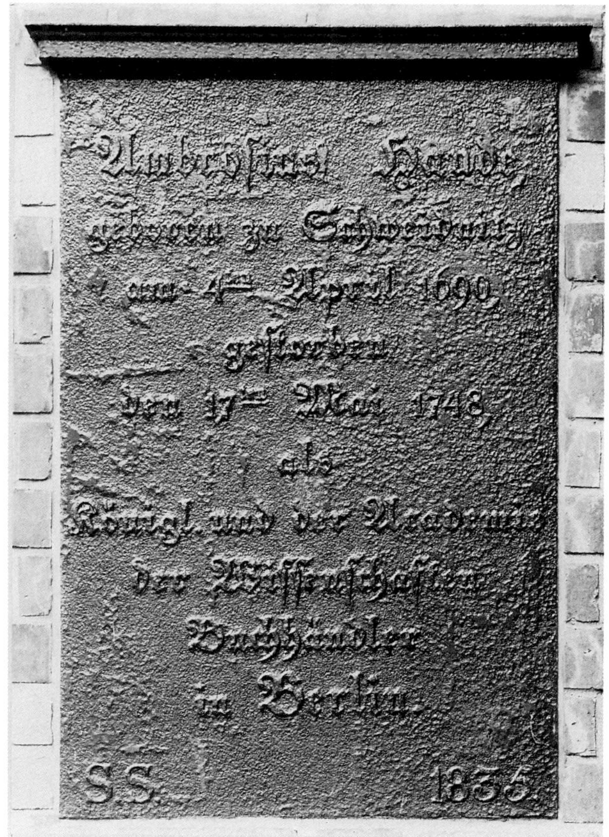

122
Kat. 82

123
Kat. 83

83 (Abb. 62, 123)

Gedenktafel für den Buchhändler Ambrosius Haude (*4. 4. 1690, †17. 5. 1748)

1835. Chor, Nordwand (außen)

Gußeisen, geschwärzt. Starke Rostnarben.
Inschrift: »Ambrosius Haude,/geboren zu Schweidnitz/am 4ten April 1690,/gestorben/den 17ten Mai 1748,/als/Königl. und der Academie/der Wissenschaften/Buchhändler/in Berlin./S.S./1835.«
H. 124cm B. 94 cm

In Gestaltung und Ausführung ist die Gedenktafel mit der für Philipp Jacob Spener (Kat. 82) identisch. Die Tafel für Ambrosius Haude, ein Schwiegersohn Speners, wurde ebenfalls 1835 an der Nikolaikirche angebracht.

Literatur
KURTH, S. 63.

84 (Abb. 124)
Gedenktafel für den Kirchenlieddichter Paul Gerhardt (* 12. 3. 1607, † 27. 5. 1676), Diakon an St. Nikolai
1957. Turm, Westwand (außen)
Bronze; gut erhalten. Inschrift: »PAUL/ GERHARDT/GEB. 12.3. 1607/GEST. 7.6. 1676/ WIRKTE AN DER/SANKT/NIKOLAIKIRCHE/IN BERLIN/VON 1657 BIS 1666/LOBET DEN HERREN ALLE/DIE IHN EHREN!«
H. 86 cm B. 60,5 cm

Die von der Kirchenleitung der Evangelischen Kirche in Berlin-Brandenburg gestiftete Bronzetafel für Paul Gerhardt wurde im März 1957 an der Turmwand der Kirchenruine angebracht. Sie erinnert an das Wirken des Kirchenlieddichters an der Nikolaikirche und wurde aus Anlaß seines 350. Geburtstages enthüllt. Das auf der Tafel genannte Sterbedatum ist in Wirklichkeit das Datum der Beisetzung Gerhardts in Lübben.

Literatur
Er betete im Gedicht, in: *Die Kirche,* Evangelische Wochenzeitung, Berliner Ausgabe vom 24. 3. 1957, S. 2.

85 (Abb. 125)
Hans Füssel
Gedenktafel für Johann Crüger
(* 9. 4. 1598, † 23. 2. 1662), Kantor an St. Nikolai
1962. Turm, Westwand (außen)
Bronze. Gut erhalten. Inschrift: »JOHANN/ CRÜGER/GEB. 9.4. 1598/GEST. 23.2. 1662/ KANTOR AN DER/ SANKT/NIKOLAIKIRCHE/IN BERLIN/VON 1622 BIS 1662/NUN DANKET ALLE/ GOTT!«
H. 85,5 cm B. 61cm

Anläßlich des 300. Todestages von Johann Crüger wurde im Februar 1962 eine Bronzetafel an der Turmwand der Kirchenruine angebracht. Den Auftrag hierzu hatte die St. Nikolai- und St. Marien-Kirchengemeinde erteilt. Das Evangelische Konsistorium von Berlin-Brandenburg bezahlte den Bildgießer Hans Füssel aus Berlin für die Anfertigung der Gedenktafel.

Literatur
G. L.: Nun danket alle Gott, in: *Die Kirche,* Evangelische Wochenzeitung, Berliner Ausgabe vom 18. 3. 1962, S. 2.

124
Kat. 84

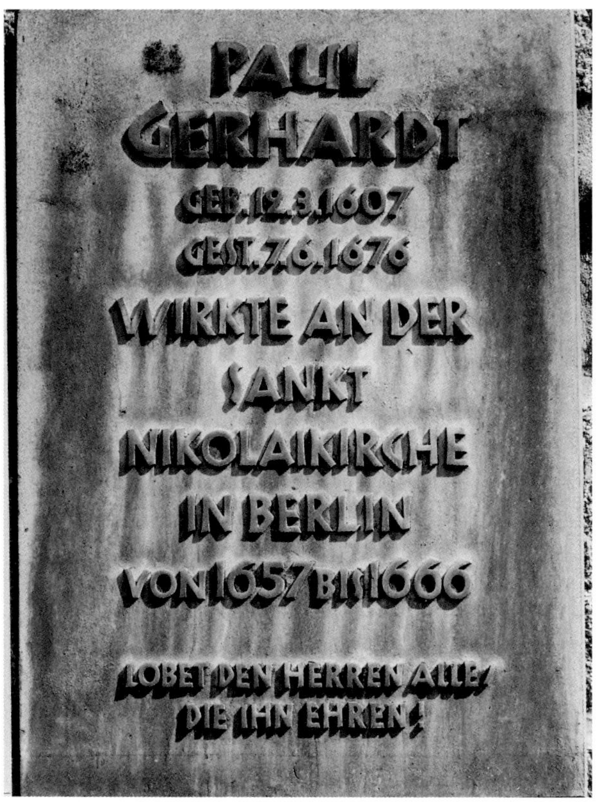

125
Kat. 85

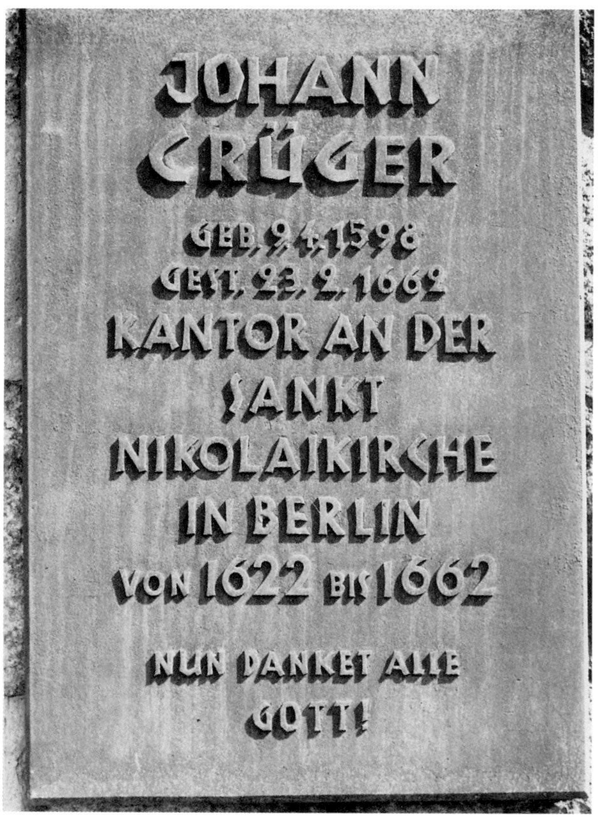

Farbtafeln

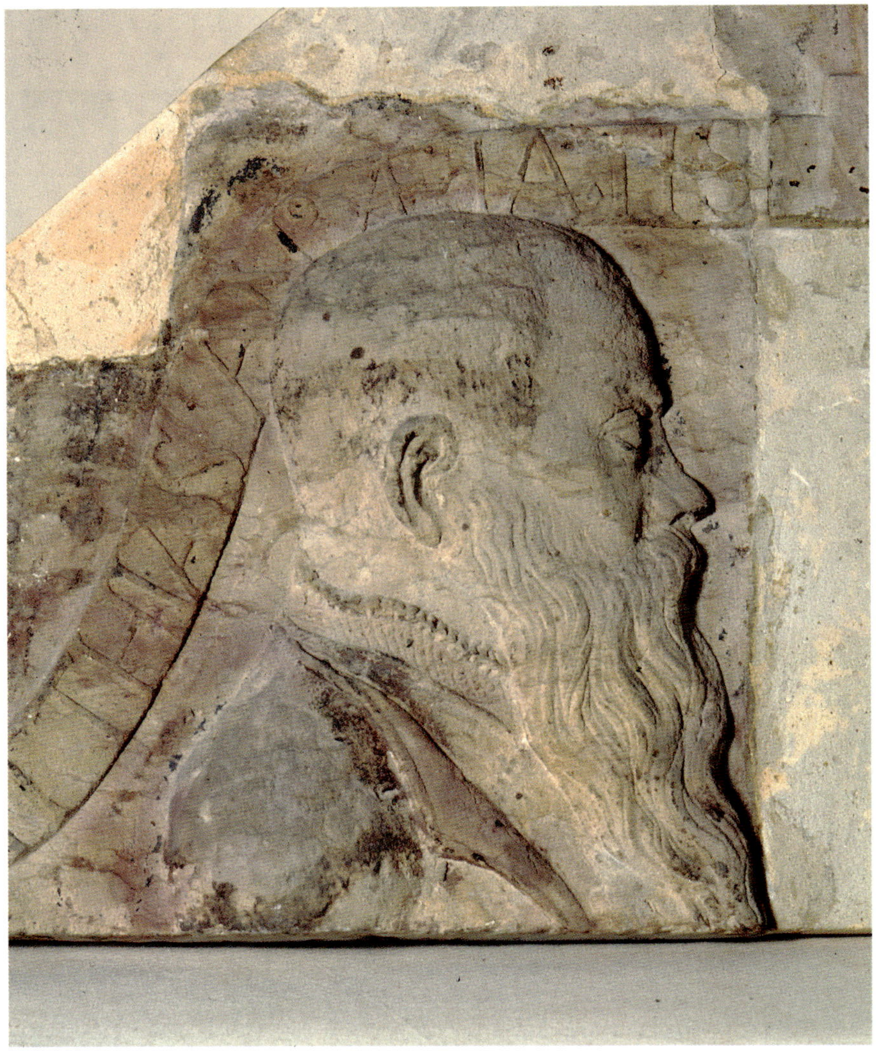

1
Reliefporträt Thomas Matthias
(Kat. 2)

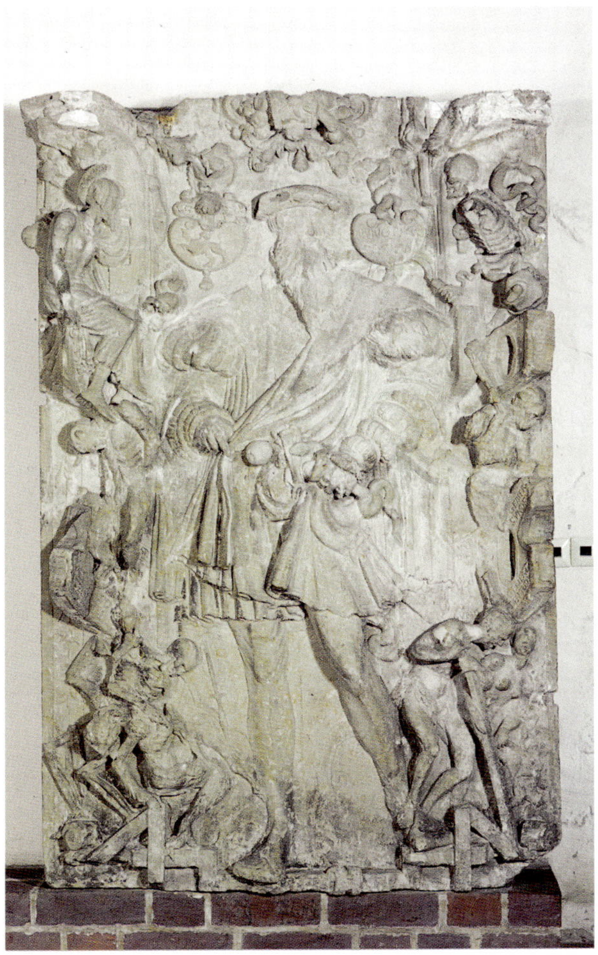

2
Epitaph Gregor Bagius
(Kat. 3)

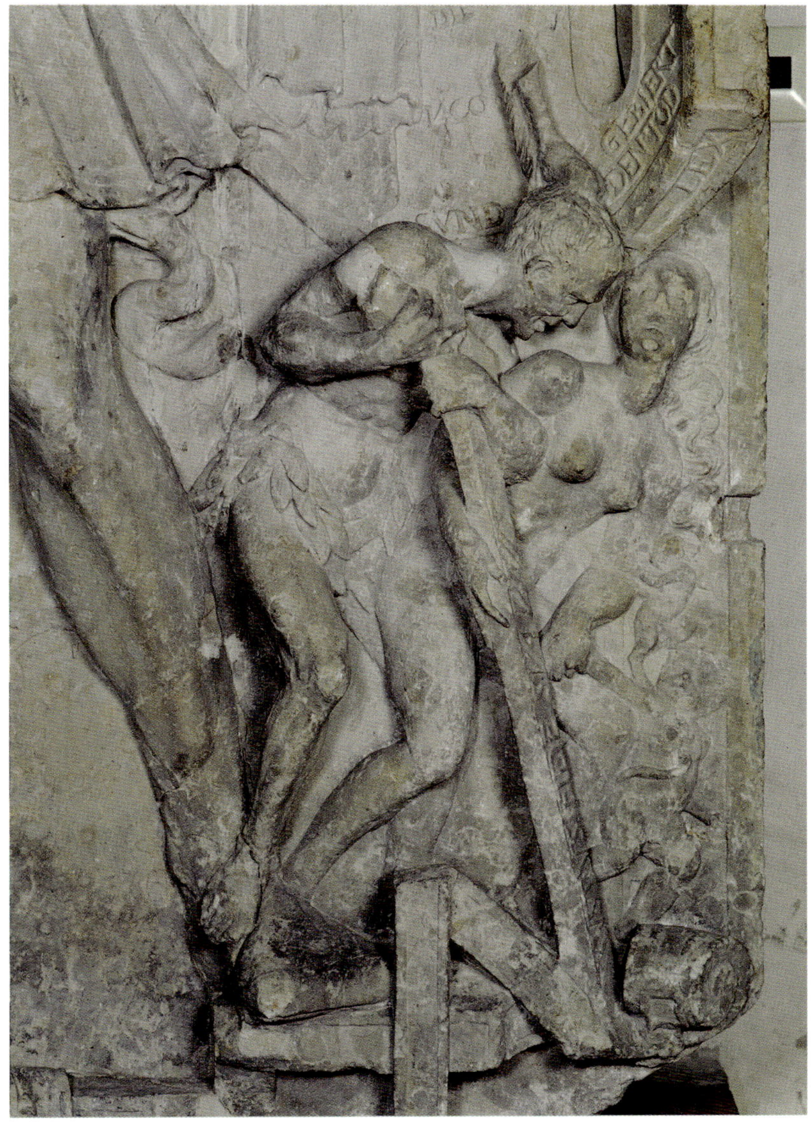

3
»Adam-Eva«-Gruppe.
Detail vom Epitaph Bagius

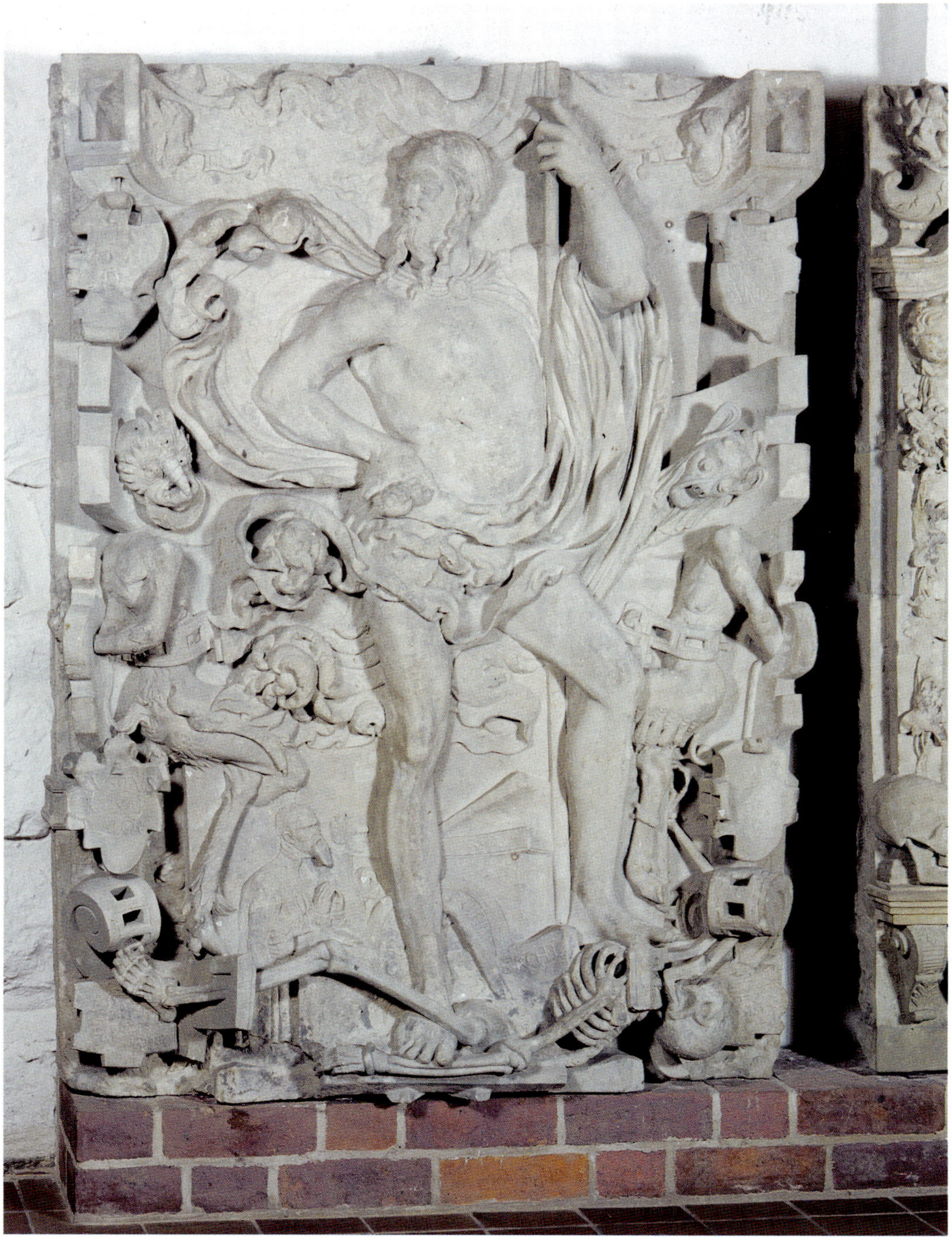

4
Epitaph Paul
Praetorius (Kat. 4)

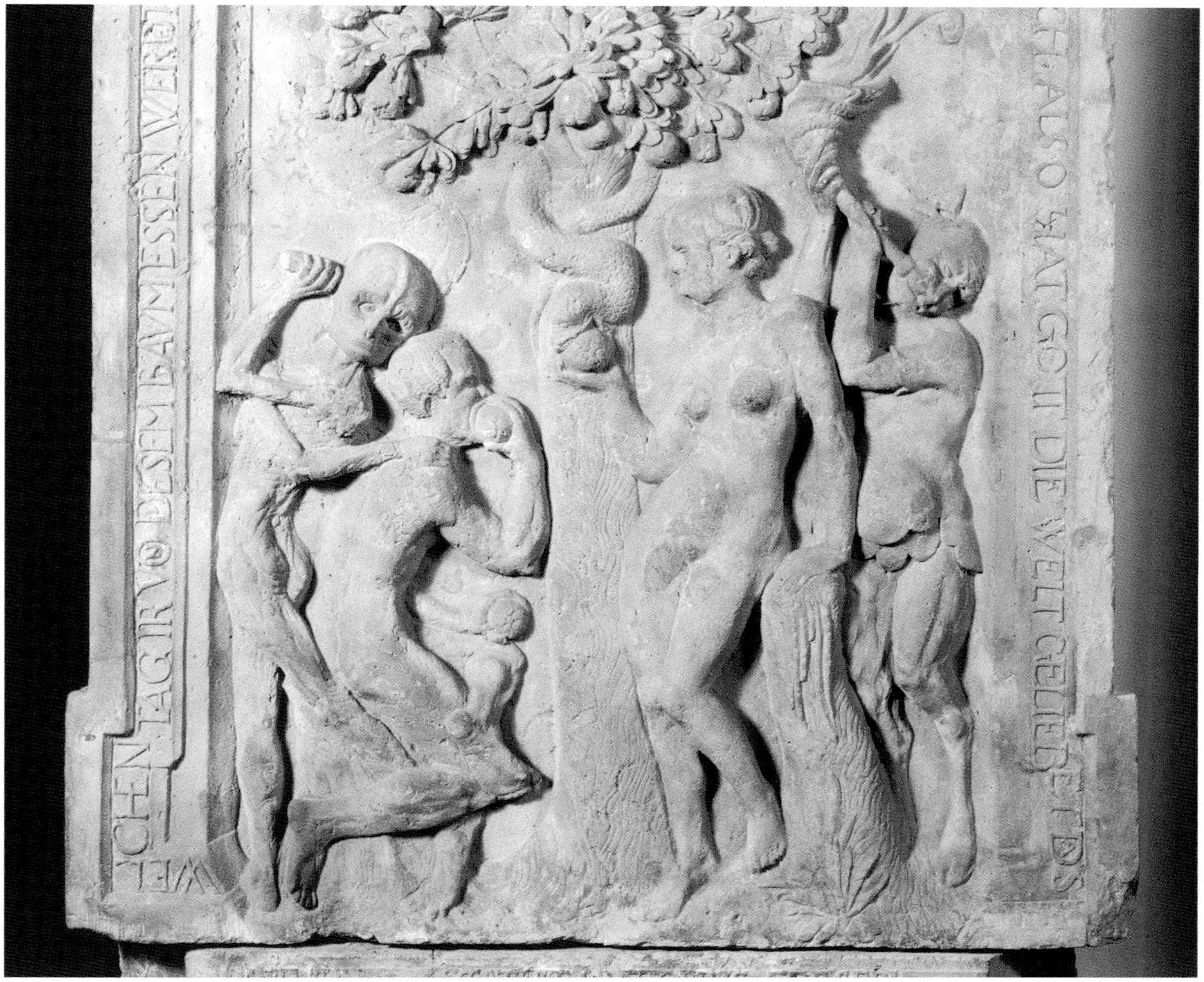

5
Sündenfall.
Detail vom Epitaph
Kemnitz (Kat. 5)

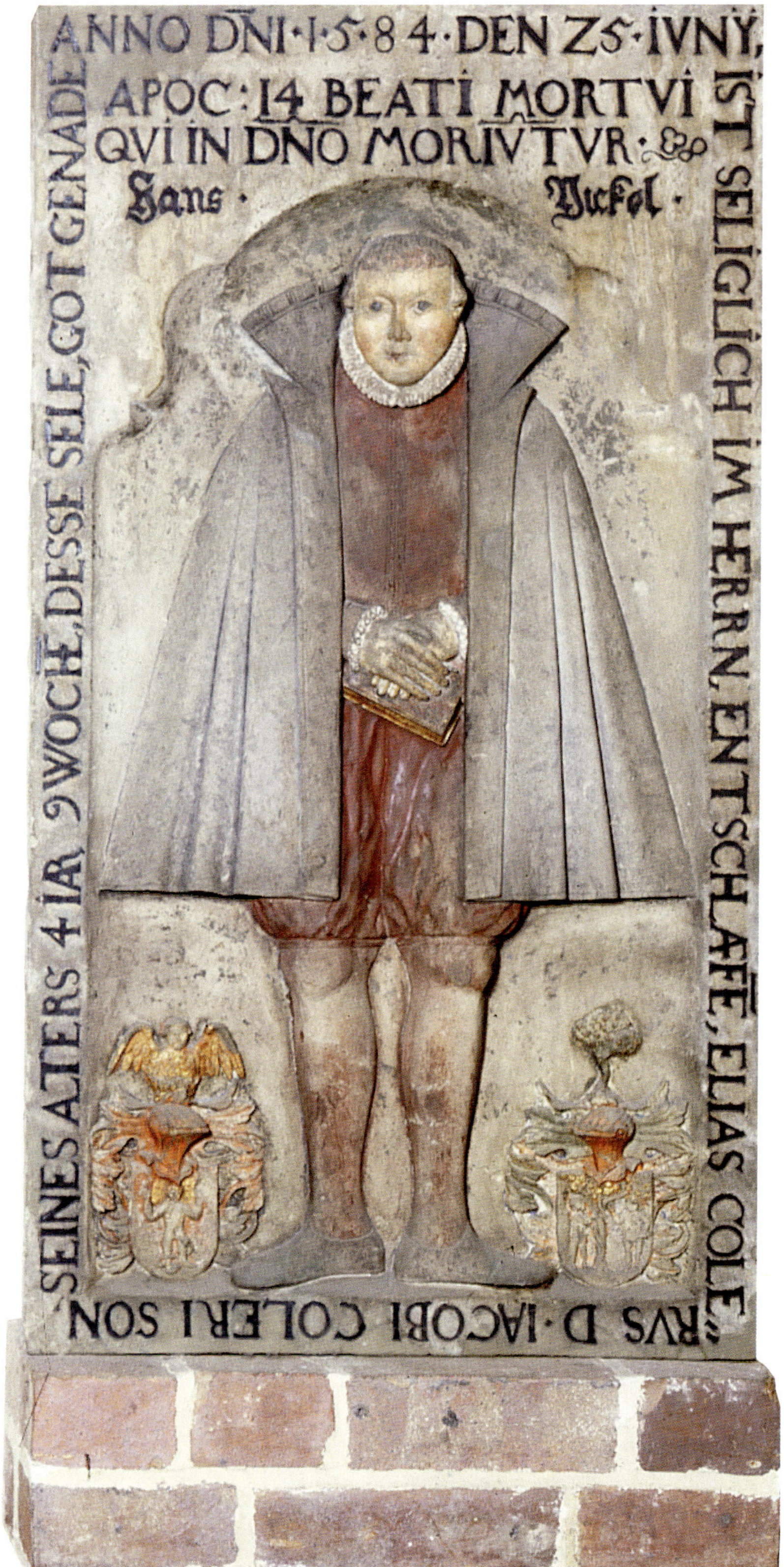

6
Epitaph Elias Colerus (Kat. 6)

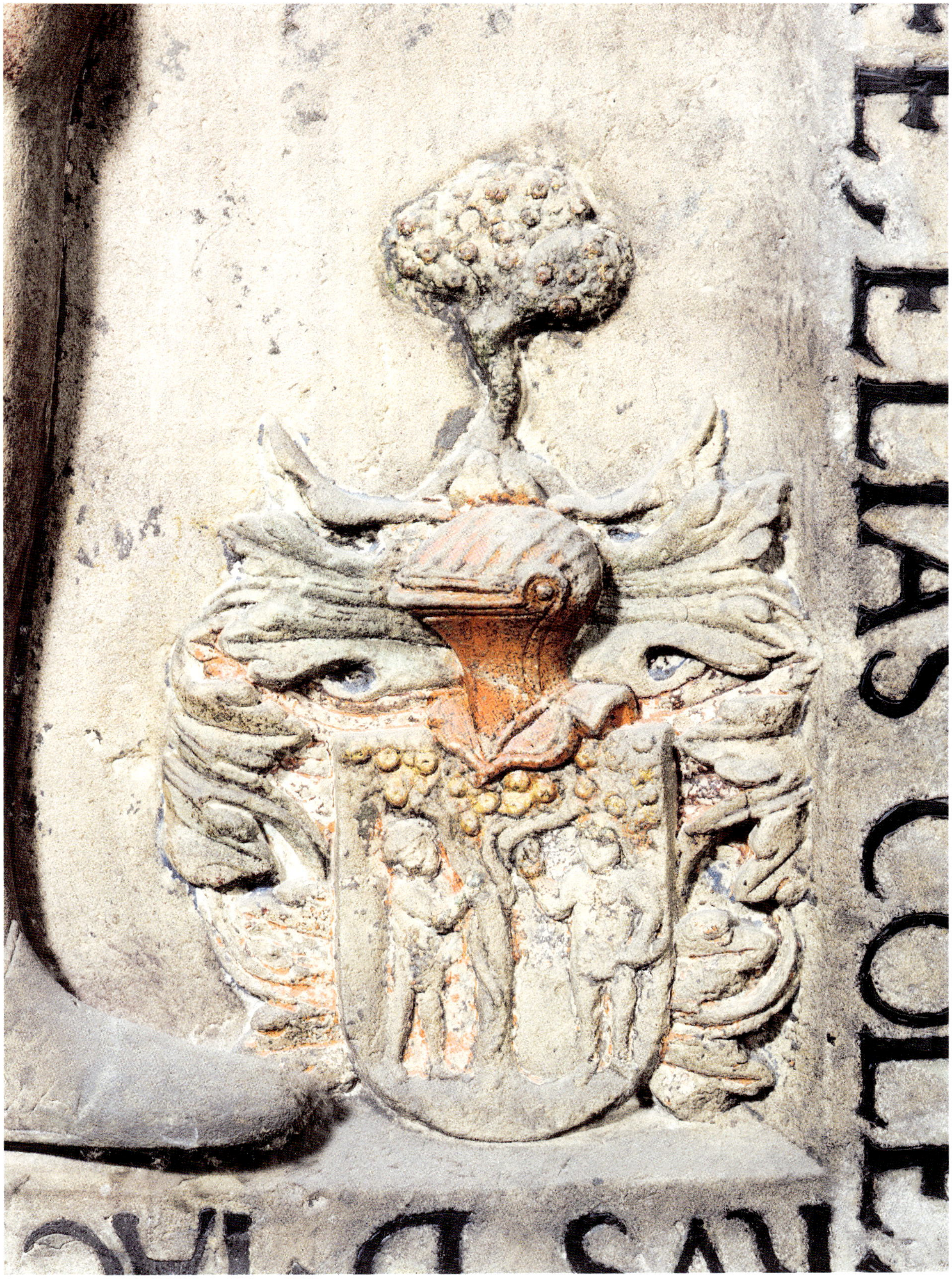

7
»Wappendarstellung«. Detail vom Epitaph Colerus

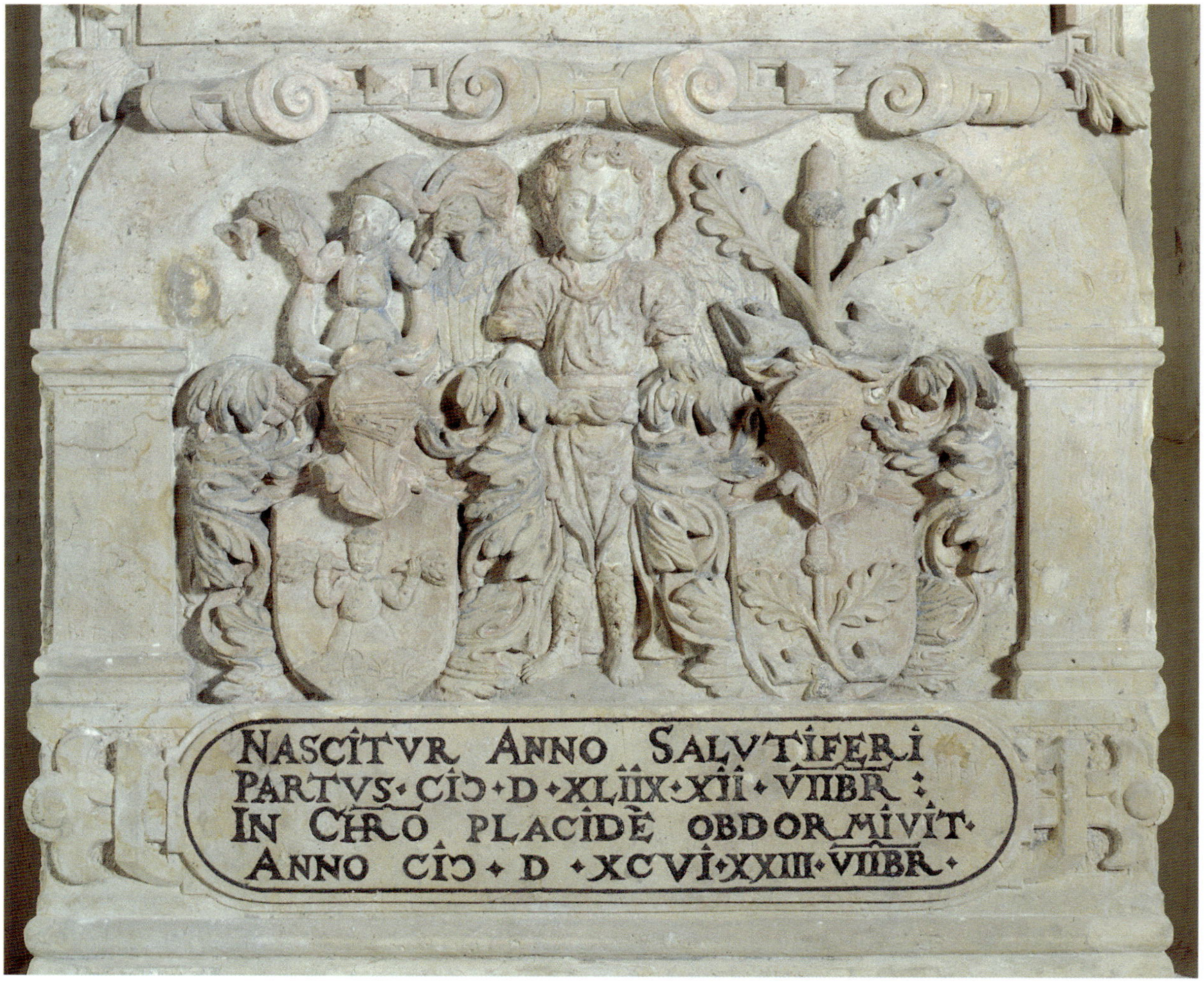

8
Wappen. Detail vom Epitaph Heiden
(Kat. 11)

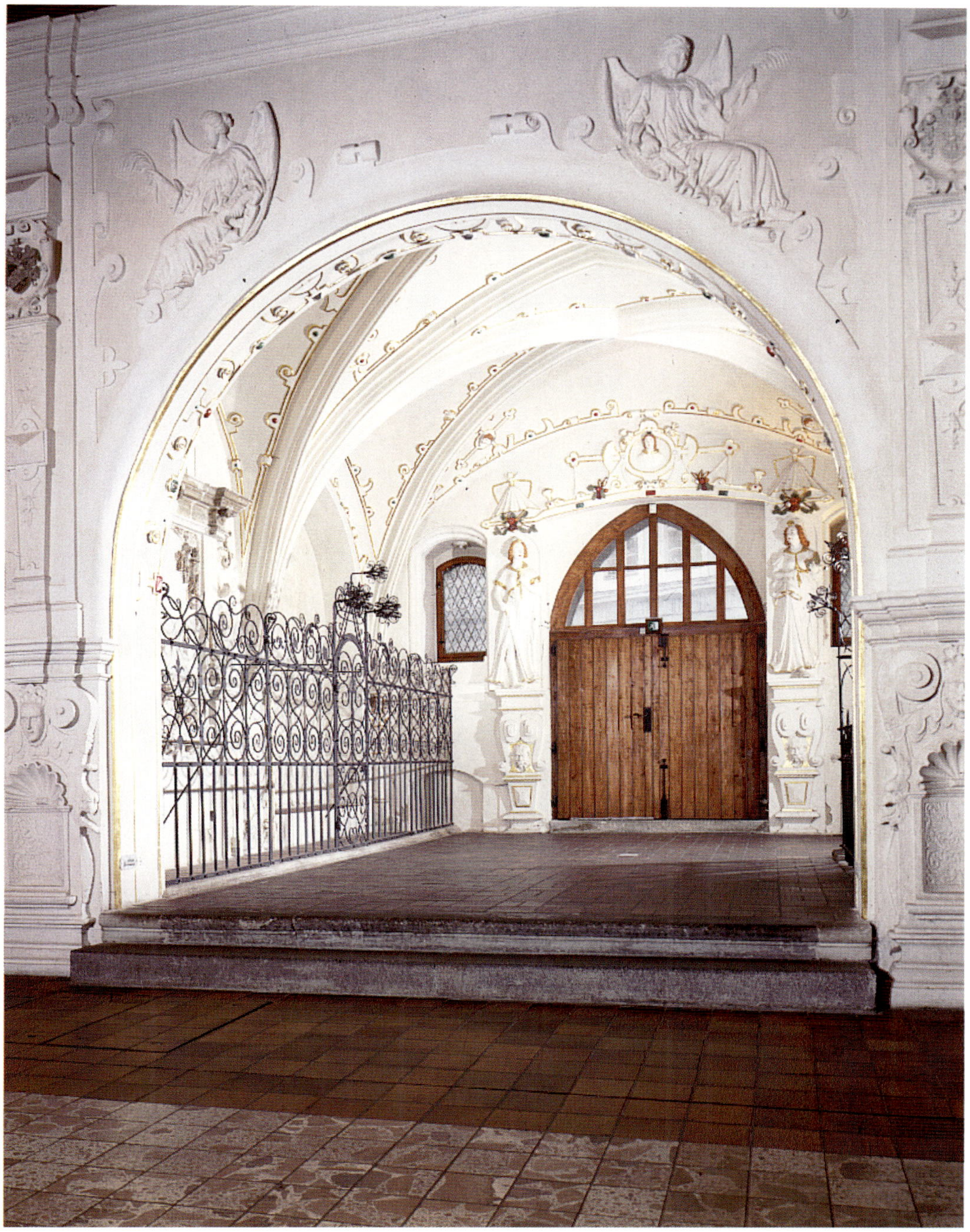

9
Grabkapelle
Johann von
Kötteritz (Kat. 13)

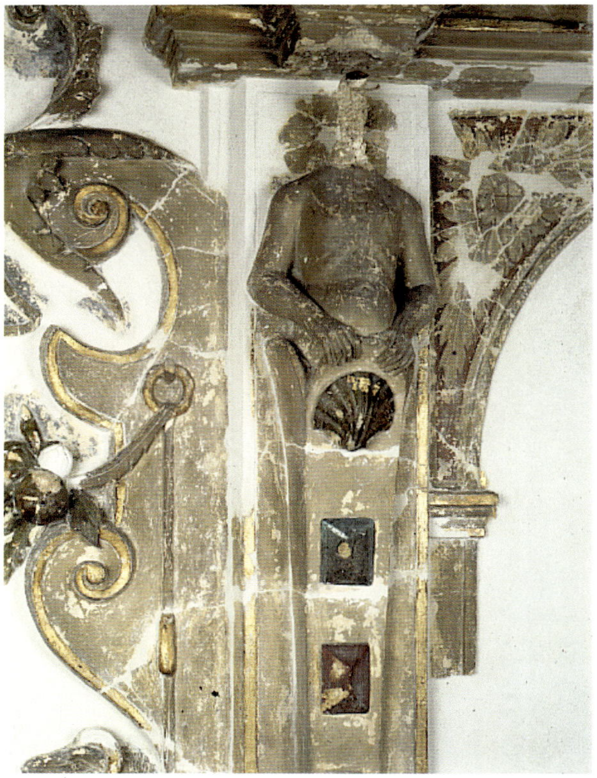

10
Hermenkaryatide. Detail vom Epitaph Kötteritz

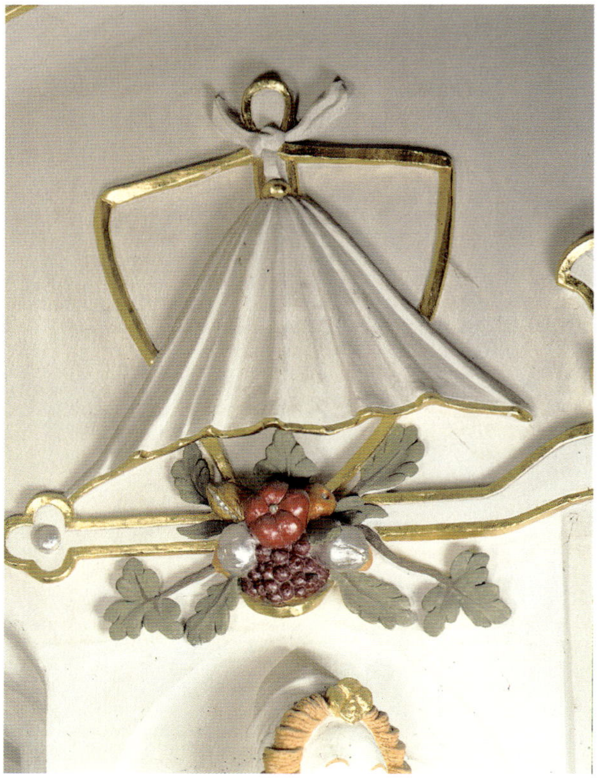

11
Ornamentdetail aus der Kapelle Kötteritz

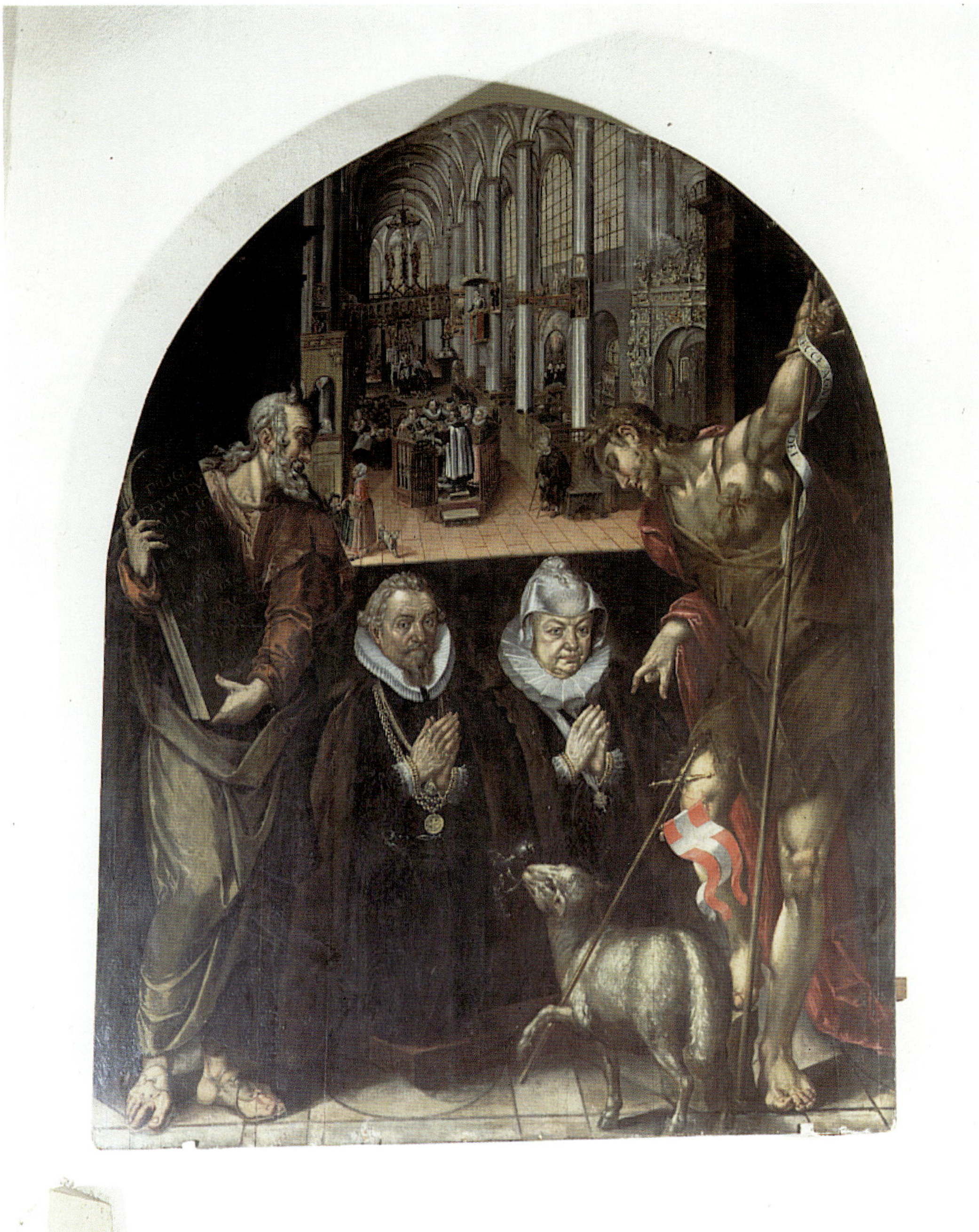

12
Gedächtnisbild für
das Ehepaar von Kötteritz, 1616,
Öl auf Holz

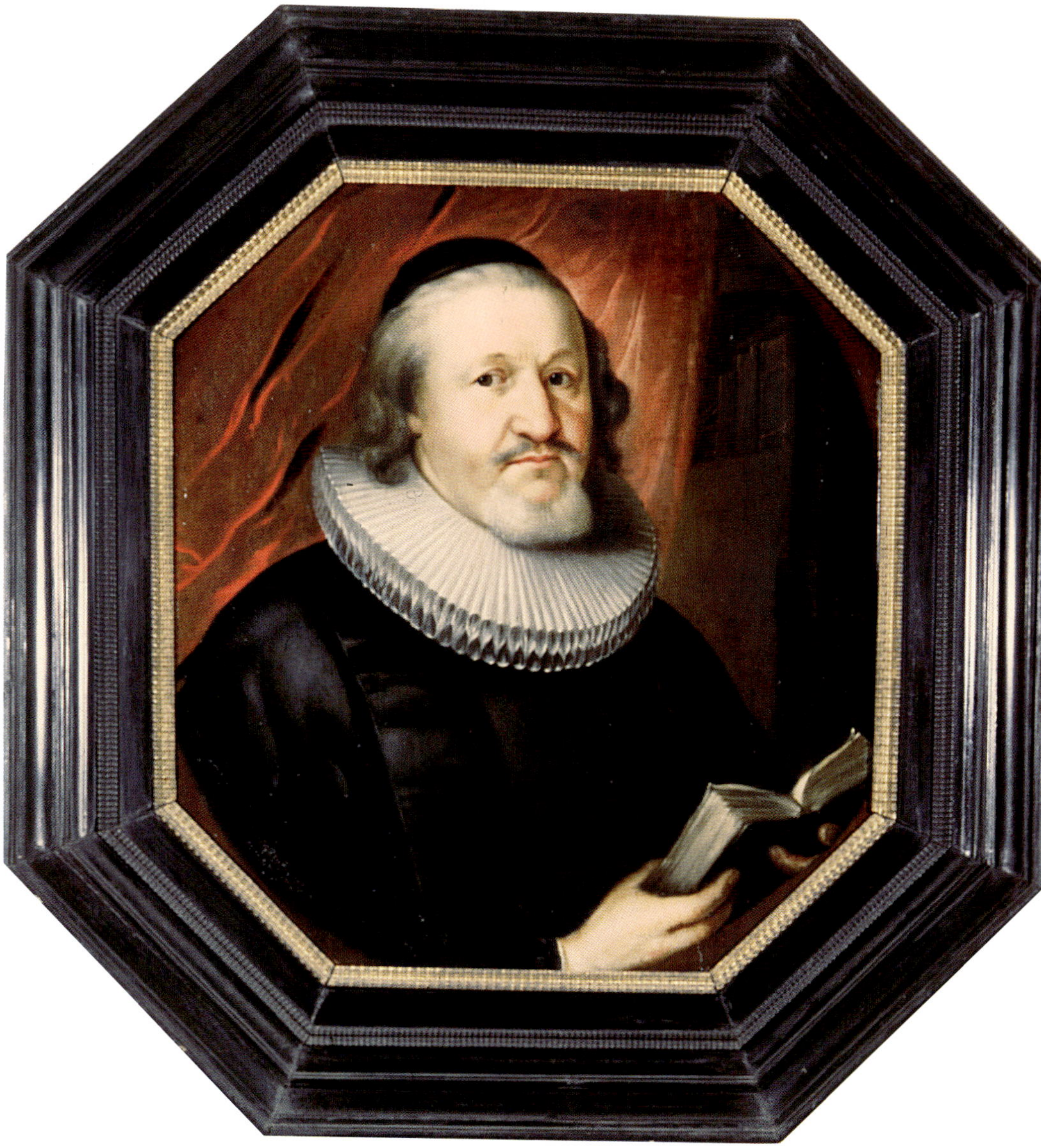

13
M. C. Hirt:
Propst Lilie, um 1666,
Öl auf Kupfer (Kat. 19)

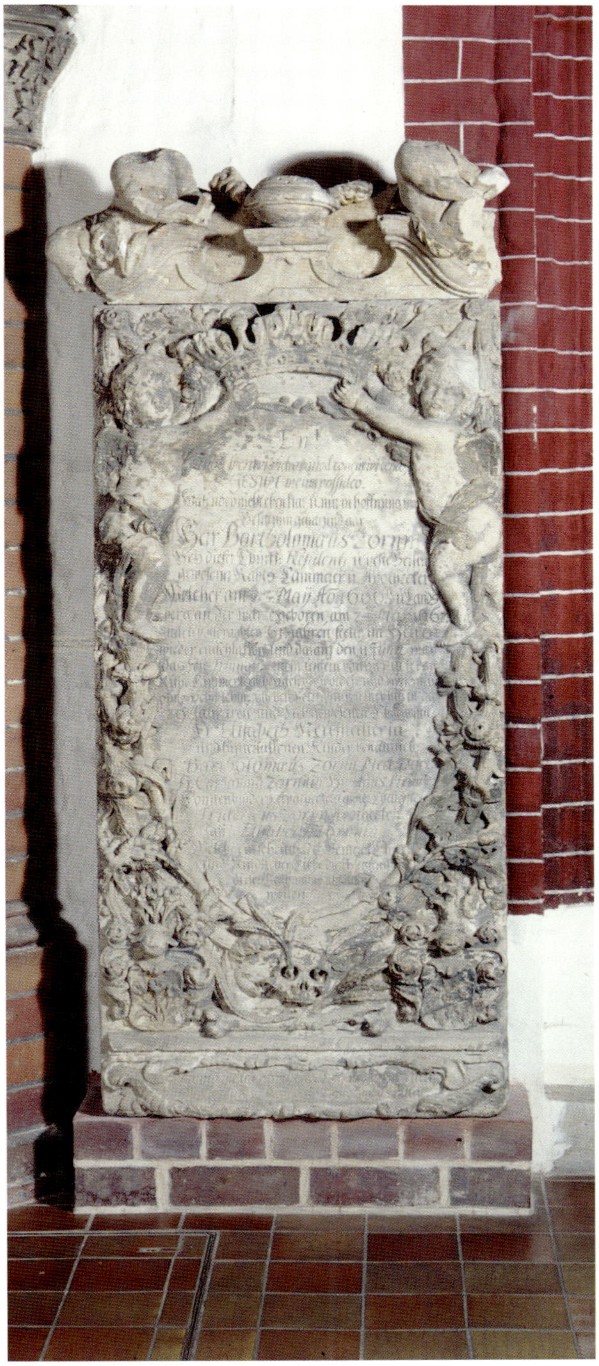

14
Epitaph Bartholomäus Zorn
(Kat. 20)

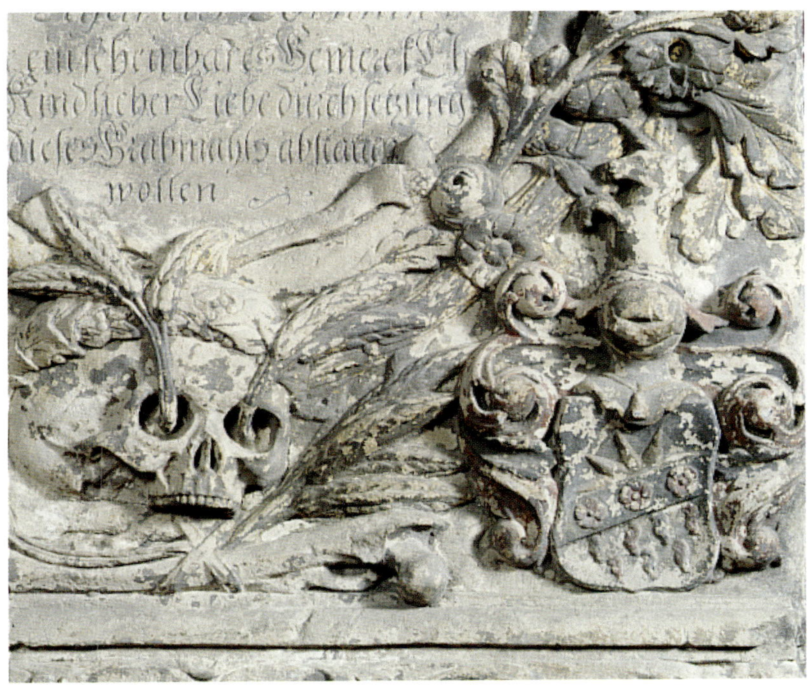

15
Totenkopf und Wappen.
Detail vom Epitaph Zorn

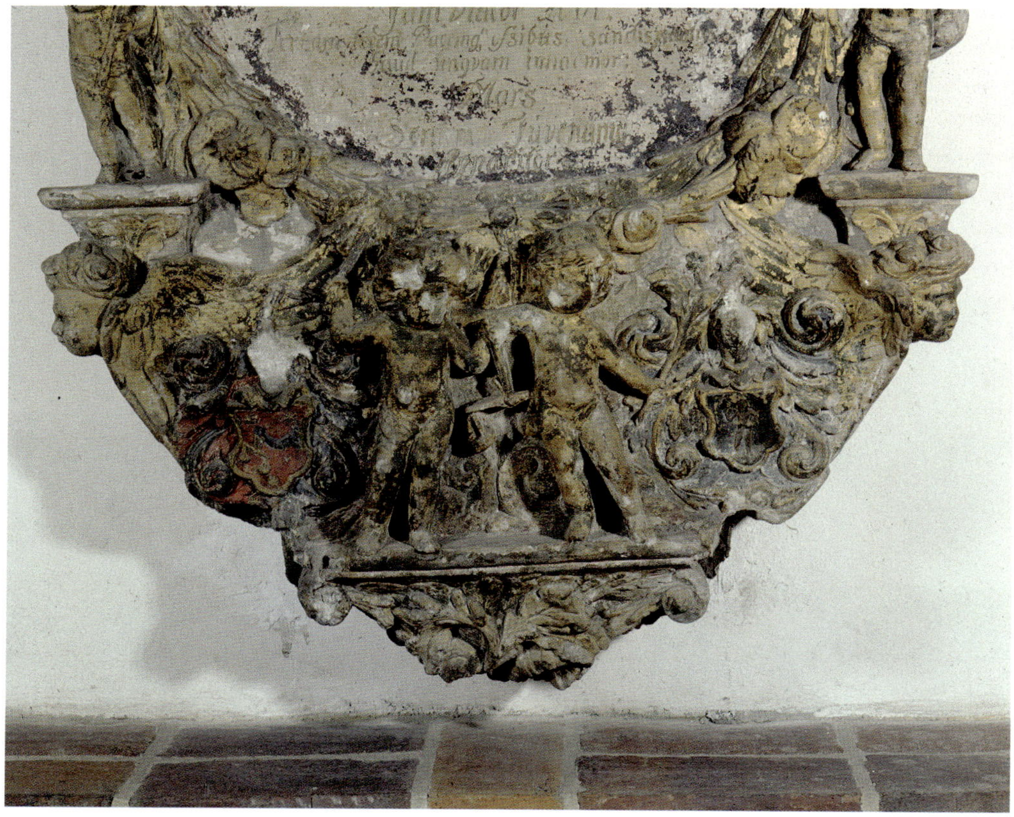

16
Unterhang vom Epitaph Zarlang
(Kat. 24)

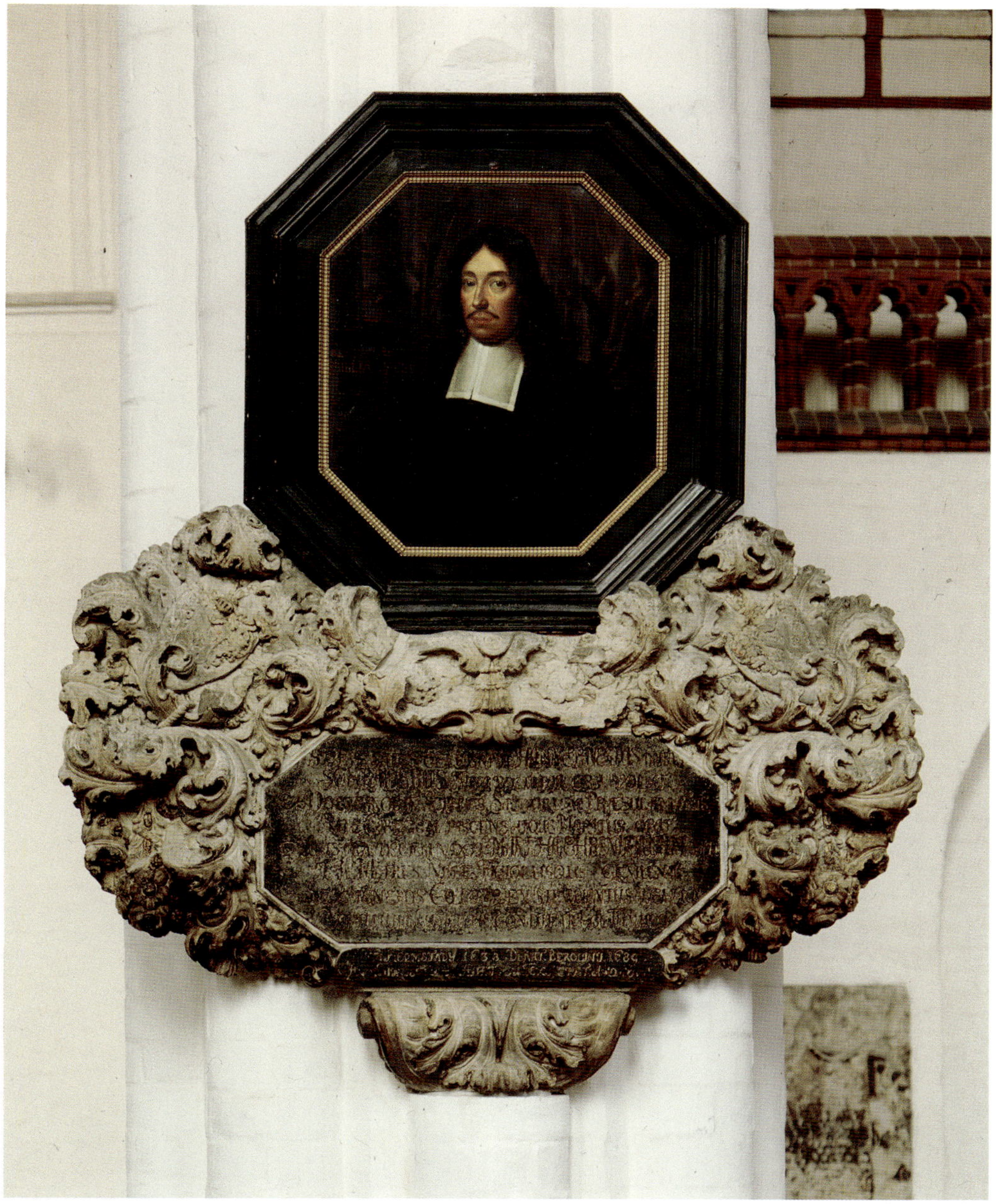

17
Epitaph Johann
Ernst Schrader
(Kat. 29)

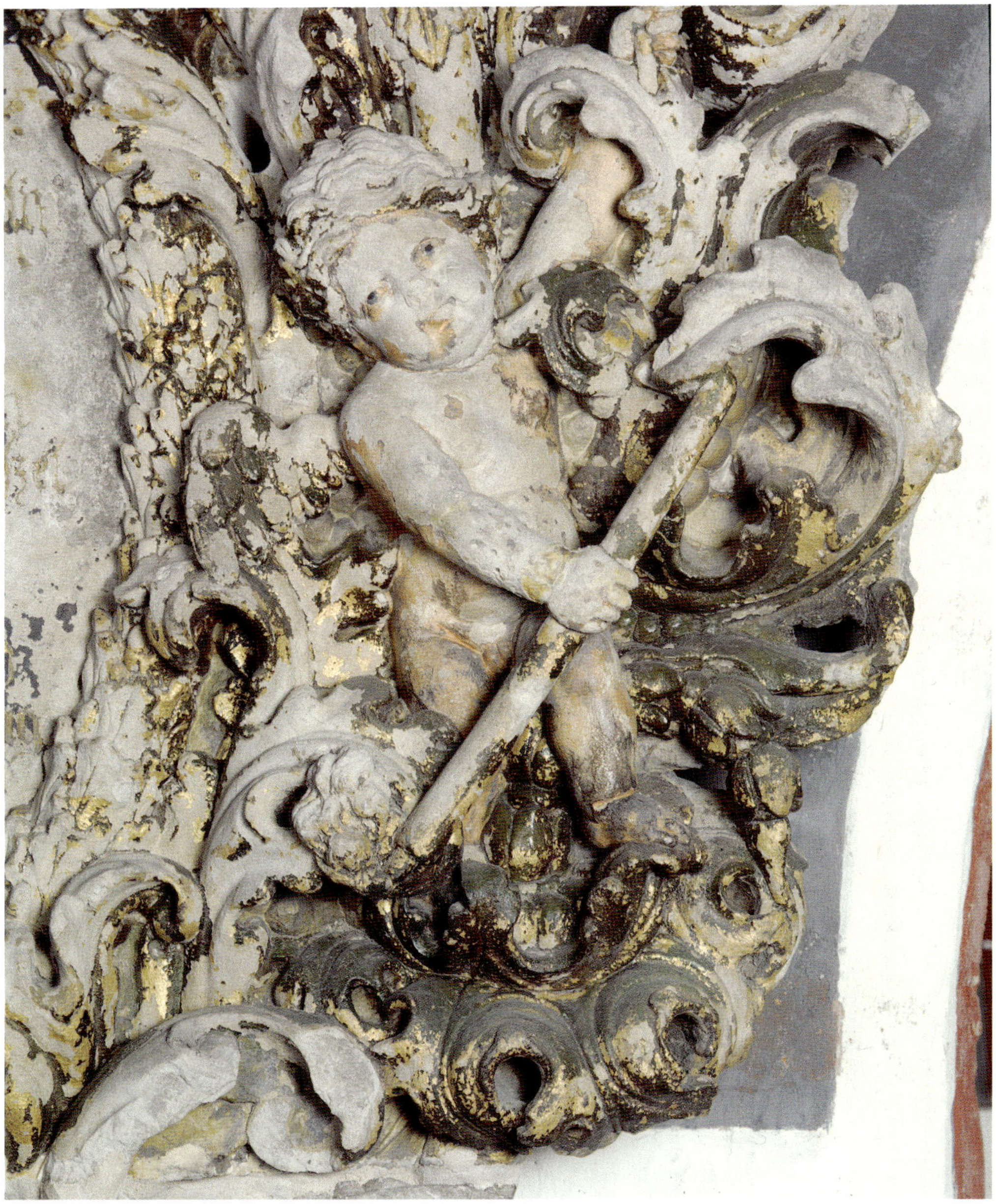

18
Putto mit gesenkter Fackel.
Detail vom Epitaph Westarph (Kat. 30)

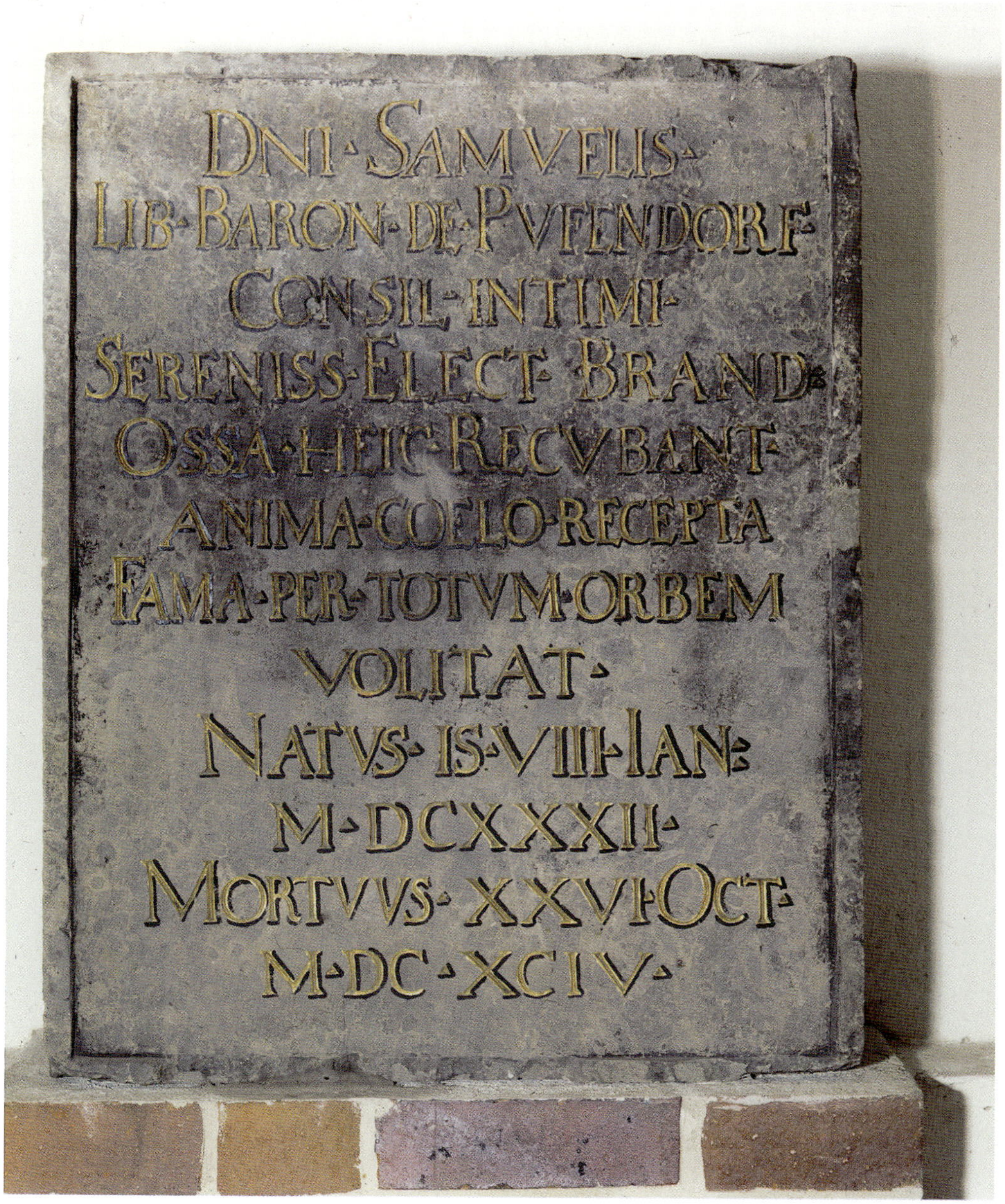

19
Inscriftstein aus dem Erbbegräbnis
von Pufendorf (Kat. 31)

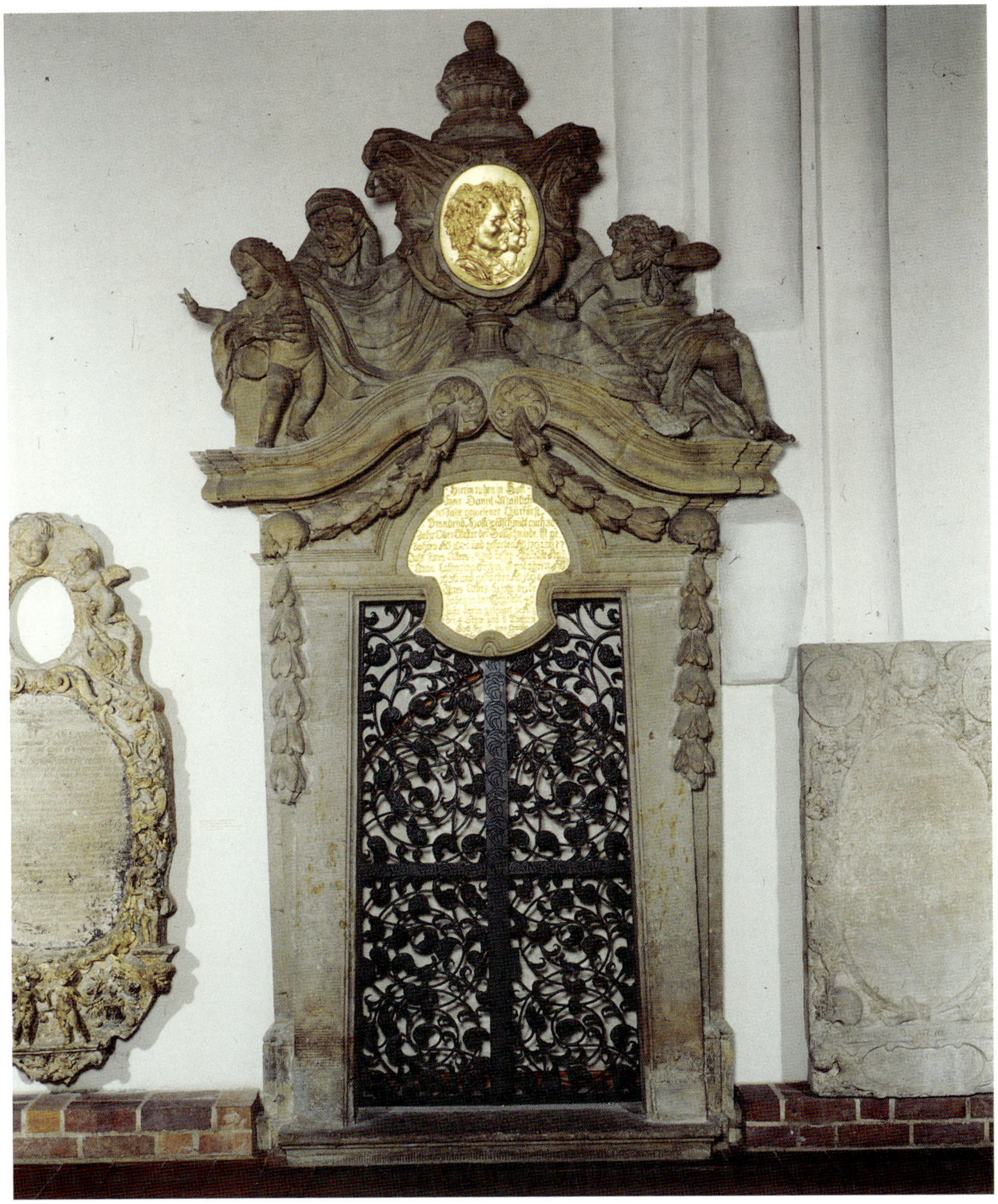

20
Gruftportal Daniel Mannlich (Kat. 35)

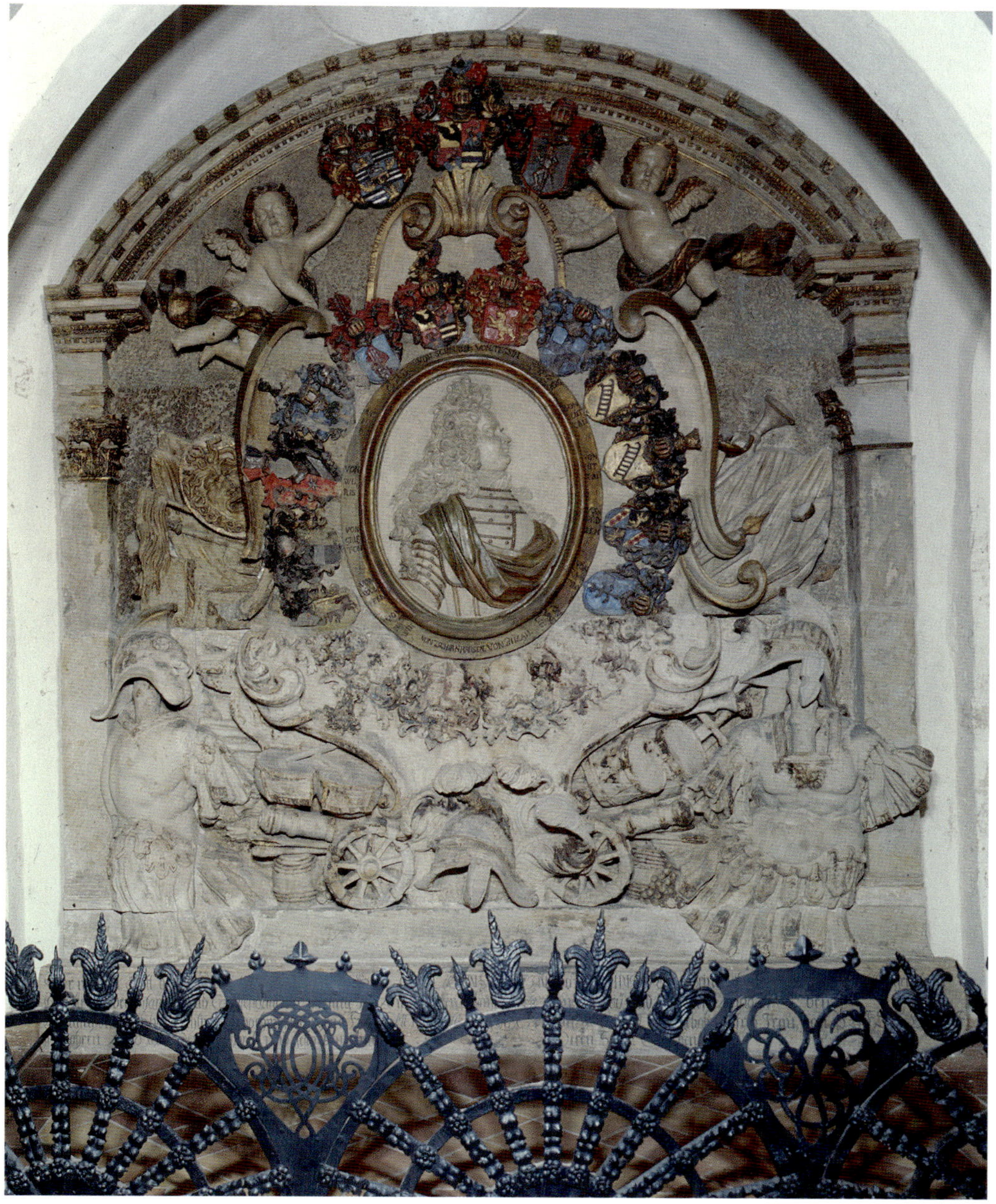

21
Grabdenkmal Carl Constantin von Schnitter (Kat. 37)

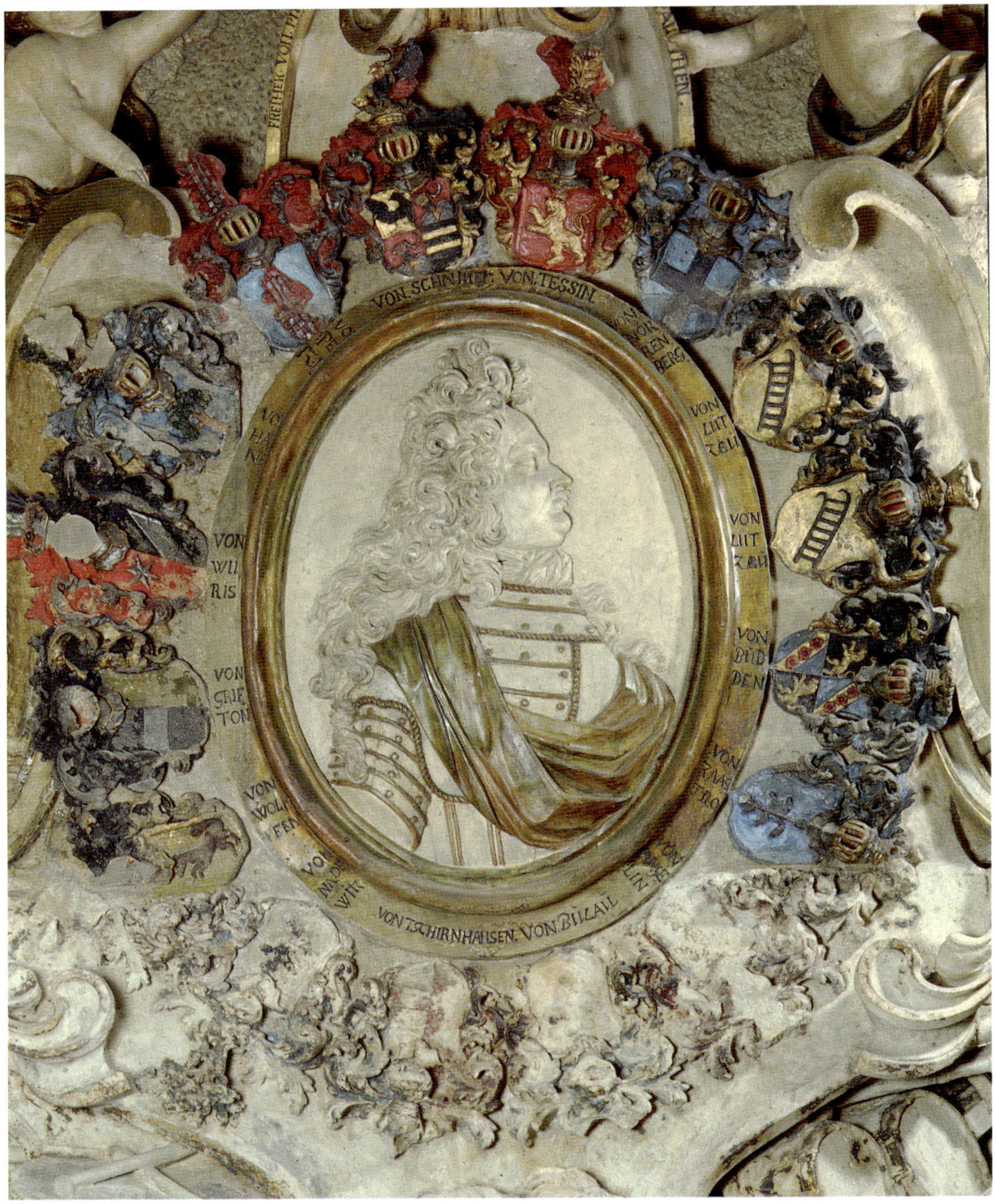

22
Porträtrelief mit Wappenkranz. Grabdenkmal Schnitter

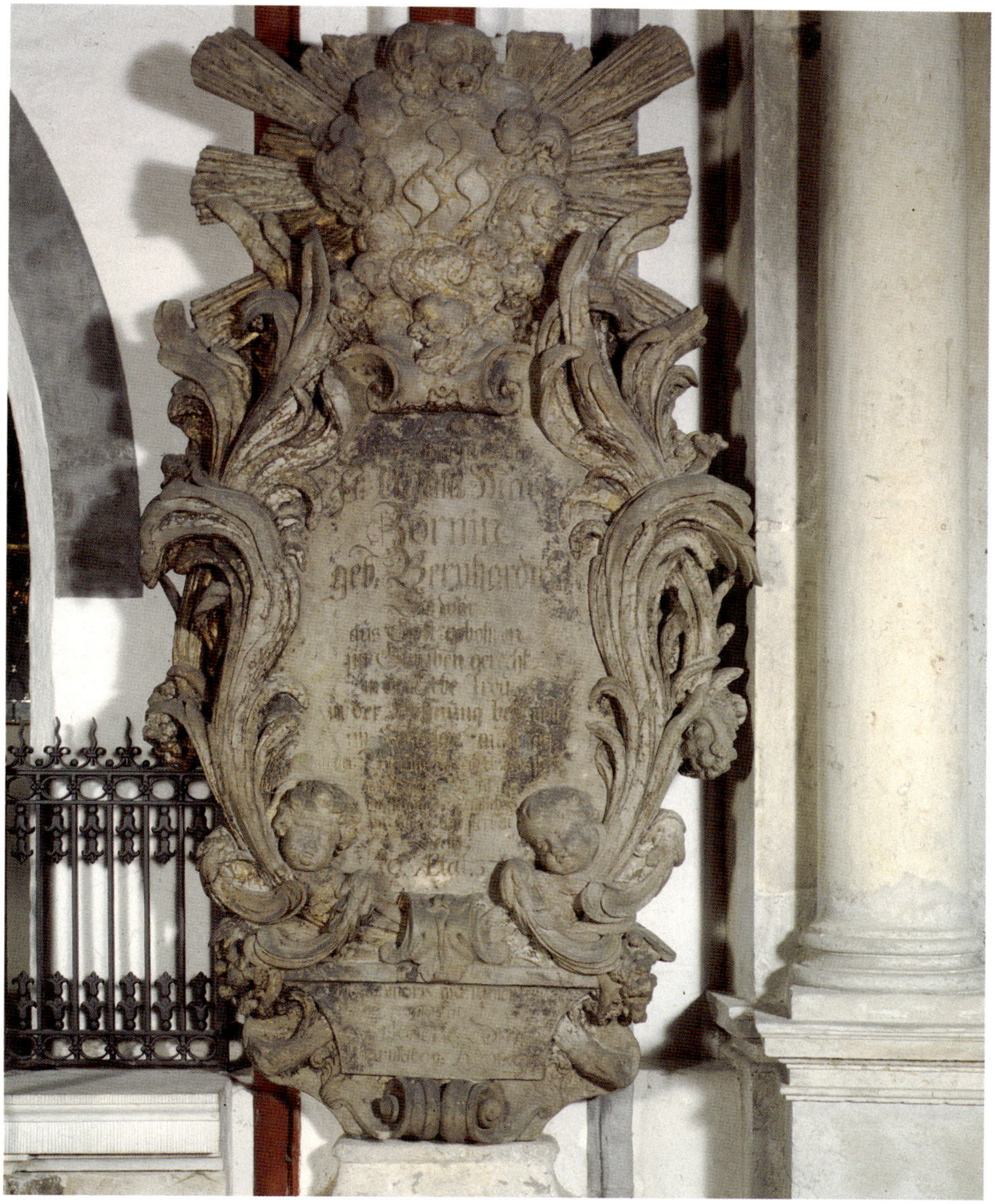

23
Epitaph Ursula Maria Zorn
(Kat. 45)

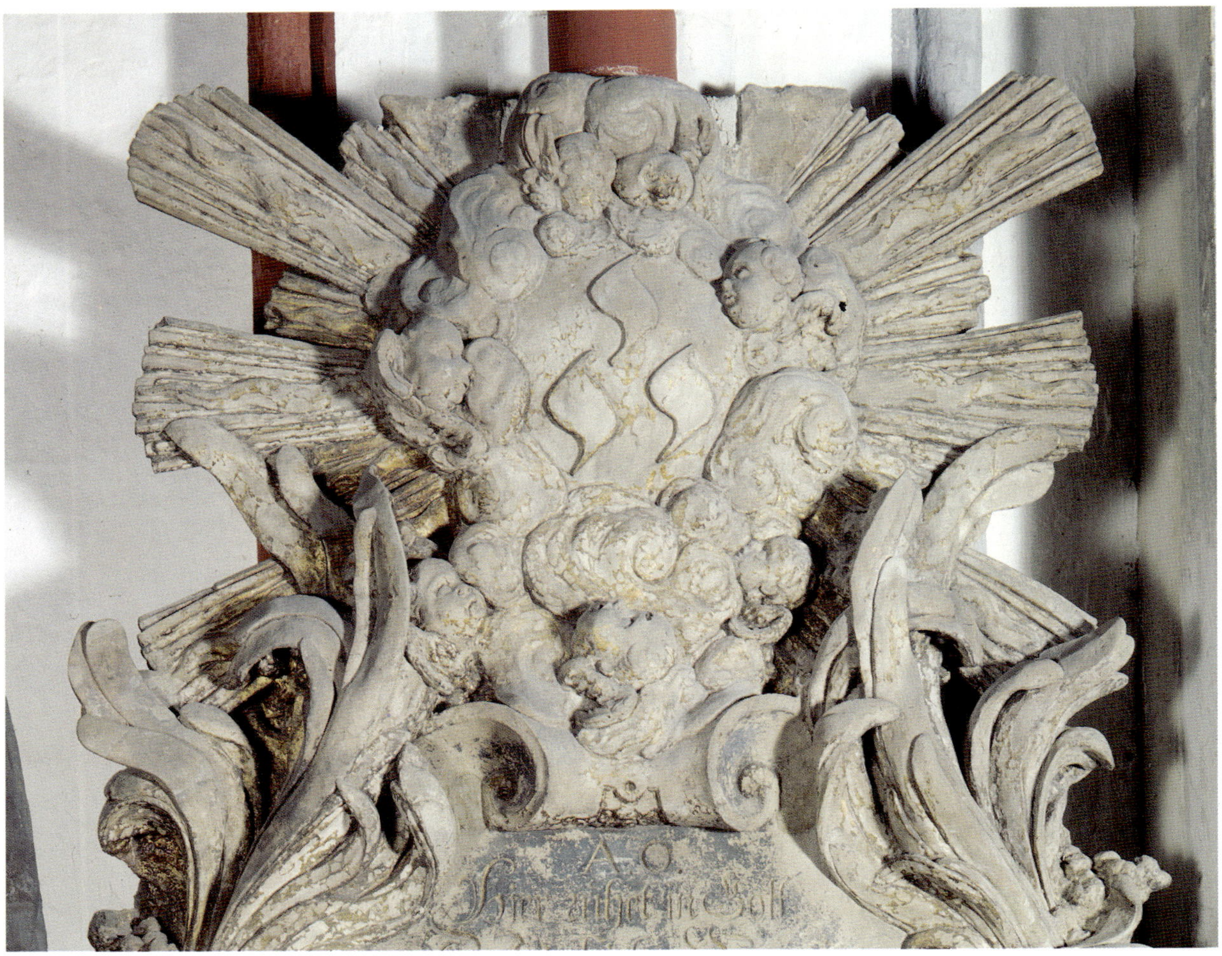

24
Wolkengloriole mit Strahlenkranz. Detail vom Epitaph Zorn

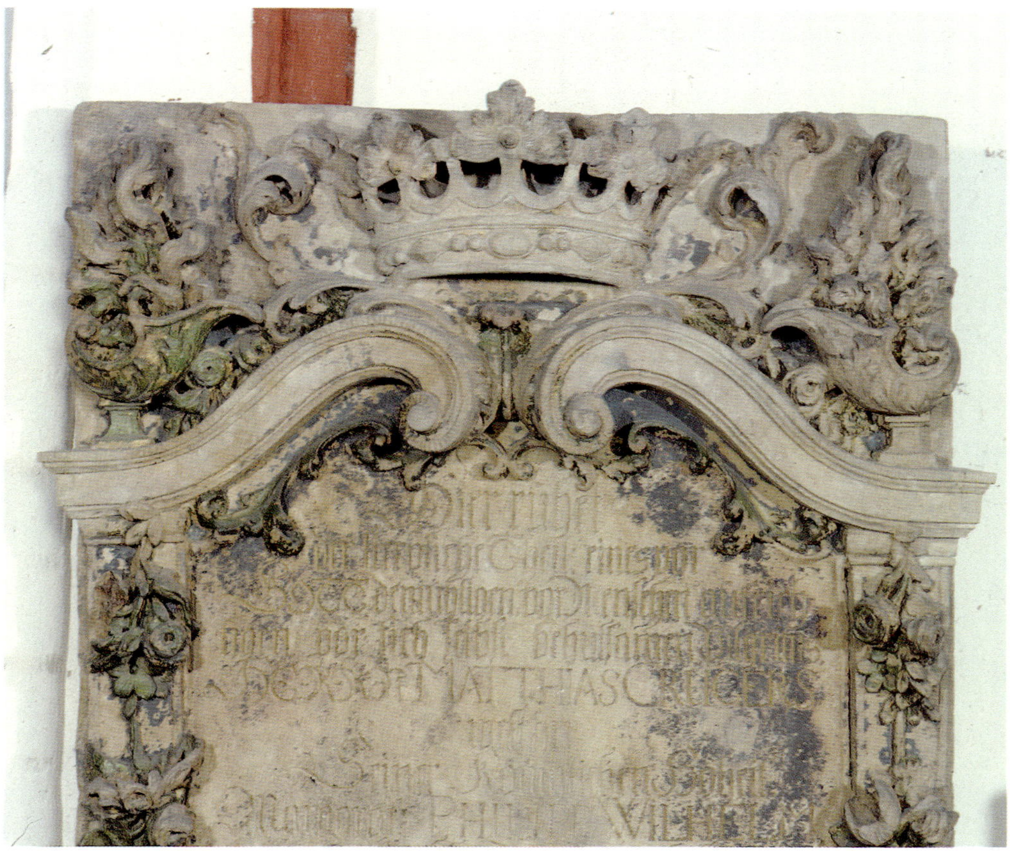

25
Volutenverdachung mit
Krone des Lebens.
Epitaph Crüger (Kat. 47)

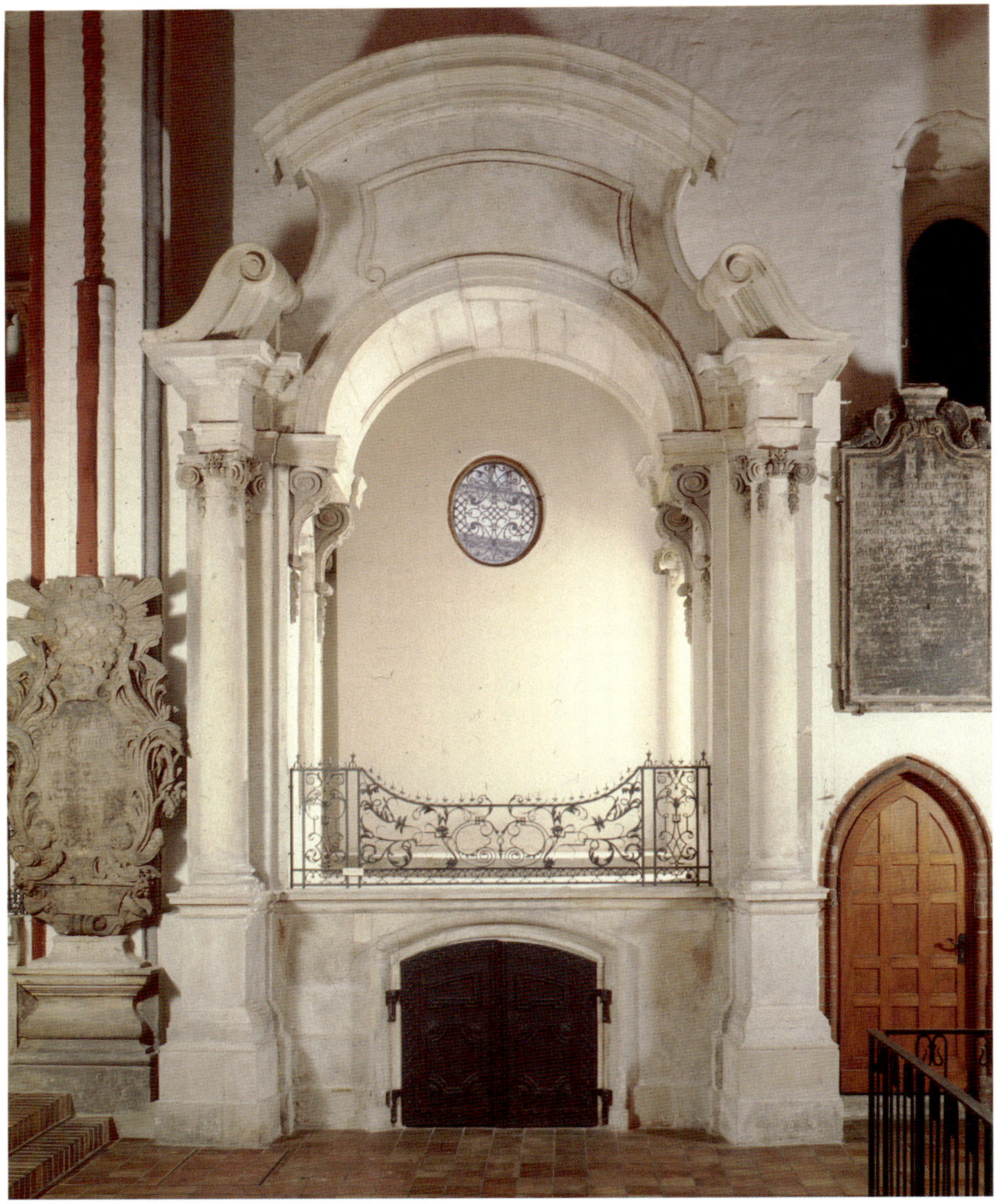

26
Grabkapelle Severin Schindler
(Kat. 51)

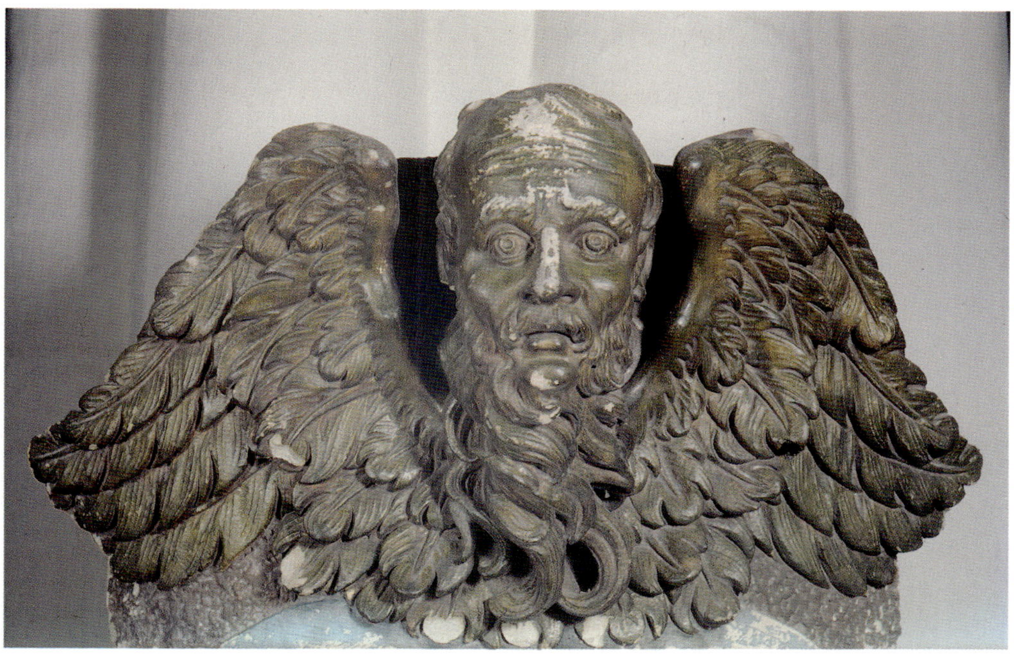

27
Chronos. Detail vom Epitaph Zorn (Kat. 54)

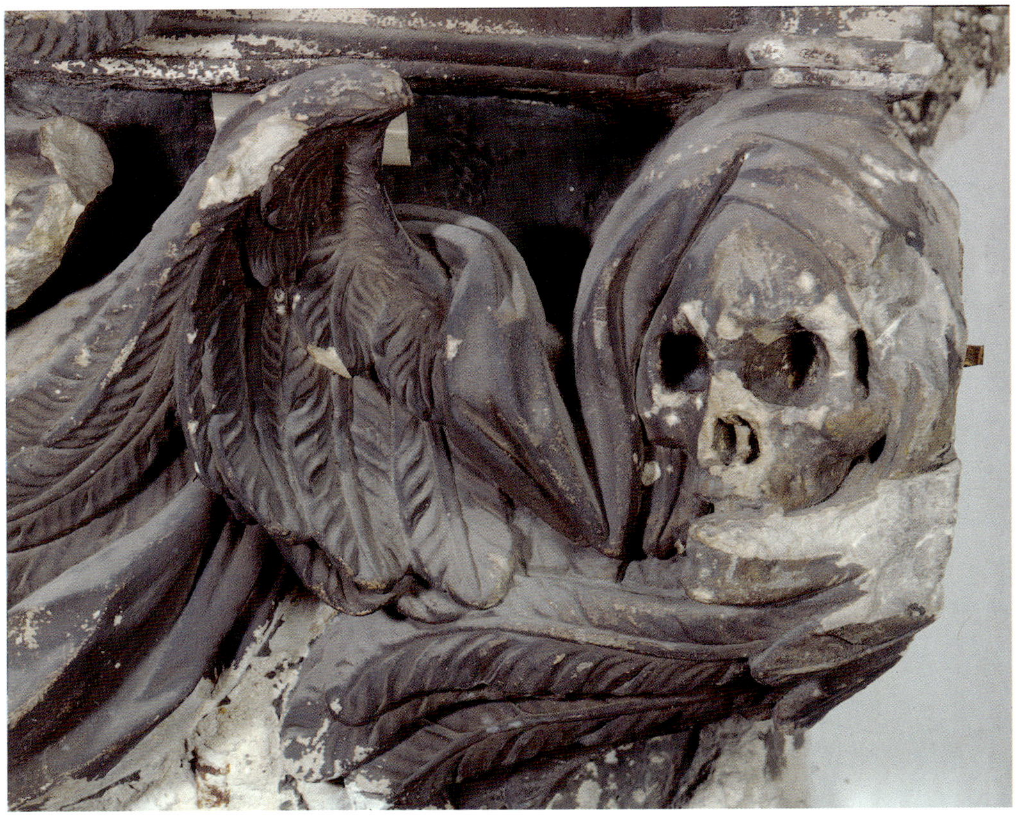

28
Geflügelter Totenkopf. Detail vom Epitaph Didde
(Kat. 59)

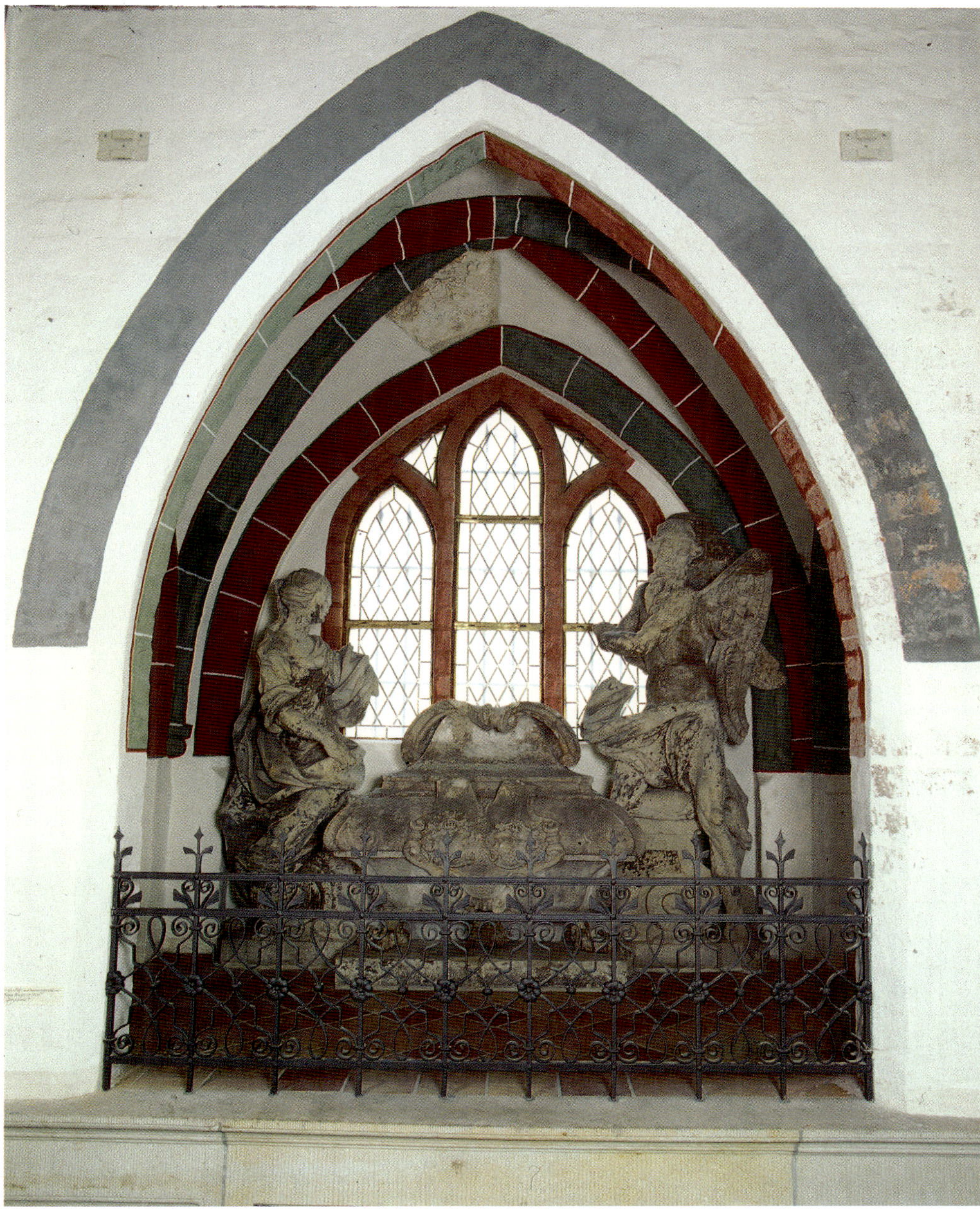

29
Grabdenkmal Johann Wolfgang Bewert
(Kat. 60)

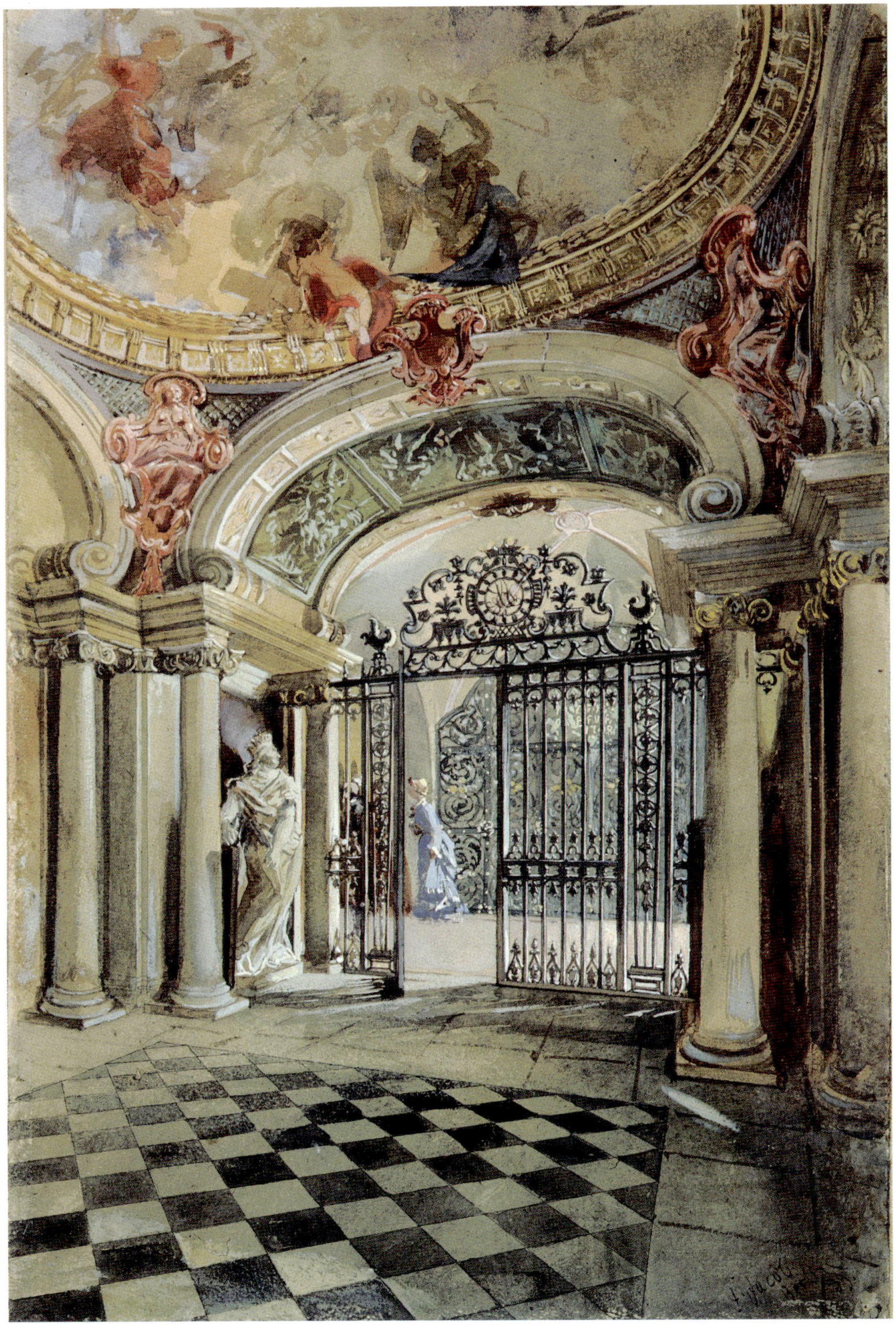

30
J. Jacob, Innenansicht der Kapelle Kraut, 1889,
Aquarell

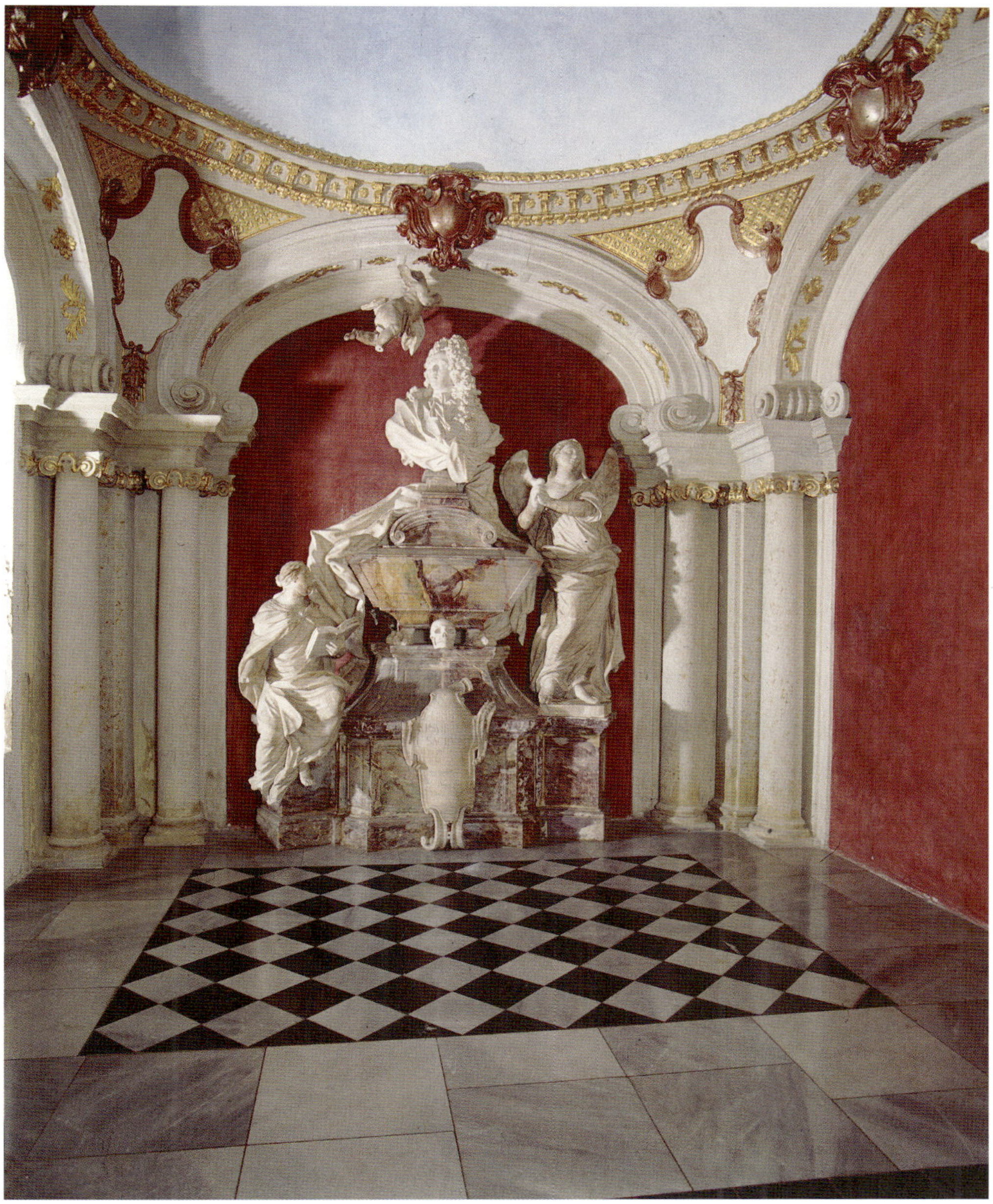

31
Grabkapelle Johann Andreas von Kraut
(Kat. 61)

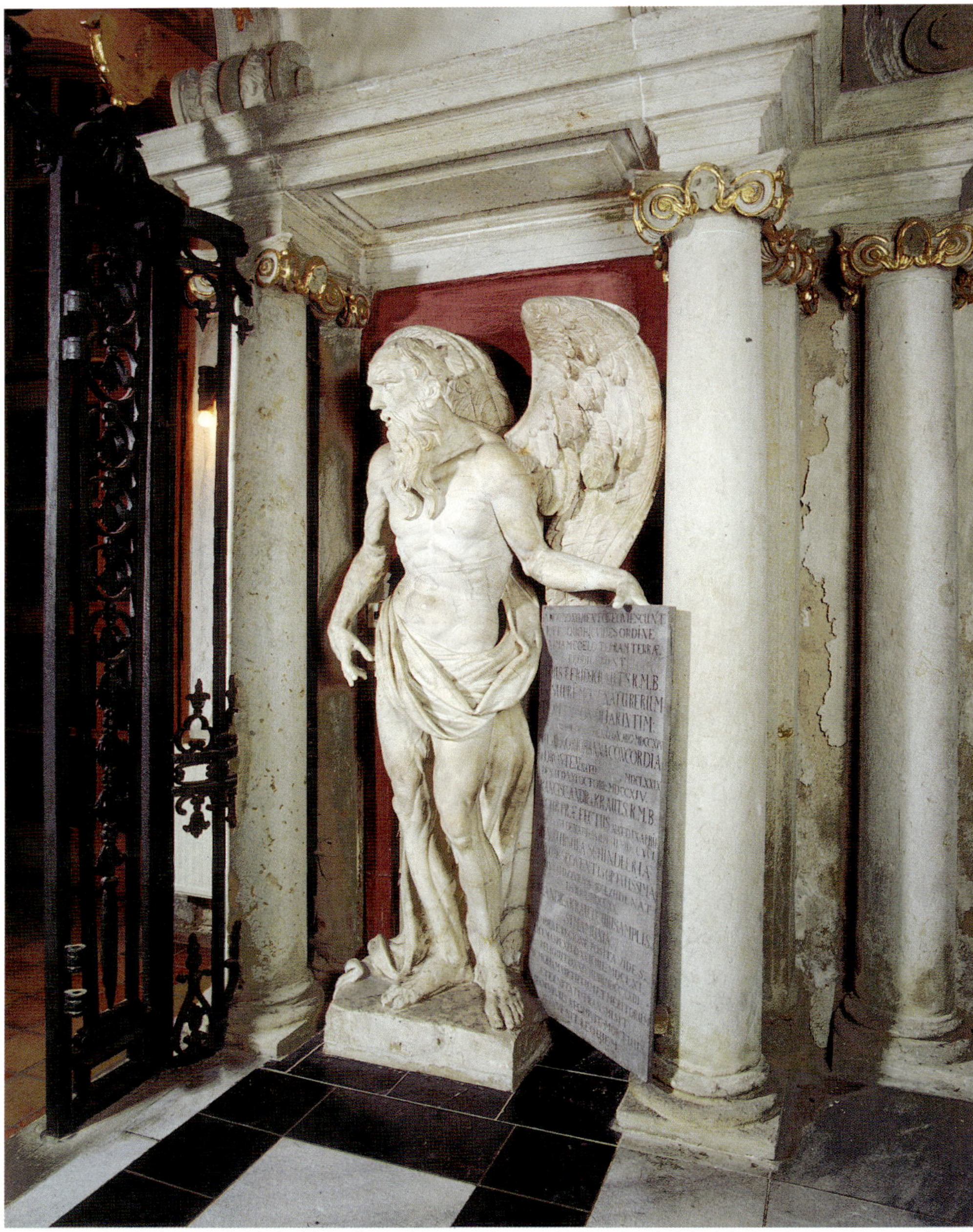

32
Figur des Chronos. Grabkapelle Kraut

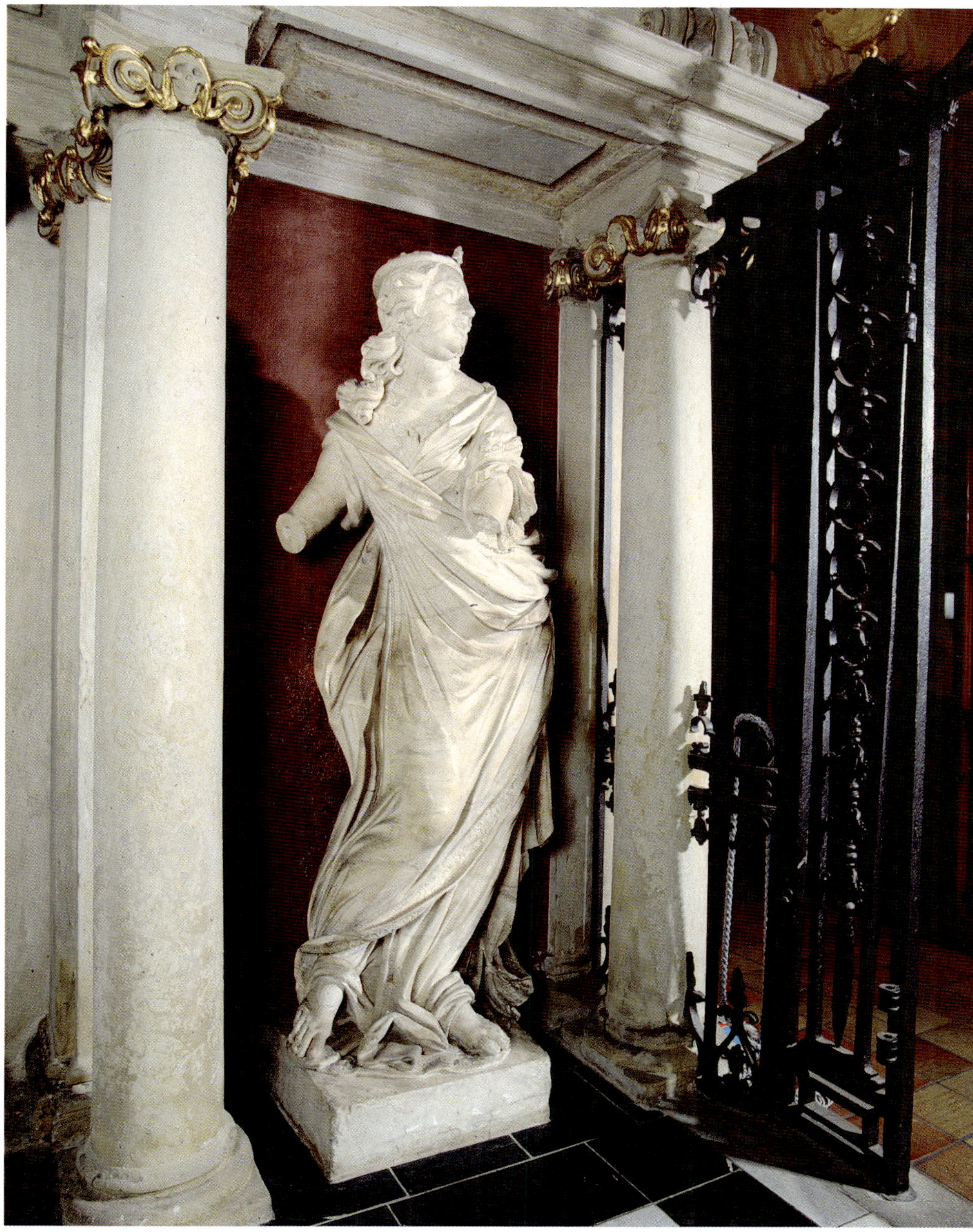

33
Figur der Ewigkeit.
Grabkapelle Kraut

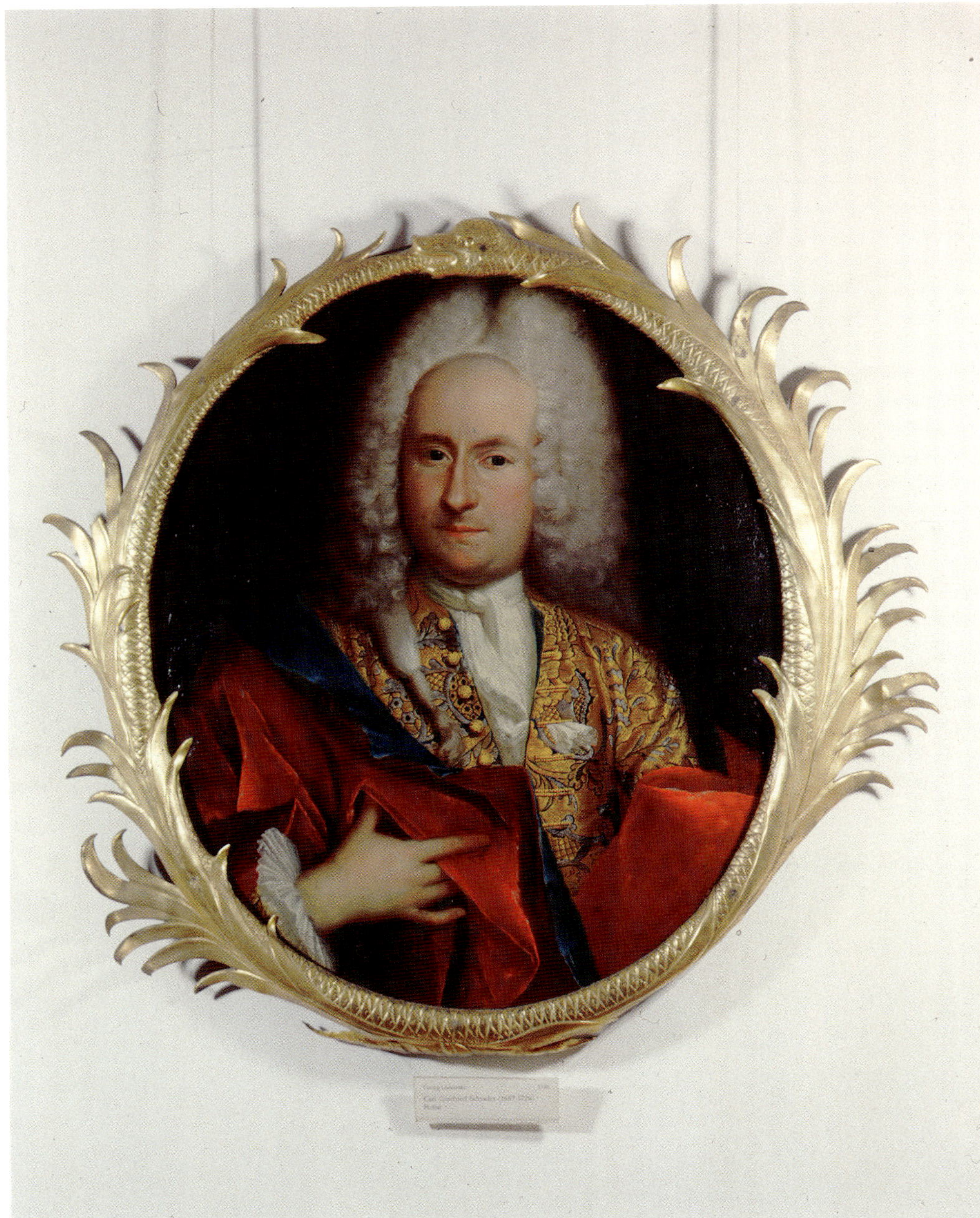

34
G. Lisiewski, Carl Gottfried Schrader, 1726. Öl auf Kupfer
(Kat. 63)

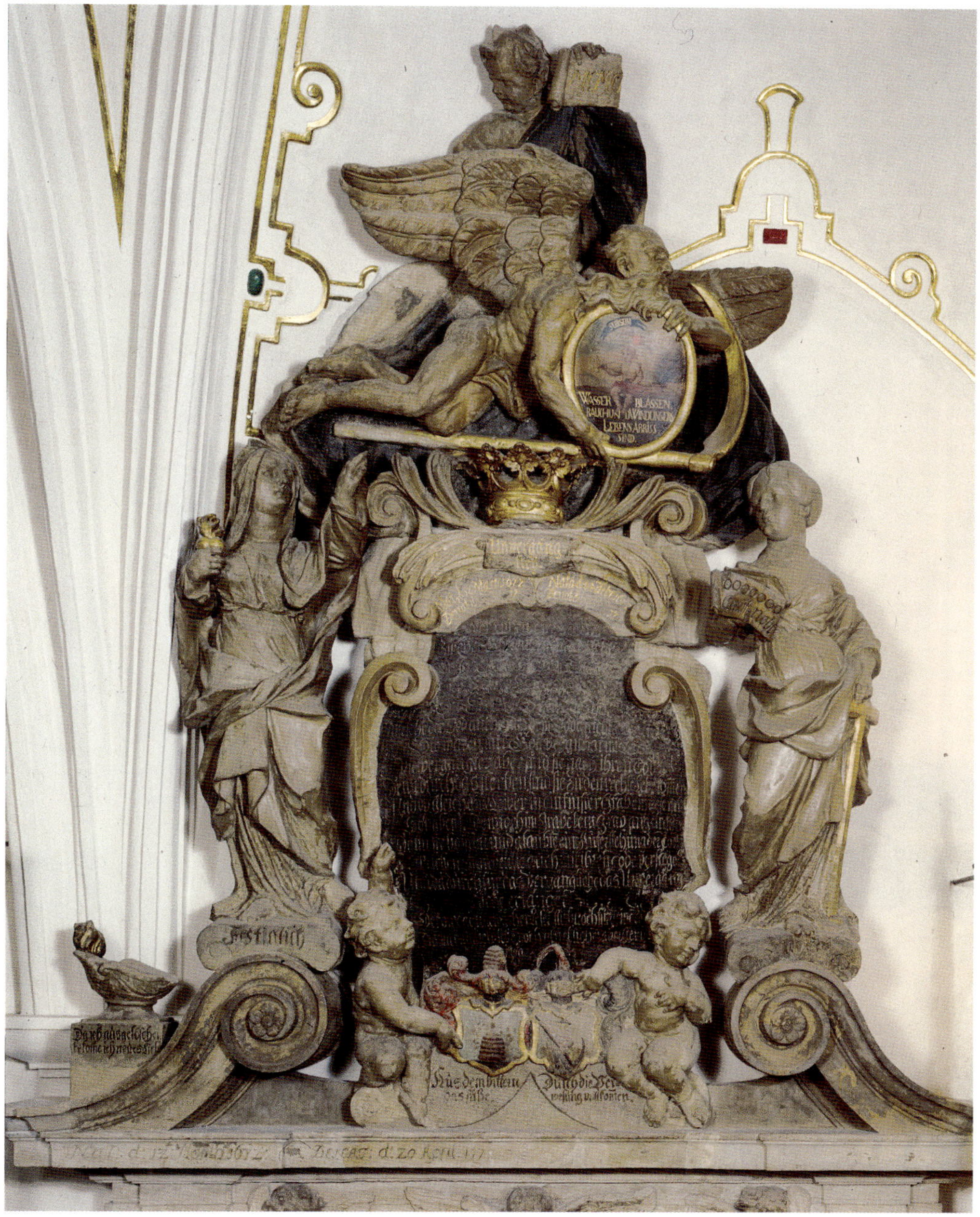

35
Grabdenkmal Johann Heinrich Baurmeister
(Kat. 64)

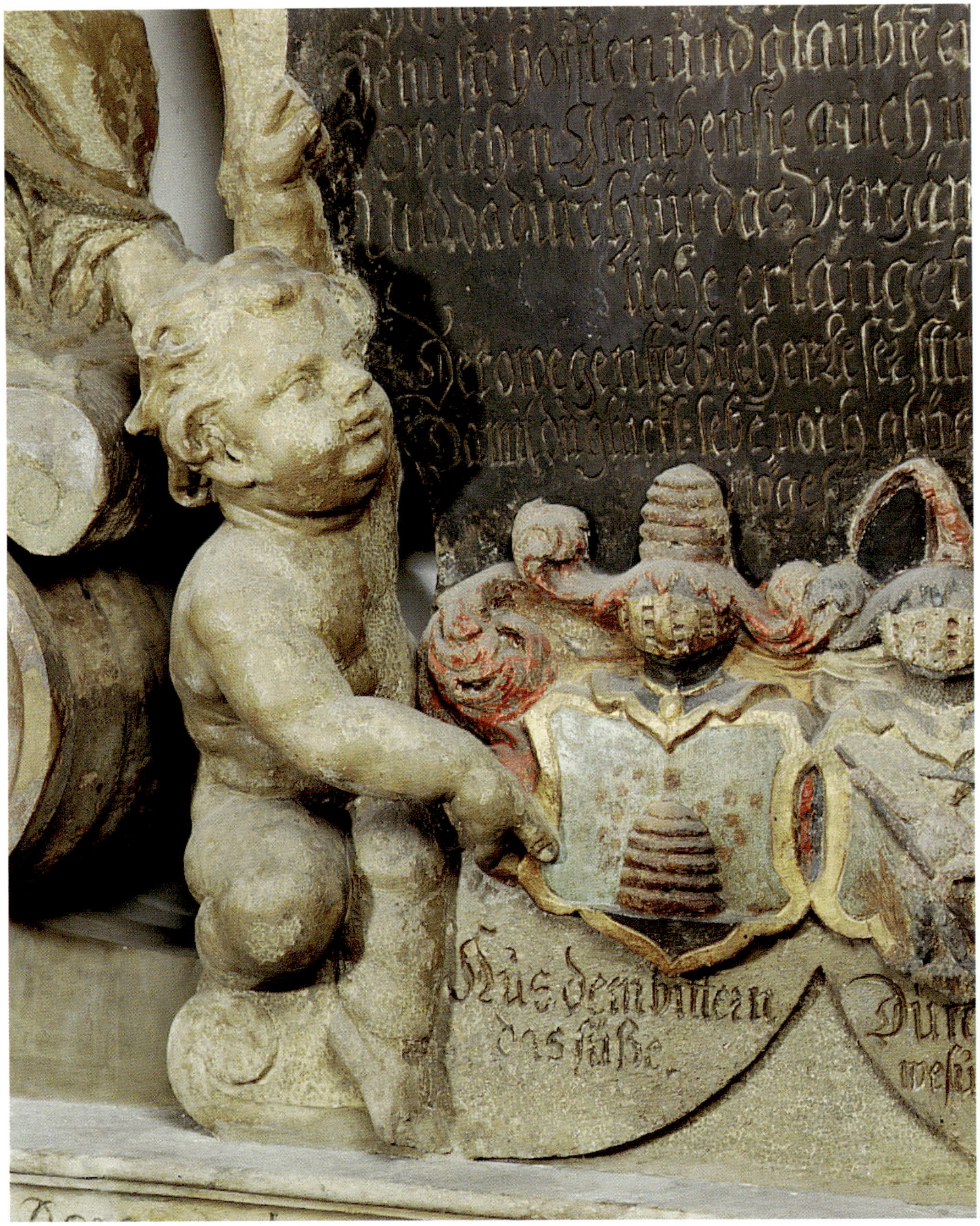

36
Putto mit Wappen.
Detail vom Grabdenkmal Baurmeister

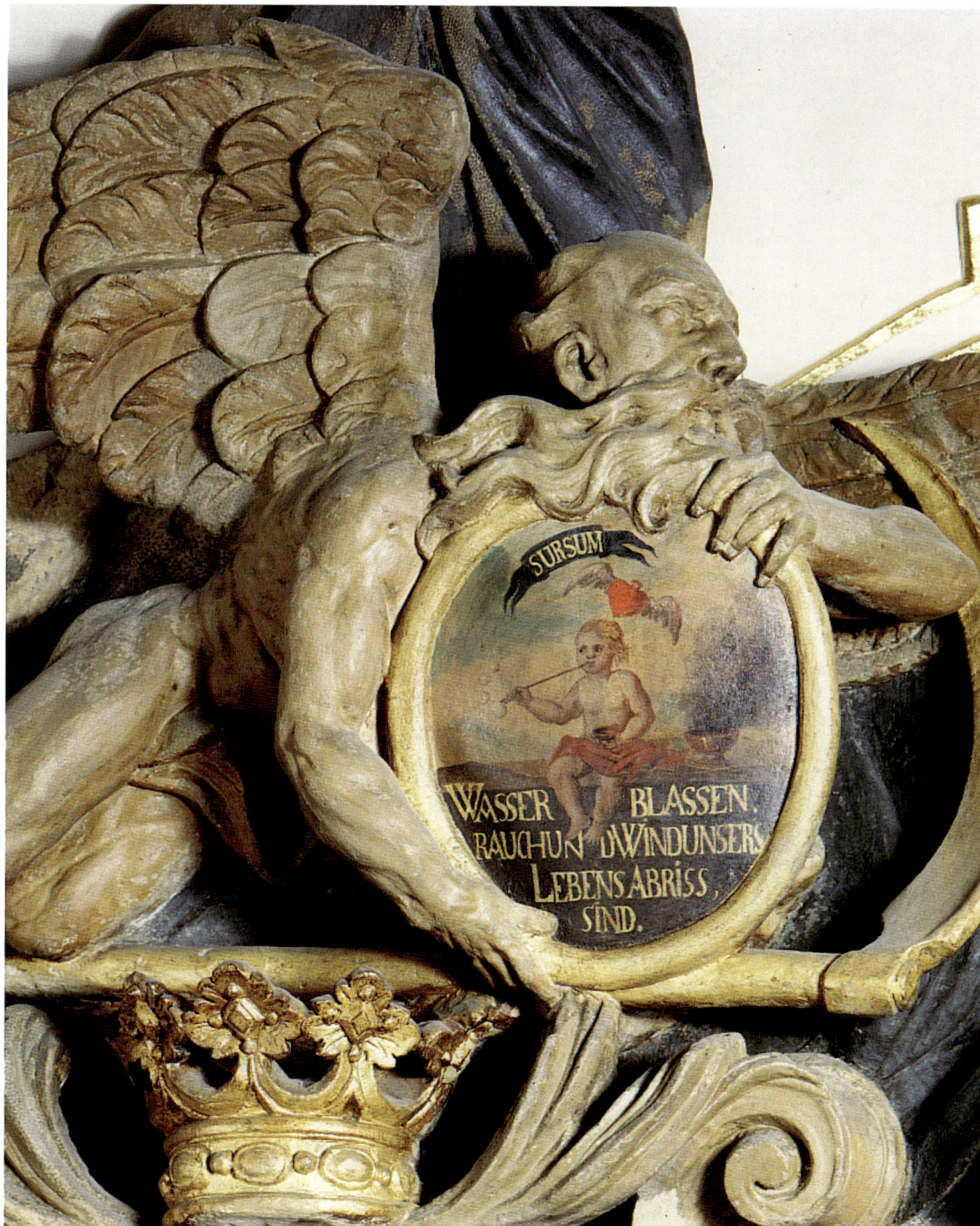

37
Schwebender Chronos.
Detail vom Grabdenkmal Baurmeister

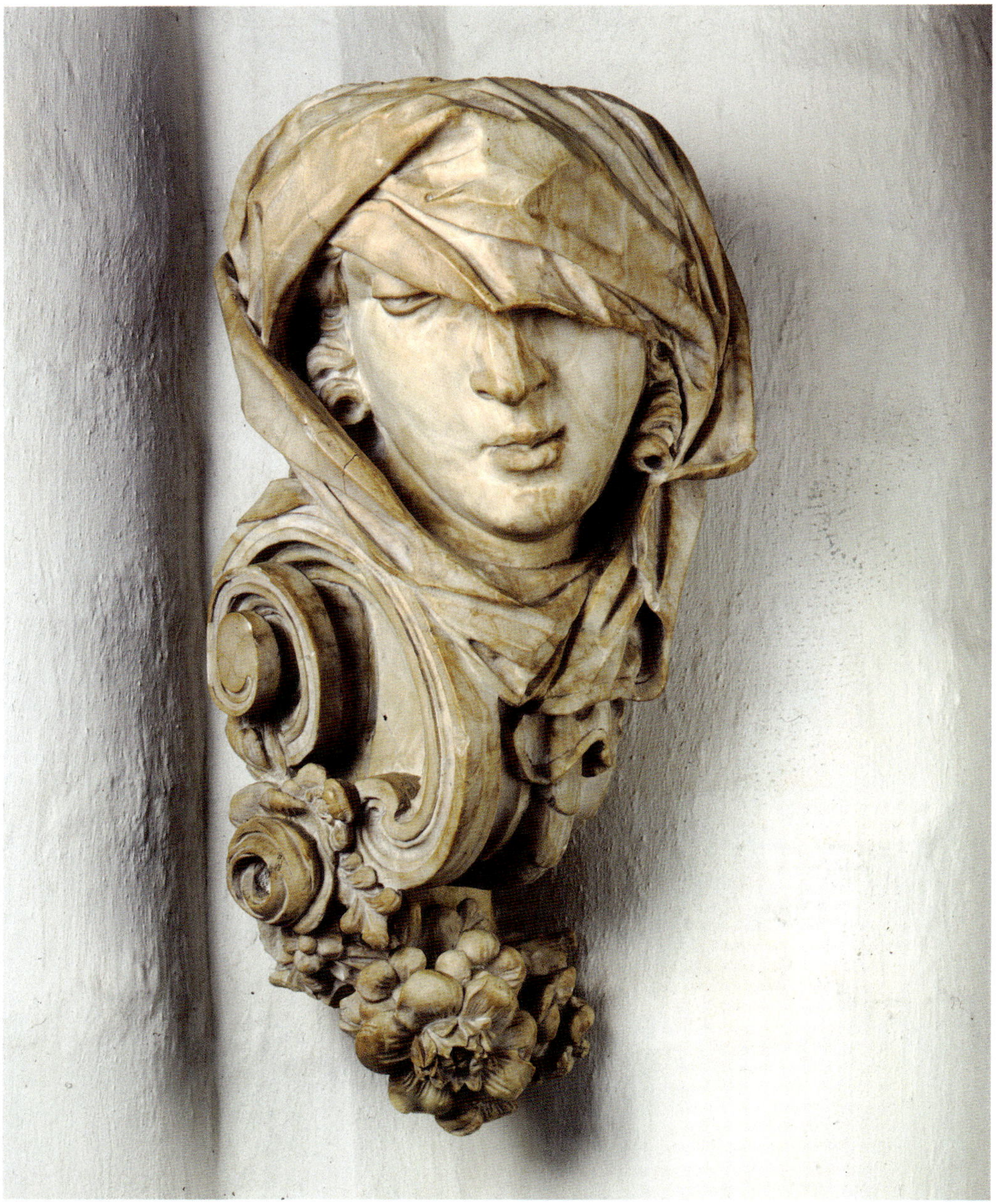

38
Rechte Kopfkonsole.
Detail vom Epitaph Porst
(Kat. 65)

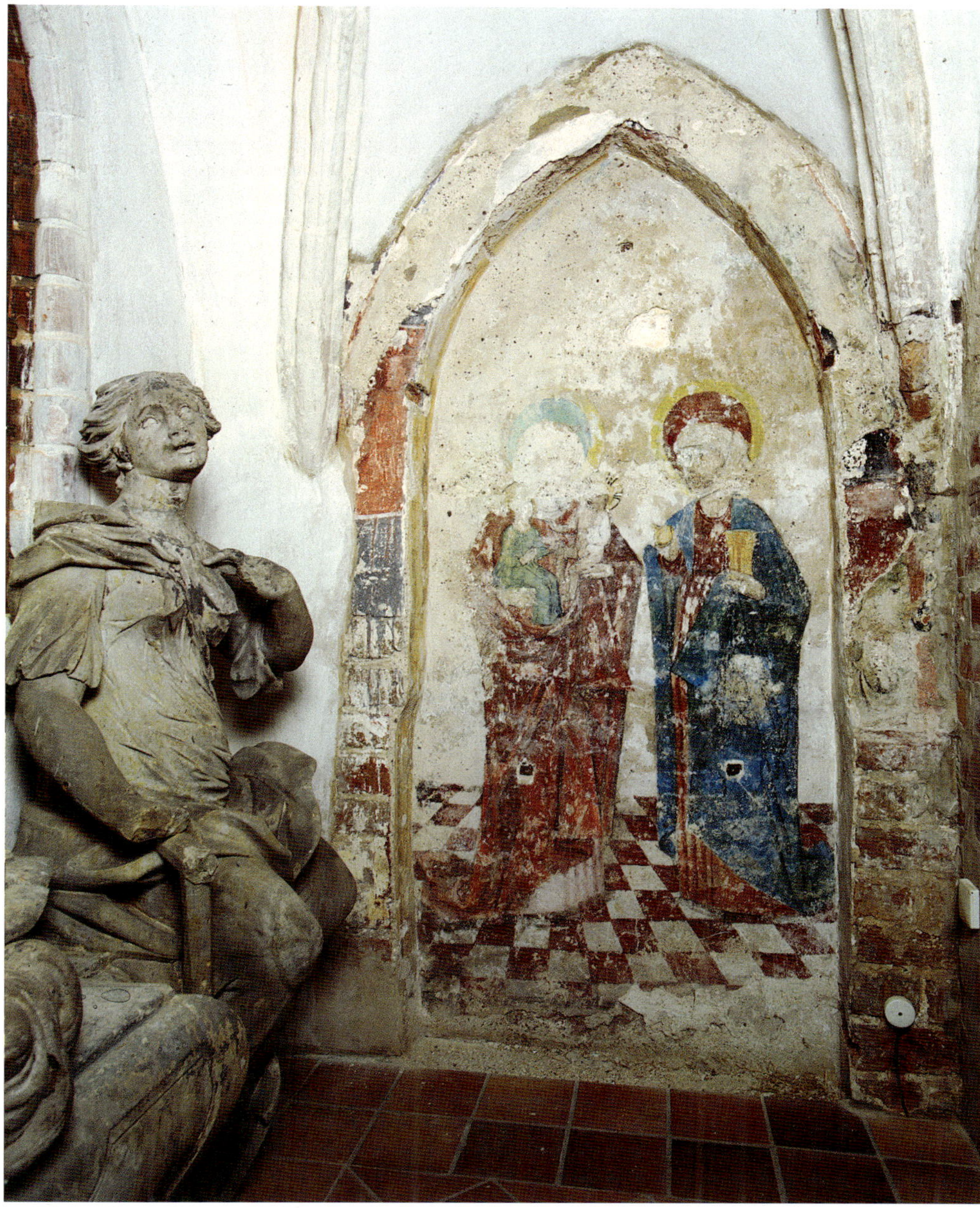

39
Allegorie der Hoffnung.
Grabkapelle Culemann (Kat. 74).
In der Nische spätmittel-
alterliche Wandmalerei

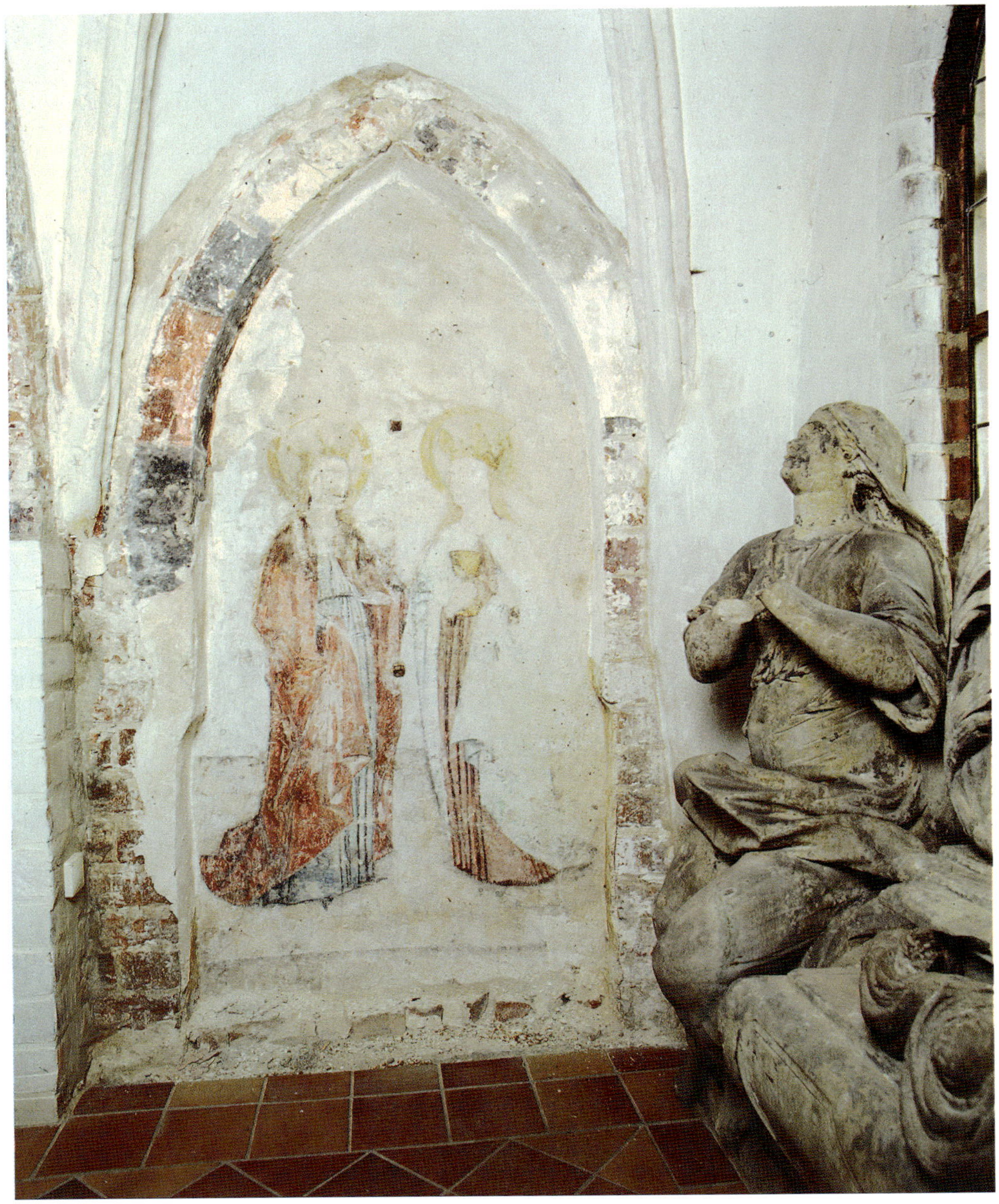

40
Allegorie des Glaubens.
Grabkapelle Culemann.
In der Nische spätmittelalterliche
Wandmalerei

Anhang

Fragmente

Neben den im Katalog aufgenommenen, z. Z. noch ausgelagerten Werken haben sich Reste weiterer Arbeiten erhalten. Dem gegenwärtigen Erkenntnisstand nach lassen sie sich folgenden Epitaphien zuordnen:

Anonymes Epitaph, Mitte 16. Jh.
(Scheußlich zugeschrieben)

Epitaph für **Martha Sophie Seidel** (†1650)

Epitaph für **Anna Maria Butte** (†1676)

Epitaph für **Ursula Elisabeth Köppen** (†1707) und ihre Tochter **Sophie, verehel. von Neubourn** (†1707)

Epitaph für **Christian Teuber** (†1690) und Ehefrau **Anna Catharina** (†1716)

Epitaph für die **Ehefrau des Kaufmanns Dähne, geb. Stiller** (†1726)

Epitaph für **Georg Andreas Brunitz** (†1734)

Epitaph für **Henning Lüders** († 1734)

Epitaph für **Dorothea Elisabeth Crüger** (†1735)

Inschriften und weitere Maßangaben

Kat. 3

Gregorii jacet hic BAGI sub mole cadaver. Natali rapuit quem fera Parca die. Credidit huic quicquid secreti Marchio habebat, Hujus consiliis saepius usus erat. Et quia non ficto coluit Te pectore vivus, Hunc, Tecum petimus vivere, Christe, sinas. Noah Buchholzerus filius Praepositi Berolinensis. A. 1549.

Kat. 4

PAULVS IN (HOC) STATVIT PRAETORIVS AEDE SEPVL(CHRA)/ NON ALIENA LOCO QUAE MONIMENTA FORENT/NEMPE TRIVM(P)HATEM POST DIRVTA TARTARA CHRIST./OMNIBVS VNDE PIIS INDVBTATA SALVS/PAV. SCHVLT CONDIDIT HVNC LAPIDEM IN SVI ET/CESSORIS SVI IOANN ZCEIDELERI/ MEMOREAM 1556.

Kat. 5

Ao. 1571. ist der Erb. Urb. Kemnitz Amt=Schreib. a. d. mul. d. 26. April in GOtt verstorben Anno 1559. ist sein Tug. Hauß=Frau URS. HANNA den 21. Oct. in GOtt entschlaffen.

Kat. 7

Anno 1584. Montag nach Vincula Petri d. 3. Aug. ist der Ehrbare, Veste und Wohlgelahrte Daniel Hauber, Publ. Notarius und verordneter Stadt=Richter zu Berlin, in GOtt seeliglich entschlafen, deß Seel GOtt gnädig seyn wolle. I. Joh. I. Das Blut JEsu Christi reiniget uns von allen unsern Sünden. Ps. 68. Wir haben einem GOtt des Heyls, und HErrn, HErrn, der mächtig aus dem Tod uns führt. Ps. 31. In deine Hände befehl ich meinen Geist, du hast mich erlöset, HErr, du getreuer GOtt.

Kat. 10

Y (nach Küster)/LITERA PYTHAGORAE DESIGNET QVID BONE LECTOR/QVAERIS: NARRABO PAVCVLA, SISTE PEDEM./HENRIC(VS) STRAVBI(VS) CAMERAE QVI COMMODA QVONDAM/IVSSA DABAT, RIGIDA HAC CONTVMVLATVR HVMO./IS PIETATIS AMANS, NIGRA SINE LABE REGENDAE,/ HANC VOLVIT VITAE SYMBOLON ESSE SVAE./CAVLIS VT EST RECTVS, N(O)DOS(I) CRIMINIS EXPERS,/NVLLAQVE CONTINVO CORPORE MENDA PATET;/DEFVNCTVS VITA SIC NIL MAGIS ESSE DECORVM/CREDIDIT, AC MENS EST FRAVDE DOLOQVE CARENS./DESIGNAT DEXTER CALLIS, QVAE SOLA SALVTEM/CHRISTICOLIS REDDIT, MVN(E)RA GRATA, FIDEM./NOVERAT HANC DONVM DIVINI FLAMINIS, ATQVE/ SACRORVM ASSIDVO QVAE FACIEBAT, OPVS./DENOTA(B)AT FRATRVM CONCORDEM LAEVVS AMOREM,/AT QVE DEI, SINE QVO NEMO BEATVS ERIT./HOC QVOQ(VE) CONSPICVVS NON SEGNI CORDE RELVXIT,/LVCET VT EXCELSI SYDVS IN ORBE POLI./HINC ADAMATVS ERAT BRVNONIS GENTE CREATVS/STRAVBIVS, HINCQ(VE) DEO PRAEMIA MVLTA TVLIT./MAGDAIS IN THALAMVM VENIT BLANKFELDIA, SPONSO/OCTONA AETATIS LVSTRA VIDENTE VIRO./HAEC SOBOLEM PEPERIT TRINAM, SED MORTE PEREMPT(I)/ ANNVLA ET HENRICVS, MAGDALIS VNA MANET./CONFECTIS LVSTRIS DENIS ATQ(VE) INSVPER ANNO/CONFECTO NONO, LVMINA CLAVSIT. ABI.

Kapelle: H. 397 cm B. 482 cm T. 357 cm;
Niveauunterschied Kirchen-Kapellenboden: 156 cm;
Bogenöffnung: H. 316 cm B. 394 cm;
Gruft: H. 280 cm B. 412 cm T. 301 cm;
Grufttür: H. 113 cm B. 128 cm;
Gitter: H. 67 cm B. 394 cm

Kat. 11

EPITAPHIUM HONESTISSIMAE/AC PIISIMAE MATRONAE AN(N)AE/STEINBRECHERIAE ERHARTI HEI= /DEN CAMERAE NEC NON SACRI/CONSISTORII ELECTORALIS BRA(N)/ DENBURGICI SECRETARII/FIDELISSIMI CONIVGIS/DVLCISSIMAE//NATA PIO GENITORE, PIO SOCIATA MARITO/HIC PIA SVBTRISTI FEMINA DORMITHVMO/INTER AMATA VIRI DISCEDE(N)S BRACHIA, CHRISTI/BRACHIA NV(N)C MVLTO FIRMIVS ANNA TENET./NEC REDITVRA DOMV(M), TAME(N) EST REDDE(N)DA MARITO/QUI DOLET, ET TRISTI TALIA VOCE GEMIT/CHRISTE SEPVLTORV(M) REQVIES ET VITA QVIESCAT/NON MEA, SED TVANVNC. EN, MEA RVRSVS ERIT./C.P.D.

Kat. 13

Christo Redemtori sacrum. IOHANNI à KÖTTERITZCH Seniori in Hermstorff et Wulgkow etc. Haereditario, Viro genere, pietate, doctrina, prudentia et humanitate inter suos clarissimo, et de omnibus bonis bene merito. III. Electorum Brandenburgicorum per annos 46. Consiliario fidelissimo 12. Januarii A.D. 1609. aetat. 75. ingenti Patriae Liberorumque modestissimorum luctu ac desiderio pie demortuo, hoc in aeternam memoriam monumentum liberi superstites cum gemitu statuebant./Bene sit beatis manibus!/Deo Opt. Max. Sacrum./CARITATI DISTELMEIERIAE Foeminae omnibus Matronalibus Virtutibus commendatissimae Lamperti Filiae Johannis Kötteritzsch Senioris hujus Conjugi pudicissimae, Matrimonio, Fortuna, bonis, liberisque florentissimae Matri desideratissimae, vivida in Christum fide A.D. 1615. Aetat 63, placide obmortuae, liberi residui sacellum hoc religiose quidem, non tamen sine lacrymis nuncuparunt./Bene sit beatus manibus!

Kapelle: H. 507 cm B. 630 cm T. 718 cm;
Bogenöffnung: H. 363 cm B. 397 cm;
Zugangsrahmung/Seitenschiff: H. 511 cm B. 595 cm;
l. allegorische Figur: H. 169 cm B. 63 cm T. 15 cm;
r.: H. 165,5 cm B. 54 cm T. 23 cm

Kat. 15

Des Weiland/Wolgebornen Herrn Herrn/ Hannsens Freyherrns von Schön=/aich, Herrns auff Carlat, Beutten, vnd/Wilckaw, sehl: hinderbliebene Wittib, Fraw/ Catharina Elisabeth, geborne Freulein zu/Putlitz, als Sie 17 Jahr vnd funff Wochen/im Wittiben stande: in allem aber 53 Jahr/vnd etliche tage in dieser Welt gelebet: einen/Sohn vnd drey Töchter mit schmertzen vor=/ahn geschickt: Menschliches elend undt/trübsahl genug erfahren, ist in Gott seh=/lig verschieden alhie in Berlin am 18/May Anno 1656. und erwartet Ihr verblichener Cörper an diesem Ort der frolichen aufferstehung zu dem ewigen vnd/sehligen Leben, Welches Ihr vnd vns al=/len der Fürst deß Lebens Jesus Chri=/stus geben wolle umb sein/selbst willen

Kat. 16

. . .it/Im Galat:/am 3. spricht:/Wie viele wer getauffet sind,/die haben Christum angezogen,/Und denselben hat auch angezogen/im glauben/Gottfrid Heinzelman/H. M. Johann Heinzelma(ns)/Predigers bey dieser Kirchen und . . ./. . . Söhnlein welches/. . . Berlin . . . gebohren/19. Dec. A(nn)o 1656 . . ./ausgezogen . . ./ sanfft und seelig . . . 1. Jun./1658 im . . ./. . ./. . ./. . ./. . ./ . . ./. . ./. . .

Kat. 17

D. Grab-Ruhstäte/dreher wohlseeliger Söhnen:/Hr. Johann Conrad Lilien./fit:/Freyherrn von Pölnitz/ Churfl. Br. Ober= Stallmeisters Cammer=/Herrns, und Obristen wohlbeliebeten/Secretarien/ Welcher A(nn)o. 16 aet: dieser welt mit selbst=gesungenen/beten, willig und wohl seel: abgedanckt und allhier/an seinen ältisten Brudern seel: auch beyde/schwester=Kinder, am 18 xbris (Dezember) 1664. beygesatzt/ Als:/Hr. Johann Paul Wolffen,/und/Fr. Annen Ursulen Lilien:/Liebsten Söhnlein/I Georg Casparlein,/(Hilarulus genandt)/ Welcher A(nn)o. 1661 d. 25 July gebohren, und in 3. aet./ a(nn)o: d. 25. Marty 1664./II Johann Päulichen/So A(nn)o. 1662 gebohren d. 16 9bris (November) nur 3. woch. aet./Beyde frühzeitig sanft seelig eingeschlaffen./Requiescant in pace!/Christus Leben:/ist Ihr/Sterben gewin./Von Eltern angesaßt/Zum Denckstein

Kat. 18

Hier Lieget und Schlaffet gantz/mit frieden. Psal: 4./Fraw Urßula Reinhartinn Herrn/Heinrich Hacken Sehl:/Wittib/Sie lebte in friedlicher, doch ungesegneter/Ehe 16. Jahr 6 Monat und 4. tage,/Saß im Betrübten Wittbenstandt/bis inß 29. Jahr/Verließ daß Irdische am 25. Aug: 1665./Alt 63. Jahr 6 Monat und 13. tage/Wenig und böse ist die Zeit meines/ Lebens. Gen: 47/ Herr ich Warte auff dein/Heil Gen: 49.

Kat. 19

M GEOR LILIEN: (AET: LXIX) inter homines MEMORIA/ PATRIA DRESDA FUIT, NUTRIX SLACOVERDA Boema/MARCHIA SPES FOVIT LEUCORIS EXCOLUIT/BERLINUM DOCUI TRIGINTA PLUS MAGIS ANNOS/PRAEPOSITUS COELI PRAEMIA NUNC AVEO./Natus Dresdae 14. April. 1597. Denato Berolini: 27. July. 1666

Kat. 20

En!/Qvod speravi video; quod concupivi teneo,/ JESUM meum possideo./Waß noch nicht eben klar, u. nur in hoffnung war/Besitz nun gantz und gar./Herr Bartholomaeus Zornn,/Bey dieser Churfl: Residentz u. veste Berlin/gewesener Rahts=Cämmerer u. Apothekker/Welcher am 23. May A(nn)o 1606 zu Lands=/berg an der warte geboren, am 24. May 1667./nach vollbrachten 61. Jahren, seelig im Herren/wieder entschlaffen, und darauf den 11 Juny, war/das Fest Trinitatis nicht unfern von hier in sein/Ruhe=Cämmerlein beygesetzet worden, und zwar nicht/ohne höchst schmertzlichen Betrübnüß seiner biß in das/29. Jahr treu und Lieb gewesenen Ehgenossin/ Fr Elisabeth Neumeisterin,/ und hinterlassenen Kinder, benantlich:/Bartholomaeus Zornn, Med. Doct./Fr. Catharina Zornnin, Hr. Hans

Heinrich/Tonnenbinders, Apotheckers alhier Eheliebste,/Fridericus Zornn Apothecker,/Jgfr. Elisabeth Zornnin./Welche ein scheinbares Bemerck Eh=/und Kindlicher Liebe durch setzung/dieses Grabmahls abstatten/wollen.

Kat. 21

Eccles: 7. V. 2/Der tag des todes ist besser/weder der tag der geburt./Schau Leser/Ein beyspiel dessen an einer alhier in Gott/Seeligst ruhenden Kindtbetterin/Einer hochtugendtbegabten Fr. Fr. Annen Fürstenwerderinnen/Hr. Michael Fürstenwerderß weylandt Churfl: Brand: gewesene/Küchenschreibers zu Mühlenhoffe/Und Frauen Annen Behrents Tochter,/Welche so baldt sie eine Seele anß Licht gesetzet, Ihre Seele/den höchsten wiedergegeben und nach anderer entbindung und gene=/sung eines Jungen Töchterleins am 1 Jun: im 28. Jahre Ihres Al=/ters verschieden, nicht sonder schmertzlicher bejammerung/Ihres Eheherrn/Hr. Christian Martin Richtern wohlverordneten/Rathsverwanten alhier und beider hinterlassenen Waysen/Christian Martin Annen Ursulen/Wohl Ihr Sie hat gewonnen,/Sie sitzt nun bei der Sonnen/Für der die Sonn erbleicht,/Sie steht itzt alle zeiten/Der Rahel an der seiten/die Ihr an unfall gleicht/Sie sieht viel tausend Lichter,/Der Englischen gesichter/die Ihr zu dinste stehn,/Sie schwiengt die Siegesfahne,/An güldenen Himmelsplane,/Und kan auf Sternen gehn./Dum pario pereo, sed dum tibi pareo Christe,/Celica sunt perte regna parata mihi./Da Ich die Leibesfrucht gebäre in dies Leben,/So mus Ich meinen Geist in der geburt aufgeben,/Indem Ich aber auch Hr. Christ gehorche dier,/ So ist das himmelreich durch dich bereitet mir./Esa: 65. v. 16./Der vorigen Angst ist vergessen und/sind von meinen Augen verborgen.

Kat. 22

Ad portum veni./Es hat mich mein frommer Gott aus dem Thränen-Thal geführet,/Und an solchen Port gebracht, da kein Unfall mich berühret,/Da ich leb in Fried u. Freud, und schau Gottes Herrlichkeit./Christlicher Leser./Also ruffet dir und mir gleichsam noch zu aus seiner Grufft der in Gott ruhende/Herr David Reez (†)/Bey hiesiger Churf. Haupt-Residenz und Veste Berlin gewesener ältester Raths-Cämmerer, welcher in dieser Residenz am 20. Jun. A. 1590. gebohren, und im 82. Jahr seines Alters zu seinen Vätern durch den zeitlichen Todt am 26. Januarii A. 1672. versammlet, und am 4. Febr. allhier beerdiget worden. Nachdem Er mit seiner hertzgeliebten hinterbliebenen Ehegenoßin Fr. Ursula Geriken, weyland Herrn Bartholomaei Gericken wohlverdienten Lehn- und Erb-Richters, wie auch Burgermeisters in Potstam Eheleibliche Tochter, eine friedliche Ehe in die 39. Jahr geführet, auch durch Gottes Seegen darinn gezeuget, und hinter sich verlassen zwo Kinder, Nahmens/David Reetz J.V.C./Fr. Ursula Reetzin Herr Bartholomaei Zorn/Med. Doct. Ehe-Liebste./So zu Bezeugung ihrer Ehelichen Liebe und Kindlichen Danckbarkeit dieses Ehren- und Gedächtniß-Mahl haben aufrichten lassen.

Kat. 23

Alhier ruhet in Gott/die Seelige Frau/Fr. Margaretha Sassen/ist gebohren den 12 July 1635. in/Hamburgk, Ihr seel: Vater ist gewesen/Hr. Aßmus Saße, Handelßmann in/Hamburgk, die seel: Fr. Mutter hat ge-/heißen Margaretha Dlükers, welche Ihre/Liebe Tochter verheyrahtet den 27 Sept./1652. an Hr. Christoph Schlehauß,/Handelßmann alhier, und in 8. Jähriger Ehe ge-/zeuget eine Tochter Nahmens Anna Margaretha,/hat gelebet 5/4 Jahr, den 4. Nov: 1660. ist Hr./Schlehauß gestorben, seines Alters 38. Jahr/und alhier beerdiget: den 29. Sept: 1662 zum/andernmahl verheyrahtet mit Hr. Melchior/Breunigk Handelßmann alhier, und in/zehendehalb jähriger Ehe gezeuget 3. kinder,/davon der ältste Sohn alß Melchior noch am leben/den 3. Febr. 1672. ist die seel: Fr. in Gott/sanft und stille entschlaffen, Ihres Alters/36. Jahr 5. mon: 9. tage. derer/Seelen Gott gnädig sey.

Kat. 24

D. O. M. S./Nosce viator, quid Tibi velim./Haud ita procul ab hoc saxo ossua sancta/composuit/DN. MICHAEL ZARLANGIUS,/Meritissimus Berlinensium Consul et Fisci Civici/Director Senex grandaevus et honoratus/Qui Anno 1603. 4.te Septbr: Natus pie, in literis cul-/tioribus Gymnasys Saldariensi et Halensi operam suam ad/ut conferentibus educatus: in Academys, Altorfina, Tubingeris,/et Rostochiensi erudita doctrina subactus Ephoriam primum/quorundam Austriacorum Nobilium deinde Holsatiae Juniorum Prin-/cipum sustinens, viginti annis discrimine non uno nec tamen absque/in signi prudentiae emolumento, omnem fere Europam, Germaniam,/Galliam, Italiam, Austriam, Hungariam, Bavariam, Tirolam, Angliam, Daniam,/Poloniam, Holsatiam peragrans, linguas, mores gentiumq(ue) (C)onsvetudines diligentissime/cognovit./Tanto decore ornatus et Laves Salutans Patrios Ao. 1648 Consul/Berl: denominatus Margaretham Damerowin B. Dni. Caspari Misern/itidem Berl. Consulis Viduam, foeminam Matronalibus virtutibus/undiquaq, conspicuam matrimonio sibi junxit felicissimo quippe quadriga/liberorum foecundo et Filia Anna Maria, Dni: Dieterici Butten sereniss/Electori Brandenburg. d. secretis Bellicis Secretary intimi Conjuge Nobi-/lissima, cujus prima prole foeminina Suscepta Avus factus est: Et maxima/spei Filio Friderico Ludovico, nec non minori binis filiabus, Catharina/Elisabetha et Margaretha. Sed praematura morte abreptis. /His praemissis altum sub corde volutans dolorem, Consilio atq. opere/per XXV. an(n)os Reipublicae Patriae inserviendo consumtus sua morte beatis./Sime A(nn)o. 1673. d. 26. April: annum agens aetatis 69. mens. 7. d. 22. exspiravit./Jam Viator Abi./Terram levem Pacemq, ossibus sanctis precatus./Haud unquam imme mor:/Mors/ Senum Juvenumq./Apparitor.

Kat. 25

D. O. M. S./Wer seinem Heiland Glauben hält,/und redlich wandelt in der weld,/Dem ist die Himmels-Krohn bestelt./Dieselbe/hat nunmehro auch erlanget/ Herr Albert Rantzen/weiland Raths Verwanter und Handelsmann/alhier in Berlin, Welcher/Ehelich gebohren/Anno 1621. den 31. Jun. in der Stadt Hamburg/ Glücklich geheirahtet/Zum 1. mahl Anno 1644. Jungffer Elisabeth Schönemanns,/Hr. Greger Schönemanns Handelsmanns in Hamburg/eheleibliche Tochter, mit welcher Er einen Sohn gezeuget, der/doch ehe gestorben alß gebohren und die Mutter bald hernach/mit sich ins Grab gezogen./Zum 2. mahl Ao. 1647. Jungffer Catharinen Stucken,/Hr. Jacob Stucken seel. Churfl: Brand: Hoff-Jouweliers/u: Wardeins eheleibliche Tochter, mit welcher Er in die 26 Jahr/eine gesegnete Ehe genossen indem Er 8. Kinder Vater, wo-/runter 5. Söhne, davon der eine bald nach empfangener Tauf-/fe seel. verstorben, und 3. Töchter, von der ältesten Tochter/ aber, so an Hr. Johann Cramern, weiland Churfl:/Brand: Leib-Schneider und Snr. Chur: Printzl:/Durchl: Hrn. Hrn Caroli Aemylii. Glorwürdig-/sten andenckens Kammerdiener, verheirahtet gewesen, auch/zweier Kinder GroßVater worden,/Seelig gestorben./Anno 1673 den 9. Aug. seines Alters im 52 Jahr/und den 24 Ejusd. alhier beerdiget worden./O Mensch/Leb in der Zeit, das nach der Zeit du ewig mögest lebe(n)/und das dir Gott ins Him(m)elsThron die Krohn auch möge geben/Gott zu Ehren u. dem Sehligen zum andencken/hat dises setzen lassen/Die Wittbe und Kinder

Kat. 26

Zufoderst/Gott zu Ehren und ruhmli-/chen andencken der seel Fr. Mutter/Der weyland Edlen und viel tugent-/ sahmen Fr. Chatarinen Rantzen gebohr-/ne Stuckin welche 1628. d. 28. Sept. zu Berlin vo(n) H./Jacob Stukken Churf. Brand. Hoff. Jouveliers u(n)d/Guardin und Fr. Urßala Müllerin auff diese Welt/gebohren und 1647 d. 7. Nov. an H. Albrecht Rantzen/Rathsverwandten und Kauffman alhie verheyrahtet/worden mit welchen Sie 26 jahr in gesegneter Ehe/gelebet 5 Söhne und 3 Töchter darin gezeuget davon/noch 3 Söhne und 3 Töchter am Leben Endlich nach wolge-/führten Christlichen wandel außgestandener Leibeskranckheit/und verharrung in warem Glauben. 1682. d. 18. Januar./dem Herrn Jesu ihre Seele zu treuen Händen befoh-/len hat Ihres Alters 53 jahr. 3. Mon. auffgerichtet/auß kindlicher Schuldigkeit und schüldigster Liebe/von dero hinterlasenen Söhnen und Töchtern.

Kat. 27

Allhier liegt begraben/der Wohl-Ehren-veste, Großachtbahre, und/Wohl-vornehme Herr/Elias Schuster, /vornehmer Bürger und Handels-Mann allhier/in Berlin, welcher zu Wahrenbrug in Meissen/von ehrlichen Eltern gebohren Anno 1653. den 1. Januar./seelig in Gott verstorben Anno 1687. den 1. April./seines Alters 34. Jahr, 3. Monath, 15. Tage/im Ehestande gelebet, mit Tit. Frau Catharina/Rückerin, 9. Jahr 7. Monat, und gezeuget/6. Kinder, wovon noch eine Tochter lebet./2. Tim. I. 12./Ich weiß an wem ich glaube(et)./Psalm. IV. v. 9. /Ich liege und schlafe gantz mit frieden.

Kat. 28

Alhier Ruhen, in/Gott, und warten der seeli(g)en/aufferstehung, zum Ewiegen leben,/Der Hoch Ehrwürdiege Hoch Edele, undt/Hochgelahrte Herr Georg Lilien, geweesener/Probst, undt inspector, der Berlinschen undt/benachbahrten Kirchen, und schulen, welcher 45 Jahr/ein getreuer Evangelischer Prädieger gewesen, und 34./Jahr in diesem Tempell Gottes-wordt Reingelehret hat, nach/erlangeten 70 Jährigen, alter, da er alt und lebensSadt den 27/July Anno 1666, sein mühsames leben, Seelig Beschlossen und/ist gegen diesen gedächtnißMahl Christlichen Beerdiget./Nebst Dessen Ehlibste, Frauw Emarencia Lemannin, so über/150 Jahr aus lauter Evangelische Prädigern Geschlech/Herstam(m)et, und im 41 Jähriegen Ehstandt Gezeuget, 8./Söhne, und 5 Töchter auch dar von 35 Kinder Groß-/mutter, und 4 Kinder älter Mutter Worden, ist auch nach ihren/21 Jähriegen Witwenstandt, den 21 April Anno 1687/Seelig im Herrn Entschlaffen, und alhier Ihren Seeligen/Eheherrn Kinder, undt Kindes-Kindern, Zur Seyte bey-/Gesetzet, Ihres alters 77 Jahr, und 3 Mohnat, die noch/Lebendende Kinder aber Haben dieses Zur Schuldigen/ Liebe und Danckbahrkeit, als ein immer währen-/des Gedächtniß, Setzen lassen./Apocal. XIV. V 13/Seelig seindt die Todten, die Im Herrn/Sterben, von Nun an, Ja, der Geist/Spricht, daß Sie Ruhen von ihrer/arbeit, den Ihre wercke folgen/Ihnen Nach.

Kat. 29

STIRPE SATUS CELEBRI JOHAN ERNESTUS AVITA/SCHRADERUS FAMA DOCTA PER ORA VOLAT./DOCTOR OBIT SOPHIES SACRORUM PRAESUL AMATUS,/RITE GREGEM PASCENS ATQUE MARITUS OBIT./LUSTRA DECEM VIXIT MARTHA EHRENTRAUTA MARITA/LILIA, TRES NATAE FILIOLUSQUE GEMUNT./SEX TENEROS COELO PRAEMISIT QUANTUS AT EHEU!/VIRTUTUM CUMULUS CONDITUR HOC TUMULO

Kat. 30

Hier/Ruhet nach vielen Unruhen/Eine von Gott geliebte./Aber auch offt betrübte Matrone/Frau Anna Cramerin./Eine bis ins 40ste Jahr getreue Eh-gehülfin. / Herrn Johann Westarphs/Rahts-Cam(m)errs wie auch Kauff und HandelsManns in Berlin/Eine geseegnete Mutter und HaußWirthin/Die in einer Ehe 14. Kinder gezeuget/Aber der meisten frühzeitig beraubet worden/ Auch ettliche durch(e) schmertzliche Fälle eingebüßet/ Denn 7. Söhne und 3. Töchter hat sie betrauret/Von 4 Söhnen wird ihr Tod beweinet/Weil Sie viel unbeständigkeiten in der Welt fand/Erwählte Sie Ihr beyzeiten diese grufft zur Wohnung/Und weil Sie offt ans Ende gedachte/Endigte Sie Ihre Jahre mit des Jahres Ende/ Sie starb als eine zum Tode wohlbereitete Christin/Am 29sten Christ Monats Tag A(nn)o 1691/Im 60st Jahre Ihres Alters

Kat. 31

DNI. SAMVELIS./LIB. BARON. DE. PVFENDORF./CONSIL. INTIMI./SERENISS. ELECT. BRAND./OSSA. HEIC. RECVBANT./ANIMA. COELO. RECEPTA/FAMA. PER. TOTUM. ORBEM/VOLITAT./NATUS. IS. VIII. IAN:/M.DCXXXII./MORTVVS. XXVI. OCT./M.DC.XCIV.

Kapelle: H. 415 cm B. 373 cm T. 219 cm;
Bogenöffnung: H. 392 cm B. 284 cm;
Sockel: H. 140 cm; Stufe: B. 313 cm;
Gitter: H. 165 cm B. 352 cm

Kat. 32

D.O.M./SACRUM/ET MEMORIAE VIRI MERITISSIMI/DN. M. GOTTFRIEDI WEBERI/QVI HEIC POST LABORES QVIETEM,/ POST TAEDIA REFRIGERIA NACTUS, CUBAT/NATUS BEROLINI D. XXVI. SEPT. A. C. M.D.C.XXXII./PATRE DN. M. GEORGIO WEBERO/CIVITATIS HUIUS CONSULE GRAVISSIMO/MATRE ANNA FLOERINGIA/IN PATRIO ET HALLENSI GYMNASIO/ OPTIMIS IMBUTUS LITTERIS/IN IENENSI AC: WITTEBERGENSI/ACCADEMIA. ULTERIUS PROFECIT/COEPTAMQVE TELAM ITA PERFECIT/UT POSTEA MEMORABILI CUM. LAUDE/GYMNASIO PATRIO PROFUERIT AC PRAEFUERIT/EXEMPLO PARISSIMO PER NOVEM LUSTRA/TRIA UT SUBCONRECTOR ET SUBRECTOR/SEX UT RECTOR VIGILANTISSIMUS/ DENAT PLACIDE D. IV. MARTII. A.C.M.D.C.XCIIX/POST HORAM XII. MERIDIANAM/AETATIS ANNO LXVI/SOLE GYMNASII ITA IN MERIDIE OCCIDENTE/MUSIS OMNIBUS PLANGENTIBUS AC PRAECANTIBUS/UT OSSA MOLLITER QUIESCANT/Psalm LXII. V. I./TANTUM IN DEO CONQUIESCIT ANIMA MEA/AB EO SALUS MEA.

Kat. 33

Stehe stille lieber Mensch und schaue/Allhier ruhet der Leichnam des Hoch-Wohl-Ehrwürdigen/Herrn Johann Paul Astmann,/von Geburt ein Francke,/nach der Wiedergeburth ein Kind und Erbe Gottes,/nach den Amte ein Knecht des Herrn, und Zeuge seiner Wahrheit/von Natur begabet,/von Gott begnadiget,/von Gott geliebet,/von Bösen gehasset./Ein brennend und scheinend Licht,/im Amte treu,/In der Lehre rein /und im Leben unsträfflich./Im Glauben freudig,/in der Liebe thätig,/in der Hoffnung gedultig,/Endlich in und nach den Tode seelig/gebohren 1660. den 24. Jun./Berufen Anno 1684. von den Durchl. Fürsten und Herrn Philipp Ludwig, Hertzogen von Holstein, zum Hof-Prediger. Anno 1688. zum Pastore nach Diesbeck im Franckenlande. Anno 1692. zum Hoff-Prediger Archi-Diacono und Consistorial-Rathe nach Bareuth. Anno 1695. zum Diacono allhier in Berlin, gest. den 20. Mart. 1699. seines Alters 38. Jahr 9. Monat weniger 4. Tage./ Gedencke Berlin was du gehabt./Du aber o Leser seuffze! Meine Seele sterbe des Todes/dieses Gerechten.

Kat. 34

Siehe/alhier/Die ungleiche Gleichheit der Sterbenden/ Dann, es ruhen/neben diesen Bruder und Schwester ihre(n) Enckeln/welche beyde das Ziel der Jugend kaum erreichet gehabt,/die Gebeine/Bruder und Schwester/ Welche das Alter Menschliche(n) Lebens, wen(n)s hoch komt/theils erreichet theils überschritten/Nehmlich/ Frauen Annen Berendt/Seel(igen) Herrn Michael Fürstenwerders/Chur Brandenburg(ischen) Hoff Kuch Schreibers/hinterlassenen Wittwe/und/Herrn Peter Behrendt/Kauff und Handelsmann/Deren auch alhier ruhende Eltern sind gewesen/See(lige) Herrn Ambrosius Berendt,/des Rahts- wie auch Kauff und Handelsmann,/und/See(lige) Frau Maria Müllerin/Jene wurde gebohren de(n) 24. Octobr: 1617. Lebte 20 Jahr in Ehe/ stande. wurde darin mit 5 Kindern gesegnet und gieng/ nach dem sie 40. Jahr im Witwenstande zugebracht/am 19./Mart: 1700. ein zur Ruhe im 83 Jahr Ihres... Lebens./Dieser wurde gebohren am 8. Jul: 1633. und starb see(lig) de(n) 14 May/selbigen 1700 Jahres im 78 Jahr seines wohlerlangten Alters/folgte also seiner Lieben...Wochen/und wahren dennoch diese...gleich wie/sie im Leben eins gewesen...den/Nach dem Tode ruhen...Ihre/Seelen aber.../Es laßet auch.../zug.../ Ihre... /Fr: Maria Fü(rstenwerder... verheiratete) Schnitterin

Kat. 35

Hierin ruhen in Gott/Herr Daniel Man(n)lich/36 Jahr gewesener Churfürstl./Brandenb(urgischer) Hoffgoldschmidt auch 30/Jahr Ober=Eltester der Goldschmiede, ist ge=/bohren Ao. 1625. und gestorben A(nn)o. 1701. im 77/Jahr seines Alters; Und dessen Eheliebste Frau/Anna Catharina Fritzin, ist gebohren A(nn)o./ 1636. und gestorben A(nn)o 1698/Ihres Alters 63. jahr. beyde/haben in der Ehe gelebt 46./jahr, darin gezeuget 12 Kin=/der, 4. Söhne und 8 Töchtere/Gott sey uns gnädig

Portalöffnung: H. 207 cm B. 110,5 cm T. 20 cm;
Gruft: H. 286 cm B. 215 cm T. 245 cm

Kat. 36

Alhier/Ruhet in dem Herr(n)/die Weiland Viel Ehr/v. Tugend belobte Frau/Elisabetha Rheetzin geb:/Bredoin. Tit: H(errn): Tobias./Rheetz Kön: Preus: v. Churf:/Brand: Müllen Meisters/alhier Hertzgel Ehe Frau/Ao: 1645 geb: in Besko : 1667. ver/traut. 1703 gestorb: Ihres/Alters 58 Jahr./8 Monat.//
APOC: XIV. 12/Seelig sind die Todten die/in den HERREN sterben/von Nu an: Ja der Geist/spricht daß sie ruhen von/ihrer Arbeit.

Kat. 37

Kapelle: H. 324 cm B. 353 cm T. 200 cm;
Bogenöffnung: H. 308 cm B. 262 cm;
Gruft: H. 250 cm B. 315 cm T. 260 cm;
Grufttür: H. 73 cm B. 131 cm;
Niveauunterschied Kirchen-Kapellenboden: 92 cm

Kat. 38/39

Allhier ruhet/der entseelte Leichnam/Herr Philipp Jacob Speners, S.S. Theol. Doct./welcher in seinen Leben, Lehren, und Schrifften/nichts anders als den wahren Gottesdienst,/in Heiligkeit, und Gerechtigkeit, die ihm gefällig ist,/zum Zweck gehabt. Derselbige/nachdem er LXX. Jahr, und 8. Tage in seinen Leben/und bey nahe 50. Jahr, in seinen an verschiedenen/Oertern, getragenen Ehren-Aemtern, in der Welt/geleuchtet, ist endlich/den 5ten Febr. 1705. als ein Licht erloschen,/Er leuchtet nun in der Ewigkeit, unter den/Sternen grosser Lehrer und sein guter/Nahmen auf Erden./Nat. 1635 †1705.

In diesen Grabe ruhet/die seel. Frau Susanna Spenerin, gebohrne Ehrhardtin,/von Straßburg,/welche wegen ihrer guten Herkunfft/Christlichen Gemüth und andern Tugenden,/eine Zierde/ihres Geschlechts gewesen,/und mit ihren Ehe-Herrn 40. und ein halb Jahre,/als eine Christliche und häusliche Ehe-Gattin,/und vernünfftige Kinder-Mutter/in einen gesegneten Band der Einigkeit gelebet,/so der Tod nur 9. Monath getrennet,/damit sie in ihrer Trauer, die letzte LiebesPflicht/bezeigen könte./Als sie aber nun völlig/unter den Wittben,/in diesen Thränen-Thal wohnen solte,/wurde sie sehr geschwinde,/in das Haus der ewigen Freuden gezogen,/nachdem sie in dieser Zeit,/fast 62. Jahr zugebracht./Allhier aber versammlen sich die Gebeine,/dieser beyden Ehe-Gatten,/derer Hertzen im Leben/stets vereiniget waren/Nat. 8. Jan. 1644 † 5. Nov. 1705.

Kat. 41

Allhier Ruhet/Frau/Dorothea Maria Gebels/H(er)rn: Heinrich Brandes/Bürgers, Schneiders, und bey dieser Kirchen des Armen/Kastens Vorstehers Lieb/gewesene Ehefraw mit dem/Sie 27. Jahr friedlich in/Ihrer Ehe gelebet, 7. Kinder/Mutter und 9. Kinder Gros/Mutter geworden, Ist geboh/ren 1634. den 21. Julii und/Anno 1684 den 25. Aprilis/Durch einen unverhofften/und gefährlichen Schlag/(Fluß) befallen, sanfft (und see)lig/von dieser Welt abgeschieden/Ihres (Alters 50. Jahr weniger/12. Wochen und 7. Tage/Symbolum Psalm 24.v.9./Laß mich nicht und thue nicht die Hand von mir ab, Gott mein Heil)/Und/Tit. H(er)r(n): HEINRICH BRANDES/weil(and): Fr(au): ANNAE SOPHIAE verwitbete/Hertzogin zu Br(aunschweig): und Lüneb(urg)/Hoff: und Leib Schneider/50. Jähriger Bürger und Meister/in Berlin und Cölln/ist am 16: Octobr: 1631 zu Schöni(n)gen/gebohren/Und/Nachdem Er in seinem Leben/Vor allen sich bemühet/GOTT u: sich selb(st zu e)rkennen,/auch seinen Nechsten zu lieben/Endlich den 29 Jan: 1707./im Herrn seelig entschlaffen,/da Er von 2. Frauen/ein 47. Jähriger Ehemann/ 8. Kinde(r Vater, 15. Kinder Groß=Vater, 3. Kinder Elter=Vater, und 75 Jahr, 3. Monath, 13. Tage alt geworden. Leichen=Text I. Tim. I.v.15)

Kat. 42

Alhier/erwartet/auch dem Leibe nach die beförderung/in die Englische Hohe Schule/Herr Benjamin Engelbert Schnitter/Philosophs: Juris: Studiosus/Welcher durch frühzeitigen hintritt/seines auch alhier ruhenden Seel. Vaters/Herrn Hermann Schnitters,/Churfürst(lich) Brandenburg(ischen) Fiscals bey/dem Admiralitäts Collegio/in eine betrübte Weisen Schule/in hiesige Stadt Schule/und endlich/Nach Franckfurt an der Oder auff die Hohe/Schule gekommen/daselbst aber/nach der Krancken und Sterb. Schule/zu letzt/der an der Oder auff die Hohe/Schule gekommen/daselbst aber/nach der Krancken und Sterb. Schule/zu letzt/der Seelen nach in die Ewige Hohe Schule/von GOTT befördert worden/Dieses alles in seinem Kurtzen Alter von 19 Jahre/4 Monathen u(nd): 4 Tagen, worein sich doch zwei/Secula getheilet,/in dem Er A(nn)o: 1688. den 30. Marty : gebohren/und A(nn)o: 1707. den 3. Augusti. gestorben./die nach Ihren Lieben Benjamin/sich Schmertzlich sehnende Mutter/Frau Maria Fürstenwerder/laßet dieseß Denckmahl, der gleichen Er Ihr dem/Laufe der Natur nach hätte auffrichten sollen/mit bittern Trähnen setzen./Er (ist) bald vollkommen worden u(nd) hatt.../den seine Seele gefället Gott, darum eilet Er.../... aus dem bösen Leben: B.d.M.... (13 V 4)

Kat. 43

Alhier/ruhen/in ihrer und ihrer vor Eltern Cammer/die gebeine der Seeligen/Frau An(n)en Elisabeth Schnitterin/Albrecht Friedrich Hynitzsch/Königl(ich): Preuß(ischer): Ober Appellations- auch/Hoff und Cammergerichts Advocati/hertzlich Liebgewesenen Ehegennoßin/einer Werthesten Tochter/See(lig): Herrn Herman(n) Schnitters/Churbrand(enburgischer): Fiscalis bey dem Admiralitäts Collegio/und/Frau Marien Fürstenwerder/Sie sahe am 13. May 1689 zuerst dises Tages Licht/wurde am 10. May 1707 an den itzo betrübt: Witw. vertraut/brachte am 3. April 1708 eine gesunde Tochter ans Licht/Verlohr aber darüber am 21. Ejusd: Licht und Leben/oder verwechselte vielmehr mit dem wahren Licht u: Leben/diese mehr finstere als Lichte Lebensdemmerung/Sie starb demnach zwar in dem 19. Jahre Ihres Alters,/hatte aber schon die rechten grauen Haare und das rechte/Alter, denn, weil sie eine getreue Dienerin ihres Heylandes,/Ein gehorsames Kind ihrer Mutter, Eine liebreiche Ehege=/noßin ihres Mannes, eine wahre Freundin ihres Näch-/sten und also ihr Leben ohnbefleckt, und ihre Jugend voll/Klugheit gewesen. So kan der mangel zeitlicher Jahre/Ihrem rechten Alter keinen Mangel außsetzen./Lerne, der du dieses liesest/Dein Alter nach deinem wol oder übel geführte(n) Leben zu rechne(n)/Und bemühe dich, ebenfals zum Ewigen Licht u: Leben zu kom(m)en/Du aber werthester Leib, Ruhe alhier sanfft/biß du mit(ten)in Abrahams Schoß ruhenden Seele vereini=get/Zur Ewigen Ruhe eingehest/und laß dir gefallen/dieses Rahels: Mahl/welches der leyder kurtzen doch vergnügsten Ehe aufrichtet/der betrübteste Wittwer

Kat. 44

Seinem/liebwehrteste(n) Vater/Herrn JOHANN KONOWEN/Chürfürst(lichem) Brandeburg(ischem) Post Meister/zu Perleberg,/und seinem/wohlgerathenen frommen Sohn,/JOHANN CONOWEN/Regii Gymnasii Joachimici Civi,/welche/Beyde zu Perleberg/Jener den 19ten Juny 1645./dieser den 21 Septembr 1692./gebohren/und/Beede alhier zu Berlin/der Erstere am 20 July 1687./der letztere am 1 Nov: 1708./seelig in GOTT abgeschieden/auch/Beyde an diesem Orte/beyeinander begraben/hat/aus danckbarem/und bekümmertem/Hertzen/Dis Denck Mahl/auffrichten laßen/Dero respectii/gehorsamer Sohn/und/gebeugter Vater/JOHANN KONOW/Bürger Meister Seines Vater/Landes der Pringnitztri=/schen Haupt Stadt/Perleberg

Kat. 45

A.O./Hier ruhet in Gott:/Fr: Ursula Maria/Zornin/geb: Bernhardin:/Sie war/aus Gott gebohren,/im Glauben gerecht,/in der Liebe treu,/in der Hoffnung beständig,/im Gehorsam auffrichtig,/in der Barmhertzigkeit Unermüdet,/im Gebeth brünstig,/im Wandel Fursichtig,/im leben und sterben/Seelig./Ao. AEtat. 37

Kat. 46

Hier ist das Ruhe-Kämmerlein/des Weyland/Hoch-Ehr-Würdigen und Hochgelahrten/Herrn/Conrad Gottfried Blanckenberg,/Königl. Preußis. Praepos. und Pastor Primar. zu S. Nicolai,/in welcher er/den XXX. Decembr. Anno MDCCXII./Nachdem er in Wolffenbüttel, Hohenstädt und/Berlin,/in die XXXII. Jahr viel zur Gerechtigkeit gewiesen,/im LV. Jahr seines Alters, auf Gottes Geheiß/eingegangen,/hieselbst die seelige Auferstehung in seinen Theil,/mit allen Gerechten am Ende der Tage erwartet.

Kat. 47

Hier ruhet/der sterbliche Theil eines vor/GOTT demühtigen, vor Menschen aufrich=/tigen vor sich selbst behutsamen Pilgrims,/HERRN MATTHIAS CRÜGERS,/welcher/Seiner Königlichen Hoheit,/Marggraf PHILIPP WILHELM,/als Hofküchhen Meister treulich gedienet,/Frauen DOROTHEA ELISABETH/gebohrnen SCHULZIN als Ehherr 17. Jahr/und 3 Wochen vernünftig begegnet. Seinen bey=/den Söhnen u. der einzigen Tochter als Vater/Christlich vorgestanden, bis Anno 1713,/den 21. Januar: sein unsterblicher Geist/nach einer 54 jährigen Walfahrt zur ewigen/Ruhe gelanget ist./So geht der Christen Lauf hin zu der Ewigkeit/Da nach dein Ungemach die sanfte Ruh bereit./L. Text./Psalm XVII.15.

Kat. 48

Alhie/ruhet in Gott/Tit: Herr/Johann Christoph Körber,/weyland/Berühmter Stadt= und Kirchen=Musicus hieselbst./Er wandelte f(or) GOTT und war fromm,/Zum Dienste GOTTES freudig,/In der Liebe aufrichtig,/(Im) Glauben gere(cht),/(dahe)ro G(OTT gefällig)/U(nd starb in Christ)o selig./Er ist geboh(ren zu Alt=Brandenbur)g A(nn)o 1658 d. 15. Maji:/Gestorben a(lhier in Be)rlin A(nn)o: 1713. d. 20. Febr./Seines Alters im 55ten Jahr/Diese(s) Seegens=Ge=/dächtniß hat ihm seine/an Kirchen, Schul, und/Armen erwiesene Mil=/digkeit aufgerichtet

Kat. 49

Unfern von die=/sem Grab=Stein/haben betrübte Eltern/Gottfried Walther, Bürger, Huff= u: Waffen=/Schmidt auch Kirche(n)=und Kasten=Vorsteher all=/hier zu S:Nicol:/und/Frau Anna Magdalena Ostwaltin,/ihren einigen wohlgerathenen Sohn/Christian Friedrich Walther,/der allhie(r) in Berlin A(nn)o. 1695. den 15. Apr: gebohren,/Im Hause der Seinen unter guter Aufsicht erzogen/Im Gymnasio zum grauen Kloster fleißig unterrichtet/u: nunmehro zur Universität dem Studio Theologico/obzuliegen, war tüchtig befunden worden/A(nn)o. 1713. auff Hoffnung der fröhlichen Auferstehung/beerdigen/und am andern Oster=Tag in seiner Leich=Predigt erklären lassen./Text Sap. IV. vers 7 – 14./Sein Alter hat er gebracht auf 18. Jahr. weniger 3. Tag./Weil Lüste dieser Welt der Unschuld Netze stellen,/Wird solche vor dem Fall von Gott hinweggerückt./Drum kam ich bald davon, Gott gab mir die Gesellen,/Die mit mir unverführt auf ewig sind beglückt.

Kat. 50

Der Gerechte, ob er/gleich zeitlich stirbt, ist er/doch in der Ruhe, Sap. IV. v. 4 – 7./Zu solcher Ruhe sind zeitig gekom=/me(n) 5. Geschwister und Brüder, nemlich:/Johann Friderich, Maria Loysa, Christian/Gottlieb, Friderich, Maria Sophia, welchen/dieses Denck-Mahl aus väter- und mütterlicher Liebe, hat setzen lassen,/Johann Friderich Retticher,/Kauff- und Handels-Mann in Berlin,/und seine EheGenoßin/Martha, gebohrne Lorenzin,/Anno 1713.

Kat. 51

Rechts:
In dieser Gruft ruhen/die Gebeine/des Weyland Königl: Preuss: Geheimen Rahts/Herrn Severin Schindlers/Erb=herrn auff Schoneiche/Welcher/Schon lange vor Seinem seeligen Ende fleißig/erwogen, daß Er sterben mußte, und wie derselbe/in Ermangelung eines Leibes Erben,/Sein Hauß bey Zeiten bestellet/So hat Er/den von Gott verliehenen Seegen nicht/allein in Seinem Leben sondern auch nach/Seiner Seel: Auflösung durch milde und/christl. Vermächtnisse und Stifftungen dem/Dürfftigen mit getheilet, davon arme Waysen/annoch gespeiset und versorget werden/auch/bey seinem Leben diese Ruhe-Stätte/vor sich und seine liebe Ehe=Gattin erbauet/und/Nachdem derselbe in dem 67 Jahre Seines rühm=/lichen Alters dieses zeitliche verlassen, So ist Sein verblichener Cörper in diesem Seinem/...

Links:
Frau Maria Rosina/gebohrne Bosin/Des Weyland königl: Preuß: Geheimen Rahts/Herrn Severin Schindlers,/Erb=Herrn auf Schoneiche/stets liebgewesene

Ehe=Gattin/Nachdem Sie/Ihre Pilgrimschafft auf dieser Erde/dabey aber/Ihren Bürger-Wandel im Himmel/58 Jahre gesuchet, binnen welchen sie/Wohl zu thun und aufzutheilen, nach Ihrem/Mit Glaube und Liebe von GOTT er=/fülletem Hertze nicht vergehen,/also demselben/Die wohlgefallem Gotes gebracht,/So ist/Dero selben gedemüthigter Leib/in diesem Ihrem Erb=begräbniß/verwahrlich beygesetzet & 20 Ja:/1746 welcher/seinen Heyland Jesum Christum/aus denen Himmeln erwarttet, daß/Er gleich gestaltet werde dem Leibe Sei=/ner Herrlichkeit durch die kräfftige/Würkkung, womit Er kan auch alle/Dinge Ihm Selbst unterwerffen.

Portalaufbau: H. 723 cm B. 465 cm;
Niveauunterschied Kirchen-Kapellenboden:
160 cm;
Gruft: H. 250 cm B. 352 cm T. 257 cm

Kat. 52

In Christo seinem Erlöser/schläffet alhier/Herr CASPAR STILLER/weyl: Chuf: Brand: etliche 20. Jahr/gewesener Reise=Becker, welcher An(n)o/1665. d. 30. Nov: in der Freyherr(lichen): Stadt/Schlichtingsheim in Groß Pohlen/geboren Und hierselbste(n) A(nn)o 1692. die damah=/lige Fr: Anna Illigern, H(errn): Peter Jahns nach=/gel: Wittwe geehliget, mit der Er 22. Jahr in/vergnügter Ehe gelebet; Ist gestorben/A(nn)o 1714. d: 9. Febr: Seines Alters 48./Jahr 2. Monath 11. Tage./Leichen=Text, Psalm 84./vers 3

Kat. 53

Hier hat/zu Ehren dreyen seelig verstorbenen Kindern/eine Mutter in eigenen Leibe das 4te/ins grab gebracht/und das 5te in diesem leben hinterlassen/Fr: Maria Elisabeth Schwanebergin,/welche A(nn)o 1685. den 16. Sept. zu Spandow gebohren,/an Hr: Johann Conradt Beckern/Bürger und Handelsmann/Anno 1705. den 27. October verehliget:/und Anno 1715. den 8. Mart. in harter geburths=arbeit/Seelig entschlaffen./Damit Sie den Leser ins Prophetische Geheimniß/Esa: 37. v. 3. schauen läßet:/Es gehet gleich, als wenn die Kinder biß an die gebuhrt/Kom(m)en sind, und ist keine Krafft da zu gebähren.

Kat. 54

Tafelinschrift:
Allhier ruhen/nach ausgestandener Arbeit/in der Hoffnung der seeligen Aufferstehung/die Gebeine/Herrn Friedrich Zorns/Apotheckers und HandelsManns in Berlin./Der gebohren im Jahr 1643, den 18. Marti/Im Jahre 1672, den 21.Octobr./Jfr. Anna Catharina Stuckin,/und im Jahr 1693. Jfr. Ursula Maria Bernhardin/zur Ehe genommen./Im Jahr 1716. den 8. Jan. aber verstorben./Sein Wandel war still und Gottsfürchtig,/seine Dienstfertigkeit gegen den Nechsten aufrichtig,/seine Ehen fruchtbar/An 6. Söhnen und 1. Tochter aus der Ersten/und 2. Söhne aus der andern/Die aber alle, der Tochter-Kind außgenommen,/vor Ihm hingegangen sind./Seine Nahrung war von Gott gesegnet./Seine Treue beständig/und Sein Ende, da Er 73. Jahr 2 Monaten alt war in Christo seelig./Sein Gedächtnis bleibet im Seegen./Das Irdische vergehet,/Wer aber den Willen GOTTES thut,/bleibet in Ewigkeit.

Kartuscheninschrift:
Deßen/geliebter Leser/erinnern/dich und sich,/die dieses Christ Andencke(n)/setzen/des Seeligen Hinterlaßene/Eidam Johann Porst Königl: Pr: Con: Rath/und Praepositus/Tochter Kind Maria Elisabeth geb: Porstin/vermählte Schraderin und deroselber/EheMann Joh. Christoph Schrader/Apothecker u. HandelsMan(n) alhier

Kat. 55

Hier ruhet dem Leibe nach/Fr: Dorothea Hellwigin,/Aus einem alten Priesterlichen Geschlecht/zu Liebenwalde und Blumberg/entsproßen,/Anfangs/Herrn Georg Mebuß,/Churfürstl: Brandenburgische(n) Mühlenmeisters hieselbst,/und nach deßen Absterben,/Herrn Johann Schultzen,/Wolverordneten Rahtmannes,/treuergebenste 29. jährige Ehe=genoßinn/und 12 Jährige Wittwe,/mit welchem Sie eine Tochter,/Frau Dorothea Elisabeth Schultzin,/itzo Verwittwete Crügerin,/gezeuget,/So Ihrer Hertzgeliebten Frau Mutter/ dieses kindliche Denckmahl setzen laßen,/Sie ist gebohren A(nn)o: 1648. d. 31. Jan:/gestorben A(nn)o: 1716 d. 7. May/im 69 Jahr ihres Alters,/Leichen Text Philipp.1.-vers.23./Wir müßen allzumahl heut oder morgen sterben,/Wer, wie die Seelige, so denckt, wird nicht verderbe(n)

Kat. 56

Joachim Friederich/Falckenberg/Kauf- und Handels-/ Mann alhier/und/Frau Maria Falcken-/berg geb: Meyerin/Erb-Begräbnüß/Ao: MDCCXVI

Rahmung des Gruftzuganges: H. 142 cm B. 231 cm T. 50 cm;
Grufttür: H. 97 cm B. 129 cm;
Sarkophag: H. 36 cm B. 95 cm T. 10 cm;
Inschriftplatte: H. 100,5 cm B. 91,5 cm T. 15 cm;
Aufsatz: H. 63,5 cm B. 128 cm T. 12 cm

Kat. 57

Dieses Erb- begräbnüß ist die Ruhe-Kammer/Herrn Adolph, Friderich, Gerresheim/Med. D: Königl. Preuß. Hoff-Medici,/und des Colleg. Med. Assessoris./So gebohren, Cölln an der Spree Anno: 1655. den 4. Febr./ Verehliget 1685. das erstemahl mit Fr. Anna Berghauen/ Seel: H(err)n: Bernhards. Med. D. Wittwe/mit Welcher Er 18 Jahre Vergnugl. Verbunden gewesen./Nach derselben schmer(tzl)ichen Verlust aber/das andere mahl Anno 1703/mit Jgfr. Anna Elisabeth Richterin/Seel: H(err)n: Christian Martin Richters:/E:(ines) H:(ochwohllöblichen) E:(hrbaren) Raths alhier Cämmerers einzigen/nachgelassenen Jgfr. Tochter./mit Welcher Er 13. Jahr in Vergnügter Ehe gelebet/und welche ihn auch in diesen ihren begräbnü(ß)/an der Seite Zu ruhen Verlanget, nachdem Er/Seelig verschieden An(no): 1716, den 17 Mai. seines Alter(s)/61 Jahr: 3. mon(a)t. und 13. Tage,/Sie aber An(no). 1678. den 23 Marti gebohren./ Gott gebe seinen vier hinterlassenen Herren Söhnen/ den Seegen/den Er ihnen zuletz. angewünschet.

Rahmung des Gruftzuganges: H. 174 cm B. 235 cm T. 47 cm;
Doppelgruft: H. 352 cm B. 644 cm T. 720 cm;
Grufttür: H. 130 cm B. 129 cm

Kat. 58

Hier ruhet in seinem treuen Gott und Heylande Christo Jesu ein nicht nur den Nahmen nach, sondern in der That wahrer Christ, welcher im gantzen Leben Gott vertrauet, der Hoch- und Wohl-Edle, Groß-Achtbare und Wohlgelahrte Herr, Herr Traugott Christian Schlenckardi, Kayserl. und Königl. Preussischer Notarius, Ober-Appellations und Cammer-Gerichts-Procurator, wie auch Gerichts-Advocatus, und 25. Jahr rühmlich in Berlin gewesener Wagen-Meister, nachdem Er Christlich gebohren den IIten Sept. 1672. gelebet 46. Jahr, 3. Monat. 4. Tage und gestorben den 18. Nov. 1718. welches mit diesem schmertzlichen Andencken öffentlich bezeuget Dorothea geb. Dähnin, verwitwete Schlenckardin.

Kat. 59

Alhier Ruhet in Gott,/Herr Justus, Vollrath Didde,/Welcher Anno 1669, den 12ten Juny gebohren./Er wahr Cam(m)er-Gerichts Advocatus/Richter in Cöllen, und Oberkirchenvorsteher da-/selbst. Und alß er nach einer langwirig außge-/standener Kranckheit, den 13. Jan:/ 1719. in den 50ten Jahre seines alters,/seel: verschiden, ist er von seiner nachgelaße-/ne(n) witben frawen Dorotheen Elisabeth Mülleri(n)/mit welcher er 6 Jahr in vergnügten Ehestande gelebet,/u: seiner eintzigen Tochter, Jungfer Annen Loysen d: 18/Jan: d: a: hiselbst begraben worde(n), welche dan(n) auch de(n)/seel: verstorbenenen, dieses denck- und liebes/Mahl setzen lassen.

Kat. 60

VIRO/Illustri et Generoso/DNO IOHANI WOL=/ GANGO BEWERT./S Regiae Majestatis Borussicae/a Consiliis/Iustitiae Appellationum,/et Iudicii Cameralis aulici/intimis./Superioris Iudicii Gallici DIREKTORI/ Nato Die 22. Febr: A(nn)o: 1662/Denato Die 11. Aug: Ao: 1721/HOC/MONUMENTUM/SACRUM!

Kapelle: H. 307 cm B. 306 cm T. 197 cm;
Bogenöffnung: H. 285 cm B. 213 cm;
Niveauunterschied Kirchen-Kapellenboden: 125 cm;
Gruft: H. 293 cm B. 260 cm T. 50 cm

Kat. 61

Inschrift auf der Tafel des Chronos:
IN HOC MONUMENTO REQVIESCUNT,/ET EO QUO HIC VIDES ORDINE/ANIMAM COELO TERRAM TERRAE/REDDIDERUNT/CHRIST: FRID: KRAUT. S.R.M.B./IN SUPREMO SENATV RERVM/DOMAN: CONSILIAR. INTIM:/NAT: D: XIV. IUL: MDCL. DENAT: D. X. AUG: MDCCXIV/EIUS UXOR JOHANNA CONCORDIA/DE DROSTEN, NAT: D. ... MDCLXXIX/DENAT: D: XXI. OCTOBR: MDCCXIV./FRANCISC: ANDR: A:/KRAVT. S.R.M.B./EXCVB PRAEFECTUS NAT: D: IX. APRIL/ MDCLXXVI./DENAT: D: XXII. MAIJ. MDCCXVI/ANNA URSULA SCHINDLERIA./PROXIME SEQVENTIS OPTATISSIMA/ CONIUX. NAT: D: XXVII: NOV: MDCLXII. DENAT:/D.VII IUL: MDCCXX./JOH: ANDR: A KRAVT. CUIUS AMPLIS=/SIMA MUNIA./IN TABULA E REGIONE POSITA VIDES./LUCEM ASPEXIT. D. XVII. JUL: MDCLXI./RELIQUIT. D. XXIV. IUNIY MDCCXXIII./MEMORIAM VIRTUTUM ET MERITORUM/AETERNITATI TRASMISIT/QUAM VIVUS NEQUIVIT, MORTUUS/ HIC INVENIT REQUIEM.
Inschrift auf der Tafel der Ewigkeit (nach Küster):
D.O.M. & Piis Man. S. JOHAN, ANDR. a KRAVT S.R.M. Bor. a Consiliis Sanctioribus rerum Belli & Pacis Vt & in Supremo Senatu redituum, Rerum Militarium & Domanialium Praeses Vicarius Mortalis conditionis Vitae Memor Hoc Monumentum suis suorumque ossibus condendis exstruit Deum O.M. venerans, Vt sibi aliquando defuncto Iuxta funera suorum charissimorum Fratris Fratriae, Filii & Uxoris, Quos inter struendum Non sine acerbo dolore In tumbam intulit Placide requiescere liceat A.D. MDCCXXIII.

Kapelle: H. 478 cm B. 465 cm T. 535 cm;
Korbbogenöffnung: H. 372 cm B. 400 cm;
Gitter: H. 317 cm B. 341 cm;
Gruft: H. 184 cm B. 413 cm T. 491 cm

Kat. 62

Kapelle: H. 312 cm B. 314 cm T. 226 cm;
Gruft: H. 247 cm B. 303 cm T. 253 cm

Kat. 63

D. O. M./ADSTAS VIATOR MONIMENTO/CAROLI GOTTFR. SCHRADERI/POT. PORUSS. REGI A CONS. AVL./QVI/PATRE IO. ERNESTO/HVIVS QVONDAM AEDIS PRAEPOSITO MATRE MARTHA EHRENTRUDE/GEORGII LILII EIVSDEM AEDIS ANTISTITE/FILIA VSVS/QVVM/ET REGI ET PATRIAE PRODESSE VNICE STVDERET/MORTALITATE INTERCEPTVS EST/ VIXIT ANNOS XXXIX. M. II. D. XI./OBIIT BEROLINI PRIDIE ID. DEC. MDCCXXVI/DORMITORIO PARENTUM ET AVORUM NEC NON/IIII FRATRUM ET IIII SORORUM/IN HOC IPSO TEMPLO ILLATVS/HAEC SCIRE TVA INTERFVIT/VIATOR/TV IN REM TVAM ABI/ET/QUOD URNA CAPAX OMNE NOMEN MOVEAT/ HOC LOCO MONITVS DISCE/FRATRI OPTIMO/HOC GERMANITATIS MONIMENTUM SOPHIA HEDWIG/GEORGII FRIDERICI SCHNADERBACHII/SER.-POR. REGIA CONSILIIS SACRIS/ET ANTISTITIS PETRINI/VIDVA/CVM LACRYMIS POS.

Kat. 64

Hier ruhen die Gebeine/Zweyer Eheleute in einem Grabe/Hr. JOHAN HEIN: BAURMEISTER/weyl: Kauff=u= Handelsmannes/Fr.: EUPHROS: geb.: Meyerin/welche der Tod auch nach dem Tode nicht gefangen/Sie waren mit Gott vergnügt im Leben/viel vergnügter aber sind sie nach ihren Tode./Denn durch das sterben sind sie zu den rechte(n) Leben kom(m)en/ Und ob gleich ihre Leiber in ein finster Grab eingesenckt/So haben sie dennoch im Grabe kein Grab angetroffe(n)/Denn sie hofften und glaubte(n) eine Auferstehung der Todte(n)/Welchen Glauben sie auch mit ihren Tode versiegelt/Und dadurch für das Vergängliche das Unvergäng=/liche erlanget./Derowegen sterblicher Leser, stirb noch für deine(n) Tod/Damit du glückl: lebe(n), noch glücklicher aber sterbe(n)/mögest.

Gruft: H. 221 cm B. 658 cm T. 260 cm;
Sockelrahmung der Grufttür: H. 174 cm B. 242 cm;
Grufttür: H. 140 cm B. 125 cm;
Allegorie der Festigkeit: H. 123 cm B. 49 cm T. 34 cm;
Allegorie der Endlichkeit: H. 119,5 cm B. 44 cm T. 30 cm;
Chronos: H. 61 cm B. 129 cm T. 39 cm;
Putten: H. 45 cm B. 43 cm T. 29 cm

Inschrift auf der Rückseite:
... nisi cui placus/set, imago Haec fe.../amor exemplum/Marito ex A. M. D/animic foedere juncta/das sine toedio coluit./ut, temporum vitio,/in hunc sterius est/tamen haud fuit,/aliis Virtutes sibi Coelum/audia, mortua lacrjmas peper/ias Dotes intuita, sed exanquis/oaevam omnes boni optaverar./LXXIII. XVI Aprilis/orbatus est/...ic Vivar.

Kat. 65

Alhier/ruhet dem Leibe nach/Der Hochwürdige und Hochgelahrte Herr/Herr/JOHANN PORST/Königl: Consistorial=Rath, Pastor,/Probst und Inspector in Berlin/Er ward 1668. geboren, erhielt 1698 den Beruff zum Predigtamet nach/Malchau und verehlichte sich 1699. mit Jungfer Anna Elisabeth sel: Herrn/Friedrich Zorns gewesenen Apotheckers und Handelsmann alhier eintzigen Toch-/ter. Nachdem er 1703. seine Ehegenoßin verloren hatte, ward er 1704. auf dem/Werder und der Dorotheenstad alhier Prediger und 1709. von der damaligen Kö=/nigin Majestät zum Beichtvater erwehlet. Im Jahre 1713 bekam er den Beruff als/Probst an dieser Kirche und ward 1716 zum Consistorial-Rath ernennet. Er führete/seinen Wandel vor Gott, war ein freyer und gesegneter Arbeiter in den Weinberg des/Herrn und starb den 9. Jan: 1728. alt 59 Jahre und 28. Tage./Seine von zwo übrig gebliebene Tochter, Frau Maria Elisabeth und der Schwie-/ger=Sohn Herr Johann Christoph Schrader, des Königl. Ober-Collegii Me/dici Assessor wie auch Apothecker und Handelsmann hieselbst, welche nebst der eini=/gen Enckelin Johanna Elisabeth, den Tod des wohlseligen Mannes beklagen,/haben demselben dieses Denck- und Ehrenmahl setzen lassen./Schau Leser mit Bedacht, schau diesen Wandersmann./Und seinen Creutzes=Stab, schau jenes Bildnis an./Wie dieser sein Gesicht zum Worte GOTTes kehret./Wie seine Andacht sich in reiner Glut vermehret./Wie er mit seinem Rock die nackenden bedeckt,/Wie jene Fackel dort die andre mit ansteckt/Und zeigt den schmalen Weg die Crone zugewinnen./So hat Herr Porst gelebt, so schied er auch von hinnen.

Kat. 66

HIER RUHET/DER WEILAND HOCH-/EDLE HERR/HERR CHRISTOPH ERNST/CONO,/MEDICINAE DOCTOR/UND PRACTIC./IST GEBOHREN ZU TANGERMINDE/ANNO 1691/GESTORBEN ANNO 1728 DEN 7 MAJ./HIER SCHLAEFET WANDERER,/EIN TREUER MEDICUS,/VON DESSEN REDLICHKEIT/EIN JEDER ZEUGEN MUS./WIE TREV ER JEDERMANN/GEDIENT IST OFFENBAHR,/WEIL ALLER EIGENNUTZ/VON IHN SEHR FERNE WAR./SEIN LAUTERES CHRISTENTHUM/IST UNTER UNS BEKANDT,/MAN WEIS, WIE LÖBLICH ER/DIE ZEIT HAT ANGEWANDT./SEIN RUHM VERMODERT NICHT/MAN LOBT SO FLEIS ALS MÜH,/NUR DIES BEKLAGET MAN/ER STARB DER STADT ZU FRÜH.

Kat. 67

Erb=Begräbniß/für/HR: Johann Friederich Retchern Königl: Preuß: Hoff: Rath/und Rathmann in Berlin, welcher in die Ruhe/seines Herrn ein=/gegangen d(en) 9ten Ian: Anno 1732 und sich dem Leibe nach zur Seiten setzen/laßen so wol seine den 18 September Anno 1727 seelig verstorbene Ehefrau/Frau Martha Retchern geb: Lohrentzin als auch aus der ander(n) Ehe/Frau Catharina Sophia Retchern geb: Wiesen, so gestorben/den 22 April A(nn)o: 1752./Er/ruhet mit Ihnen unter Gesellschafft der Gebeinen Ihrer seeligen/Kinder und noch übrigen Nachkommen in dieser Grufft, und/ruffen, wie im Leben allezeit, also auch durch Ihre Asche aus gläu=/biger Hoffnung der gewißen Aufferstehung./Ich weiß das Mein Erlöser ist u. Er wird mich hernach Hiob 19. V: 25./Erbauet A(nn)o. 1728.

Doppelkapelle: H. 218 cm B. 544 cm T. 227 cm;
l. Bogenöffnung: H. 288 cm B. 198 cm;
r. Bogenöffnung: H. 283 cm B. 196 cm;
Gruft: H. 280 cm B. 469 cm T. 219 cm;
Grufttür: H. 91 cm B. 123 cm;
Niveauunterschied Kirchen-Kapellenboden: 113 cm

Kat. 68

Hier/Lieget in Gott zur Ruhe/Herr/Stanislaus Rücker/weyland/Sr: Königl: Maj: von Preuss:/Accise Directorii: Deput:/des armen Directorii/wie auch Rath.Mann/(in) Berlin/Gebohren zu Bühren in/Schlesien d: 17. D(e)c: 1649./hat gezeuget/(acht Kinder un)d erleb(et)/(19. Enckel und vie)r Urenckel/(Gestorben den) 14. APRIL 1734/Deßen/Cörper ein fröhliche Auferstehung/erwartet

Kat. 69

Hier ruhet, im HERRN/Tit: Weyland Herr/H(err): Joh: Adam Limprecht/deme Breslau das Leben/Leipzig die Medicinische Wissenschafft/Holands Lazarette Erkäntnis der Curen/Leiden die Doctor Würde/Engeland gelährte Bekandschafft/Franckreich die Anatomie und Chirurgie/Portugall Konigl(iche)= Gnade/Spanien die Bedachtsamkeit/Italien die Erfahrung und Botanic/Padua die Dignitaet des Universit: Vicesindicat/die Kayserl(iche): Acc: Nat: Curiosorum ihre Adjunctur/die Würtenbergische Fürsten zur Oels und/Bernstadt die Raths Würde/Schlesien Frau Rosina Grassin/Wittwe von Eßin zur Ehe/Berlin die Königl(iche): Medicinishe Collegiatur/und letztern auffenthalt, diese Kirche/nach 83 Jährigen 8 Monatl(iche): Lebens Ruhe/und Unruhe, den 27 Juli 1735 eine/beständige sanffte Ruhe gegeben,/biß zur frähligen Aufferstehung/Am Tag Christi,/Leichen Text Ps: 73. v:12

Kat. 70

D.O.M.S./Mortalitatis exuvias hic depo-/suit, virtute Christi olim resumen-/das vir ampliss. CHRISTIANUS/KÖPPEN, S.R. Boruss. Majest. à/Consiliis, qvi honestissimis Parenti-/bus Joachimo Köppen, et Catharina/Bergmannia. A.D.XIIX. Jan. M.D.C.LXI./Neobrandenburgi nat(us) A(n)o M.D.CL.XX/XVIII. virginem lectissimam, Mariam Mar-/gar.: Nuglisch, connubii vinculo sibi junxit./thoriq(ue) pignora ex illa filios quatuor binasq(ue)/filias sustulita reliquo unico filio et gnata-/rum majore septies avus factus vitae consorte/MDCCXVIII. orbatus ad annum sal. M.D.XXX/VI. vitam viduam duxit, quando die XXII Aprilis/ex mortalium consortio et ipse exemtus est/Abi lector et mortis memor vive./Patri B.D.S.M. hoc pietatis monumentum/P.G.H.H:

Kat. 71

Kapelle: H. 490 cm B. 410 cm T. 328 cm;
Gruft: H. 235 cm B. 366 cm T. 342 cm;
Gitter: H. 95 cm B. 236 cm

Kat. 72

Hier ruhet/Herr Johann Christoph Schrader/Des Königl: Pr: Ober Collegii Medici würckl: Mittglied u: Rendant/vornehmer Apothecker Kauff= und Handelsmann./Ein Christ ohne Verstellung, ohne Schwulst, ohne Gepränge./In dem Reich der Natur/fand Er viel eigenthümliches, viel brauchbahres, viel Gelegenheit/zur Freude, zum Dienst, zum Trost Seiner Zeitgenoßen,/zum Vorbilde Seiner Nachkommen./Reich an Erfahrungen, glücklich in Bemühungen,/mäßig im Genuß, ruhig im Verlust des vergänglichem Sich zu erweisen./Aber in dem unvergänglichen Reiche der Gnade JESU./blieb Er kein Frembdling./Mit prüfendem Glauben, mit willigem Gehorsahm./mit schweigender Geduld,/gefiel GOTT Ihm über alles,/und Er suchte GOTT in allem zu gefallen./Sein Seegen bleibe über seinem Hause!/Er war gebohren zu Magdeburg d: 2 ten April 1683, verehel: d: 16ten Jan: 1716,/und starb alhier in Berlin den 30ten Junii 1744./Aus Danckbahrkeit und Pflicht setzten dieses in Wehmuth,/Ihrem seeligen Eheherrn, Frau Maria Elisabeth gebohrne Porstin /und Vater, Fr: Johanna Elisabeth geb. Schraderin, verehel: Hoffr. Stahlin.

Kat. 73

Erb=Begräbniß/für/Hrn. Justus Michael Sprögel/ Kauf= und Handelsman(n) und deßen/Ehe-Genoßin, Frau Christina Maria/geb. Liebermannin als auch für deren/sämtliche Erben und Nachkom(m)en/Anno 1744

Kat. 74

D.O.M.S./CERNIT. HIC MORTALIS. LUCTUOSAM/DOMUM/ QVAM/WILHELMUS. HENRICUS/CULEMANNUS/S.R.M. BOR./ IN. SUPR. SENATU REDITUUM/RERUM BELLICARUM ET. DOMANIA-/LIUM CONSILIARUS. INTIMUS/ET/HELENA CHRISTINA de /CUPNERIA./INDIVIDUA. EIUS. ET. OPTATISSIMA/ VITAE COMES. ET. CONIUX/ANNO. REP. SALUTIS. MDCCXLVI/EXTRUI. CURAVERUNT/UT CADAVERA. EORUM. HIC. CONDERENTVR/OSSA IUNGERENTUR. MANDAVERUNT/AETERNAM AUTEM. IN. COELO/MANSIONEM REPONUNT/MARITUS. NATUS. EST. MINDEAE/IN. WESTPHALIA/ANNO MDCLXXVII. VI. NOV:/DENATUS MDCCXLVI. IV. APR./UXOR. NATA. REGIO“MONT ANN. MDCXCVI./VIII. FEBRUARII./ DENATA ANN.

Kapelle: H. 317 cm B. 314 cm T. 236 cm;
Gruft: H. 330 cm B. 258 cm T. 172 cm;
Gitter: H. 78 cm B. 310 cm

Kat. 75

Manibus./et. sempiternae. memoriae./coniugum. rari. inter. mortales. exempli./quos. nec. mors. diuellere. valuit./et. quorum. ossuli. concors. vot. fuit. id. tegtum.Viri. nempe. incomparabilis./Philosoph. acervimi. Icti perspicacissimi./iusticiaeq. religiosissimi. sacerdot./ merit. in. rempubl. im(m)ortalibus./Illustris./JO. FRID. LOEPER./Reg. in. sum(m)o prouoc. Trib. a. sanct. cons./vix. ann. LIV./obiit nem. indefletus. d. III. Febr. MDCCL. /Feminae. vero./tanto. marit. dignissimae. virtut. ipsius. /strenue. imitatricis./CHRISTIAN. MAR. LOEPERIN./vix. ann. XXXI. obiit d. XVI. Dec. MDCCLIX./Monument. hocce. genero. filiaeq./b. d. s. M. posuit./maestissimus. pat. senectut. orbat. solat./Jo. WILH. LOEPER./Reg. a. cons. aulicis. et. cons. ciu. Hal.

Kat. 76

Kapelle: H. 395 cm B. 309 cm T. 275 cm;
Gruft: H. 220 cm B. 281 cm T. 249 cm;
Gitter: H. 73 cm B. 459 cm

Kat. 77

(Ein bis zwei Zeilen verwittert, nicht lesbar)
Allhier ruhen in Gott/voll Hoffnung auf eine seelige Auferstehung/ein/Groß-Vater und vier Enkel./der Groß-Vater war: Herr Christoph Kluge, Zim(m)er-Polirer/ein würdiger und rechtschaffener Man(n). Er wurde. den 18ten Sept: 1686. gebohren, und führete/bey Gebeth und saurer Arbeit einen Christlichen Wandel bis sein Heiland Ihn d: 23ten May. 1764/als einen from(m)en und getreuen Knecht zu sich rief, um Ihm den Genaden lohn für seine guten/Wercke zu geben, nachdem Er sein Leben auf. 78 Jahre 3 Monathe und 22 Tage gebracht hatte/Seine Enkel waren:/Christoph Abraham Kluge, welcher d: 1ten Sept: 1756. gebohren in Berlin/und d: 2ten Febr: 1757. in einem Alter von 22 Wochen, wieder von der Welt abgefordert./Daniel Gottfried Wilhelm Kluge, welcher d: 22ten July. 1760. gebohren in Berlin/ein from(m)er liebenswürdiger Jüngling, deßen Leben ein Muster für alle Jünglinge, deßen Geduld im/Leiden und Standhaftigkeit im Tode außerordentlich war, nachdem Er die Worte: Heilig ist Gott der/Herr Zebaoth: mit herzlicher Andacht ausgesprochen hatte entschlief Er sanft und seelig, in einen/Alter von 19 Jahren und 3 Monathen./Samuel Christoph Abraham Kluge, welcher d: 19te Dec: 1762. gebohren in Berlin/ein Jüngling deßen Herz ganz der Gottesfurcht gewidmet war. In dem Joachimsthalschen Gimnasio/ bewies Er bis an seine letzten Tage, einen so rühmlichen Fleiß, das in seinen hinterlaßenen Schriften noch Denck-/male davon übrig sind, vor seinen Ende sprach Er mit einer rührender Freudigkeit des Geistes die Worte:/Der Nahme des Herren sey hochgelobet und gebenedeyet in alle Ewigkeit, Amen, und hierauf g(ab er bey)/völligen Verstande, seinen Geist auf, nachdem Er sein kurzes, aber schönes Leben 17 Jahre, und 1 (Monath)/geführet hatte/Johan(n) Gottfried Abraham Kluge, welcher d: 6te(n) Juny 1760. gebohren in B(erlin) /ein Jüngling welchen die Liebe zu Gott und zur Tugend ganz beseelte Sterbend rief Er laut und Fr(omm)/. . .die

Worte aus Herr Jesu nim meinen Geist auf. und verließ die Welt in ein Alter von 16. Jahr. u: 5 Monat:/(die) Zeilen gefielen Gott wohl, darum eilete er mit ihnen aus diesem bösen Leben B: d. Weish: Cap. 4. v. 14/(Der) Vater dieser Söhne ist Herr Christoph Kluge, Billeteur bey der Königl: Servis-Casse/...erblickte das Licht der Welt den 23te(n) Aug: 1724, und folgte den Seinigen in die Ewigkeit/(Die Mutter dieser) Kinder ist Frau Anna Catharina Sophia Klugin. geb. M.../...Tochter Frau Anna Carolina Dorethea.../Coung. Müllerin geb. den 21ten Mar: 17.../...der Schwieger-Sohn Herr Johann Gottfr. Müller...

Kat. 78

Erbbegräbnis./für den Kauffmann/Herrn Christian Wendlandt/gebohrn in Berlin d: 21t. Sep: 1704/gestorben d: 24t. Junyi 1776./und deßen Ehegenoßin/Fr: Dorothea Louise/gebohrne Kletten/gebohren d: 17t. May 1704/gestorben d: 31t. Dec: 1783/und deren Erben.

Kapelle: H. 408 cm B. 482 cm T. 384 cm;
Bogenöffnung: H. 321 cm B. 383 cm;
Gruft: H. 283 cm B. 391 cm T. 297 cm;
Grufttür: H. 116 cm B. 129 cm;
Säulen: H. 168/9 cm Durchmesser: 28 cm;
Niveauunterschied Kirchen-Kapellenboden: 149 cm

Kat. 79

HIENEBEN/EMPFING DIE ERDE/DAS IHRIGE/VON/JOHANN JOACHIM SPALDING/GEBOREN AM I NOVEMBER MDCCXIV/GESTORBEN AM XXII MAI MDCCCIV/(AP)OSTELGESCHICHTE XXIV 15.16.

Kat. 80

MARIE CHARLOTTE LIEBERKÜHN/SPALDINGS WITTWE/FOLGTE IHREM GATTEN/AM V. SEPTEMBER MDCCCIV/GEB. AM XI. FEBRUAR MDCCXLIX./SIRACH XXV: II.

Kat. 81

In diesem Kirchengewöl(be)/ruhen:/Dorothea Sophie Knobla(uch)/geb. Oppermann,/starb den 11. December 1806. 81 Jah(r alt)/Carl Friedrich Knoblau(ch)/starb den 17. Februar 1813. 48 Jahr (alt)/Christiane Louise Knobla(uch)/geb. Heiss,/starb den 30. Januar 1810. 44 Jahr (alt)/Louise Knoblauch,/starb den 9. April 1804. 6 Jahr alt./Marie Dorothea Heiss,/starb den 19. April 1816. 52 Jahr alt.

Ausgewählte Kurzbiographien

Johann Crüger
Kirchenmusiker und Kantor
*9.4. 1598 Großbreesen b. Guben
†23.2. 1662 Berlin
Va. Georg, Gastwirt in Großbreesen;
Mu. Ulrike, geb. Kohlheim;
1. ⚭3.8. 1628 in Berlin mit Marie Aschenbrenner, geb. Beling; 3 Sö., 1 To.;
2. ⚭22.1. 1637 in Berlin mit Elisabeth Schmidt; 7 Sö., 6 Tö.

Nach dem Besuch der Lateinschule in Guben war C. seit 1613 als fahrender Schüler in Sorau, Breslau und Olmütz unterwegs. Seine ersten musikalischen Unterweisungen erhielt er von Paul Homberger an der bekannten Poetenschule in Regensburg. Ende 1615 weilte C. zum ersten Mal in Berlin, um seine Ausbildung am Gymnasium zum Grauen Kloster fortzusetzen. Die Matrikel der Universität Wittenberg erwähnt »Johannes Crügerus« im Oktober 1620 als Student der Theologie. Bereits zwei Jahre später erschien C.s erstes musikalisches Werk im Druck: »Paradisus Musicus – Musikalisches Lustgärtlein«. Kurz darauf, am 23. Juli 1622, erfolgte seine Berufung zum »Cantor Nicolaitanus« in Berlin und gleichzeitig zum Lehrer am Grauen Kloster. Zu den Aufgaben C.s gehörten u. a. die musikalische Gestaltung und Umrahmung der Sonntagsgottesdienste an St. Nikolai und St. Marien, der Hochzeiten und Begräbnisse sowie der Unterricht in Gesang und Musiktheorie.

Eine anregende langjährige Zusammenarbeit verband den Kantor mit dem Kirchenlieddichter Paul Gerhardt, der seit 1643 in Berlin lebte. In jenen Jahren entstanden zahlreiche Kirchenlieder, die noch heute zum Liedgut der evangelischen Kirche gehören. Neu komponierte, umgeschriebene und bereits bekannte Kirchenlieder hatte C. bis 1640 für das »Newe vollkömliche Gesangbuch« gesammelt, das seit 1647 unter dem Titel »Praxis Pietatis Melica« in zahlreichen Auflagen erschien. Unter der musikalischen Leitung des Kantors, Pädagogen und Musiktheoretikers erlebte der Schul- und Kirchengesang in Berlin eine Blütezeit.

Nach 40 Dienstjahren an St. Nikolai starb C. in Berlin; seine Beisetzung ist im Kirchenrechnungsbuch für den 2. März 1662 belegt.

Lampert Distelmeyer
Brandenburgischer Kanzler
*22./23.12. 1522 Leipzig
†12.10. 1588 Berlin
Va. Lampert (†1528), Schneider in Leipzig;
Mu. Anna, geb. Frankenstein;
Stiefva. Johann Falkenhagen;
⚭4.2. 1549 in Leipzig mit Elisabeth Goldhahn; 4 Sö., 4 Tö.

Die elfjährige Schulzeit in Leipzig schloß D. im Herbst 1538 als Bakkalaureus ab. Von 1540 an studierte er Theologie an der Universität Leipzig, wechselte später die Studienrichtung und hörte bis September 1544 Vorlesungen zur Rechtswissenschaft. Nach dreijähriger Arbeit in der sächsischen Staatskanzlei in Dresden erhielt der junge Beamte 1547 die Berufung zum Syndikus der Stadt Bautzen und promovierte zwei Jahre später zum Doktor der Rechte in Leipzig.

Kurfürst Joachim II. von Brandenburg ernannte D. auf Empfehlung des Geheimen Rates Eustachius von Schlieben am 12. Februar 1551 zum Hofrat. In Berlin wohnte D. mit seiner Familie zunächst im Haus des Bürgermeisters Hans Tempelhof an der »Langen Brücke«. Anfang 1553 erwarb er vom Kammersekretär Erasmus Seidel das Haus Molkenmarkt 1.

D.s Dienst am Hof erstreckte sich vor allem auf die Unterstützung des Kanzlers Johann Weinlöben. Als dieser starb, übertrug der Kurfürst am 17. April 1558 D. das Kanzleramt. Zu seinen außenpolitischen Erfolgen gehören u. a: die Sicherung der brandenburgischen Herrschaft im Erzbistum Magdeburg und im Bistum Halberstadt 1552/53 und 1566, die Mitwirkung am Augsburger Religionsfrieden 1555, die Mitbelehnung Brandenburgs mit Preußen auf dem polnischen Reichstag zu Lublin 1569 sowie die Erwerbung der böhmischen Lehnsherrschaften Beeskow und Storkow 1575.

Für seine außerordentlichen politischen Verdienste um das Kurfürstentum Brandenburg erhielt der Kanzler im Juli 1558 die Mitbelehnung auf die Güter derer von Arnsberg im Land Ruppin und damit den Eintrag in das Goldene Buch des märkischen Adels und in die märkische Lehnstabelle.

D.s besonderes Interesse galt der Entwicklung des Bildungswesens in der kurfürstlichen Residenz. Er setzte sich für die Zusammenlegung der beiden Lateinschulen bei der Nikolai- und der Marienkirche als Gymnasium in den Räumen des ehemaligen Franziskanerklosters ein. Das auf diesem Weg 1574 entstandene Gymnasium »Zum Grauen Kloster« unterstützte er durch finanzielle Zuwendungen, so spendete er anläßlich seiner Gründung 500 Taler.

Am 14. Mai 1587 verfaßte D. sein Testament. In ihm regelte er u. a. die Einzelheiten seiner Bestattung und die Ausgestaltung seiner 1584 erworbenen Grabkapelle.

Paul Gerhardt
Geistlicher Liederdichter
12. 3. 1607 Gräfenhainichen
† 27. 5. 1676 Lübben
Va. Christian, Bürgermeister und Gastwirt in Gräfenhainichen; Mu. Dorothea, geb. Starke; ⚭ 11. 2. 1655 in Berlin mit Anna Maria Berthold; 3 Sö., 2 Tö.

G., dessen Eltern früh verstorben waren, besuchte von 1622–27 die in strenger protestantischer Tradition stehende Fürstenschule in Grimma. Er begann im darauffolgenden Jahr in Wittenberg mit der Ausbildung zum Theologen. Nach Abschluß des Studiums arbeitete er als Hauslehrer zunächst in Wittenberg und seit 1643 in Berlin bei der Familie des Kammergerichtsadvokaten Berthold, seines späteren Schwiegervaters. 1651 erhielt G. die Berufung zum Propst in Mittenwalde. Seine Ordination und Amtseinführung erfolgte am 18. November in der Berliner Nikolaikirche. 1657 kehrte er in die Residenzstadt zurück und nahm eine Diakonstelle an St. Nikolai an.

Die Berliner Jahre waren geprägt durch die enge Zusammenarbeit mit dem Kantor Johann Crüger. Dessen 1647 erschienenes Gesangbuch »Praxis Pietatis Melica« enthielt schon 15 Lieder G.s; die 10. Auflage von 1661 wies bereits 88 seiner Lieder aus. G. gilt als einer der bedeutendsten protestantischen Kirchenlieddichter. In seinen Dichtungen vollzog sich der Wandel vom lutherischen Bekenntnislied zum mehr privaten, die persönliche Frömmigkeit ausdrucksvoll in den Mittelpunkt stellenden Andachtslied. Über die Jahrhunderte gesungen, gehören die volkstümlichen Texte G.s auch heute noch zum festen Bestand des protestantischen Kirchenliedgutes.

Wie Propst Lilie war auch G. in die Glaubensstreitigkeiten zwischen Lutheranern und Reformierten verwickelt. G., orthodoxer Lutheraner, verweigerte aus Gewissensgründen die Unterschrift zum Revers des Toleranzediktes und wurde 1666 abgesetzt. Selbst eine stillschweigende Zustimmung, die ihm die Rückkehr ins Amt erlaubt hätte, lehnte er ab.

Nach dem Tod seiner Ehefrau (1668) ging G. im Juni 1669 mit dem einzig ihm verbliebenen Kind, dem Sohn Paul Friedrich, als Archidiakon in die kursächsische Kleinstadt Lübben. Dort starb er 1676 und wurde am 7. Juni in der St. Moritz-Kirche beigesetzt.

Johann Andreas von Kraut
»Preußischer Finanzminister«
*17. 7. 1661 Giebichenstein bei Halle
†24. 6. 1723 Berlin
Va. Andreas (†April 1661), erzbischöflich magdeburgischer Amtmann auf Giebichenstein und Pfänner zu Halle; Mu. Anna, geb. Bünger;
⚭in Berlin mit Anna Ursula Schindler; 1 So.

K. erlernte in Halle den Kaufmannsberuf, siedelte 1678 nach Berlin über und wurde bereits mit 25 Jahren Mitinhaber der Hofhandelsfirma Westorf & Schilling. 1686 schloß Kurfürst Friedrich Wilhelm mit K. und seinen Teilhabern einen Vertrag über die Auszahlung der Assignationen der Generalkriegskasse. Kurfürst Friedrich III. ernannte ihn Anfang 1689 zum Kriegskommissar. Knapp zwei Jahre später stieg er zum Generalempfänger für die Truppen und damit faktisch zum obersten Kassenbeamten des Heeres auf. K. beschaffte auf eigene Bankkredite die Gelder für die Kriegsführung und ließ sich aus Subsidien und Kontributionen entschädigen. König Friedrich I. beförderte K. im Juli 1702 zum Geheimen Kriegsrat und erhob ihn im folgenden Jahr in den Adelsstand.

König Friedrich Wilhelm I. berief von K. im März 1713 in das General-Finanzdirektorium. Als 1722/23 die zivilen und militärischen Finanzbehörden des Staates zum General-Ober-Finanz-Kriegs- und Domänendirektorium zusammengefaßt wurden, erhielt von K. einen der fünf Ministerposten.

Wegen der starken Arbeitsbelastung im Staatsdienst hatte K. 1691 seine fünf Jahre vorher konzessionierte Gold- und Silbermanufaktur an die Brüder Caspar und Georg Bose in Leipzig weiterverkauft. Im August 1713 übertrug Friedrich Wilhelm I. dem kaufmännisch glänzend begabten von K. die staatliche Kontrolle über das Manufakturwesen in Brandenburg-Preußen. Einer Verfügung des Königs folgend, der den persönlichen Reichtum seines Beamten für die Ankurbelung der Wirtschaft nutzen wollte, gründete er Ende desselben Jahres eine Wollmanufaktur mit dem Lager in der Klosterstraße. Bereits drei Jahre später belieferte das Lagerhaus die gesamte preußische Armee mit Tuchen. Als von K. 1723 starb, verstaatlichte der König die Manufaktur und wies von K.s Anteil dem königlichen Waisenhaus in Potsdam zu.

Georg Lilie
Propst an St. Nikolai
*14. 4. 1597 Dresden
†27. 7. 1666 Berlin
Va. Matthäus, Kaiserlicher Leutnant zu Pferde;
Mu. Margaretha, geb. Lachner;
1. ⚭1621 mit Anna Maria Kalbsberger;
2 Sö., 1 To.;
2. ⚭im März 1627 mit Emarencia Lemann;
8 Sö., 5 Tö.

Nach dem Tod des Vaters im Jahr 1604 übernahm ein Bruder des Großvaters, Bürgermeister und Stadtältester in Böhmen, die Erziehung des Jungen. Seine Schulausbildung erhielt er an der Fürstenschule in Berlin und in Königsberg. Ab Herbst 1617 studierte L. in Wittenberg Theologie. Als Prediger wirkte er in Cöpenick, Zinndorf und Walsleben. Am 28. Juni 1632 berief der Rat der Stadt Berlin L. zum Diakon an St. Nikolai. Der damalige Propst Nicolaus Elerd führte L. in seine neue Gemeinde ein, in der er 34 Jahre lang seine Aufgaben wahrnahm. Neben der umfangreichen Gemeindearbeit verfaßte L. noch zahlreiche Predigten und theologische Schriften. Am 20. Februar 1657 wurde L. zum 11. Propst an St. Nikolai berufen.

Als profilierter Vertreter der lutherischen Orthodoxie nahm L. an den Berliner Religionsgesprächen 1662/63 teil. Dem im April 1665 durch den Kurfürsten vorgelegten Revers zum verschärften Edikt gegen die konfessionelle Polemik verweigerte er die Unterschrift und wurde umgehend abgesetzt. Am 7. Februar 1666 erfolgte zwar die Wiederaufnahme des Amtes, jedoch hatten die Aufregungen seine Gesundheit so stark angegriffen, daß er wenige Monate später starb.

Daniel Mannlich
Brandenburgischer Hofgoldschmied
*10. 4. 1625 Olbersdorf/Schlesien
†21. 5. 1701 Berlin
Va. Paul, Salz-Faktor in Ziegenhals;
Mu. Barbara, geb. Gericken;
⚭3. 2. 1652/54 in Berlin mit Anna Catharina
Fritze; 4 Sö., 8 Tö.

M., ein Vetter des bekannten Augsburger Goldschmiedes Heinrich Männlich, verlor früh seine Eltern. Den achtjährigen Knaben holte Jacob M., ein Bruder des Vaters, nach Troppau und schrieb ihn hier in das Amt der Goldschmiede zur Lehre ein. Anschließend absolvierte er ab 1642 eine zweijährige »Silber-Arbeit«. Als ein Vetter 1644 starb, übernahm M. im Auftrag der Witwe dessen Goldschmiede als Meister. Wanderjahre führten den »kunstreichen Goldarbeiter« seit 1646 in bedeutende Städte der Goldschmiedekunst wie Krakau, Breslau und Dresden.

1650 kam M. nach Berlin und richtete hier eine Goldschmiede ein. Von 1665 an schuf er nachweislich kostbare Gold- und Silberarbeiten für den Hof. Vom Kurfürsten Friedrich Wilhelm erhielt M. 1670 das Privileg, über die Anzahl seiner Gesellen selbst entscheiden zu können. Die Berliner Goldschmiede wählten ihn 1671 zu ihrem Oberältesten. Nach dem Tod seines Schwiegervaters, des Goldschmiedes Otto Fritze, wurde M. am 9. Mai 1676 vom Großen Kurfürsten zu dessen Nachfolger im Amt des Hofgoldschmiedes ernannt.

Thomas Matthias
Brandenburgischer Hofrat,
Geheimer Kammerrat, Bürgermeister
*um 1510 Altstadt Brandenburg
†7. 7. 1576 Altstadt Brandenburg
Va. Christian, Bürgermeister der Altstadt
Brandenburg; Mu. Ursula, geb. Schönemann;
1. ⚭mit Margaretha Damstorf; 5 Tö.;
2. ⚭1561 im Berliner Schloß mit Ursula
Meyenburg; 3 Sö., 4 Tö.

M. studierte in Wittenberg u. a. auch bei Melanchthon. Als Student gehörte er zur Haus- und Tischgesellschaft des Reformators, eine Auszeichnung, die ihn sicherlich von seinen Altersgenossen abhob. Auf Empfehlung des bedeutenden Theologen an den brandenburgischen Kanzler Johann Weinlöben erhielt M. 1547 die »Bestallung« als Hofrat in Berlin. Unter Joachim II. stieg er zum geheimen Kammerrat und Vorsteher der Domänenverwaltung auf und wurde einer der engsten Vertrauten des Kurfürsten.

Seit dem Jahr 1561 amtierte M. als Bürgermeister von Berlin und Landtagsmitglied. Im Kirchenrechnungsbuch der Nikolaikirche von 1576/77 wird der Bürgermeister bei den Einnahmen für das Lehen der Gewandschneider namentlich genannt. Es scheint also sicher, daß die Familie Matthias, die seit Ende des 15. Jhs. aus ihrem Kreis Berliner Bürgermeister stellte, nicht, wie oft behauptet, der Tuchmachergilde angehörte, sondern den Gewandschneidern zuzurechnen ist.

Nach dem Tod des Kurfürsten Joachim II. 1571 fiel der Geheime Kammerrat auf Betreiben des Kanzlers Distelmeyer bei Hofe in Ungnade und verlor alle Staatsämter. 1576, als in Berlin die Pest wütete, floh der Bürgermeister nach Brandenburg, wo er kurz nach der Ankunft starb. An der Seite seines Vaters fand M. in der Familiengruft in der St. Gotthardkirche seine letzte Ruhestätte.

Johann Porst
Propst an St. Nikolai
*11. 12. 1668 Oberkotzau bei Hof
†9. 1. 1728 Berlin
Va. Conrad, Brauer; Mu. Ursula, geb. Rödel;
⚭11. 10. 1699 mit Anna Elisabeth Zorn; 2 Tö.

P. erhielt eine sechsjährige Ausbildung am Gymnasium in Hof und nahm 1689 das Theologiestudium in Leipzig auf. Danach arbeitete er als Hauslehrer, später als Pfarrer in Neustadt (Franken). Am 22. November 1704 erging an ihn die Berufung für den Friedrichswerder und die Dorotheenstädtische Kirche in Berlin. P. zeigte großes Interesse für die pietistischen Schriften des Propstes Spener und für die täglichen Übungen zum Bibellesen, wie sie der Propst und sein Diakon Schade praktizierten. Nach dem Tod Speners setzte er dessen pietistisches Vermächtnis in Berlin fort.

Bereits im Jahr 1708 hatte P. ein Gesangbuch unter dem Titel »Geistliche und liebliche Lieder« herausgegeben, das in zahlreichen Auflagen bis ins 19. Jh. hinein in den Gemeinden Berlins und der Mark Brandenburg Geltung hatte. Angeregt durch diese Liedersammlung und die pietistischen Predigten P.s wählte die Königin Sophie Luise 1709 P. zu ihrem Beichtvater und Hofprediger.

Der Landesherr berief am 27. Januar 1713 P. zum Propst in Berlin. Zu den Aufgaben des Propstes gehörten u. a. die Sonn- und Feiertagspredigten an St. Nikolai, ausgewählte Predigten an St. Marien sowie die Aufsicht über die Lehre an den Berliner Kirchen. Auch nahm P. die Inspektion an allen Berliner Schulen wahr.

P.s Andachtsbuch »Göttliche Führung der Seelen und Wachstum der Gläubigen«, das 1723 erschien, gehörte zu den bedeutendsten theologischen Büchern seiner Zeit. Es gelang P., sogar in den Kreisen des preußischen Hofes Verständnis und Achtung für den Pietismus zu wecken. P. wurde in der Nikolaikirche beigesetzt.

Paul Praetorius (Schultheiß)
Geheimer Rat, kurfürstlicher Lehrer
*24. 1. 1521 Bernau
†17. 5. 1565 Halle
Va. Andreas, Brauer und Tuchmacher zu Bernau; Mu. Margaretha, geb. Werbicken;
⚭mit einer Witwe, deren Name unbekannt ist; 1 To., 1 Adoptivso.

P. studierte an der Universität in Frankfurt/O. und übernahm ab 1542 das Rektorat der Bernauer Schule. Vermutlich ging er 1544 als Schulleiter nach Berlin. Kurfürst Joachim II. von Brandenburg holte P. vor 1547 zur Erziehung seiner Söhne Friedrich und Sigmund an den Hof und berief ihn zum Praeceptor (Lehrer). Für die Verdienste als Gesandter und bei der Ausbildung der Prinzen erhielt er von Joachim II. die »Bestallung« zum kurfürstlichen Rat. Kaiser Ferdinand I. ehrte P. für seine diplomatischen Leistungen mit dem Titel »Kaiserlicher Rat« und erhob ihn in den Adelsstand.

Als der junge Erzbischof von Magdeburg und Bischof von Halberstadt, Friedrich, nach einjähriger Amtszeit 1552 verstarb, veröffentlichte P. eine Apologie für seinen ehemaligen Schüler. Zur Unterstützung des Kurprinzen Sigmund, der 1552/53 als Nachfolger seines Bruders zum Erzbischof von Magdeburg und Administrator des Bistums Halberstadt »postuliert« worden war, schickte Joachim II. den kurfürstlichen Rat in die Residenz nach Halle. Dort ernannte der geistliche Fürst seinen einstigen Lehrer zum Geheimen Rat.

P., der keine männlichen Erben besaß, adoptierte 1562 mit kaiserlicher Genehmigung den Knaben Samuel Faber, Sohn eines Bernauer Predigers, und sicherte so die Weitergabe seines Namens und seines Wappens.

Samuel von Pufendorf
Rechtswissenschaftler und Historiker
*8. 1. 1632 Dorfchemnitz/Sa.
†26. 10. 1694 Berlin
Va. Elias Jesaias, Pfarrer in Dorfchemnitz;
Mu. Margaretha, geb. Hickmann;
⚭1665 mit Catharina Elisabeth Hedinger, geb. von Palthen; 2 Tö.

Von 1643 bis 1650 besuchte P. die sächsische Fürsten- und Landesschule in Grimma. Anschließend studierte er an den Universitäten Leipzig und Jena Rechtswissenschaft. Stark beachtete Veröffentlichungen zum Natur- und Völkerrecht machten P. in Fachkreisen rasch bekannt. 1691 erhielt er die Professur für den ersten deutschen Lehrstuhl auf dem Gebiet des Natur- und Völkerrechts in Heidelberg. In seinem 1667 unter einem Pseudonym herausgegebenen Buch »De statu imperii Germanii« (»Über die Verfassung des Deutschen Reiches«) verglich er das Deutsche Reich aus staatsrechtlicher Sicht mit einem »Monstrum« und kritisierte die Irregularität der Reichsverfassung.

1668 siedelte P. mit seiner Familie nach Schweden über und lehrte an der neu gegründeten Universität in Lund. Vier Jahre später gab P. sein juristisches Hauptwerk »De jure naturae et gentium« (»Über das Natur- und Völkerrecht«) heraus. In ihm führte er die vom Niederländer Hugo Grotius auf der Grundlage des Naturrechts entwickelte Rechtslehre weiter, die den Staat nicht mehr auf den göttlichen Willen, sondern auf einen Gesellschafts- und Unterwerfungsvertrag gründete. Diese rationale und säkulare Naturrechtsauffassung beeinflußte insbesondere die Staatslehre des aufgeklärten Absolutismus in Brandenburg-Preußen.

König Karl XI. von Schweden ernannte P. 1677 in Stockholm zum Reichshistoriographen. Seit 1684 versuchte der Kurfürst Friedrich Wilhelm von Brandenburg, den berühmten Staatsrechtler und Historiker in seine Residenz zu holen. Erst nach längeren Verhandlungen zwischen den Höfen konnte P. dem Ruf folgen und die Stellung als brandenburgischer Hofhistoriograph antreten. Unter Benutzung der Akten des kurbrandenburgischen Archivs beschrieb er »das Leben und die Taten« des Großen Kurfürsten – die Arbeit gehört zu den bedeutenden Biographien des 17. Jhs. – und die ersten zwei Jahre der Herrschaft des Kurfürsten Friedrich III.

Severin Schindler
Geheimer Kommerzienrat, Manufakturist
*18. 1. 1671 Cölln
†22. 11. 1737 Berlin
Va. Johann, Ratsverwandter und Kaufmann zu Cölln; Mu. Margaretha, geb. Gericken;
⚭1704 mit Maria Rosina Bose

S. erlernte in Leipzig den Beruf eines Kauf- und Handelsmannes. 1697 nahm er als brandenburgischer Kriegskommissar am brabantischen Feldzug teil. Vermutlich verdankte er diese Stellung dem Einfluß seines Schwagers Johann Andreas Kraut. Mit dem Geld, das S. als Militärbeamter erworben hatte, kaufte er die Berliner Handelseinrichtung seines verschuldeten älteren Bruders Bartholomäus. 1702 wurde er Teilhaber der von den Schwiegersöhnen der Leipziger Kaufleute Bose weitergeführten Gold- und Silbermanufaktur in der Stralauer Straße. Zwei Jahre danach, vermutlich in Verbindung mit seiner Heirat, übernahm S. das Unternehmen als Alleininhaber. In der Folgezeit erweiterte er die Manufaktur; hatte S. 1705 hundert Beschäftigte, so waren 1718 über dreihundert Arbeiter für ihn tätig.

Das neben dem Lagerhaus größte Unternehmen im damaligen Berlin, die Gold- und Silbermanufaktur, erwirtschaftete umfangreiche Gewinne und ermöglichte S. die Erwerbung der Rittergüter Schöneiche und Börnicke. Auf dem ersteren stiftete das kinderlose Ehepaar S. 1734 ein Waisenhaus für Knaben, das in ihrem Testament als Universalerbe bedacht wurde.

Neben dem Lagerhaus fiel auch die Gold- und Silbermanufaktur den Verstaatlichungsbestrebungen des Königs zum Opfer. Friedrich Wilhelm I. nötigte S., sein Unternehmen im Februar 1737 an das Potsdamer Waisenhaus abzutreten. Die geschäftliche Leitung der Manufaktur ging an die Lagerhauskommission über.

Johann Christoph Schrader
Apotheker, Kauf- und Handelsmann
*2.4.1683 Magdeburg
†30.6.1744 Berlin
Va. Johann (†1695), Kauf- und Handelsmann in Magdeburg; Mu. Catharina, geb. Köppen; Stiefva. Christoph Wilhelm Naumann, Ratskämmerer in Magdeburg;
⚭16.1.1716 in Berlin mit Maria Elisabeth Porst; 1 To.

Im Alter von 14 Jahren, im Januar 1698, begann S. eine fünfjährige Ausbildung als Apotheker und Handelsmann bei Friedrich Zorn in Berlin. Anschließend wanderte er nach Hamburg und fand in der Apotheke von Christian Kirchhoffen eine Anstellung. Ende 1715 kehrte S. zu seinem ehemaligen Lehrmeister nach Berlin zurück und heiratete kurz darauf dessen Enkelin Maria Elisabeth. Als im folgenden Jahr Friedrich Zorn starb, fiel das Erbe an die Frau S.s. Von nun an führte der junge Apotheker die zu den bedeutendsten Einrichtungen ihrer Art in Berlin gehörende »Zornsche Apotheke« weiter. Seinen medizinischen und pharmazeutischen Kenntnissen verdankte er die Berufung durch den König Friedrich Wilhelm I. in das königlich-preußische Oberkollegium der Medizin.

1726 trat S. einem Konsortium von Kaufleuten, der »Russischen Handels-Companie«, bei. Sein Kapitalanteil an der Handelsgesellschaft belief sich 1735 auf 300 000 Taler.

Johann Ernst Schrader
Propst an St. Nikolai
*13.5.1638 Helmstedt
†26.3.1689 Berlin
Va. Christoph, Ordinarius der Universität Helmstedt; Mu. Margaretha, geb. Stisser;
⚭im November 1668 in Berlin mit Martha Ehrentraud Lilie; 5 Sö., 5 Tö.

S. studierte in Altorf, Jena, Leipzig und Wittenberg. 1662 erwarb er den Magistergrad und hielt an der Universität Helmstedt Collegia in Ethik, Politik, Geographie, Geschichte und Theologie ab. Drei Jahre darauf wurde er Hofprediger der Herzogin Dorothea von Braunschweig-Lüneburg, der späteren zweiten Gemahlin des Kurfürsten Friedrich Wilhelm. S. folgte 1668 der Herzogin in die Residenzstadt Berlin. Am 12. Sonntag nach Trinitatis 1668 führte ihn der Propst Andreas Müller als Diakon an St. Nikolai ein. Nach dessen Demission wurde S. 1685 in dieses Amt berufen. Er übernahm die Propststelle zu einem Zeitpunkt, als drei Diakonstellen an dieser Kirche unbesetzt waren. Diese Tätigkeit übte S. bis zu seinem Tod aus.

Am 7. April 1689 wurde der Propst in der Nikolaikirche unter großer Anteilnahme beigesetzt. Er hinterließ die Ehefrau, drei Töchter und den Sohn Carl Gottfried.

Johann Joachim Spalding
Propst an St. Nikolai
*1. 11. 1714 Triebsees (Vorpommern)
†22. 5. 1804 Berlin
Va. Johann Georg, Schulrektor, später Pfarrer;
Mu. Katharina Ilsabe, geb. Lehment;
1. ⚭12. 8. 1751 in Stralsund mit Wilhelmine Sophie Gebhardt; 3 Sö., 3 Tö.
2. ⚭2. 3. 1764 in Barth mit Maria Dorothea von Sodenstern;
3. ⚭7. 6. 1775 in Berlin mit Marie Charlotte Lieberkühn

S. besuchte das Gymnasium in Stralsund und nahm 1731 das Theologiestudium in Rostock auf. Die orthodoxe theologische Ausbildung entsprach nicht seinen Vorstellungen. 1733 beendete er sein Studium, nahm eine Informatorstelle an und führte eigene Untersuchungen zur Theologie, Philosophie und Literatur durch. Ihn interessierten insbesondere die Schriften der deutschen und englischen Philosophen und Aufklärer. 1745/46 ging er als Sekretär des schwedischen Gesandten von Rudenskjöld nach Berlin. Dort machte er Bekanntschaft mit den Dichtern Ewald von Kleist, Johann Wilhelm Ludwig Gleim und dem Dom- und Hofprediger August Friedrich Wilhelm Sack. Die Ansichten des letzteren beeinflußten maßgeblich S.s Entscheidung für die Theologenlaufbahn. Ein Jahr später kehrte S. nach Triebsees zurück, um den kranken Vater zu pflegen und ihn im Predigtamt zu vertreten.

Im Jahre 1748 erschien seine Schrift »Die Bestimmung des Menschen«, die ihm erste Anerkennung brachte. 1749 übernahm er das Pfarramt in Lassahn und ab 1757 das Propstamt in Barth. Zahlreiche Veröffentlichungen und eine umfangreiche Korrespondenz trugen dazu bei, daß S. 1764 zum Propst und Oberkonsistorialrat an St. Nikolai in Berlin berufen wurde. Seine Predigten fanden großen Zuspruch in den gebildeten bürgerlichen Kreisen und am Hof.

Mehrere Jahre war S. der Beichtvater der Königin Elisabeth Christine, der Gattin Friedrichs II. Sie hatte bereits 1765 S.s »Bestimmung des Menschen« ins Französische übersetzt.

Das Wöllnersche Religionsedikt vom 9. Juli 1788, das die Wiederherstellung orthodoxer Zustände in den Kirchen zum Ziel hatte, stieß auf S.s entschiedenen Widerstand. Schriftliche Eingaben und Einwände des Propstes blieben unbeachtet. Daraufhin bat S. um die Entlassung; am 25. September 1788 hielt er in der Nikolaikirche die Abschiedspredigt.

Philipp Jacob Spener
Propst an St. Nikolai
*13. 1. 1635 Rappoltsweiler (Elsaß)
†5. 2. 1705 Berlin
Va. Johann Philipp, Hofmeister und Rat;
Mu. Agatha, geb. Saltzmann;
⚭23. 6. 1664 in Straßburg mit Susanna Ehrhardt; 6 Sö., 5 Tö.

Nach dem Besuch des Gymnasiums in Colmar studierte S. Geschichte, Philosophie, Theologie und Sprachwissenschaft an der Universität in Straßburg. Bildungsreisen führten ihn nach Basel, Genf und Tübingen. Seit August 1666 war S. Prediger an der Barfüßerkirche und Senior der Geistlichkeit in Frankfurt am Main. Schon 1670 hatte er sogenannte Collegia pietatis, Erbauungsstunden mit Bibellesungen und Gesprächen, eingeführt. S. prägte ganz entscheidend den Pietismus, eine religiössoziale Reformbewegung in der lutherischen Kirche. Er wandte sich gegen die Orthodoxie, predigte Frömmigkeit im Glauben und tätige Nächstenliebe. Seine programmatischen Gedanken zum Pietismus hatte S. 1675 in seiner Schrift »Pia desideria« niedergeschrieben. Darin kritisierte er den unbefriedigenden Zustand der protestantischen Kirche und nannte Reformmöglichkeiten.

Am 11. Juli 1686 erhielt S. die Berufung zum Oberhofprediger nach Dresden; er bekleidete so eine der ranghöchsten Stellen in der lutherischen Kirche in Deutschland. Zwischen ihm und dem sächsischen Landesherrn kam es zu einem unauflöslichen Konflikt, als S. dessen Lebenswandel mißbilligte und Umkehr empfahl.

Im Frühjahr 1691 erging an S. die Vocation zum Propst, Konsistorialrat und Inspektor zu St. Nikolai in Berlin. Während seiner Berliner Zeit verfaßte S. zahlreiche Predigten zu besonderen Anlässen, u. a. Leichenpredigten für den Diakon an St. Nikolai Johann Caspar Schade sowie den Historiker und Rechtsgelehrten Samuel von Pufendorf. In die späten 90er Jahre fallen verstärkt die theologischen Auseinandersetzungen S.s mit den Vertretern der lutherischen Orthodoxie, die ihm Irrtümer und Verstöße gegen die Augsburgische Konfession vorwarfen.

S.s Wirksamkeit in Berlin, die entscheidenden Jahre für die Durchsetzung des Pietismus, verlieh dem

Amt des Propstes und der protestantischen Kirche neuen Glanz.

Auf eigenen Wunsch wurde S. außerhalb der Nikolaikirche beigesetzt, sein Grabstein in der Nähe der Sakristei aufgestellt.

Michael Zarlang
Bürgermeister
*4. 9. 1603 Liebenwalde
†26. 4. 1673 Berlin
Va. Michael, Pfarrer zu Thomasdorf und Havelsprung; Mu. Maria, geb. Hellwig;
⚭21. 4. 1649 in Berlin mit Margaretha Miser, geb. Damerow; 1 So., 3 Tö. und 1 Stiefto.

Z. besuchte das Saldersche Gymnasium in der Altstadt Brandenburg und ab 1623 die höhere Schule von Halle. Anschließend nahm er ein Studium in Nürnberg auf. Seine Hochschulausbildung, die vor allem der Rechtswissenschaft galt, setzte er 1626 an den Universitäten Altorff und Tübingen fort.

Von 1630 an begleitete Z. auf Veranlassung des württembergischen Kanzlers zwei junge österreichische Adlige mehrere Jahre auf ihrer Kavalierstour durch Frankreich, Italien, England, die Niederlande, Dänemark und Norddeutschland. 1639 trat er in die Dienste des Herzogs Friedrich III. von Holstein-Gottorp. Als Gouverneur (Hauslehrer) und Hofmeister reiste Z. mit den Söhnen des Herzogs und deren Vettern, den beiden jungen Pfalzgrafen, durch Europa.

1643 zog Z. zu seinem Verwandten Jacob Hellwig, Konsistorialrat und Propst von Cölln/Spree. Noch im selben Jahr wurde er in den Berliner Rat gewählt und später zum Bürgermeister sowie zum Verordneten der Mittel-, Uckermärkischen und Ruppinischen Städte berufen.

Bartholomäus Zorn
Ratskämmerer und Apotheker
*23. 5. 1606 Landsberg an der Warthe
†24. 5. 1667 Berlin
Va. Daniel, Ratsverwandter in Landsberg;
Mu. Agneta, geb. Lehmans;
⚭11. 11. 1638 in Berlin mit Elisabeth Neumeister; 3 Sö., 2 Tö.

Z. absolvierte von 1621 bis 1627 eine Apotheker- und Kaufmannslehre bei seinem Onkel Bartholomäus Zorn in Salzwedel. Danach erweiterte er seine pharmazeutischen und merkantilen Kenntnisse in bedeutenden deutschen Handelsstädten wie Lüneburg, Leipzig und Hamburg. 1635 zog Z. nach Berlin und kaufte vom Handelsmann Jacob am Ende die Apotheke im Haus Molkenmarkt 4.

Laut Eintragung im Berliner Bürgerbuch erwarb »Batholomäus Zornn apotheker aus Landtsberg an der Warte« nach Zahlung von 24 Talern am 21. Dezember 1635 das Bürgerrecht. Etwa acht Jahre später stieg er in den Rat der Residenzstadt auf, der ihn 1646 zum Provisor (Verwalter) des Gymnasiums ernannte. Das Amt des Ratskämmerers und damit die Verwaltung des gesamten Stadtvermögens übernahm Z. im Jahr 1653. Von nun an führte er die Aufsicht über die urbanen Liegenschaften, die öffentlichen Gebäude und Bauwerke, die Steuereinnahmen sowie die städtischen »Gerechtsame« (Fischerei auf der Spree, Kalkbruch in Rüdersdorf und Tongrube in Glindow).

Friedrich Zorn
Apotheker, Kauf- und Handelsmann
*18.3.1643 Berlin
†8.6.1716 Berlin
Va. Bartholomäus, Ratskämmerer und Apotheker; Mu. Elisabeth, geb. Neumeister;
1. ⚭21.10.1672 in Berlin mit Anna Catharina Stuck; 6 Sö., 1 To.,
2. ⚭1693 in Berlin mit Ursula Maria Bernhard; 1 So., 1 To.

1657 begann Z. eine zweijährige Ausbildung in der väterlichen Apotheke. Wanderjahre führten ihn anschließend nach Hamburg, Straßburg und Nürnberg. Anfang 1664 folgte Z. dem älteren Bruder Bartholomäus, Doktor der Medizin, nach Italien. In der oberitalienischen Stadt Padua besuchte er die »Collegia Medica« und den »Hortum Medicum«, um sein Wissen auf dem Gebiet der Heilkunde zu vertiefen. Nach der Rückkehr, im August 1664, richtete Bartholomäus im Haus Molkenmarkt 6 eine Arztpraxis ein, und der jüngere Bruder half in der pharmazeutischen Handlung des Vaters. Als dieser Ende Mai 1667 starb, übernahm Z. die Apotheke. Von den Erben Jacob am Endes kaufte er das Haus Molkenmarkt 4, in dem sich die Offizin befand.

Johann Friedrich Böttcher, der Erfinder des sächsischen Porzellans, ging bei Z. in die Lehre. Am 9. Juni 1701 soll Böttcher in Gegenwart seines Meisters ein Experiment zur Goldgewinnung durchgeführt haben.

Verwandschafts-Schemata

In einigen Fällen sind Familien – teilweise über Generationen hinweg – in der Nikolaikirche durch mehrere Grabdenkmäler oder Epitaphien vertreten. Insbesondere wird dies deutlich bei den Geschlechtern **Behrendt, Lilie** und **Zorn**. (Die Katalognummern hinter den Namen verweisen auf Werke der Grabplastik.)

Georg Lilie (Propst) (Kat. 19) ∞ **Emarencia Lemann** (Kat. 28)

- **Johann Conrad Lilie** (Kat. 17) **(Sekretär)**
- Anna Ursula Lilie ∞ Johann Paul Wolff
  - **Johann Paul Wolff** (Kat. 17)
  - **Georg Caspar Wolff** (Kat. 17)
- Martha Ehrentraud Lilie ∞ **Johann Ernst Schrader (Propst)** (Kat. 29)
  - **Carl Gottfried Schrader (Hofrat)** (Kat. 63)

Ambrosius Behrendt ∞ Maria Müller

- **Anna Behrendt** (Kat. 34) ∞ Michael Fürstenwerder
  - Maria Fürstenwerder ∞ Herrmann Schnitter
    - **Anna Elisabeth Schnitter** (Kat. 43) verehel. **Hynitzsch**
    - **Benjamin Engelbert Schnitter** (Kat. 42)
- **Peter Behrendt** (Kat. 34)
  - **Anna Fürstenwerder** (Kat. 21) ∞ Christian Martin Richter

David Reetz (Ratskämmerer) (Kat. 22) ∞ Ursula Gericken

- Ursula Reetz ∞ Bartholomäus Zorn (Arzt)

Bartholomäus Zorn (Apotheker) (Kat. 20) ∞ Elisabeth Neumeister

- Bartholomäus Zorn (Arzt) ∞ Ursula Reetz
- **Friedrich Zorn (Apotheker)** (Kat. 54)
  ∞ 1. Anna Catharina Stuck
  ∞ 2. **Ursula Maria Bernhardt** (Kat. 45)
  Stieftochter von **Adolph Friderich Gerresheim (Arzt)** (Kat. 57)
  - 1. Anna Elisabeth Zorn ∞ **Johann Porst (Propst)** (Kat. 65)
    - Maria Elisabeth Porst ∞ **Johann Christoph Schrader (Apotheker)** (Kat. 72)

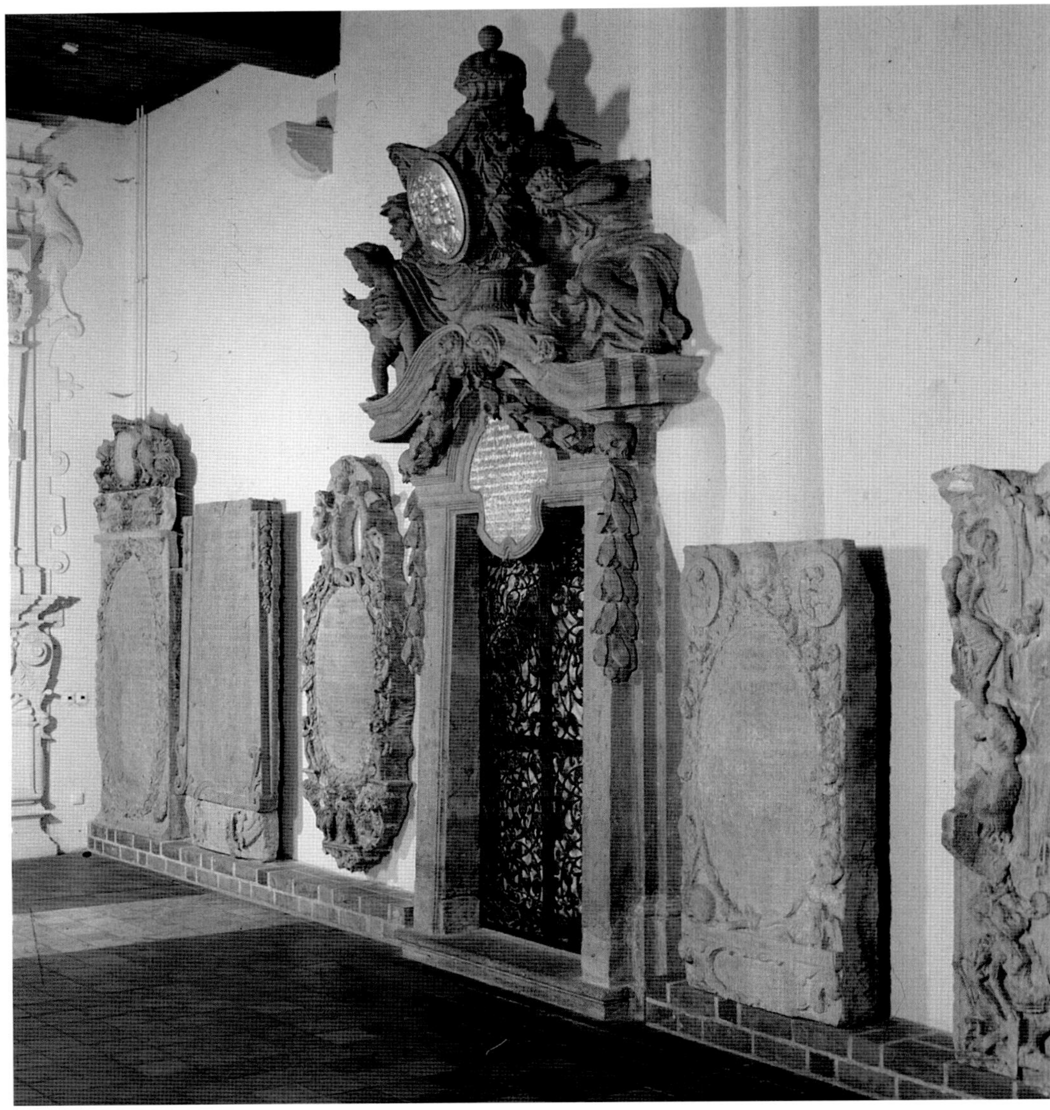

Südliche Hälfte der Westwand. Von rechts nach links: Epitaphien Bagius und Breunigk, Gruftportal Mannlich, Epitaphien Zarlang, Limprecht und Lilie

Namenverzeichnis

Kursiv gesetzte Namen stehen in direktem Zusammenhang zu den im Katalog aufgeführten Epitaphien. **Halbfette** Zahlen verweisen auf Hauptbeiträge.

Abbildungsnachweis

Dr. Wolfgang Bewert, Frankenthal: Abb. 88

Werner Engel, Berlin: Abb. 1, 9, 10, 13, 14, 16, 17, 20, 35, 36, 38, 40, 43, 50, 56, 60, 61, 65, 66, 80, 82, 100, 116

Atelier Straube, Berlin: Sämtliche Farbaufnahmen und Reproduktionen sowie Abb. 3, 5–8, 15, 18, 21, 23, 32, 39, 41, 42, 44–49, 51–55, 58, 59, 63, 64, 67–73, 75–78, 81, 83–87, 89, 91–95, 98, 102–105, 107–110, 112–115, 117–125 und Seite 190, 199

Meßbildarchiv Land Brandenburg, Berlin: Abb. 2, 4, 11, 12, 22, 37, 57, 74, 79, 90, 97, 99, 101, 106, 111

Publikationen und Vorlagen

Borrmann, Tafel XII: Abb. 13

Marienkirche, Berlin: Farbabb. 12

Märkisches Museum, Berlin: Abb. 19, 33, 96; Farbabb. 31

Christine Sobolewski, Märkisches Museum: Zeichnung des Standortplanes

Irina Tlusteck: Zeichnung des Kirchengrundrisses

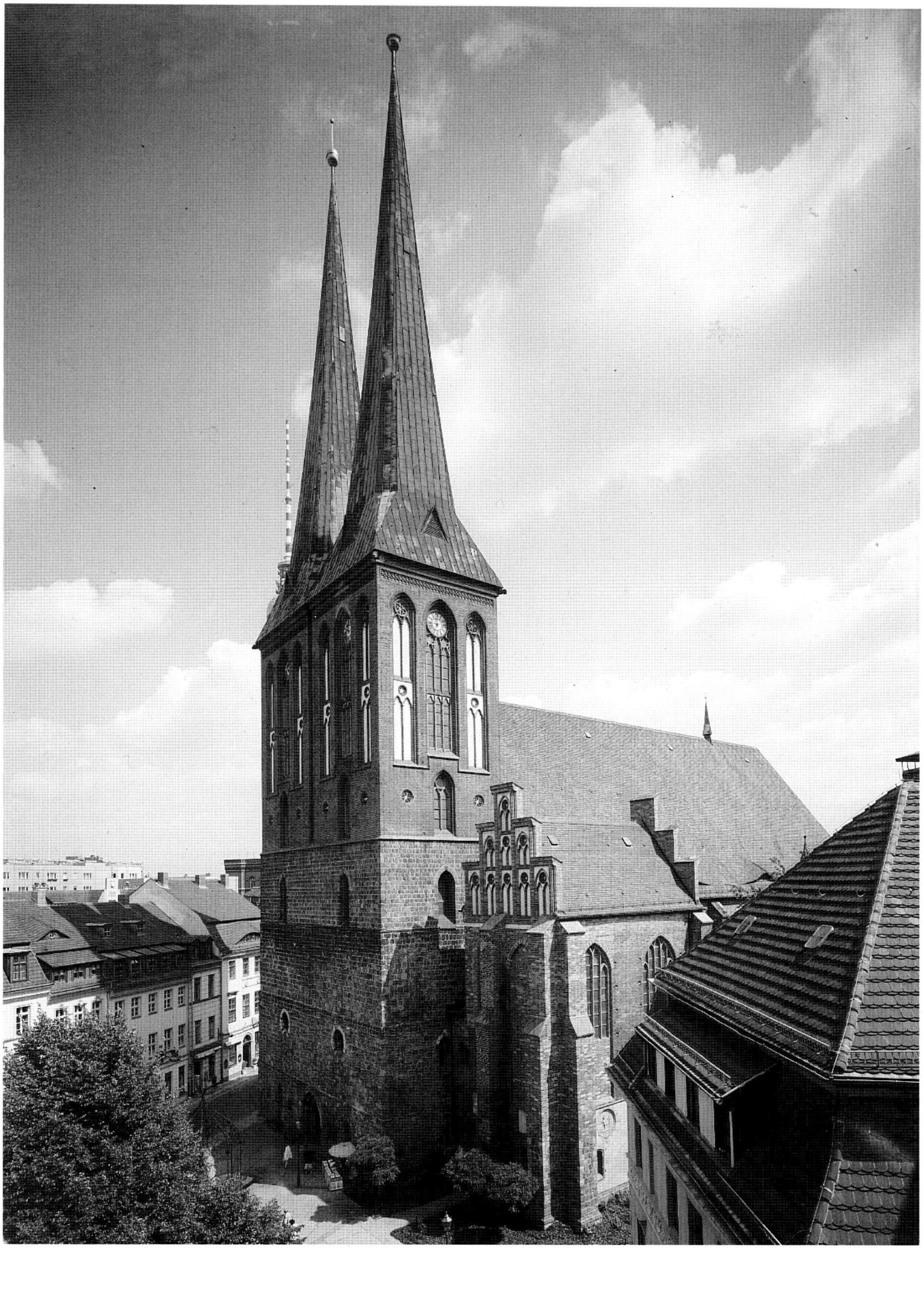

Blick aus südlicher
Richtung auf die
Nikolaikirche,
1993

Auszugsweiser Nachdruck der Broschüre des Pfarrers Paul Schubring über die Nikolaikirche zu Berlin aus dem Jahre 1937

Die Kirche St. Nikolai zu Berlin

Zur Siebenhundertjahrfeier der Stadt Berlin herausgegeben vom Gemeindekirchenrat zu St. Nikolai, verfaßt von Pfarrer D. Schubring

Bei dieser Veröffentlichung handelt es sich um die letzte gedruckte Bestandsübersicht vor den Kriegs- und Nachkriegszerstörungen. Der vorliegende Nachdruck liegt dem Bestandskatalog der Grabmalplastik der Nikolaikirche von 1994 bei.
Redaktionelle Anmerkungen sind in Normalschrift gesetzt, Texteinarbeitungen zusätzlich durch Klammern gekennzeichnet. Dort, wo Schubring sich auf Textstellen bezieht, die im vorliegenden Abdruck keine Berücksichtigung fanden (Seite 1-11 der Broschüre), ersetzen Objektangaben die bloßen Seitenverweise; im Einzelfall wurden die Ausführungen des Autors präzisiert bzw. korrigiert.
Den Bemerkungen zur Baugeschichte sowie einem kleinen „Überblick über religiös, künstlerisch oder kunstgeschichtlich interessante Stücke" läßt Schubring eine „Aufzählung alles Übrigen" folgen.

Übersicht

1. Totenschild Reich.
2. Epitaph des Kaufmanns Lamprecht († 1738).
3. Propst Buchholzer (Porträtgemälde).
4. Propst D. Brückner (Porträtgemälde).
5. 8 Totenschilde Tiefenbach (der Familie Tieffenbach und ihrer Vorfahren).
6. Grabtafel des Ratskämmerers David Reetz († 1672).
7. Ehrenmal (für die Gefallenen des 1. Weltkrieges, 1930).
8. Frau Bürgermeister Lindholz († 1653).
9. Erbbegräbnis des Hofmedicus Gerresheim († 1716) mit stattlichem Aufbau über der Grufttür.
10. Propst Spalding (Porträtgemälde).
11. Der Name des Predigers ist nicht festzustellen.
12. Grabmal des Kantors der Nikolai-Kirche und des Grauen Klosters Jakob Ditmar († 1728).
13. Angeblich Bild des Pfarrers Krell.
14. Paul Gerhardt (Porträtgemälde).
15. Ph. J. Spener (Porträtgemälde).
16. Erbbegräbnis des Kaufmanns Falkenberg († 1716) und seiner Gattin.
17. Epitaph für die Gattin des Münzmeisters Johann Liebmann († 1676), eine edle helle Kupfertafel in reicher geschmackvoller Umrahmung.
18. Epitaph des Predigers Cono († 1705) mit einer für die Zeit bezeichnenden Inschrift; weitere Glieder der Familie 23 und 100.
19. Denkstein für den Hofküchenmeister Crüger († 1713); man beachte den geflügelten Kronos, der uns immer wieder begegnen wird (z.B. 23), die Charakteristik des Verstorbenen im Texte und das Bibelwort: „Ich will satt werden an deinem Bilde" - man kann sich vorstellen, wie geistreich der Leichenredner Beziehungen zu Crügers Beruf entwickelt hat.
20. Kapelle Pufendorf.
21. Modell des Gerhardt-Denkmals in Lübben.
22. Denkstein für die Tochter von 19 (richtig: Ehefrau von 19).
23. Vergl. 18.
24. Die Kapelle gehörte dem Hof- und Kammergerichtsrat Bewert († 1721). Die Frauengestalt trug früher außer dem Buch noch das Schwert der Gerechtigkeit; das Buch ist die von Bewert 1709 herausgegebene „Königl. Preuß. Verfas. Cammer Gerichts Ordnung".

25./26. Marmordenkmal von Frau Köppen († 1707) und ihrer Tochter Sophie von Neubourn († 1707), sowie für den Ehemann Köppen, Stadthauptmann, († 1736). Die Fahne, die der Genius trug, ist abgebrochen. (richtig: Königlicher Rat Christian Köppen, nicht Ehemann von 25)

27. Erbbegräbnis des Hauptmanns Schütze († 1774). Das etwas massige und grobe Werk ist Stuck. (richtig: der Manufakturist Schütze)
28. An der Kapelle des Kriegs- und Domänenrats Culemann († 1746) ist vielleicht das eiserne Gitter das Schönste, wie auch einige andere Kapellen Gitter haben, die ein gutes Zeugnis für das Handwerk Berlins ablegen.
29. Katherina Rantz († 1682); vergl. gegenüber (103) das Grabmal des Ehemannes († 1673) mit zeitgeschichtlich-charakteristischem Porträt; Kurth verweist auf den Text, der zeigt, daß die an Grabmälern häufige Krone die Krone des Lebens ist (Offenbarung 2, 10).
30. Schnitter (Grabkapelle). Oben in den Ecken 2 unbekannte Bildnisse.
31. Distelmeier (Gedächtnisbild der Familie Christian Distelmeyer).
32. Marmorgrabmal für das Töchterlein († 1679) des Kammerpräsidenten von Gladebeck.

90. Die Hofloge mit einem Bild der Himmelfahrt.
91. (Epitaphgemälde für Claus Grieben)
92. (Porträtgemälde Wilhelm Faber)
93. (Totenschild des Leutnants Schulle)
94. (Totenschild des Konsistorialrates von Wedell)
95. Der 1689 verstorbene Propst Schrader; man sieht ihm den Zeitgenossen des Großen Kurfürsten und Paul Gerhardts an.
96. Propst Lilien, siehe 66.
97. Ein rührendes Epitaph: Farbiges Reliefbildnis des Elias Köhler, 4jährigen Sohnes des Propstes „Colerus" vom Jahre 1584. Wirkungsvoll, obwohl nicht das Bild eines 4jährigen Knaben.
98. Hofrat Karl Gottfried Schrader († 1726) ein Werk von Johann Georg Glume (vergl. 76).
99. Porst (Pfeilerepitaph).
100. Dr. der Medizin Cono (vergl. 18).
101. Die 1716 Verstorbene wird erst mit ihrem Geburtsnamen als Hellwigin bezeichnet, dann mit dem Namen ihrer beiden Männer Mebuß und Schultze.
102. Appellationsrat Loeper († 1750) und Frau.
103. Vergl. 29.
104. Eine auffallend schlichte schmale Tafel ohne jeden Schmuck für den Konsistorialrat Petrus Vehr († 1656). Vergl. denselben Familiennamen als Stifter der Kanzel.
105. Ein hoch aufgebauter Obelisk mit Ölporträt des Apothekers J. Chr. Schrader († 1744). Seine Frau war eine geborene Porst.
106. Apotheker Zorn (vergl. 48). Er ist 1716 gestorben. Das Grabmal hat ihm seine Urenkelin (eine Enkelin von Porst) setzen lassen.
107. Des Kammersgerichtsrats Johann Vollrat Didde Grabmal, außerordentlich bewegt und lebendig aus farbigem Sandstein und Marmor; ein gutes Relief des Verstorbenen in weiß auf schwarzem Grund; die Justitia in doppelter Gestalt.
108. Grabstein der Ehefrau des Freiherrn Hans von Schönaich auf Carlat, Kath. Elisabeth, geb. Putlitz. Oben die Wappen der Familien Schönaich und Putlitz.

*

Die Sepulkralplastik – einschließlich einiger Inschrifttafeln – der Nummern 2, 12, 17, 18, 32, 64, 73 (außer den Gittern), 83, 85 und 104 muß zur Zeit als verloren gelten.
Von den Epitaphgemälden befinden sich die zu den Nummern 53, 54, 55, 57, 58 (?), 61, 62, 65, 73, 86, 88, 89 sowie 91 gehörenden in der Berliner Marienkirche, ein weiteres Epitaphgemälde aus 65 im Jagdschloß Grunewald; das Gedächtnisbild für Christian Distelmeyer (Nr. 31) kann man in der Charlottenburger Sühne-Christi-Kirche betrachten.
Einige der bei Schubring erwähnten Bildnisse von Geistlichen sind heute in verschiedenen Einrichtungen der Evangelischen Kirche in Berlin-Brandenburg untergebracht.

Brehm/Winkler

58. Eine Kreuzesabnahme, vielleicht Epitaph des Bürgermeisters Krull († 1526).

59. Epitaph für Johann Sanders und Frau († 1640) mit deren Brustbildern; das Kircheninnere im Hintergrund läßt sich nicht bestimmen.

60. Grabstein des Conrad Lilien Freiherrn von Pölnitz († 1664). Das Ölbild des 26jährigen auf Kupfer zeigt unter der Allongeperücke einen angenehmen, lebensvollen Kopf. (richtig: Sekretär des Freiherrn)

61. Das Erbbegräbnis des Amtskammerrats Heinrich Straube († 1593) und seiner Frau geb. Blanckenfelde; das Bild zeigt eine Auferstehung mit eigenartiger Kreuzesfahne; gut ist die Darstellung der Personen. Ferner rechts eine Auferweckung des Lazarus auf einem Friedhofe mit hebräischen Grabsteinen (1552). 1767 ging die Gruft in den Besitz des Kriegskommissars Friedrich Francke über, der das Gitter setzen ließ.

62. (Ölgemälde „Das Jüngste Gericht", Umkreis von Lucas Cranach)

63. Das Erbbegräbnis für den Kaufmann Wendtland († 1776). Man beachte den Kronos mit der Sense!

64. (Alabasterepitaph für die Gebr. Reich). Darunter 2 Inschrifttäfelchen, die eine ganz andere Art Grabmal als sonst darstellen: schlicht und vornehm!

65. (Grabkapelle Kötteritz)

66. Grabstein des Propstes Lilien mit der Lilie im Wappen, sein Denkmal mit Bildnis 96.

67. Dr. med. Limprecht († 1735). Die Platte erzählt von großen Auslandsreisen.

68. Bürgermeister Zarlang († 1673). Sein Ölporträt im Medaillon ist verloren gegangen.

69. Männlich (Gruftportal).

70. Frau Margarethe Saffen, wieder verheiratete Breunigk († 1672).

71. Apotheker Bartolomäus Zorn († 1667) vergl. 49.

72. (Epitaph Bagius)

73. Gruft des Kaufmanns Beier († 1712), schon 1708 angelegt, vergl. das prächtige Gitter; darin das Tempelhoffsche Epitaph.

74. (Epitaph Zeheder)

75. Noch ein Berliner Apotheker, Aschenbrenner; Kurth vermutete, daß das Werk von demselben Künstler sei, der die 3 Grabsteine Steinbrecher in Marien gemacht hat, und nahm daher an, daß die deutlich lesbare Jahreszahl 1665 ein Fehler für 1605 sei; seine Vermutung ist durch das Totenbuch bestätigt.

76. (Grabkapelle von Kraut)

77. (Epitaph Praetorius)

78. Caspar Stiller († 1714) war 20 Jahre lang Reisebäcker des Kurfürsten Friedrich III.

79. (Epitaph Kemnitz)

80. Frau des Kaufmanns Dähne geb. Stiller († 1726).

81. Johann Friedrich König († 1706).

82. Wie uns schon mehrfach das ehrsame Handwerk begegnete, so hier der Grabstein des Zimmerer-Poliers Christoph Kluge nebst Kindern zwischen den Patriziern, Beamten und Gelehrten in Gemeinschaft des Glaubens und der Hoffnung.

83. Epitaph aus dunkelrotem Marmor für den kurfürstlichen Rat Seidel († 1655).

84. Frau Mühlenmeisterin Reetz (vergl. 6).

85. (Alabasterepitaph für den Kanzler Weinlöben)

86. In der Propstloge hängt eine Anbetung des Christkindes, das von vielen Engeln umgeben ist, unter den 14 Familienmitgliedern unten einige interessante Köpfe. Das übermalte Bild mag aus der Reformationszeit stammen.

87./88. Zwei große Epitaphien zu Ehren des Kämmerers Marcus Goltze († 1612) und seiner Frau († 1602). Christus ist bei der Himmelfahrt im Mittelalter und später oft so gemalt worden (...) Auf der zweiten Tafel: Christus predigend und nach der Tempelreinigung leichten Schrittes vor der wütenden Menge entweichend; wie in 87 die Art der Bildnisse, so zeigt hier die Komposition einen beachtlichen Maler.

89. In der Magistratsloge eine unbedeutende Kreuzigung von 1562 (vergl. den Fuß des Kreuzes) mit Moses und Johannes dem Täufer.

33. Frau Westarph, Bildnis im Medaillon († 1691).

34. In diesem leeren Erbbegräbnis stand früher das Grabmal der Frau Heiden († 1596) jetzt in 44.

35. Frau Butte († 1676).

36. Stadtverordneter Hennig Lüders († 1734).

37. Die große schmucklose Inschriftentafel der Gebr. Reich ist für die alte Zeit (1559) auffallend.

38. Ein reich gezierter großer Rahmen für eine Inschrift zu Ehren des Dr. Georg Sultze († 1707) und seines Sohnes († 1708). Auffallend ist, daß das Ganze noch in zierlicher Spät-Renaissance, nicht in Barock gehalten ist.

39. Propst Brendicke (Epitaph).

40. Das Monument hat eine leere Inschriftentafel, so daß man nicht weiß, für wen es bestimmt war; künstlerisch unbedeutend.

41. Totenschild des Herrn Johann Friedrich Freihern von Löben.

42. Bürgermeister Thomas Matthias († 1576) (Epitaph für ihn und seine 1. Ehefrau).

43. Grabstein für den Sohn des Diakonus Heinzelmann († 1658). Eigenartig ist der obere Abschluß mit 3 Engelsköpfen.

44. Hier sind 5 schlichte Grabsteine aufgestellt, die wohl früher alle anderwärts gestanden haben; vergl. 34, 2 Geschwister Schnitter, Seidel und Berend.

45. Epitaph des Kaufmanns Brunitz († 1734) mit dem Dreieck, dem damals üblichen Zeichen Gottes, und dem Ölbild des Verstorbenen.

46. Grabstein einer Frau Anna Richters, die 1671 bei der Geburt einer Tochter starb. Das lateinische Distichon spielt mit den Silben par und per; Kurth versucht zu übersetzen: Leben verleihend ward ich zur Leiche, Gehorsam dir leistend, Christus, leite mich leicht nun in dein himmlisches Reich!

47. Erbbegräbnis des Hofrats Richter († 1732). Diese Kapelle hat einen Doppelbogen als vorderen Abschluß; dazwischen ein großer marmorner Cruzifixus, die Gestalt ist gut gearbeitet, dem Gesicht fehlt es an Ausdruck. (richtig: Hofrat Retcher)

48. Grabmal der Gattin des Apothekers Zorn, vergl. 106 (beachte die vielen Apotheker in der Kirche!).

49. Gruft Schindler.

50. Rektor des Grauen Klosters Gottfried Weber († 1698).

51. Ursula Hache († 1665) (richtig: Hacke).

52. Gedenktafel für 1813 und 1870 gefallene Gemeindeglieder (1813:2, 1870:9; dagegen 1914–1918:129).

53. Epitaph des Peter Matthias und seiner Ehefrau Anna, die zwei Tage hintereinander 1552 im Alter von 26 und 20 Jahren starben; sie sehen auf ihren Bildern (unten in den Ecken) freilich älter aus. Zu dem Hauptgemälde vergl. 77 und andere.

54. Diese Kapelle wurde erst 1740 zu einem Grabgewölbe für die reichsfreiherrliche Familie von Wolfskehl umgewandelt; bis dahin war hier die Brauttür. Ein Wohlfskehlsches Monument ist nicht vorhanden. Rechts ist der Grabstein des Stadt- und Kirchenmusikers Körber († 1713), links ein großes Ölgemälde untergebracht, das eine Sammlung von Szenen aus dem Leben Jesu, die Erschaffung der Eva u. a. enthält, vielleicht unter dem Gedanken „Sünde und Erlösung"; stark überarbeitet, vielleicht zwischen 1550 und 1600 gemalt.

55. Dies Bild „Gefangennahme Christi" ist 1714 so stark erneuert, daß man den ursprünglichen Wert nicht feststellen kann; die doppelte Beleuchtung der Personen durch 2 Fackeln ist malerisch nicht geglückt.

56. Propst Teuber († 1690), Vorgänger Speners, und Frau. Bezeichnend für den Zeitgeschmack sind die beiden Tauben, die auf den Namen berechnet sind.

57. Die Distelmeiersche Gruft; beachte außen den Renaissanceschmuck des Bogens mit Wappen der versippten Familien Distelmeier, Goldhahn, v. Kötteritzsch, v. Pfuhl u. a. Das Bild links stellt das Kreuz Christi mit dem Abendmahlsblut dar; wertvoller ist das Familienbildnis darunter. Es ist ebenso schwer zu betrachten wie gegenüber das Ölbild (Epitaph Simon Mehlmann). Die Gruft ging 1744 in den Besitz des Kaufmanns Sprögel über.

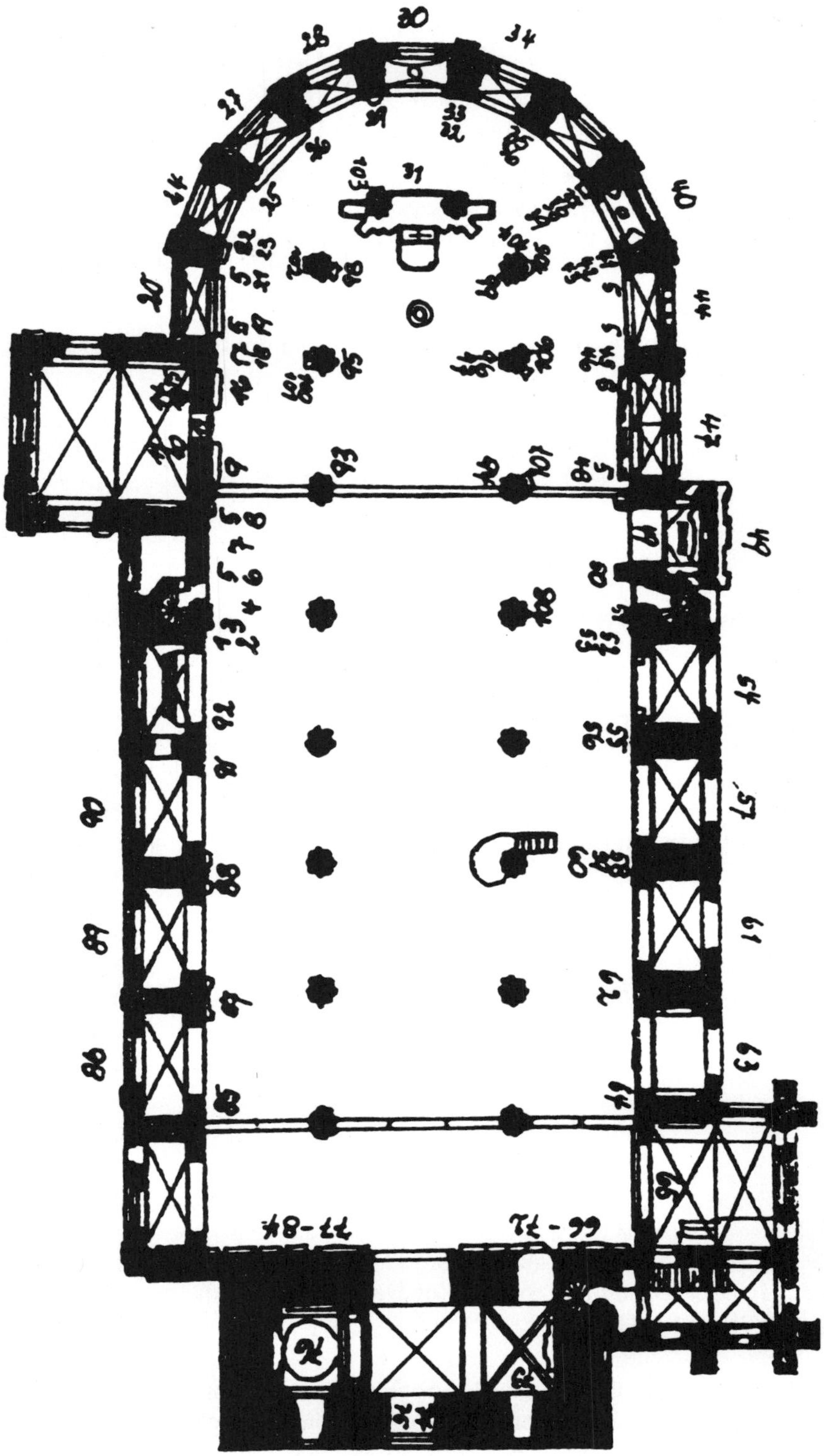

Standortplan von 1937